스마트한 학습방법

01. 내지의 QR코드로 음원 바로 듣기

내지의 QR코드를 인식하여 음원을 바로 들으며 학습 할 수 있습니다.

STEP1 QR 인식기를 실행시켜 페이지 상단의 QR코드를 인식합니다.

● ── 네이버 앱에서 카메라 아이콘 클릭합니다.

STEP2 내지의 QR 코드를 인식합니다.

STEP3 MP3 음원이 유튜브를 통해 다운로드 없이 이용 가능합니다.

KB218650

Word Max Prime
Quizlet 바로가기

02. Quizlet으로 재미있는 어휘공부!

스마트폰, 태블릿, 컴퓨터에서 재미있고 효과적인 어휘 공부를 할 수 있는 학습 사이트!
Flash Card와 Spell Check, 게임 등의 서비스를 제공하며, 미국에서는 이미 주요 교육
수단으로 자리잡은 학습 시스템입니다.

STEP 1 QR 인식기를 실행시켜 페이지 상단의 QR코드를 인식합니다.

네이버 앱에서 카메라 아이콘 클릭합니다.

STEP 2 원하는 학습 일차를 선택합니다.

STEP 3 원하는 어휘의 MP3 음원을 선택하여 듣습니다.

Quizlet의 다양한 학습기능

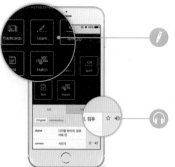

STUDY와 PLAY를 통해 다양한 방식으로
재밌게 학습할 수 있습니다.

• **STUDY** : Flashcard, Learn, Spell, Test
• **PLAY** : Match

단어 혹은 스피커 버튼을 누르면
음성을 들을 수 있습니다.

* Google Play / App Store에서 Quizlet 어플리케이션 다운로드 및 이용이 가능합니다.

WORD MAX PRIME

초판	2017년 11월 20일
지은이	김 지 훈, 김 채 원
영문검수	Kenneth Drenen
책임편집	신 은 진
편집팀	월드컴 에듀 편집팀
펴낸이	임 병 업
디자인	임 예 슬, 김 지 현
펴낸곳	(주)월드컴 에듀
등록	2017년 11월 20일
주소	서울시 강남구 남부순환로 2706, 5층
	(도곡동, 차우빌딩)
전화	02)3273-4300 (대표)
팩스	02)3273-4303
홈페이지	www.wcbooks.co.kr
이메일	wc4300@wcbooks.co.kr

여는 글

언어를 배울 때 어휘 학습은 모든 언어 학습자가 가장 먼저 시작하는 분야이면서 동시에 가장 숙달하기 어려운 분야입니다. 수능을 비롯한 최근의 영어 시험은 갈수록 다양한 분야에 대해서 높은 수준의 독해 능력과 추론 능력을 요구하고 있습니다. Word Max Prime 시리즈는 수능, 내신, 각종 학력 평가에 대비하여 단기간에 어휘 능력을 향상 시킬 수 있도록 과학적인 방법으로 구성한 교재입니다.

고등 Word Max Prime의 특징과 장점

• 고등 Word Max Prime은 고등학생을 대상으로 하며 최근 12년간의 수능 및 각종 학력 평가 기출 문제와 교과서 자료 및 자체 자료를 중심으로 한 기출 예문을 통해 문장과 문단 독해에 핵심이 되는 단어를 과학적인 방법으로 엄선했습니다.

• 단어의 의미는 단일하거나 고정되어 있는 것이 아닙니다. 주어진 맥락(context)에 따라 유동적인 경우가 더 많습니다. 고등 Word Max Prime은 이런 특성을 고려해서 다소 예문이 길어지더라도 단어가 포함된 맥락 전체를 제시하고 있습니다. 이러한 맥락 중심의 단어 학습을 통해 독해 지문에 대한 응용력과 자신감이 상승되리라고 확신합니다.

• 각 Day마다 리뷰 테스트 및 단어에 관련된 어원을 포함한 여러 자료를 제시해서 논리적인 어휘 능력 확장과 함께 재미 있는 단어 학습이 될 수 있도록 배려했습니다.

• 더불어 책에서 학습한 내용을 온라인이나 스마트폰 App을 통하여 다양한 방법으로 어휘 학습에 재미를 느낄 수 있도록 했습니다.

Word Max Prime 시리즈로 착실히 어휘 학습을 진행하면 문맥에서 단어를 파악하는 힘이 길러지고 독해에 대한 자신감과 재미를 느낄 수 있으리라 자부합니다. Word Max Prime 시리즈와 함께 어휘 학습에 최고의 결과를 얻을 수 있기를 기원합니다.

월드컴 에듀 편집팀 일동

Features

단계별 45일 구성의 계획적 어휘 학습!

'단어 → 어원 → 예문' 순으로 자연스럽게 확장되는 학습을 통해 어휘력을 향상합니다.

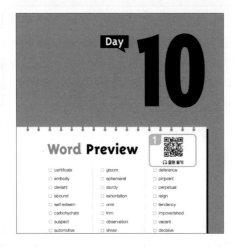

Step 1 **Word Preview**

앞으로 학습할 단어들을 미리 간편하게 점검할 수 있도록 Word Preview를 제공합니다.

❶ QR코드로 음원 듣기
QR코드를 스캔하여 해당 날짜의 어휘를 들으며 학습 할 수 있습니다.

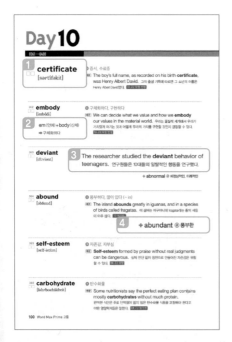

Step 2 **Daily Word List**

❶ 표제어와 뜻
최근 12년 간의 수능 및 평가원 기출 문제와 교과서, 자체 데이터를 중심으로 시험에 자주 등장하는 어휘들을 엄선하여 구성하였습니다.

❷ 어원
단어의 어원을 풀이하여 단순 암기가 아닌 원리를 통한 단어 학습이 될 수 있도록 구성하였습니다.

❸ 예문
단어가 포함된 예문을 제시하여 맥락 중심의 단어 학습이 가능하도록 구성하였습니다.

❹ 어휘 영역 확장
표제어와 관련된 파생어, 유의어, 반의어를 학습하면서 어휘 영역을 확장할 수 있습니다.

해당 표제어의 품사 변화 형태 혹은 함께 외우기에 도움이 되는 단어와 숙어를 제시함으로써 학습이 가능합니다.

ⓝ 명사　**ⓥ** 동사　**ⓐ** 형용사　**ⓐⓓ** 부사　**ⓟ** 전치사　**ⓒ** 접속사　*pron.* 대명사　↔ 반의어　➕ 유의어, 파생어

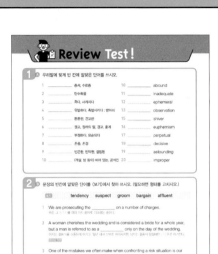

Step 3 **Review Test**

실제 수능 및 평가원 기출 유형을 반영한 문제를 통해 독해를 위한 효율적 어휘학습이 가능하도록 구성했습니다.

❶ 유형 A
유형 A는 학습한 단어를 영-한, 한-영 두 가지 순서로 빈칸 채우기 방식으로 빠르게 복습할 수 있는 문제 형식입니다.

❷ 유형 B
유형 B는 우리말 해석에 따라 보기에서 알맞은 단어를 골라 문장을 완성하는 형식입니다.

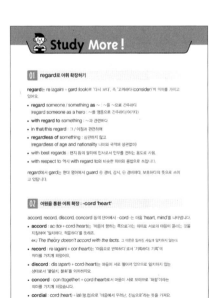

Step 4 **Study More!**

단순 암기 학습을 넘어 단어의 어원과 관련 숙어, 문법 등 한 단계 더 깊이 있는 학습을 통해 효율적으로 어휘력을 확장 시킬 수 있도록 구성하였습니다.

Contents

Word **Preview**

🎧 음원 듣기

☐ ambition	☐ wicked	☐ permanent
☐ foster	☐ sympathy	☐ cherish
☐ plea	☐ deception	☐ staple
☐ conference	☐ warranty	☐ insightful
☐ luxurious	☐ fluent	☐ eligible
☐ runway	☐ overshoot	☐ monitor
☐ gratitude	☐ exploit	☐ compute
☐ peninsula	☐ outward	☐ concise
☐ execute	☐ contagious	☐ striking
☐ paraphrase	☐ clumsy	☐ debase
☐ raid	☐ undergo	☐ prolific
☐ persistent	☐ implication	☐ deceased
☐ commute	☐ unleash	
☐ candid	☐ bunch	

Day 01

001 ambition
[æmbíʃən]

ambi(양쪽, 둘레)+it(가다)
+ion(명.접)
➡ 여러 방향으로 분주하게
   사람들을 만나러 다니다

ⓝ 야망, 포부

예문 Many present efforts to guard and maintain human progress, to meet human needs, and to realize human **ambitions** are simply unsustainable - in both the rich and poor nations.
인간의 진보를 지키고 유지하며, 인간의 욕구를 충족시키고, 인간의 야심을 실현하기 위한 현재의 여러 노력들은 — 부유한 나라와 가난한 나라에서 공히 — 전혀 지속 불가능하다. 2017 수능

002 foster
[fɔ́(:)stər]

'음식이나 영양분을 공급하다'의
고대 영어 fostrian에서 유래

ⓥ 조성하다, 위탁 양육하다 **ⓐ** 친부모같이 보살펴주는

예문 As a rule, reading text over and over again yields diminishing returns in actual knowledge, but it increases familiarity and **fosters** a false sense of understanding.
일반적으로 글을 되풀이하여 읽다 보면 실제 지식에 있어서 수확 체감이 생기지만, 친숙함이 증대되면서 이해했다는 그릇된 느낌을 조성한다. 13 고3 평가원

003 plea
[pli:]

ⓝ 애원, 간청

예문 The campaigners made a **plea** for more robust participation of teachers and students for their campaign.
그 활동가들은 선생님과 학생들의 더욱 활발한 참여를 간청했다.

004 conference
[kánfərəns]

con(함께)+fer(옮기다)
+ence(명.접)
➡ 함께 (생각을) 나르다
➡ 협의하다

ⓝ 회의, 회견, 학회

예문 At a recycling **conference**, I learned about the Recycle Bank, a program that weighs residents' recycling bins and awards people points for heavier bins.
한 재활용 관련 회의에서 나는 'Recycle Bank'라는 프로그램을 알게 되었는데, 이 프로그램은 거주자의 재활용 쓰레기통의 무게를 재어 더 무거운 쓰레기통에 포인트를 제공한다. 12 고2 학평

005 luxurious
[lʌgʒú(:)riəs]

ⓐ 호화로운, 고급의

예문 When directors were just sitting down to a **luxurious** meal, there was a loud knocking on the door.
임원들이 값비싼 식사를 하기 위해 막 앉으려고 했을 때, 문을 세게 두드리는 소리가 들렸다. 10 고1 학평

006 runway
[ránwèi]

ⓝ 활주로

예문 The space shuttle takes off like a rocket, enters space as a spacecraft, and then returns and lands on a **runway** like an aircraft.
우주 왕복선은 로켓처럼 출발하고 우주선처럼 우주에 들어가고 그 뒤 돌아와서 항공기처럼 활주로에 착륙한다. 04 고3 평가원

007 gratitude
[grǽtitʲùːd]

grati(감사하다) + ude(명.접)
➡ 감사하는 상태, 마음

🔵 감사, 고마움

[예문] Energize your life by starting each day with **gratitude**.
매일 감사하는 마음으로 시작함으로써 삶에 활력을 더하라. 09 고3 학평

008 peninsula
[pənínsələ]

pen(거의) + insul(a)(섬)
➡ 거의 섬에 가까운

🔵 반도

[예문] The division of the Korean **peninsula** must be understood with reference to the prior international war between the South and the North.
한반도의 분리는 이전의 남한과 북한의 국제적인 전쟁(한국전쟁)을 참고하여 이해되어야만 한다. 07 고2 학평

009 execute
[éksəkjùːt]

ex(밖의) + (s)ecu(te)(따르다)
➡ 계획을 끝까지 따르다

🔵 실시하다 ; 처형하다

[예문] The Greek philosopher Socrates was **executed** by the poison of hemlock plant in 339 B.C as punishment for publicising his ideas.
그리스 철학자 소크라테스는 B.C. 339년에 자신의 생각을 공론화했다는 것에 대한 처벌로 독미나리의 독에 의해 처형되었다. 08 고2 평가원

010 paraphrase
[pǽrəfrèiz]

para(옆에) + phrase(문장)
➡ 다른 문장의 옆에 있다
➡ 말을 바꾸어 설명하다, 의역하다

🔵 다른 말로 바꾸어 표현하다

[예문] This story seems a bit difficult for children. Can you **paraphrase** it for them?
그 이야기는 아이들에게 다소 어려워 보이는군요. 이야기를 다른 말로 바꾸어 표현해 줄 수 있나요?

011 raid
[reid]

🔵 습격, 급습 🔵 불시에 들이닥치다, 급습하다

[예문] Rangers in Kenya have outfitted elephants with cellphone-and GPS-equipped collars that send warning messages when the pachyderms are about to **raid** farms.
케냐의 순찰대원들은 후피동물인 코끼리들이 농장을 급습하려 할 때 경고 메시지를 전하는 휴대전화와 GPS가 장착된 목걸이를 코끼리들에게 착용시켜 왔다. 09 고3 학평

012 persistent
[pərsístənt]

per(완전히) + sist(서다) + ent(형.접)
➡ 완전히(끝까지) 서 있다

🔵 끊임없는, 지속적인

[예문] When we have made an error, we have a tendency to repeat it again and again. This phenomenon is known as the **persistent** error.
우리는 실수를 했을 때 그 실수를 계속해서 반복하는 경향이 있다. 이러한 현상은 지속적인 실수로 알려져 있다. 10 고3 평가원 변형

✚ persistently ⓐ 끈질기게

013 commute
[kəmjúːt]

com(함께) + mut(e)(변하다)
➡ 서로 (자리를) 바꾸다
➡ 집과 직장으로 (위치를) 바꾸다, 통근하다

ⓥ 통근하다

예문 We can't control life's negative circumstances-the doubled **commutes**, long lines at the grocery, or late-night calls from marketers.
우리는 삶의 부정적인 상황들, 즉 두 배로 걸리는 통근 시간, 식료품점에 길게 늘어선 줄, 혹은 판매자들에게서 걸려오는 심야의 전화를 통제할 수 없다.
04 고3 학평

---

014 candid
[kǽndid]

ⓐ 솔직한, 자연스러운

예문 The nonverbal message is deliberate, but designed to let the partner know one's **candid** reaction indirectly.
비언어적 메시지는 고의적이지만, 상대방에게 자신의 솔직한 반응을 간접적으로 알게 하기 위해 만들어진 계획된 것이다. 15 고3 평가원

---

015 wicked
[wíkid]

wick(나쁜, 잘못된) + ed(형.접)
➡ 잘못된, 사악한

ⓐ 못된, 사악한, 장난기 있는

예문 The officer was shocked because the cities he'd visited were full of **wicked** liars and barbarians.
사무관은 그가 방문했던 도시들이 사악한 거짓말쟁이와 야만인들로 가득 찼기 때문에 충격을 받았다. 06 고3 학평

➕ wickedly ⓐⓓ 나쁘게, 심술궂게

---

016 sympathy
[símpəθi]

sym(함께)
+ path(느끼다) + y(명.접)
➡ 함께 느낀다

ⓝ 동정, 공감

예문 Minsu knows Allen has been putting a lot of effort in writing the paper and feels **sympathy** for her.
민수는 Allen이 그 논문을 쓰는 데 많은 노력을 기울여 왔다는 것을 알고 있으며 그녀에 대한 동정심을 느낀다. 15 고3 평가원 변형

---

017 deception
[disépʃən]

ⓝ 속임, 사기

예문 Law enforcement invented a new tool for detecting **deception**.
법의 집행은 속임수를 간파하는 새로운 도구를 발명했다. 15 고3 학평 변형

➕ deceit ⓝ 사기, 기만

---

018 warranty
[wɔ́(ː)rənti]

war(보호하다) + rant + y(명.접)
➡ 보호하는 것

ⓝ 품질 보증(서)

예문 Best of all, Dust Away 3000 comes with a lifetime limited **warranty**.
무엇보다도 Dust Away 3000은 평생 동안 제한 없는 품질 보증서와 함께 제공됩니다. 12 고3 평가원 변형

019 fluent
[flú(:)ənt]

flu(흐르다) + ent(형.접)
➡ (물 흐르듯) 유창한

ⓐ 유창한, 능통한

예문 If Helen was **fluent** in Spanish, she could got the job.
만약 Helen이 스페인어를 유창하게 했다면, 그녀는 그 일을 할 수 있었을 것이다.

020 overshoot
[òuvərʃúːt]

ⓥ (목표 지점 보다) 더 나아가다

예문 Sometimes a large number of individuals in a population die as a result of **overshooting** the carrying capacity of their habitat.
때때로 서식지 수용력의 범위를 초과한 결과로 집단 내 많은 수의 개체들이 죽는다. 14 고3 평가원

021 exploit
[éksplɔit]

ex(밖의) + ploit(접다)
➡ 접힌 것을 펼치다
➡ 착취하다, 이용하다

ⓥ (부당하게)이용하다, 착취하다

예문 It is evident that humans tend to **exploit** natural resources to benefit themselves.
인간이 스스로의 이익을 위해 천연 자원을 이용하는 것은 자명한 일이다. 08 고3 평가원

022 outward
[áutwərd]

out(밖으로) + ward(~쪽으로)
➡ 외형의, 표면의

ⓐ 표면상의, 외부의

예문 Heat is coming downwards from the sun but it is also going **outward** from the body.
열은 태양에서 아래쪽으로 내려오고 있지만 그것은 또한 몸에서 바깥 쪽으로도 나가고 있다. 15 고3 학평 변형

023 contagious
[kəntéidʒəs]

con(함께) + tag(만지다)
+ ious(명접)
➡ 모두가 만지는 ➡ 전염성의

ⓐ 전염되는, 옮기 쉬운

예문 Some emotions such as sadness can quickly become **contagious**.
슬픔과 같은 몇몇 감정은 빠르게 전염될 수 있다. 16 고3 평가원 변형

024 clumsy
[klʌ́mzi]

ⓐ 서투른, 볼품없는

예문 Although penguins may be **clumsy** on land, they are speedy swimmers and expert divers in the sea.
펭귄들은 땅 위에서는 움직임이 서투르지만, 바다에서는 빠른 수영선수이자 전문 다이버이다. 10 고3 학평 변형

025 undergo
[ʌ̀ndərgóu]

under(아래에)+go(가다)
➡ (곤란, 문제 등의) 아래로 가다
➡ 겪다

ⓥ 겪다, 경험하다, 견디다 ; 받다

[예문] The theories of science are not fixed; rather, they **undergo** change.
과학의 이론은 고정적이지 않고 오히려 변화를 겪는다. 12 고3 학평

➕ go through ~을 겪다

---

026 implication
[ìmpləkéiʃən]

impl(y)(안으로 접다)
+i+cation(명.접)
➡ (뜻을) 안으로 접다

ⓝ 영향, 함축

[예문] At some time in their lives, most people pause to reflect on their own moral principles and on the practical **implications** of those principles, and they sometimes think about what principles people should have or which moral standards can be best justified.
인생의 어떤 시기에 대부분의 사람은 자기 자신의 도덕적 원칙과 그 원칙의 실질적인 함축된 의미에 대해 잠시 멈추어 생각해보며, 때때로 사람들이 무슨 원칙을 가져야 하는지 또는 어떤 도덕적인 기준이 가장 잘 정당화될 수 있는지에 대해 생각한다. 2015 수능

---

027 unleash
[ʌnlíːʃ]

un(반대의)
+leash(가죽 끈으로 매다)
➡ (가죽 끈을) 풀다
➡ 촉발시키다, 일으키다

ⓥ 촉발시키다, 일으키다 ; (가죽 끈을) 풀다

[예문] I was seriously bitten some years ago breaking up a fight between my dog and an **unleashed** dog, and had to have stitches and a rabies shot as a result.
몇 년 전에 내 개와 어느 묶지 않은 개 사이의 싸움을 말리다가 크게 물려서 결국은 상처를 꿰매고 광견병 주사까지 맞아야 했다. 05 고3 학평

---

028 bunch
[bʌntʃ]

ⓝ 다발, 송이

[예문] Thomas dropped a **bunch** of coins and pencils.
Thomas는 한 다발의 동전과 연필을 떨어뜨렸다. 16 고2 학평 변형

---

029 permanent
[pə́ːrmənənt]

per(완전히,끝까지)
+man(유지하다)+ent(형.접)
➡ 끝까지 유지되는
➡ 영구적인

ⓐ 영구적인, 종신의

[예문] At Air Pacific, we know that earning the trust of our clients is a **permanent** and ongoing endeavor.
Air Pacific에서는 고객과 직원들의 신뢰를 얻는 것은 영구적이며 지속적인 노력이라는 것을 알고 있습니다. 11 고2 학평

➕ perpetual ⓐ 영속하는, 영구의

---

030 cherish
[tʃériʃ]

cher(돌보다)+ish(형.접)
➡ 소중히 다루다, 보살피다

ⓥ 소중히 여기다, 아끼다, (마음 속에) 간직하다

[예문] The green dress evoked both **cherished** and painful memories.
그 녹색 드레스는 소중하고 고통스러운 기억들 둘 다 떠오르게 했다. 2012 수능 변형

031 staple
[stéipl]

ⓐ 주된, 주요한 ⓝ 주식, 주요 산물

예문 Tofu, a **staple** in Asia for 2,000 years, is a soft cheeselike food made by curdling soybean milk.
2000년간 아시아의 주요 산물이었던 두부는 대두유를 응고시켜 만든 부드러운 치즈같은 음식이다. 06 고3 학평

032 insightful
[insáitfəl]

insight (시야) + ful (형.접)

ⓐ 통찰력 있는

예문 You'll be assigned a personal adviser, have your work evaluated by experienced experts, and receive **insightful** suggestions on how to make it better.
당신에게는 개인적으로 조언해주는 사람이 배정되고, 당신의 작품은 경험 많은 전문가에 의해 평가되며, 그것을 좀 더 잘 만드는 방법에 대해 통찰력 있는 조언을 받을 것입니다. 2012 수능 변형

033 eligible
[élidʒəbl]

e/ex (밖으로) + lig (선택하다) + ible (형.접)
➡ 선택되어 밖으로 나온

ⓐ 자격이 있는, 권한이 있는

예문 We think that Randy is **eligible** to become student president.
우리는 Randy가 학생회장이 될 자격이 있다고 생각한다.

034 monitor
[mánitər]

mon(it) (경고하다) + or (명.접)
➡ 1. 경고하는 사람
   2. 감시하다

ⓥ 감시하다 ; 관찰하다

예문 In an experiment, researchers **monitored** college students taking part in a program to improve their skills at studying.
한 실험에서, 연구자들은 학습 방법을 향상시키기 위해 한 프로그램에 참여한 대학생들을 모니터하였다. 14 고3 학평

✚ observe ⓥ 감시하다

035 compute
[kəmpjúːt]

com (함께) + pute (생각하다)
➡ 함께 생각하다
➡ 계산하다

ⓥ 계산하다, 산출하다

예문 Spending an enormous amount of **computing** time, a robot might finally recognize the object as a table.
꽤 긴 계산 시간을 보내고 난 후에 로봇은 마침내 그 물체를 탁자로 인식하게 될 것이다. 09 고3 학평

036 concise
[kənsáis]

con(함께) + cise(자르다)
→ 모두 잘라버린
→ 간결한

ⓐ 간결한, 축약된

예문 In a competitive business environment, the marketing message to the consumers should be clear, **concise** and correct.
경쟁적인 기업 환경 속에서, 소비자들에 대한 판매 메시지는 명확하고 간결하며 정확해야 한다. 06 고3 학평

+ brief ⓐ 간단한, 짤막한

037 striking
[stráikiŋ]

ⓐ 눈에 띄는, 두드러진

예문 For years, biologists have known that flowers use **striking** colors, scents, elaborately shaped petals, and nectar to attract pollinators.
수년 동안, 생물학자들은 꽃이 꽃가루 매개자를 유인하기 위해 인상적인 색상, 향기, 정교하게 만들어진 꽃잎, 그리고 과즙을 사용하는 것을 알게 되었다. 11 고3 평가원

038 debase
[dibéis]

de(아래의) + base(낮은)
→ (가치를) 하락시키다

ⓥ (가치, 품위를) 떨어뜨리다

예문 The high inflation rate **debased** the value of money and affected consumer prices.
높은 물가 상승률이 화폐의 가치를 떨어뜨렸고 소비자 가격에 영향을 미쳤다.

+ degrade ⓥ 가치(지위)를 떨어뜨리다

039 prolific
[proulífik]

proli(자손) + fic(만들다)
→ 자손을 만드는
→ 다산의, 다작의

ⓐ 다작의, 다산의

예문 Edwin Armstrong is often considered the most **prolific** inventor in radio history.
Edwin Armstrong은 라디오 역사에서 종종 가장 다작을 한 발명가로 여겨진다.
12 고3 평가원 변형

040 deceased
[disí:st]

decease(죽은) + ed(형.접)
→ 죽어 있는 → 사망한

ⓐ 사망한 ⓝ 고인

예문 A Sinju is treated carefully with respect since it is regarded as the actual **deceased** person.
신주는 실제 고인인 것처럼 여겨지기 때문에 존중하는 맘으로 조심스럽게 다뤄진다. 07 고2 학평

Review Test !

A 우리말에 맞게 빈 칸에 알맞은 단어를 쓰시오.

1	_____ 야망, 포부		11	_____ gratitude
2	_____ 호화로운, 고급의		12	_____ paraphrase
3	_____ 반도		13	_____ warranty
4	_____ 끊임없는, 지속적인		14	_____ exploit
5	_____ 동정, 공감		15	_____ clumsy
6	_____ 전염되는, 옮기 쉬운		16	_____ insightful
7	_____ 영향, 함축		17	_____ eligible
8	_____ 영구적인, 종신의		18	_____ concise
9	_____ 감시하다 ; 관찰하다		19	_____ debase
10	_____ 다작의, 다산의		20	_____ deceased

B 문장의 빈칸에 알맞은 단어를 〈보기〉에서 찾아 쓰시오. (필요하면 형태를 고치시오.)

> 보기   foster   undergo   commute   conference   bunch

1 Like an artist who pursues both enduring excellence and shocking creativity, great companies _____ a tension between continuity and change.
지속적인 탁월성과 충격적인 창의성 둘 다를 추구하는 예술가처럼, 훌륭한 기업은 지속성과 변화 사이의 긴장을 조성한다. **12 고3 평가원**

2 We'll choose the best one and the winning team will have the opportunity to attend the International Inventors' _____ in fall.
우리는 최우수 팀을 선정할 것이고 그 우승팀은 가을에 열리는 국제 발명가 학회에 참가 할 기회를 얻을 것이다. **13 고3 학평**

3 I'm browsing the online map of my area. I decided to _____ by bike starting next month.
나는 내 지역의 온라인 지도를 검색하는 중이다. 나는 다음 달부터 자전거로 통근하기로 결심했다. **12 고3 학평**

4 For years it was believed that emergency workers should _____ a counseling process after traumatic events to debrief about their experiences.
수년 간 응급 구조대원들은 정신적 외상 사건 후에 그들의 경험에 대해 보고하는 상담 과정을 받아야 한다고 믿어졌다. **12 고1 학평**

5 When faced with a _____ of watermelons, all promising delicious juiciness inside, how do you know which one to pick?
속에 모두 맛있는 과즙이 들어 있을 것 같은 한 무더기의 수박을 볼 때, 어떤 것을 골라야 할지 여러분은 어떻게 아는가? **13 고3 학평**

Study More!

혼동하기 쉬운 단어 sympathy/empathy

- **sympathy** ⓝ 동정, 연민

  Many people have **sympathy** for the little girl.

  많은 사람들이 그 어린 소녀에게 연민을 느낀다.

- **empathy** ⓝ 감정 이입, 공감

  When you and your friend trust each other, you can express **empathy**
  for your friend's situation.

  당신과 친구가 서로를 믿을 때, 당신은 친구의 상황을 공감 할 수 있게 된다.

concise, precise, and science

cis(e)는 '자르다(= cut)'라는 의미를 가지고 있어요. 가위를 나타내는 scissors도 여기에서 유래되었지요.

- **concise** : con(together) + cise(cut)는 '간결한, 간명한'의 의미를 갖고 있어요.
  모두 잘라내고 나면 문제가 '간단한' 상황이 된다고 이해할 수 있겠죠?
- **precise** : pre(before) + cise(cut)는 거두절미, 즉 '정확한, 정밀한'의 의미에요.
  불필요한 부분을 '미리' 잘라내면 문제가 '정확'해진다고 이해할 수도 있지요.

그럼 마지막으로 science(과학)는 어떨지 살펴볼까요? cis와 비슷하게 생긴 걸 보니 의미도 비슷 하겠다고 유추할 수 있는데요. 실제로 sci도 '자른다'는 뜻을 가지고 있어요. 과학이나 지식은 여러 가지 사물이나 개념을 자르고 나누어서 보는 능력이라 볼 수도 있겠군요. 결국 science는 concise하고 precise 해야 한다고 연결 할 수 있겠네요!

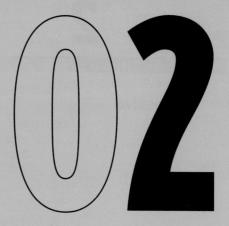

Day 02

Word Preview

🎧 음원 듣기

- ☐ expressive
- ☐ deepen
- ☐ consent
- ☐ sensorimotor
- ☐ grocery
- ☐ cognitive
- ☐ mourn
- ☐ subconscious
- ☐ harness
- ☐ reassure
- ☐ venture
- ☐ unveil
- ☐ arouse
- ☐ specialize

- ☐ breakthrough
- ☐ intelligible
- ☐ primitive
- ☐ transmit
- ☐ particle
- ☐ mandate
- ☐ convict
- ☐ generalize
- ☐ neutral
- ☐ apologetic
- ☐ expire
- ☐ ponder
- ☐ notable
- ☐ reap

- ☐ insufficient
- ☐ escort
- ☐ intensive
- ☐ cardiovascular
- ☐ overhear
- ☐ outfit
- ☐ surge
- ☐ transport
- ☐ commonplace
- ☐ be derived from
- ☐ irregular
- ☐ nourish

041 expressive
[iksprésiv]

express(표현하다)+ive(형.접)
➡ ~을 표현하는, 나타내는

ⓐ (생각, 표정을) 나타내는, ~을 나타내는

예문 I think one of the toughest parts of isolation is a lack of an **expressive** outlet.
난 고립 상태가 주는 가장 힘든 면 중 하나는 표현의 출구가 없다는 것이라 생각한다.
2008 수능 변형

042 deepen
[dí:pən]

deep(깊은)+en(~하게 하다)
➡ 깊게 하다

ⓥ ~을 깊게 하다 ; 악화되다, 악화시키다

예문 As a professional reader, I have to try to keep side by side with contemporary fiction while constantly widening and **deepening** my knowledge of the fiction of earlier times.
전문적인 독자로서 나는 이전 시대의 소설에 대한 지식을 넓히고 깊게 하는 동시에 현대 소설도 함께하기 위해 노력해야만 한다. 08 고3 학평

043 consent
[kənsént]

con(함께)+sent(느끼다)
➡ 같이 느끼다
➡ 동의하다

ⓝ 동의 ⓥ 동의하다

예문 Permission marketing is a term coined by Seth Godin, meaning that the customer has given his or her **consent** to receive marketing messages from an organization.
허용 마케팅은 Seth Godin이 만든 용어이고, 고객이 기관으로부터 온 마케팅 메시지를 받는 데 동의를 해준다는 것을 의미한다. 15 고3 학평 변형

044 sensorimotor
[sènsərimóutər]

ⓐ 감각 운동적인, 지각 운동의

예문 Helen's major finding was that, even if the infants had a large variety of toys to play with, the **sensorimotor** play of babies playing alone was less sustained than that of babies who had an adult to interact with.
Helen의 주요한 발견은 유아들이 가지고 놀 수 있는 많은 다양한 장난감을 가지고 있더라도, 혼자서 노는 아기들의 감각 운동 놀이가 상호작용할 어른이 있었던 아이들보다 덜 지속되었다는 것이었다. 14 고2 학평

045 grocery
[gróusəri]

'도매상'의 고대 프랑스어
grossier에서 유래

ⓝ 식료품, 잡화점

예문 Consumers usually buy seafoods in **grocery** stores.
고객들은 대개 식료품점에서 해산물을 산다. 15 고2 학평 변형

046 cognitive
[kágnitiv]

co(m)(함께)
+gn(알다)+itive(형.접)
➡ 완전히 알고 있는

ⓐ 인지의

예문 Helen thought that '**cognitive** load' might influence self-control.
Helen은 '인지의 부하'가 자제력에 영향을 미칠 수 있다고 생각했다. 15 고2 학평 변형

047 mourn
[mɔːrn]

ⓥ 애도하다, 슬퍼하다

예문 Lily's family **mourned** the death of the dog.
Lily의 가족들은 강아지의 죽음을 슬퍼하였다. 07 고3 학평 변형

048 subconscious
[sʌ̀bkánʃəs]

sub (아래의)
+ conscious (의식의)
➡ 잠재 의식의

ⓐ 잠재의식의

예문 I think many people carry into adulthood a
subconscious belief that mental and emotional
growth follows a similar pattern.
나는 많은 이들이 마음과 감정의 성장이 비슷한 유형을 따른다는
무의식적인 믿음을 성인기까지 가져간다고 생각한다. 13 고3 학평 변형

049 harness
[háːrnis]

ⓥ 이용하다 ; 마구를 채우다 ⓝ 마구

예문 In prehistoric times, any attempt to **harness** nature
meant forcing nature against her will.
선사 시대에는 자연을 이용하려는 어떤 시도도 자연이 자신의 의지를 거스르도록
강요하는 것을 의미했다. 12 고2 학평

050 reassure
[rìːəʃúər]

re (다시) + as (~에 대해)
+ sure (확실하게 하다)
➡ 다시 확실하게 하다

ⓥ 안심시키다, 힘을 북돋우다

예문 Teenagers who feel insecure about their own status
and popularity often try to **reassure** themselves by
pointing a finger at someone who is obviously out.
자신의 지위나 인기에 대해 불안감을 느끼는 십대들은 종종 완전히 따돌림
당하는 누군가를 손가락질함으로써 스스로를 안심시키려고 노력한다.
04 고3 학평

➕ reassurance ⓝ 안심시키기

051 venture
[véntʃər]

vent (오다) + ure (명.접)
➡ 다가올 일 ➡ 모험

ⓥ 위험을 무릅쓰고 하다 ⓝ 모험적 시도

예문 Alex has **ventured** to the Amazon Rainforest to study
new species of reptiles.
Alex는 새로운 파충류 종을 연구하기 위해 아마존 열대우림을 모험했다.
08 고2 학평 변형

052 unveil
[ʌnvéil]

ⓥ ~의 베일을 벗기다, 발표하다, 밝히다

예문 In January of 2002, a dozen countries in Europe got
together to **unveil** something extraordinary.
2002년 1월, 유럽에 십여 개의 나라가 무언가 놀라운 일을 발표하려고 모였다.

053 arouse
[əráuz]

a(강조)
+rouse(각성시키다, 자극하다)
➡ 일깨우다, 깨우다

ⓥ 불러일으키다, 깨우다, 각성시키다

예문 Buildings **arouse** an empathetic reaction in us through these projected experiences, and the strength of these reactions is determined by our culture, our beliefs, and our expectations.
건물은 이러한 투사된 경험을 통해서 우리 마음속에 공감할 수 있는 반응을 일으키며, 이러한 반응의 강도는 우리의 문화, 믿음, 기대에 의해 결정된다. 2017 수능

➕ **arousal** ⓝ 각성, 환기, 자극

054 specialize
[spéʃəlàiz]

special(특별한)+ize(동.접)
➡ 특별하게 하다 ➡ 전문화하다

ⓥ 전공하다 ; 전문화하다

예문 They **specialized** in creating extremely realistic effects on very low budgets.
그들은 아주 적은 예산으로 매우 사실적인 효과를 만들어내는 것을 전문으로 했다. 14 고2 학평 변형

055 breakthrough
[bréikθrù:]

break(부수다)
+through(뚫고 나가다)
➡ 부수고 뚫고 나가다

ⓝ 돌파구, (난관의) 타개

예문 Popular culture is full of stories about overnight successes, pills to lose weight fast, and "**breakthrough**" products to look ten years younger.
대중문화는 갑작스러운 성공, 빠르게 체중을 줄여주는 알약, 그리고 10년 더 젊어 보이게 "돌파구를 여는" 제품들에 관한 이야기로 가득 차 있다. 14 고2 학평

056 intelligible
[intélidʒəbl]

ⓐ (쉽게) 이해할 수 있는

예문 My jaw dropped in amazement when, as promised, I understood every word! All of those episodes of Muzzy cartoons and silly mnemonic devices had actually come together to form something surprisingly **intelligible**.
약속한 대로 내가 모든 말을 이해하고 있어서 놀라서 입이 딱 벌어졌습니다! Muzzy 만화의 스토리와 어리석은 연상기호 장치들이 모두 실제로 합쳐져서 놀랍게도 쉽게 이해할 수 있는 무언가를 만들어냈습니다. 08 고3 평가원

057 primitive
[prímitiv]

prim(최초의)+itive(형.접)
➡ 최초의, 원시 사회의

ⓐ 원시의, 초기의

예문 Unlike the modern society, the **primitive** society had less specialized knowledge to transmit.
현대 사회와 달리 원시 사회는 전달할 전문 지식이 더 적었다. 2011 수능 변형

058 transmit
[trænsmít]

trans(건너서)+mit(보내다)
➡ 이쪽에서 저쪽으로 보내다
➡ 전송하다

ⓥ 전달하다, 전송하다 ; 전염시키다

예문 Last class, we learned about insects that can **transmit** certain diseases.
지난 시간에 우리는 특정 질병을 옮길 수 있는 곤충에 대해 배웠다. 13 고2 평가원 변형

➕ **transmission** ⓝ 전파, 전염, 전달

059 particle
[páːrtikl]

part(부분) + (i)cle(명.접)
➡ 작은 조각

ⓝ 입자, 티끌 ; (문서 등의) 항목, 조항

[예문] If the air cools, vapor **particles** join up as water droplets that form clouds.
공기가 냉각되면, 수증기 입자는 구름을 형성하는 작은 물방울로 결합된다.
06 고2 학평

060 mandate
[mǽndeit]

manus(손)
+ dare(주다) + ate(행동하다)
➡ 손에다가 특정 행동을 건네주다
➡ 위임하다

ⓥ 지시하다 **ⓝ** 권한, 위임 통치(권)

[예문] Why, in country after country that **mandated** seat belts, was it impossible to see the promised reduction in road accident fatalities?
왜 안전벨트를 의무화한 나라들에서 도로상의 사고로 인한 사망자 수가 기대한 만큼 감소하는 것을 보는 것이 불가능한가? 2013 수능

061 convict
[kánvikt]

con(함께) + vict(정복하다)
➡ 완전히 정복하다. 이기다

ⓥ 유죄를 선고하다

[예문] Two brothers were **convicted** of stealing sheep.
두 형제는 양을 훔쳤기에 유죄를 선고 받았다. 14 고2 학평 변형

✚ conviction ⓝ 유죄 선고/판결

062 generalize
[dʒénərəlàiz]

general(일반적인) + ize(동.접)
➡ 일반화 하다

ⓥ 일반화하다

[예문] Depression and **generalized** anxiety disorder are no longer conditions to dread.
우울증과 일반화된 불안장애는 더 이상 두려워할 증세가 아니다. 10 고2 학평

063 neutral
[njúːtrəl]

ne(부인하다)
+ utr(어느 한 쪽) + al(형.접)
➡ 어떤 쪽도 부인하는

ⓐ 중립의, 중립국의, 중성의

[예문] In **neutral** context, a more valid survey can be conducted about an organization's reputation, products, or services.
중립적인 상황속에서 한 집단의 명성. 생산품. 또는 서비스에 관한 보다 타당한 조사가 실행될 수 있다. 2010 수능

064 apologetic
[əpɑ̀lədʒétik]

apolog(y)(사과)
+ etic(형.접)
➡ 사과하는

ⓐ 사과하는, 미안해하는, 변명의

[예문] His reaction in those circumstances is normally **apologetic** and he allows the other man to go first.
그런 상황에서 그의 반응은 일반적으로 미안해하면서 다른 사람이 먼저 갈 수 있도록 한다. 13 고2 학평

✚ apologize ⓥ 사과하다

065 expire
[ikspáiər]

ex(밖으로) + (s)pir(e)(숨쉬다)

➡ 밖으로 (마지막) 숨을 내쉬다

ⓥ 만기가 되다, 기한이 끝나다

예문 Once a product has passed its "use-by" date, most consumers will throw it out, incorrectly concluding that the product is **expired** and therefore no longer good to use.
일단 제품의 유효일이 지난 상태이면 대부분의 소비자들은 제품의 수명이 다하여 더 이상 사용하기에는 좋지 않다고 잘못된 결론을 내려 그것을 버릴 것이다. 13 고2 학평

066 ponder
[pándər]

pond(er)(무게를 재다)

➡ 저울질 해보다
➡ 잘 생각해보다

ⓥ 심사 숙고하다

예문 Mike **pondered** for a long time but confessed that he didn't know the answer.
Mike는 오랜 시간 심사숙고했지만 답을 몰랐다고 고백했다. 04 고3 평가원 변형

➕ contemplate ⓥ 심사숙고하다, 묵상하다

067 notable
[nóutəbl]

not(e)(표시) + able(형.접)

➡ 표시된
➡ 눈에 잘 띄는

ⓐ 주목할 만한, 눈에 띄는

예문 Richard Porson, one of Britain's most **notable** classical scholars, was born on Christmas in 1759.
영국의 가장 유명한 고전 학자 중 한 명인 Richard Porson은 1759년 크리스마스에 태어났다. 16 고3 평가원 변형

➕ remarkable ⓐ 주목할만한, 두드러진

068 reap
[ri:p]

ⓥ 거두다, 수확하다 ; 이익을 얻다

예문 The farmer sowed seeds and **reaped** what he sowed.
농부는 씨를 뿌렸고 뿌린 것을 수확했다. 2001 수능

069 insufficient
[ìnsəfíʃənt]

in(부정) + suf(아래의)
+ fic(i)(만들다) + ent(형.접)

➡ 아래부터 위까지 되게 하지 않는다
➡ 불충분한

ⓐ 불충분한, 부족한

예문 **Insufficient** use of jaw muscles in the early years of modern life may result in their underdevelopment and in weaker and smaller bone structure.
현대 생활에서 어린 시절의 불충분한 턱 근육의 사용이 턱 근육 발육의 부전과 더 약하고 작은 뼈 구조를 생기게 할 수도 있다. 15 고2 학평

➕ scant ⓐ 거의 없는, 부족한

070 escort
[iskɔ́rt]

ⓥ 호위하다 ⓝ 호위대(원)

예문 Freshwater dolphins will **escort** me on the playful river, and 500 species of birds, half a dozen species of monkeys, and numerous colorful butterflies will welcome me into their kingdom.
민물 돌고래가 즐거운 강에서 나를 호위할 것이며, 500종의 새들, 6종의 원숭이들, 그리고 수많은 화려한 나비들이 나를 맞이해 그들의 왕국으로 데려갈 것이다. 2016 수능

➕ accompany ⓥ 동반하다, 수행하다

071 intensive
[inténsiv]

intens(e) (강렬한) + ive (형.접)
➡ 강렬한, 강한

ⓐ 집중적인, 집약적인

예문 Two final astronaut candidates are going through **intensive** training.
마지막 두 우주인 후보는 집중 훈련을 거치고 있다. 07 고3 학평

Tip! 〈주요 용례〉
- **an intensive language course** 집중 어학 코스
- **intensive care** 집중 치료
- **Intensive Care Unit** 중환자실

072 cardiovascular
[kà:rdiouvǽskjələr]

ⓐ 심혈관의

예문 Lack of regular physical exercise can increase the risk of **cardiovascular** diseases.
규칙적인 신체 운동의 부족은 심혈관계 질병의 위험을 증가시킬 수 있다.
10 고3 학평 변형

073 overhear
[òuvərhíər]

over (너머에) + hear (듣다)
➡ 너머에 얘기를 듣다

ⓥ 우연히 듣다, 엿듣다

예문 The strong point of the marketing strategy is that you don't know that the conversation you **overhear** is just a performance.
그 마케팅 전략의 가장 큰 강점은 당신이 우연히 듣는 대화가 단순한 퍼포먼스라는 걸 모른다는 것이다. 07 고2 학평 변형

074 outfit
[áutfìt]

ⓝ 의상, 복장, 용품

예문 I recently ordered an **outfit** from your online store and I want to exchange it.
나는 최근에 당신의 온라인 가게에서 옷을 주문했고 저는 이것을 교환하고 싶습니다. 15 고3 학평 변형

➕ **costume** ⓝ 복장, 옷차림

Tip! 〈주요 용례〉
- **a cowboy outfit** 카우보이 복장 (10 고3 평가원)
- **a humble outfit** 초라한 복장

075 surge
[sə:rdʒ]

'오르는, 일어나다, 공격하다'의
라틴어 **surgere**에서 유래

ⓝ 큰 파도, 쇄도 ⓥ (재빨리) 밀려들다, 밀려오다

예문 There was a fearful, sullen sound of rushing waves and broken **surges** in the sea.
밀려드는 파도와 부서진 큰 파도의 무시무시하고 음침한 파도 소리가 있었다.
09 고3 학평 변형

076 transport
[trǽnspɔ̀:rt]

trans(건너서) + port(옮기다)
➡ 이쪽에서 저쪽으로 옮기다

ⓥ 수송하다, 이동시키다 ⓝ 수송, 이동 수단

[예문] Wheeled carts pulled by horses could **transport** more goods to market more quickly.
말이 끄는 바퀴가 있는 수레는 더 많은 상품을 더 빠르게 시장으로 운반할 수 있었다.
14 고1 학평

➕ **transportation** ⓝ 수송, 운송

---

077 commonplace
[kámənplèis]

ⓐ 아주 흔한, 평범한

[예문] What devices will become **commonplace** that nobody has yet imagined?
아무도 상상하지 못했던 장치들 중 가장 일반적인 것이 될 것은 무엇일까요?
06 고3 평가원

---

078 be derived from
[bi diráivd frəm]

~에서 유래되다

[예문] The word "mica" **is derived from** the Latin word micare, to glitter, in reference to the brilliant appearance of this mineral, especially when in small scales.
'mica'라는 단어는 '반짝거리다'라는 뜻의 라틴어 micare에서 나왔는데 특히
이 광물이 작은 조각으로 있을 때 반짝거리는 외양과 관련이 있다. 09 고3 학평

---

079 irregular
[irégjələr]

ir(부정) + regular(규칙적인)
➡ 규칙적이지 않은

ⓐ 고르지 않은, 불규칙의

[예문] In reality, **irregular** bombing feels worse because people become so unsure about when they will be exposed to the next bombing raid.
사람들은 그들이 언제 다음 공습을 받게 될지 확신할 수 없기 때문에 실제로는
불규칙적인 폭격을 더 나쁘다고 느낀다. 11 고2 학평

---

080 nourish
[nə́:riʃ]

nour(먹이를 주다) + ish(동.접)
➡ 기르다

ⓥ 영양분을 공급하다 ; (감정 및 생각 등을) 키우다

[예문] The dead bodies of organisms in the forest are turned into soil and **nourishes** other organisms.
숲 속에 있는 개체의 죽은 본체는 토양이 되고 다른 개체에게 영양을 공급해 준다.
2004 수능 변형

Review Test !

A 우리말에 맞게 빈 칸에 알맞은 단어를 쓰시오.

1 _____ (생각, 표정을) 나타내는, ~을 나타내는

2 _____ 식료품, 잡화점

3 _____ 인지의

4 _____ 모험적 시도, 위험을 무릅쓰고 하다

5 _____ 전공하다 ; 전문화하다

6 _____ 일반화하다

7 _____ 불충분한, 부족한

8 _____ 우연히 듣다, 엿듣다

9 _____ 아주 흔한, 평범한

10 _____ 영양분을 공급하다, (감정 및 생각 등을) 키우다

11 _____ deepen

12 _____ subconscious

13 _____ harness

14 _____ primitive

15 _____ transmit

16 _____ convict

17 _____ expire

18 _____ ponder

19 _____ intensive

20 _____ surge

B 문장의 빈칸에 알맞은 단어를 〈보기〉에서 찾아 쓰시오. (필요하면 형태를 고치시오.)

보기 transport breakthrough mourn notable consent

1 Civil organizations have asked the federal government to ban direct mail marketing to children without the _____ of their parents.
시민단체들은 부모의 동의없이 아이들에게 우편물을 직접 보내는 것을 금지 할 것을 연방 정부에 요구해 왔다
12 고3학평

2 Families in Egypt _____ the death of a cat and had the body of the dead cat wrapped in cloth before it was finally laid to rest. 2012 수능
이집트 사람들은 고양이의 죽음을 애도했고 죽은 고양이를 천으로 싸서 묻었다.

3 Every victory one person makes is a _____ for all.
한 사람이 이룬 모든 승리는 모두에게 돌파구가 된다. 2011 수능

4 The plant is _____ in that it flowers itself to death, producing a spectacular last blooming with countless flowers.
그 식물은 자신의 꽃을 피우고 죽는다는 것으로 유명한데, 수많은 꽃으로 극적인 최후의 개화를 하는 것이다.
2012 수능

5 _____ is something that everyone takes for granted.
운송은 모든 사람들이 당연하게 여기는 것이다. 14 고2학평

Study More!

01 혼동하기 쉬운 단어 arise/arouse

- **arise** ⓥ 생기다, 발생하다

  People worry as the economic crisis **arises**.
  경제 위기가 발생하자 사람들이 걱정하고 있다.

- **arouse** ⓥ (느낌, 태도를) 불러 일으키다

  The movie succeeded in **arousing** global interest.
  그 영화는 세계인의 관심을 불러 일으키는데 성공했다.

02 trans (가로질러, 통해서)

trans-는 'across/through'의 의미를 가지고 있어요. 또 형용사에서 '횡단', '초월'의 뜻을 나타내요. 동사에서 '다른 장소 · 상태로 변화, 이전'을 나타냅니다.

- **transmit** : trans(across)+mit(send)으로 가로질러 보내는 것이니 '전송하다'라는 뜻이에요.

- **transport** : trans(across)+port(carry)로 건너편으로 옮기다라는 것이니 '교통수단'과 '옮기다'라는 뜻을 가지고 있지요.

- **transparent** : trans(through)+per(appear)로 무엇을 통해서 보이니 '투명한'이라는 의미에요.

- **translate** : trans(across)+late(carry)로 한 언어를 다른 언어로 건너서 옮기는 것이 되므로 '번역하다'라는 뜻으로 발전 하였어요.

- **trans-Atlantic** : trans(across)+Atlantic(대서양)로서 '대서양을 횡단하는'이라는 의미입니다.

*Trans-Atlantic flight '대서양 횡단 비행'

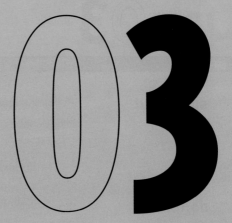

Word Preview

🎧 음원 듣기

- ☐ single out
- ☐ dominate
- ☐ breed
- ☐ altruistic
- ☐ amid
- ☐ mortal
- ☐ overdue
- ☐ unprecedented
- ☐ leftover
- ☐ astray
- ☐ talkative
- ☐ inspiration
- ☐ dilute
- ☐ dormitory

- ☐ coursework
- ☐ murmur
- ☐ counterpart
- ☐ mechanism
- ☐ platform
- ☐ interval
- ☐ expenditure
- ☐ subsidiary
- ☐ lifelong
- ☐ substance
- ☐ aviation
- ☐ mortgage
- ☐ dormant
- ☐ inflate

- ☐ mentor
- ☐ consistent
- ☐ temporary
- ☐ formulate
- ☐ invaluable
- ☐ unrealistic
- ☐ prudent
- ☐ abolish
- ☐ diminish
- ☐ configuration
- ☐ duplicate
- ☐ sanctuary

Day 03

---

081 **single out**
□□ [síŋgl aut]

선발하다, 발탁하다

예문 Most predators have to **single out** and focus on one individual, in order to successfully capture a prey.
대부분의 포식자들은 그들의 먹이를 성공적으로 잡기 위해 하나의 먹이를 선택하고 집중해야 한다. 12 고3 학평

---

082 **dominate**
□□ [dámənèit]

ⓥ ~을 지배하다, (경기에서) 우위를 차지하다

예문 In Picasso's painting Guernica, images of a cruel war **dominate** the canvas.
Picasso의 그림 Guernica에는 잔인한 전쟁의 이미지들이 캔버스를 지배하고 있다.
16 고3 평가원 변형

domi(지배하다) + nate(동.접)
➡ 지배하다

✚ **dominant** ⓐ 우세한, 지배적인

---

083 **breed**
□□ [bri:d]

ⓥ 새끼를 낳다 ; 사육하다 ⓝ 가축의 품종

예문 Birds that in the **breeding** season fight one another to death over territory may end up in the same flock during migration.
번식기에 영역을 차지하려고 서로 싸워 죽기까지 하는 새들은 (철에 따라) 이동하는 동안 결국 같은 무리에 들어가게 될 수 있다. 15 고3 학평 변형

---

084 **altruistic**
□□ [æltru(:)ístik]

ⓐ 이타적인

예문 We have seen that individuals in many species are more likely to behave in an **altruistic** way when close relatives or kin will benefit than when only non-relatives will gain.
우리는 단지 친족이 아닌 것들이 이익을 얻을 때보다 가까운 친척이나 친족이 이득을 얻을 때, 많은 종의 개체들이 이타적인 방식으로 행동하는 경향이 더 있다는 것을 보아 왔다. 15 고3 학평 변형

altruist(다른 이의 복지에 충실한 사람) + ic(형.접)
➡ 이타적인

---

085 **amid**
□□ [əmíd]

ⓟ ~의 한복판에, ~에 둘러싸여

예문 When something is missing, Mary or Jim would go to Lucky's toy box and there the treasure would be, **amid** all of Lucky's other favorite toys.
Mary나 Jim은 무엇인가가 사라지면 Lucky의 장난감 상자로 갔고 그 안에 있는 Lucky가 좋아하는 다른 장난감들 사이에 보물이 있었다. 09 고3 학평

---

086 **mortal**
□□ [mɔ́:rtəl]

ⓐ 죽을 운명의, 치명적인

예문 All men are **mortal**. 모든 인간은 죽는다.

mort(죽음) + al(형.접)
➡ 죽음의

↔ **immortal** ⓐ 불멸의, 불후의

---

087 overdue

[òuvərdjú:]

over(넘어) + due(~예정된)

➡ 예정된 것을 넘은

 연체된, 늦어진

예문 You can check out the books for two weeks. The **overdue** fine is 25 cents a day. Can I see your library card?

당신은 2주 동안 책을 대출 할 수 있습니다. 연체료는 하루에 25센트예요. 도서관 카드를 보여주시겠어요? 09 고3 학평 변형

088 unprecedented

[ʌnprésidèntid]

un(부정) + precedent(전례) + ed(형.접)

➡ 전례가 없는

 전례 없는

예문 The **unprecedented** accident shocked many people.

그 전례 없는 사고는 많은 사람들을 충격에 빠뜨렸다.

089 leftover

[léftòuvər]

 나머지, 잔여

예문 Harry gets up, scratching his belly, drags himself to the gas burner, pours **leftover** coffee in a chipped enamel pan.

Harry는 배를 긁으며 자리에서 일어나, 발을 질질 끌면서 가스버너 쪽으로 걸어가서, 이빨이 빠진 에나멜 냄비에 남아 있는 커피를 붓는다. 07 고3 학평

090 astray

[əstréi]

 길을 잃어, 옳은 길에서 벗어나

예문 As we all know, even the best-laid plans can go **astray**.

우리 모두가 알다시피, 심지어 가장 잘 짜인 계획이라도 잘못된 방향으로 갈 수 있다. 16 고3 학평

091 talkative

[tɔ́:kətiv]

talk(말하다) + ative(~을 하는 경향이 있는)

➡ 말하기를 좋아하는

 말하기를 좋아하는, 수다스러운

예문 I find myself sitting next to someone who's quite **talkative**.

나는 내가 꽤 수다스러운 사람 옆에 앉았음을 깨닫는다. 05 고3 학평 변형

092 inspiration

[ìnspəréiʃən]

inspire(영감을 주다) + ation(명.접)

➡ 영감을 주는 것

 영감

예문 The legend of the lake gave me **inspiration** for my new song.

그 호수에 대한 전설은 내게 새 노래에 대한 영감을 주었다. 04 고3 평가원 변형

093 dilute
[dilúːt]

'용해하다, 녹이다'의
라틴어 **dilutus**에서 유래

ⓥ 묽게하다, 약화시키다　ⓐ 희석된, 묽은

예문 When science speaks to others, it is no longer science, and the scientist becomes or has to hire a publicist who **dilutes** the exactness of mathematics.
과학이 다른 사람들에게 말로 전달되면 그것은 더 이상 과학이 아니어서, 과학자는 수학의 정확성을 약화시키는 홍보 담당자가 되거나 그런 일을 하는 홍보 담당자를 고용해야 한다. 2014 수능

---

094 dormitory
[dɔ́ːrmitɔ̀ːri]

ⓝ 기숙사

예문 As the spring break is starting tomorrow, some of you will be leaving your **dormitory** rooms for several days.
봄방학이 내일 시작 하기 때문에, 여러분 중 몇명은 며칠 동안 기숙사 방을 떠날 것입니다. 12 고3 평가원 변형

---

095 coursework
[kɔ́ːrswɜ̀ːrk]

course(수업)+work(일. 작업)
➡ 수업 작업

ⓝ 수업 활동

예문 In addition to **coursework**, all students are required to attend a series of seminars on college admissions.
수업 활동과 더불어, 모든 학생들은 대학 입학에 관련한 일련의 세미나에 참가 해야 한다. 14 고3 학평

---

096 murmur
[mə́ːrmər]

'투덜 거리며 불만을 표현하다'의
라틴어 **murmure**에서 유래

ⓝ 속삭임, 소곤거림　ⓥ 중얼거리다, 속삭이다

예문 The ghostly winter silence had given way to the great spring **murmur** of awakening life.
스산한 겨울의 정적은 생명의 태동을 알리는 봄의 위대한 속삭임에 자리를 내주었다. 05 고3 학평

---

097 counterpart
[káuntərpàːrt]

counter(~에 대항하여)
+part(부분)
➡ 대항하는 부분

ⓝ 상대, 상대역 ; 등가물, 복사본

예문 Red silk ties are much cheaper and simpler than their woven **counterparts**.
붉은 실크 타이는 그것들의 상대인 실로 짜여진 타이보다 훨씬 싸고 더 단순하다. 08 고3 평가원 변형

---

098 mechanism
[mékənìzəm]

mechan(기계)+ism(명.접)
➡ 기계의 구조

ⓝ 기계 장치 ; 구조, 체계

예문 A filter is a **mechanism** that lets some things flow in but screens other things out.
필터는 어떤 것을 안으로 흘러 들어오게 하지만, 다른 것들을 걸러내는 장치이다. 10 고3 평가원

099 platform
[plǽtfɔːrm]

plat (넓은) + form (형태)
➡ 넓은 형태

ⓝ 승강장, 플랫폼 ; 연단, 강단

예문 There are many steps that can be climbed in order to reach the two viewing **platforms** in the Eiffel tower.
에펠탑에는 두 개의 전망대에 올라갈 수 있도록 만들어진 많은 계단이 있다.
08 고3 학평

✚ podium ⓝ 연단, 강단

100 interval
[íntərvəl]

inter (~사이의) + val (간격)
➡ 사이의 간격

ⓝ (두 사건 사이의) 간격 ; 중간 휴식 시간

예문 You can get slim by eating healthy foods at the right **intervals** each day.
당신은 매일 건강한 음식을 적절한 간격에 먹음으로써 날씬해 질 수 있다.
06 고1 평가원 변형

101 expenditure
[ikspéndiʧər]

expend (지출하다) + i + ture (명.접)
➡ 지출 비용, 경비

ⓝ 지출, 비용, 경비

예문 The graph shows four OECD countries' **expenditures** for private educational institutions as a percentage of GDP.
그 그래프는 OECD 네 국가들의 사교육 지출 비용을 GDP에서 차지하는 비율로 보여준다. 07 고3 학평 변형

102 subsidiary
[səbsídièri]

sub (아래의) + sid (앉다) + ary (형.접)
➡ 아래의 앉아있는

ⓝ 자회사 ; 부속물 ⓐ 부수적인, 자회사의 ; ~에 종속적인

예문 The company has seven **subsidiaries** working in various fields.
그 회사는 다양한 분야에서 활동하고 있는 7개의 자회사가 있다.

103 lifelong
[láiflɔ(ː)ŋ]

life (삶) + long (긴)
➡ 삶이 긴

ⓐ 평생의, 일생 동안의

예문 Social scientists have long noted the relationship between **lifelong** education and income.
사회 과학자들은 평생 교육과 수입 사이의 관계를 주목해왔다. 05 고3 평가원

104 substance
[sʌ́bstəns]

sub (아래의) + sta(n) (서다) + ce (명.접)
➡ 아래에 서 있는 것
➡ 본질

ⓝ 물질 ; 실체, 요지

예문 In the United States, 25% of all prescriptions from pharmacies contain **substances** derived from plants.
미국에서는 약국에서 조제되는 모든 처방약의 25%가 식물에서 얻은 물질을 포함하고 있다. 13 고3 평가원

✚ substantial ⓐ (양, 가치 등이) 상당한

105 aviation
[èiviéiʃən]

aviate (비행하다)
+ tion (명.접)
➡ 비행

ⓝ 항공(술), 항공산업

예문 The history of **aviation** is marked by man's efforts to set ever higher records for speed, altitude, and distance.
항공술의 역사는 속도, 고도, 거리에 대한 더 높은 기록을 세우기 위한 인간의 노력에 의해 특징지어 진다.

---

106 mortgage
[mɔ́:rgidʒ]

mort (죽음) + gage (약속, 맹세)
➡ (돈을 갚겠다는)
죽음의 서약에서 유래

ⓝ 저당, 담보대출

예문 The bank can sell your property if you fail to keep up your **mortgage** payments.
만약 당신이 담보대출을 계속해서 지불하지 못한다면, 은행은 당신의 자산을 팔 수 있다. 07 고2 학평 변형

---

107 dormant
[dɔ́:rmənt]

'잠자다'의 라틴어
dormir에서 유래

ⓐ 잠자는, 휴면기의

예문 The seeds of many wild plants remain **dormant** for months until winter is over and rain sets in.
많은 야생 식물의 씨앗은 겨울이 끝나고 비가 내릴 때까지 수개월 간 휴면기에 머문다. 2014 수능

---

108 inflate
[infléit]

in (안으로)
+ flat / flare (불다) + e
➡ 안으로 불어넣다

ⓥ 부풀리다, 부풀다 ; 가격이 오르다

예문 The bird **inflated** its stomach with air and floated across the water.
그 새는 공기로 그의 배를 부풀렸고 물 위를 떠서 건너갔다. 09 고3 학평 변형

✛ **inflation** ⓝ 인플레이션, 통화 팽창

---

109 mentor
[mentɔ:(r)]

ⓝ 멘토, 스승, 조언자

예문 If you need a **mentor**, tell your homeroom teacher and sign up today.
만약 멘토가 필요하시면 여러분의 담임선생님께 말씀드리고 오늘 신청하세요.
14 고3 평가원

---

110 consistent
[kənsístənt]

consist (~로 구성되다)
+ ent (형.접)
➡ 일관된, 일치하는

ⓐ 일관된, 한결같은, 거듭되는

예문 For some reason, he was getting **consistent** error messages.
어떤 이유에서인지 그는 계속해서 오류 메세지를 받고 있었다. 11 고1 학평

↔ **inconsistent** ⓐ 내용이 다른, 모순되는

---

111 temporary
[témpərèri]

tempor(시간)+ary(형.접)
➡ 한때의, 일시적인

ⓐ 일시적인, 임시의

[예문] Bandaging your ankle is just a **temporary** fix. You should go to see a doctor immediately.
발목에 붕대를 감는 건 일시적인 처방일 뿐이야. 즉시 병원에 가서 진찰을 받아야 해.

112 formulate
[fɔ́ːrmjəlèit]

fomula(방식, 수식)
+ate(동.접)
➡ 방식화하다
➡ 만들어내다

ⓥ 만들어내다, 형성하다 ; 공식화하다

[예문] A skilled explainer learns to **formulate** an answer that focuses on understanding instead of efficiency.
숙련된 해설가는 효율성 대신에 이해에 중심을 둔 정답을 만드는 법을 배운다.
15 고3 평가원 변형

➕ **formulation** ⓝ 공식화, 체계화

113 invaluable
[invǽljuəbl]

in(부정)+value(가치 있는)
+able(형.접)
➡ 가치가 없는

ⓐ 귀중한, 매우 유용한

[예문] The Internet has quickly become an **invaluable** tool.
인터넷은 빠르게 유용한 도구가 되었다. 14 고1 학평 변형

Tip! 〈주요 용례〉
· **gain invaluable experience** 귀중한 경험을 얻다 (05 고3 학평)
· **an invaluable asset** 소중한 자산 (05 고3 학평)
· **provide invaluable data** 매우 유용한 데이터를 제공하다 (10 고3 학평)

114 unrealistic
[ʌnrilístik]

un(반대의)+real(실제,현실)
+istic(형.접)
➡ 현실적이지 않은

ⓐ 비현실적인, 비사실적인

[예문] An illustration of the dangers of **unrealistic** optimism comes from a study of weight loss.
비현실적인 낙관주의의 위험에 대한 설명은 체중 감량에 대한 연구로부터 온다. 15 고2 학평

115 prudent
[prúːdənt]

pr / pro(앞으로,~전에)
+ud / vid(보다)+ent(형.접)
➡ 먼저 살펴 보는

ⓐ 신중한, 분별 있는, 현명한

[예문] I think Harry should be more **prudent** about what he does.
나는 Harry가 그가 하는 일에 대해서 신중해야 한다고 생각한다.

116 abolish
[əbáliʃ]

ab (떨어져) + ol (오랫동안 자란)
+ ish (동.접)

➡ 오랫동안 자란 것과
떨어지다, 멀리하다

ⓥ (법률, 제도 등을) 폐지하다, 없애다

[예문] My friend was disappointed that scientific progress has not cured the world's ills by **abolishing** wars and starvation.
나의 친구는 과학적인 발전이 전쟁과 기아를 없앰으로써 세상의 불행을 치유하지 못했다는 것에 실망했다. 2015 수능

---

117 diminish
[dimíniʃ]

di / dis (~로부터)
+ min (작은) + ish (동.접)

ⓥ 줄어들다, 감소하다; 줄이다, 감소시키다

[예문] Cliches in writing ultimately **diminish** the interest and effectiveness of the subject.
글짓기 속 클리셰는 궁극적으로 주제의 흥미와 효율성을 감소 시킨다. 15 고1 학평 변형

---

118 configuration
[kənfìgjəréiʃən]

con (함께) + figurare
(모양을 만들다) + ation (명.접)

➡ 함께 모양을 만드는 것

ⓝ 구성, 배치, 배열

[예문] Ironically, the solution for the key-jamming problems on traditional typewriters was to use an inefficient keyboard **configuration**.
역설적이게도, 전통적인 타자기의 엉킴 문제에 대한 해결책은 비효율적인 키보드 구성을 사용하는 것이었다. 12 고3 평가원 변형

✚ **composition** ⓝ 구성, 조립, 배치

---

119 duplicate
[djú:pləkit]

du (둘) + plic (접다) + ate (동.접)

➡ 접어서 두 개로 만들다

ⓥ 복사하다 ⓐ 복제한 ⓝ 사본

[예문] A symbol stands for something else but does not attempt to accurately **duplicate** it.
상징기호는 뭔가 다른 것을 나타내지만 그것을 정확하게 복제하려고 하지는 않는다.
14 고2 학평

---

120 sanctuary
[sǽŋktʃuèri]

'성스러운 예배를 위해
세워진 건물'의 프랑스어
sentuarie에서 유래

ⓝ 피난처, 안식, 성소

[예문] The Karyenda drums were normally kept in drum **sanctuaries** which were guarded mainly by Hutu families.
Karyenda 북은 주로 Hutu족이 지키던 북 보관 성소들에 일상적으로 보관되었다.
10 고3 학평 변형

Review Test!

A 우리말에 맞게 빈 칸에 알맞은 단어를 쓰시오.

1. _____ 선발하다, 발탁하다
2. _____ 죽을 운명의, 치명적인
3. _____ 기숙사
4. _____ (두 사건 사이의) 간격 ; 중간 휴식 시간
5. _____ 저당, 담보대출
6. _____ 일관된, 한결같은, 거듭되는
7. _____ 만들어내다, 형성하다 ; 공식화하다
8. _____ 신중한, 분별 있는, 현명한
9. _____ (법률, 제도 등을) 폐지하다, 없애다
10. _____ 복사하다 ; 복제한 ; 사본
11. _____ breed
12. _____ unprecedented
13. _____ murmur
14. _____ mechanism
15. _____ substance
16. _____ aviation
17. _____ dormant
18. _____ inflate
19. _____ temporary
20. _____ diminish

B 문장의 빈칸에 알맞은 단어를 〈보기〉에서 찾아 쓰시오. (필요하면 형태를 고치시오.)

보기	leftover　　counterpart　　invaluable　　dominate　　lifelong

1. Whether we like it or not, our lives today are _____ by the motor car.
   우리들이 그것을 좋아하든 안 하든, 오늘날 우리의 삶은 자동차에 의해 좌우된다. `03 고3 학평`

2. Scientists have discovered that mobile flowers are visited more often by pollinating insects than their more static _____.
   과학자들은 움직이는 꽃들이 그들보다 더 정적인 다른 꽃들보다 꽃가루를 옮기는 곤충들에 의해 더 자주 방문된다는 것을 발견했다. `11 고3 평가원`

3. Fueled by a _____ love of literature, Gonzales has devoted himself to providing people with more access to literature.
   문학에 대한 평생의 애정에 힘입어 Gonzales는 사람들이 문학을 더 많이 접할 수 있는 기회를 제공하는 데에 헌신하였다. `2005 수능`

4. A first aid kit will be _____ if you suffer scratches, bug bites, or other minor injuries.
   응급 상자는 여러분이 긁히거나 벌레에 물린 상처 혹은 다른 작은 부상을 입는다면 매우 귀중할 것이다. `15 고3 평가원 변형`

5. One neighbor was a chef, who would bring him the _____ late at night.
   한 이웃은 요리사였는데 밤늦게 남은 음식을 갖다 주곤 했다. `09 고2 모평`

Study More !

01 어원 이야기 : dormant '잠자는'

dorm- 은 '잠자다'라는 의미에요. dorm-을 어원으로 하는 단어들이 몇몇 있는데요.

- **dormant** : dorm (잠자다) + -ant (형.접)로서 '잠을 자는' 혹은 '잠자고 있는'이라는 뜻을 가지고 있지요.

  dormant account : 휴면 계좌   **dormant volcano** : 휴화산

- **dormitory** : dorm (잠자다) + itory (장소)로서 잠을 자는 장소라는 의미로 '기숙사' 등의 의미로 쓰이고 있어요.

02 어원 이야기 : 어원 in- 의 두 가지 의미

in- 어원은 '안에'라는 뜻과 '아닌, 반대의'의 뜻을 가지고 있다는 것을 알아둘 필요가 있어요.

- **input** : in (안) + put (놓다)로서 '안에 놓다'라는 의미로 '입력하다'라는 의미를 갖기도 해요.
- **insight** : in (안) + sight (시야)로서 안을 들여다보는 시야로 '통찰'이라는 의미를 가져요.

반면 다음과 같은 단어들에서는 **in-**이 '**not, opposite**'의 의미로 쓰이는 경우도 있어요.

- **independent** : in (not) + dependent (의존적인)으로서 의존적이 아니니 독립적이라는 뜻이에요.
- **incredible** : in (not) + credible (believable, '믿을 수 있는')로서 '믿을 수 없는'이라는 뜻을 가지게 되죠.
- **invaluable** : in (not) + valuable (worthy, '가치 있는')의 의미니 '가치가 없는'이라고 생각할 수도 있으나 '가치를 따질 수 없는'의 의미로 '아주 귀중한'의 의미를 가지니까 잘 기억해야 해요!

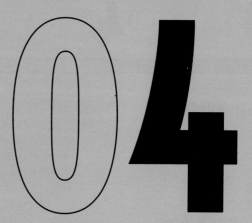

Word Preview

🎧 음원 듣기

- ☐ spacecraft
- ☐ converge
- ☐ occasionally
- ☐ interact
- ☐ questionable
- ☐ impede
- ☐ ramification
- ☐ turn down
- ☐ chaos
- ☐ elevate
- ☐ sensational
- ☐ prose
- ☐ steadfast
- ☐ contempt

- ☐ ambient
- ☐ infinite
- ☐ compile
- ☐ unload
- ☐ dismiss
- ☐ decay
- ☐ stereotype
- ☐ dual
- ☐ prompt
- ☐ meek
- ☐ forefront
- ☐ hue
- ☐ complicit
- ☐ acrobat

- ☐ bias
- ☐ terrify
- ☐ congestion
- ☐ graze
- ☐ fragrance
- ☐ stun
- ☐ sentence
- ☐ precise
- ☐ near-sighted
- ☐ ecology
- ☐ spear
- ☐ sake

Day 04

---

121 spacecraft
[spéiskræft]

space(우주) + craft(보트, 배)

➡ 우주용 배 ➡ 우주선

ⓝ 우주선

예문 Engineers with NASA's New Millennium Program have come up with some new ways to control the temperature in a **spacecraft**.

NASA의 새 천년 프로그램에 참여한 기술자들이 우주선에서 온도를 조절할 수 있는 새로운 방법을 고안해 내었다. 10 고1 학평

---

122 converge
[kənvə́:rdʒ]

con(함께) + verge(~쪽으로 향하다)

➡ 함께 향하다 ➡ 모여들다

ⓥ 모여들다, 만나다

예문 Three highways **converge** in this small town.

이 작은 도시로 세 개의 고속도로가 만난다.

---

123 occasionally
[əkéiʒənəli]

occasion(때, 기회)
+ ally(부.접)

➡ 가끔

ⓐⓓ 가끔, 때때로

예문 Good people are **occasionally** able to do bad things, and bad people can sometimes behave like angels.

선한 사람들은 때때로 나쁜 짓을 할 수 있고 나쁜 사람들은 때때로 천사같이 행동할 수 있다. 14 고3 학평 변형

---

124 interact
[intərǽkt]

inter(상호간) + act(행동하다)

➡ 상호간 행동하다 ➡ 상호작용하다

ⓥ 소통하다, 상호작용하다

예문 Your expectations are likely to influence your perceptions of people with whom you **interact**.

기대는 우리가 교류하는 사람들에 대한 인식에 영향을 줄 가능성이 있다. 12 고3 학평

---

125 questionable
[kwéstʃənəbl]

question(질문하다)
+ able(형.접)

➡ 질문할 수 있는
➡ 의심스러운

ⓐ 의심스러운, 미심쩍은, 확실치 않은

예문 We choose to live like monks anyway, rooting ourselves to a home or a career. In this way, we end up spending the best part of our lives earning money in order to enjoy a **questionable** liberty during the least valuable part.

우리는 우리 자신의 뿌리를 집이나 직장에 두고서도 어쨌든 수도승처럼 살기를 선택한다. 이런 식으로 우리는 우리 생의 가장 소중한 부분을 생에서 가장 가치가 적은 기간 동안 확실치도 않은 자유를 누리려고 돈을 벌면서 써버리고 만다. 06 고3 학평

---

126 impede
[impí:d]

im / in(안으로) + pede(발)

➡ 누군가 걸어가는데 안에서 발을 걸다

ⓥ 지체시키다, 방해하다

예문 Excessive co-suffering **impedes** and may even paralyze the physician into a state of inaction.

과도하게 고통을 함께하는 것은 또한 의사를 방해하고 심지어 의사가 어떤 행동도 하지 못하는 무력한 상태로 만들지도 모른다. 15 고3 평가원

➕ impediment ⓝ 장애(물)

127 ramification
[rǽməfəkéiʃən]

(n) (주로 복수형으로) (어떤 일의) 영향, 결과

예문 It is too soon to predict the **ramifications** of the new admission system.
새로운 입학 시스템의 영향들을 예측하기는 너무 이르다.

---

128 turn down
[təːrn daun]

거절하다, 줄이다

예문 If you are reluctant to give up what you have because you do not want to suffer losses, then you will **turn down** trades you might have otherwise made.
만약 손해 보는 것이 싫어서 가지고 있는 것을 포기하기를 주저한다면, 그렇게 하지 않았더라면 성사되었을 수도 있는 거래를 거절 하는 것이다. 10 고2 학평

---

129 chaos
[kéiɑs]

'심연, 깊은 구렁'의 그리스어 **khaos**에서 유래

(n) 혼란, 카오스

예문 Jason heard people yelling and trying to get out in sheer **chaos**.
Jason은 사람들이 소리를 지르며 극도로 혼란한 상황 속에서 빠져 나오려고 애쓰는 것을 들었다. 10 고2 학평

➕ **chaotic** ⓐ 혼란한, 무질서한

---

130 elevate
[éləvèit]

e / ex(위로) + lev(올리다) + ate(동.접)
➡ 위로 들어올리다

(v) 들어올리다, 승격시키다 ; (기분을) 좋게 하다

예문 The dancers stood on a two-step **elevated** stage, so that there was a natural gap between those who came to dance and those who came to watch.
춤꾼들은 두 계단 위에 있는 무대에 서 있어서 춤을 추러 온 사람들과 보러 온 사람들 간에 자연스러운 간격이 있었다. 2016 수능

---

131 sensational
[senséiʃənəl]

sensation(굉장한 놀라움) + al(형.접)
➡ 세상을 놀라게 하는

(a) 세상을 놀라게 하는, 선풍적인

예문 My daughter sang and danced with her friends in the school festival as part of a **sensational** performance. 내 딸은 학교 축제에서 모두를 깜짝 놀라게 할 공연의 일부로 친구들과 노래하고 춤췄다. 2016 수능 변형

➕ **phenomenal** ⓐ 경이적인, 놀랄만한

---

132 prose
[prouz]

'이야기, 서술'의 고대 프랑스어 **prose**에서 유래

(n) 산문(체)

예문 The old Sumerian cuneiform could not be used to write normal **prose** but was a mere telegraphic shorthand, whose vocabulary was restricted to names, numerals and units of measure.
고대 수메르의 쐐기 문자는 보통의 산문을 쓰는 데 사용될 수가 없었고, 단순한 전보를 보내기 위한 속기였는데, 그것의 어휘는 이름과 수와 측정의 단위에 제한되었다. 2006 수능

133 steadfast
[stédfæst]

stede(꾸준히) + fast(빠른)
➡ 변함 없는

ⓐ 확고한, 변함없는

예문 The king was greatly moved because of Kim's **steadfast** loyalty.
왕은 Kim의 변함없는 충성심 때문에 크게 감동받았다.

---

134 contempt
[kəntémpt]

'경멸, 멸시(감)'의 라틴어
contemptus에서 유래

ⓝ 경멸, 멸시, 무시

예문 The dictionary defines courage as a 'quality which enables one to pursue a right course of action, through which one may provoke disapproval, hostility, or **contempt**'.
사전은 용기를 '반감, 적대감, 또는 경멸을 유발할 수 있는 올바른 행동의 과정을 추구할 수 있게 하는 자질'이라고 정의한다. 2011 수능 변형

✚ disdain ⓝ 경멸, 무시, 업신여김

---

135 ambient
[æmbiənt]

ambi(주위에) + ent(형.접)
➡ 주위의, 주변에

ⓐ 주위의 ; 잔잔한

예문 The engines of pollution-free cars run on compressed and **ambient** air.
공기 오염이 없는 자동차 엔진은 압축된 주변 공기를 이용하여 작동된다.
07 고2 학평 변형

---

136 infinite
[ínfənit]

in(부정) + finite(유한한)
➡ 유한하지 않은

ⓐ 무한한, 무한정의

예문 Do you remember when you were little and you imagined that adults had **infinite** power?
여러분이 어렸을 때, 어른들은 무한한 힘을 가졌다고 상상하던 때를 기억하는가?
2008 수능

✚ infinity ⓝ 무한성

---

137 compile
[kəmpáil]

com(함께) + pile(쌓아올리다)
➡ 함께 모아 놓다

ⓥ 편집하다, 편찬하다, 작성하다

예문 He **compiled** the Classics not as a "great books" collection but as a course of study particularly for the young whose early education was cut short.
그는 이 고전 선집을 뛰어난 고전 작품집으로서가 아니라 특히 조기에 학업을 중단한 젊은이를 위한 학업의 과정으로 편찬했다. 11 고3 학평

---

138 unload
[ʌnlóud]

un(반대의)
+ load(싣다, 적재하다)
➡ 짐 싣은 것을 내리다

ⓥ (자동차, 선박 등에서) 짐을 내리다

예문 After **unloading** their cart at the checkout, Jane realized to her utter embarrassment that her wallet was not in the bag.
계산대에서 카트 짐을 내린 후에, Jane은 너무나 곤혹스럽게도 그녀의 가방에 지갑이 없다는 것을 깨달았다. 12 고3 학평

139 dismiss
[dismís]

dis(떨어져)
+ miss / mit(보내다)
➡ 떠나게 하다

ⓥ 무시하다, 해고하다

예문 Though we cannot **dismiss** Mr. Smith's opinion completely, his argument is not persuasive.
우리가 Mr. Smith의 의견을 완전히 묵살할 순 없지만, 그의 주장은 설득력이 없다. 2004 수능

140 decay
[dikéi]

de(아래에) + cay(떨어지다)
➡ (썩어) 내려 앉다

ⓝ 부패, 부식, 쇠퇴 ⓥ 썩다, 부패하다, 쇠퇴하다

예문 In the 1650s, people believed that flies formed naturally from **decaying** meat.
1650년대에, 사람들은 파리가 부패하는 고기에서 자연적으로 생긴다고 믿었다. 09 고1 학평

141 stereotype
[stériətàip]

stereos(단단한)
+ type(판)
➡ 단단한 판
➡ 고정관념

ⓝ 고정 관념, 정형화된 사고방식

예문 Since African American culture appreciates a greater flexibility of gender roles and accepts a broader range of gender-appropriate behaviors, African American women are not as bound as white women by gender role **stereotypes**.
미 흑인 문화는 성 역할에 대한 더 많은 유연성을 인식하고 보다 넓은 범위의 성별에 부합하는 행위를 수용하므로, 미 흑인 여성들은 백인 여성만큼 성 역할 고정관념에 의해 구속을 받지 않는다. 15 고3 평가원

142 dual
[djú(:)əl]

'둘'의 라틴어
dualis에서 유래

ⓐ 두 부분으로 된, 이중의

예문 With the increasing number of **dual**-income families, parents are finding it more difficult to teach their children how to eat well.
맞벌이 가정의 수가 점점 증가함에 따라서 부모들은 자녀에게 음식을 잘 섭취하는 방법을 가르쳐 주는 것이 더욱 어려워지고 있다고 생각한다. 11 고3 학평

143 prompt
[prɑmpt]

ⓥ 촉발하다 ⓐ 신속한, 즉각적인

예문 Competition **prompts** innovation and drives global markets.
경쟁은 혁신을 촉발하고 세계 시장을 이끈다. 15 고2 학평 변형

144 meek
[miːk]

mek(미끄러운)
➡ 얌전한, 온화한

ⓐ 온순한, 온화한

예문 The bus driver was thin and basically **meek**.
버스 운전사는 야위었으며 무엇보다도 온화했다. 07 고3 학평

145 forefront
[fɔ́ːrfrʌ̀nt]

fore(~전에)
+ front(앞에)
➡ 맨 앞

ⓝ 맨 앞, 선두, 가장 중요한 위치

[예문] Mitchell rocketed to the **forefront** of American astronomy when she spotted a comet through her telescope.
Mitchell은 자신의 망원경을 통해 혜성을 발견했을 때 미국 천문학의 선두로 급부상했다. 16 고3 학평

---

146 hue
[hju:]

'색깔'의 고대 영어
hiw에서 유래

ⓝ 색조, 빛깔

[예문] The researchers found that if the observers had seen typically yellow objects in the intermediate **hue**, this hue was subsequently categorized as yellow.
연구자들은 관찰자들이 중간 색조를 띤 전형적인 노란색 사물을 보았으면 나중에 이 색조가 노란색으로 분류 되었다는 것을 발견했다. 16 고3 학평

---

147 complicit
[kəmplisit]

com(함께)+ plicit(묶인)
➡ 함께 묶인 ➡ 연루된, 공모한

ⓐ (주로 안 좋은 일에) 연루된, 공모한 (~in)

[예문] This means our brains can be tricked, and the irony is that we are **complicit** in the deception.
이것은 우리의 뇌가 속을 수 있다는 것을 의미하고, 역설적인 점은 우리가 그 속임수의 공범이라는 사실이다. 14 고2 학평

---

148 acrobat
[ǽkrəbæt]

acro(높은)+ bat(걷는)
➡ 높은 곳에서 걷는 사람
➡ 곡예사

ⓝ 곡예사

[예문] The **acrobats** are performing as children watch.
곡예사들이 아이들이 보는 앞에서 공연을 하고 있다.

✚ **acrobatic** ⓐ 곡예의, 곡예에 관련된

---

149 bias
[báiəs]

'기울어지다, 완곡한'의
프랑스어 biais에서 유래

ⓝ 편견, 치우침

[예문] Scientists should be careful to reduce **bias** in their experiments.
과학자는 그들의 실험에서 편견을 줄이기 위해 주의를 기울여야 한다. 2013 수능

✚ **biased** ⓐ 편향된, 선입견이 있는

---

150 terrify
[térəfài]

terr(i)(겁먹게 만들다)
+fy(동.접)
➡ 겁을 먹게 하다

ⓥ 무섭게 하다, 겁먹게 하다

[예문] It started out like any other day. I had no idea that I was in for one of the most **terrifying** experiences of my life.
그날도 시작은 다른 어느 날과 같았다. 나는 내가 내 삶에서 가장 무서운 경험 중의 하나가 날 기다리고 있으리라고는 꿈에도 생각지 못했다. 2012 수능 변형

✚ **frighten** ⓥ 놀라게 하다, 섬뜩하게 하다

151 congestion
[kəndʒéstʃən]

congest(혼잡하게 하다)
+tion(명.접)
➡ 혼잡함

ⓝ (교통 등의) 혼잡, 밀집, 정체

예문 Alternatively, some residents express concern that tourists overcrowd the local fishing, hunting, and other recreation areas or may cause traffic and pedestrian **congestion**.

그 대신에 몇몇 주민들은 관광객들이 현지의 낚시터, 사냥터 및 기타 휴양지에 지나치게 몰리거나 교통과 보행자 혼잡을 초래할지도 모른다는 우려를 표한다. 2017 수능

152 graze
[greiz]

'풀을 뜯어 먹다' 고대 영어
grasian에서 유래

ⓥ 풀을 뜯다, 방목하다

예문 To increase your income, you want to raise more sheep and **graze** them on the land.

너의 소득을 늘리기 위해 너는 더 많은 양을 길러 그 땅에서 풀을 뜯게 하고 싶을 것이다. 09 고3 학평

153 fragrance
[fréigrəns]

frag(앞으로 터져 나가는)
+rance(명.접)
➡ 앞으로 터져 나가는 것
➡ 향기

ⓝ 향기, 향, 향수

예문 Some **fragrances** might make you feel gloomy, while others might make your senses active.

몇몇 향기는 당신을 더 우울하게 만드는 반면에 다른 향기는 당신의 감각을 활발하게 만든다. 06 고3 학평 변형

Tip! 〈냄새(smell)에 관련된 단어〉
- 좋은 냄새 : fragrance ⓝ 냄새, 향기   scent ⓝ 냄새, 향기
             aroma ⓝ 냄새, 향기
- 안좋은 냄새 : odor ⓝ 악취, 냄새   stink ⓝ 고약한 냄새

154 stun
[stʌn]

ⓥ 기절시키다, 망연자실하게 만들다

예문 **Stunned** with grief, he cried.

망연자실하여, 그는 울부 짖었다. 06 고3 학평 변형

＋ stunning ⓐ 깜짝 놀랄, 굉장히 멋진

155 sentence
[séntəns]

sent(읽고 느끼는)+ence(명.접)
➡ 읽고 느끼는 것 ➡ 문장

ⓥ (형을) 선고하다 ⓝ 형벌, 판결, (형의) 선고, 문장

예문 Socrates was **sentenced** to death and got killed in prison.

소크라테스는 사형을 선고 받고 감옥에서 죽었다. 05 고2 평가원

156 precise
[prisáis]

pre(~앞에) + cis(e)(자르다)
➡ 앞부분을 잘라낸
➡ 정확히 제시한

ⓐ 정확한, 정밀한

예문 The special airplane has a powerful telescope for **precise** observations of the galaxy.
그 특수 비행기는 은하의 정확한 관측을 위해 고성능의 망원경을 가지고 있다.
11 고2 학평 변형

↔ **imprecise** ⓐ 부정확한 **vague** ⓐ 애매한

157 near-sighted
[níər sáitid]

ⓐ 근시의, 근시안적인

예문 Someone who reads only newspapers and books by contemporary authors looks to me like a **near-sighted** person.
단지 신문과 현대 저자들이 쓴 책을 읽는 사람은 나에게는 근시안적인 사람처럼 보인다. 2006 수능

↔ **far-sighted** ⓐ 원시안의, 선견지명이 있는

158 ecology
[ikálədʒi]

eco(집) + logy(학문)
➡ (모든 생물의) 집에 대한 학문
➡ 생태학

ⓝ 생태(학)

예문 Not until the rise of **ecology** at the beginning of the twentieth century did people begin to think seriously of land as a natural system with interconnecting parts.
20세기 초에 생태학이 부상한 이후에야 사람들은 땅을 서로 연결된 부분을 가진 하나의 자연 체계로 진지하게 생각하기 시작했다. 16 고3 학평

➕ **ecological** ⓐ 생태학전인

159 spear
[spiər]

'꿰뚫 수 있는 촉을 달고 있는 나무 무기'의 고대 영어 **spere**에서 유래

ⓝ 창 **ⓥ** (창으로) 찌르다, 찍다

예문 In primitive times, hunters chased animals, throwing **spears** or rock at them.
원시 시대에 사냥꾼들은 창이나 돌을 동물들에게 던지며 쫓아갔다.

160 sake
[seik]

'목적'의 고대 영어 **sacu**에서 유래

ⓝ 이익, 동기

예문 Children must be taught to perform good deeds for their own **sake**, not in order to receive stickers, stars, and candy bars.
아이들은 스티커, 별, 그리고 캔디 바를 받기 위해서가 아니라 그들 스스로를 위해 좋은 행동을 하도록 가르침을 받아야 한다. 2011 수능 변형

Tip! 〈for the sake of somebody / something '~을 위해'〉
· for the sake of stability 안정성을 위해서 (12 고3 학평)

Review Test !

A 우리말에 맞게 빈 칸에 알맞은 단어를 쓰시오.

1 _____	모여들다, 만나다	11 _____	interact
2 _____	지체시키다, 방해하다	12 _____	steadfast
3 _____	들어올리다, 승격시키다, (기분을) 좋게하다	13 _____	contempt
4 _____	세상을 놀라게 하는, 선풍적인	14 _____	dismiss
5 _____	무한한, 무한정의	15 _____	decay
6 _____	편집하다, 편찬하다, 작성하다	16 _____	forefront
7 _____	고정 관념, 정형화된 사고방식	17 _____	complicit
8 _____	신속한, 즉각적인 ; 촉발하다	18 _____	congestion
9 _____	무섭게 하다, 겁먹게 하다	19 _____	precise
10 _____	향기, 향, 향수	20 _____	sake

B 문장의 빈칸에 알맞은 단어를 〈보기〉에서 찾아 쓰시오. (필요하면 형태를 고치시오.)

보기   ecology   spacecraft   spear   chaos   dual

1 A balance should exist in any physical education program among team, _____, and individual (lifetime) sports.
균형은 단체 스포츠, 듀얼 스포츠, 개인 (평생) 스포츠 중 어떠한 체육 프로그램에도 존재해야 한다. 16 고3 평가원

2 One glaciologist said that "a road is like a direct attack on _____."
한 빙하학자는 "도로란 생태계에 대한 직접적인 공격과 같다"라고 말했다. 07 고3 학평

3 Native Americans hunted the bison, using _____ and arrows.
북미의 원주민들은 들소를 창과 화살을 사용하여 사냥했다.

4 Black Friday originated from describing the _____ created by the massive traffic and the numerous people flocking to stores.
Black Friday는 가게로 모여드는 엄청난 교통량과 사람들로 인한 혼란을 묘사한 것에서 유래했다. 11 고2 학평

5 To see all of Earth, we would have to go around it in a _____.
지구 전체를 보기 위해서는 우주선을 타고 주위를 돌아야 할 것이다. 08 고3 평가원

Study More!

'dis-' : 형용사, 명사, 동사, 부사에서 '반대', '부정'의 뜻을 나타낸다.

- **dissatisfied** ⓐ 불만족스러운

  She was **dissatisfied** with the test result.
  그녀는 시험 결과가 불만족스러웠다.

- **disadvantage** ⓝ 불리한 점, 약점

  What's the **disadvantage** of travelling alone?
  혼자 여행하는 것에 안 좋은 점은 무엇인가요?

- **dishonest** ⓐ 정직하지 않은

  There are some **dishonest** traders in the tourist areas.
  여행지에는 몇몇 정직하지 않은 상인들이 있다.

02 **'-logy'** : 명사에서 '학문', '교리' 등의 뜻을 나타낸다.

- **psychology** ⓝ 심리학

  Sarah is a generalist in the field of child **psychology**.
  Sarah는 아동 심리학 분야의 전문가이다.

- **zoology** ⓝ 동물학

  If you want to find out more about **zoology**, visit our website
  www.AllaboutZoo.com
  만약 당신이 동물학에 대해 더 찾고 싶다면, 우리 웹사이트 www.AllaboutZoo.com에 방문하세요.

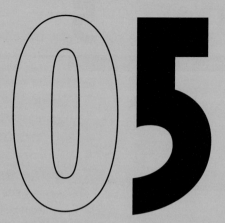

Word Preview

🎧 음원 듣기

- ☐ hallmark
- ☐ sheer
- ☐ underlying
- ☐ maladjusted
- ☐ adolescent
- ☐ steer
- ☐ deviate
- ☐ attentive
- ☐ spiritual
- ☐ dedicate
- ☐ ambiguous
- ☐ indubitable
- ☐ tournament
- ☐ grid

- ☐ creep
- ☐ purify
- ☐ quote
- ☐ gourmet
- ☐ facilitate
- ☐ sanitize
- ☐ slang
- ☐ intrigue
- ☐ sorrow
- ☐ momentary
- ☐ livelihood
- ☐ transcript
- ☐ anticipate
- ☐ device

- ☐ secluded
- ☐ elegant
- ☐ surpass
- ☐ corrupt
- ☐ respiratory
- ☐ grumble
- ☐ zealous
- ☐ locomotive
- ☐ persevere
- ☐ humble
- ☐ thrilling
- ☐ polygon

Day 05

161 ··· 200

161 hallmark
[hɔ́:lmà:rk]

ⓝ (전형적인) 특징, 특질

예문 Fieldwork is the **hallmark** of cultural anthropology.
현장연구는 문화인류학의 전형적 특징이다.

---

162 sheer
[ʃiər]

'면제된, 죄로부터 자유로운'의
고대 영어 scir에서 유래

ⓐ 순전히, 완전히

예문 Einstein wanted to illuminate the workings of the universe with a clarity never before achieved, allowing us all to stand in awe of its **sheer** beauty and elegance.
Einstein은 이전에는 단 한 번도 성공한 적이 없을 정도로 명확하게 우주의 활동을 조명해 보기를 원했으며, 그로써 우리 모두는 우주의 순수한 아름다움과 우아함에 대해 경외심을 가지고 서있게 되었다. 12 고3 평가원 변형

---

163 underlying
[ʌ́ndərlàiiŋ]

under(아래에) + lie(놓여있다)
➡ 아래에 놓여있다
➡ 근본적인

ⓐ 근본적인, 기초를 이루는

예문 One of the **underlying** principles of investing is based upon the relationship between risk and return.
투자의 기본을 이루는 원칙 중 하나는 위험과 수익 간의 관계에 근거하고 있다.
15 고2 학평 변형

---

164 maladjusted
[mæ`lədʒʌ́stid]

mal(잘못된, 나쁜)
+ adjust(조정하다) + ed(형.접)
➡ 잘못 조정된

ⓐ 적응하지 못하는 ; 조정이 잘못된

예문 Sue was **maladjusted** at the new company and couldn't concentrate on her work.
Sue는 새로운 회사에 적응하지 못했고 그녀의 일에 집중하지 못했다.

---

165 adolescent
[æ̀dəlésənt]

ad(~을 향하여) + ol(자라다)
+ escent(형.접)
➡ ~을 향하여 성장하고 있는

ⓝ 청소년 ⓐ 사춘기의, 청춘의

예문 **Adolescents**, adults, and old people all report that their worst experiences have taken place in solitude.
청소년들, 성인들, 그리고 노인들은 모두 그들의 최악의 경험이 고독속에서 발생했다고 말한다. 16 고3 학평

---

166 steer
[stiər]

'차의 길을 안내하다'의
고대 영어 steran에서 유래

ⓥ 조종하다, 돌리다, (어떤 방향으로) 나아가다

예문 To require perfection is to invite paralysis. The pattern is predictable: as you see error in what you have done, you **steer** your work toward what you imagine you can do perfectly.
완벽함을 요구하는 것은 마비 상태를 일으킨다. 그 패턴은 예측할 수 있다. 당신이 한 일에서 오류를 발견할 때 당신은 완벽하게 해낼 수 있다고 상상하는 쪽으로 일을 몰고 간다. 13 고3 평가원

167 **deviate**
[díːvieit]

'이탈하다, 빗나가다'의
고대 라틴어 **deviare**에서 유래

ⓥ (예상 등을) 벗어나다, 빗나가다

예문 Alex sticks to his own training timetable and does not want to **deviate** from it.

Alex는 자기 자신의 훈련 일정을 고수하며 거기에서 벗어나고 싶어 하지 않는다.

168 **attentive**
[əténtiv]

attend(다루다, 처리하다)
+**ive**(형.접)
➡ (관심을 갖고) 다루는
➡ 주의 깊은

ⓐ 주의를 기울이는, 세심한, 배려하는

예문 Helen thinks she has become more **attentive** and alert since starting to drink more coffee.

Helen은 더 많은 커피를 마시기 시작한 이후로 자신이 더 세심해지고 기민해졌다고 생각한다. 14 고1 학평 변형

169 **spiritual**
[spíritʃuəl]

spirit(정신, 영혼)+**ual**(형.접)
➡ 정신적인, 정신의

ⓐ 정신의

예문 Whenever you get the opportunity, read about the great figures in history, especially the **spiritual** ones.

당신은 기회가 생길 때마다, 특히 정신적으로 위대했던 사람들과 같은 역사상 훌륭한 사람들에 대해서 읽어라. 04 고1 평가원 변형

170 **dedicate**
[dédəkèit]

de(떨어져)+**dic**(말하다)
+**ate**(동.접)
➡ ~을 위해 따로 챙겨 두었다가
치겠다고 맹세하다

ⓥ 헌신하다, 바치다

예문 Hidalgo was a **dedicated** scholar who had studied the writings of Thomas Jefferson and the leaders of the French Revolution.

Hidalgo는 Thomas Jefferson과 프랑스혁명 지도자들의 글을 연구하는 데에 헌신한 학자였다. 06 고3 학평

171 **ambiguous**
[æmbígjuəs]

'두 가지 의미를 갖는'의 라틴어
ambiguus에서 유래

ⓐ 애매모호한, 여러 가지로 해석되는

예문 An **ambiguous** term is one which has more than a single meaning and whose context does not clearly indicate which meaning is intended.

모호한 용어란 하나 이상의 의미를 가지고 있으면서 어떤 의미가 의도되었는지를 그 문맥이 명확하게 보여주지 못하는 용어이다. 13 고2 학평

➕ **vague** ⓐ 막연한, 애매한

172 **indubitable**
[indjúːbitəbl]

in(부정)+**dubitable**(의심스러운)
➡ 의심스럽지 않은

ⓐ 의심할 여지 없는

예문 There is **indubitable** proof related to the crime.

그 범죄에 관해 의심할 여지가 없는 증거가 있다.

↔ **dubitable** ⓐ 의심스러운, 명확치 않은

173 tournament
[túərnəmənt]

'말을 탄 기사단 사이의 경쟁'의 고대 프랑스어 tornement에서 유래

ⓝ 토너먼트, 경연대회

예문 Since the **tournament** is only one month away, we are practicing hard.
밴드 경연대회가 한 달 정도만 남았기 때문에 우리는 열심히 연습하는 중이다.
16 고2 학평 변형

174 grid
[grid]

ⓝ 격자 무늬, 격자판, (가스, 전기 등의) 배관망

예문 The **grid** and / or projection system is one of the essential elements that give the map the aura of scientific accuracy and objectivity.
격자판과 투영법 시스템은 지도에 과학적인 정확성과 객관성의 분위기를 부여하는 필수적인 요소 중의 하나다. 2017 수능 변형

175 creep
[kri:p]

ⓥ 기다, 살금살금 움직이다

예문 Liz saw a dark figure **creep** into the open and draw near to the trees.
Liz는 검은 형체가 공터가 있는 쪽으로 살금살금 기어가 나무 가까이로 가는 것을 보았다. 13 고3 평가원

176 purify
[pjú(:)rəfài]

'영적 오염으로부터 자유로운'의 라틴어 **purefier**에서 유래

ⓥ 정화하다, 깨끗이 하다

예문 The **purified** water from the artificial wetlands flows into Humboldt Bay, where marine life flourishes.
정화된 물은 인공적인 습지로부터 수중 생물이 번창하는 Humboldt 만으로 흘러간다. 14 고2 학평

➕ purity ⓝ 순수성, 순도

177 quote
[kwout]

ⓥ 인용하다, 예를 들다 ; 견적을 내다 ⓝ 인용(문), 견적액

예문 It is sometimes incorrectly **quoted** that mosquitoes kill more people than any other animal.
모기가 다른 어떤 동물들보다 사람을 많이 죽인다는 것으로 부정확하게 인용되는 경우가 간혹 있다. 08 고2 학평 변형

178 gourmet
[gúərmei]

'먹고 마시는 것의 전문가'의 프랑스어 **gourmet**에서 유래

ⓝ 미식가, 식도락가

예문 Wilderness dining has two extremes: **gourmet** eaters and survival eaters.
야생의 식사는 미식가와 생존을 위해 먹는 사람이라는 양 극단을 갖고 있다.
2015 수능

➕ connoisseur ⓝ (예술, 미술, 음식 등의) 감정가, 감식가

179 facilitate
[fəsílitèit]

'쉽게 하다, 덜 어렵게 만들다'의
프랑스어 faciliter에서 유래

ⓥ 용이하게 하다, 촉진시키다

예문 Language not only **facilitates** the cultural diffusion of innovations, it also helps to shape the way we think about, perceive, and name our environment.
언어는 혁신의 문화적 확산을 촉진할 뿐 아니라, 우리가 환경에 대하여 생각하고, 인지하고, 이름을 붙이는 방식을 형성하도록 돕기도 한다. 14 고2 학평

180 sanitize
[sǽnitàiz]

ⓥ (청소, 살균 등으로) ~을 깨끗하게 만들다

예문 If you only have one cutting board, you should thoroughly wash and **sanitize** it between uses.
만약 도마가 하나라면, 당신은 도마를 사용하기 전에 완전히 깨끗하게 씻어서 위생적이게 해야 한다. 10 고3 학평

181 slang
[slæŋ]

ⓝ 속어, 은어

예문 **Slang** is actually quite difficult for linguists to find out about.
언어학자들에게 있어서 은어를 파악하는 것은 실제로 상당히 어려운 일이다.
16 고2 학평 변형

182 intrigue
[intríːg]

ⓥ 호기심을 자극하다　ⓝ 계략 ; 흥미나 호기심을 자극하는 것

예문 If you are **intrigued** by the emotional effect of movies through sensory input, try an experiment that researchers have performed in a more precise fashion.
감각 입력을 통한 영화의 감정적 효과가 여러분에게 흥미를 불러일으킨다면, 연구원들이 더 정밀한 방식으로 수행했던 실험을 시도해 보라. 13 고3 학평 변형

＋ intriguing ⓐ 아주 흥미로운

183 sorrow
[sárou]

'고통, 문제, 후회'의
고대 독일어 sorg에서 유래

ⓝ 슬픔, 비애　ⓥ (대단히) 슬퍼하다

예문 We are trained to control bad feelings such as **sorrow** in public.
우리는 대중 앞에서 슬픔과 같은 나쁜 감정을 통제하도록 훈련되었다.
04 고3 평가원

184 momentary
[móuməntèri]

moment(순간, 찰나)
＋ary(형.접)
➡ 순간의, 찰나의

ⓐ 순간적인, 잠깐의

예문 Psychologists make the distinction between dispositions and **momentary** feelings.
심리학자는 기질과 순간적인 감정 사이의 차이를 구분한다. 14 고3 학평 변형

＋ ephemeral ⓐ 순식간의

185 livelihood
[láivlihùd]

'계속 살아있게 하는 수단'의
고대 영어 livelode에서 유래

ⓝ 생계, 생계수단

예문 The land needs people to heal it, and the people need the land to sustain their **livelihoods**.
땅은 치유를 위해 인간이 필요하고 인간은 생계를 유지하기 위해 땅이 필요하다.
`10 고3 학평`

---

186 transcript
[trǽnskript]

trans (건너서)
+ scribe (적다)
➡ 옮겨 적다

ⓝ (글로 옮긴) 기록, 성적 증명서

예문 W: Can I get a copy of my **transcript** here?
M: Sorry, did you say a transcript? This is where we issue transcripts.
여: 제 성적증명서 사본을 이 곳에서 받을 수 있을까요?
남: 실례지만, 성적증명서라고 말했나요? 여기가 성정증명서를 발급하는 곳입니다.
`09 고3 학평`

---

187 anticipate
[æntísəpèit]

anti / ante (~전에)
+ cip / cap (잡다) + ate (동.접)
➡ 미리 잡아내다 ➡ 파악하다

ⓥ 예측하다, 기대하다

예문 He faced a challenge that no one had **anticipated**.
그는 누구도 예상하지 못한 도전에 맞닥뜨렸다. `11 고2 학평 변형`

➕ **predict** ⓥ 예언하다, 예측하다

---

188 device
[diváis]

'나누다'의 라틴어
dividere에서 유래

ⓝ 장치, 기기

예문 A **device** that enables the totally deaf to communicate with each other by telephone has been developed by the New York Telephone Co.
완전히 귀가 들리지 않는 사람들이 전화로 통화할 수 있게 해주는 장치가 뉴욕 전화회사에 의해 개발되었다. `07 고3 평가원`

---

189 secluded
[siklú:did]

'국한시키다, 둘러싸다'의 라틴어
secludere에서 유래된
'seclude'의 형용사형

ⓐ 한적한, 외딴, 은둔한

예문 Maybe you thought you loved working alone, but now you're stuck in a tiny office with minimal human contact, realizing that you hate working in a **secluded** setting.
당신은 아마도 당신이 혼자서 일하기를 좋아한다고 생각했을지도 모르지만, 지금은 다른 사람과의 접촉이 거의 없는 아주 작은 사무실에 박혀 있으면서, 격리된 환경에서 일하는 것이 싫다는 것을 깨닫는다. `05 고3 학평`

➕ **isolated** ⓐ 외딴, 고립된

---

190 elegant
[éləgənt]

e /ex (밖으로) + leg (선택하다)
+ ant (형.접)
➡ 잘 선택하여 뽑아낸

ⓐ 우아한, 품격있는, 고상한

예문 Mom bought me an **elegant** flower-shaped light for my birthday.
엄마는 내 생일을 위해 우아한 꽃 모양의 전등을 사주셨다. `07 고2 학평 변형`

➕ **refined** ⓐ 세련된, 정제된

191 surpass
[sərpǽs]

sur(~너머에, ~보다 위에)
+ pass(통과하다)

➡ ~보다 위로 통과하다

ⓥ 능가하다, 뛰어넘다

[예문] Last year, hybrid cars suddenly increased in popularity in Asia, **surpassing** the U.S.A. in sales for the first time.
작년에 하이브리드 자동차는 아시아에서 갑작스럽게 인기가 상승했으며 처음으로 판매량에서 미국을 능가했다. 12 고1 학평 변형

➕ exceed ⓥ 넘다, 상회하다

192 corrupt
[kərʌ́pt]

cor(강조) + rupt(부서지다)

➡ 완전히 부서진, 무너진
➡ 부패한

ⓥ 부패하게하다, 변질시키다 ⓐ 부정한, 부패한

[예문] Hiring foreign soldiers to fight our wars might spare the lives of our citizens but **corrupt** the meaning of citizenship.
자국의 전쟁에 외국인 병사들을 고용하는 것은 시민들의 생명을 아낄 수는 있겠지만 시민권의 의미를 변질시킬 수도 있다. 12 고3 학평

➕ corruption ⓝ 부패, 타락, 오염

193 respiratory
[réspərətɔ̀ːri]

ⓐ 호흡의, 호흡기관의

[예문] Especially before air quality laws began appearing in the 1970s, particulate pollution was behind acid rain, **respiratory** disease, and ozone depletion.
특히 공기 질(과 관련된) 법안이 1970년대에 등장하기 시작하기 전에 분진으로 된 오염 물질은 산성비, 호흡기 질환, 오존 파괴 뒤에 가려져 있었다. 14 고3 평가원

194 grumble
[grʌ́mbl]

'이 사이에서 중얼거리다'의
중세 프랑스어
grommeler에서 유래

ⓥ 투덜거리다

[예문] When we want help, we say, "Many hands make light work." When we don't want it, we **grumble** that "Too many cooks spoil the broth."
우리가 도움을 원할 때 "많은 손이 일을 가볍게 만든다"라고 말하고, 우리가 도움을 원하지 않을 때는 "너무 많은 요리사가 국을 망친다"라고 불평한다.
08 고3 학평

195 zealous
[zéləs]

zeal(열정적) + ous(형.접)

➡ 열정적인

ⓐ 열심인, 열성적인

[예문] My brother is a **zealous** Manchester United fan.
내 동생은 열성적인 맨체스터 유나이티드 팬이다.

196 locomotive
[lòukəmóutiv]

ⓝ 기관차, 견인차   ⓐ 기관차의, 이동하는

예문 The coal-fired steam **locomotive** was racing across the field faster than man could walk.

석탄 증기 기관차는 사람이 걸을 수 있는 속도보다 더 빨리 들판을 가로질러 달리고 있었다. 11 고3 학평

197 persevere
[pə̀ːrsəvíər]

per(완전히, 끝까지)
+ **severe**(엄격한)
➡ 매우 엄격한
➡ 굽힘 없이 계속하다

ⓥ (인내하며) 계속하다

예문 Despite the accident, Alfred **persevered** and discovered how to make the new substance safer to handle.

그 사고에도 불구하고, Alfred는 인내심을 갖고 계속해서 어떻게 그 새로운 물질을 다루기 안전하게 하는지를 발견했다.

➕ **perseverance** ⓝ 인내심   **maintain** ⓥ 유지하다, 지속하다

198 humble
[hʌ́mbl]

hum(지구) + **ble**(형.접)
➡ 땅에 가까운
➡ 낮은, 바닥의
➡ 자기를 낮추는

ⓐ 겸손한, 초라한, 소박한

예문 Many times, a servant has the ear of the king, and a **humble** servant often becomes a king, for he is the popular choice of the people.

자주, 봉사자는 왕의 귀를 가지고 있으며, 그리하여 미천한 봉사자가 종종 왕이 되는데, 왜냐하면 그는 사람들에게 인기 있는 선택의 대상이기 때문이다. 07 고3 평가원

↔ **arrogant** ⓐ 오만한   ➕ **modest** ⓐ 겸손한

199 thrilling
[θríliŋ]

ⓐ 황홀한, 흥분한, 아주 신나는

예문 You might find feeding the animals to be a **thrilling** experience, but it can be harmful to them.

당신은 동물에게 먹이를 주는 것이 아주 신나는 경험이라고 알고 있을지 모르지만, 이는 동물들에게 매우 해로울 수 있다. 09 고3 평가원

200 polygon
[pálɪɡàn]

ⓝ 다각형, 다변형

예문 The box consists of two triangles and two **polygons** which look like the letter "L".

그 상자는 두 개의 삼각형과 "L"처럼 보이는 두 개의 다각형으로 구성된다.
10 고3 학평

Review Test !

A 우리말에 맞게 빈 칸에 알맞은 단어를 쓰시오.

1	_____ 순전히, 완전히	11	_____	underlying
2	_____ 적응하지 못하는 ; 조정이 잘못된	12	_____	spiritual
3	_____ 주의를 기울이는, 세심한, 배려하는	13	_____	grid
4	_____ 의심할 여지 없는	14	_____	sanitize
5	_____ 인용하다, 예를 들다 ; 견적을 내다	15	_____	momentary
6	_____ 계략 ; 호기심을 자극하다	16	_____	secluded
7	_____ (글로 옮긴) 기록, 성적 증명서	17	_____	corrupt
8	_____ 우아한, 품격있는, 고상한	18	_____	locomotive
9	_____ 투덜거리다	19	_____	persevere
10	_____ 겸손한, 초라한, 소박한	20	_____	thrilling

B 문장의 빈칸에 알맞은 단어를 〈보기〉에서 찾아 쓰시오. (필요하면 형태를 고치시오.)

> **보기**   adolescent   sorrow   anticipate   tournament   creep

1 It is normal for _____ to be extremely preoccupied with how they look.
사춘기 청소년들에게 자신들이 어떻게 보이는지 극도로 집착하는 것은 정상적이다. `08 고3 학평`

2 At match point in the final game of the racquetball _____, Gonzolas made a "kill shot" to win the tournament.
라켓볼 토너먼트 결승 대회 매치 포인트에서 Gonzolas는 우승을 위한 'kill shot'을 보냈다. `10 고2 학평`

3 _____ plants cover the polished silver gate and the sound of bubbling water comes from somewhere.
덩굴 식물들은 윤이 나는 은빛의 대문을 덮고 있고 거품을 내며 흐르는 물소리가 어디에선가 들려온다. `2008 수능`

4 It is life's unexplained theory that times that give _____ seem to last forever.
슬픔을 주는 시기는 영원히 지속될 것 같다는 것이 인생의 설명되지 않는 이론이다. `05 고2 모평`

5 Occasionally, you may find that a problem you had thought you could solve in a reasonable amount of time is taking much longer than you had _____.
때때로 여러분은 적당한 양의 시간에 풀 수 있을 거라고 생각했던 문제가 당신이 예상했던 것보다 훨씬 더 오랜 시간이 걸리고 있다는 것을 알게 될 수 있다. `16 고3 학평`

Study More !

01 '–ify' : '~화하다', '~하게 하다' 의 뜻을 나타낸다.

• **simplify** ⓥ 간소화 (단순화) 하다

I think you need to **simplify** your life.
난 네가 생활을 좀 간소화 시킬 필요가 있다고 생각해.

• **intensify** ⓥ 강화하다, 심해지다

Teenage violence has **intensified** in the last few years.
지난 몇 년간 10대들에 의한 폭력은 점점 심해졌다.

02 'inter–' : 동사, 명사, 형용사, 부사에서 '~사이의', '상호 간의' 라는 뜻을 나타낸다.

• **international** ⓐ 국제적인

The Olympics is one of the most famous **international** events in the world.
올림픽은 세계에서 유명한 국제 행사들 중 하나다.

• **interact** ⓥ 소통하다, 교류하다

It is important to **interact** with people of different culture and age.
다른 문화와 연령대의 사람들과 교류하는 것은 중요하다.

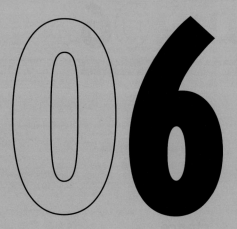

Word **Preview**

🎧 음원 듣기

- ☐ mimic
- ☐ stance
- ☐ acknowledge
- ☐ thrust
- ☐ hereditary
- ☐ refugee
- ☐ domestic
- ☐ deterioration
- ☐ auction
- ☐ allocate
- ☐ swamp
- ☐ deliberate
- ☐ depiction
- ☐ compulsion

- ☐ stiff
- ☐ stem
- ☐ resort
- ☐ outnumber
- ☐ entreaty
- ☐ exemplify
- ☐ suspend
- ☐ tranquility
- ☐ exterior
- ☐ twinkle
- ☐ ovation
- ☐ nurture
- ☐ accountant
- ☐ meditate

- ☐ negation
- ☐ generation
- ☐ excess
- ☐ paradoxical
- ☐ intervene
- ☐ byproduct
- ☐ grievance
- ☐ scope
- ☐ benevolent
- ☐ prosperous
- ☐ subscribe
- ☐ sustain

Day 06

201 mimic
[mímik]

'몸짓으로 표현하는 것과 관련된'의
라틴어 **mimicus**에서 유래

ⓥ 흉내 내다

예문 Primitive people were constantly observing the behavior of other animals and **mimicking** their behavior as if to incorporate it into the making of their own.
원시인들은 마치 자신들의 행동을 형성하는 데 동물의 행동을 받아들이려는 것처럼 그들의 행동을 끊임없이 관찰하고 모방했다. 11 고3 학평

202 stance
[stæns]

stan(서다) + ce(명.접)
➡ 서 있는 상태

ⓝ 입장, 자세, 태도

예문 The sense of tone and music in another's voice gives us an enormous amount of information about that person, about her **stance** toward life, about her intentions.
상대방의 음성의 어조와 음악적 음향을 감지하는 것은 그 사람에 대해, 그 사람의 삶에 대한 태도에 대해, 그 사람의 의향에 대해 엄청난 양의 정보를 우리에게 준다. 2015 수능

➕ attitude ⓝ 태도, 마음가짐

203 acknowledge
[əknálidʒ]

acknow(인정하다)
+ knowledge(지식)
➡ ~에 대해 알고 있다고 인정하다

ⓥ 인정하다

예문 Sara **acknowledged** that it took time to learn all the aspects of word processing.
Sara는 문서 작성의 모든 측면을 배우는 것은 시간이 걸린다는 걸 인정했다.
08 고1 학평 변형

204 thrust
[θrʌst]

ⓥ 찔러 넣다, 밀다 ⓝ (주장, 정책 등의) 요지, 찌르기, 추진력

예문 The pilum was a heavy spear, used for **thrusting** or throwing by Roman soldiers.
Pilum은 무거운 창으로 로마 군인들이 찌르거나 던지는 데 사용하였다. 11 고3학평

205 hereditary
[həréditèri]

heredity(유전) + ary(형.접)
➡ 유전의

ⓐ 유전적인, 세습되는, 상속에 관한

예문 Shyness is a trait that seems to be partially **hereditary**.
부끄러움은 부분적으로 유전적인 것처럼 보이는 기질이다. 15 고3 학평 변형

➕ heredity ⓝ 유전, 상속, 계승

206 refugee
[rèfjudʒí:]

refuge(피난. 피난소) + e(명.접)
➡ 피난 가는 사람

ⓝ 난민, 망명자

예문 The reporter said that **refugees** from burning cities were desperate to find safe refuge.
기자는 불타는 도시들을 떠나는 피난민들이 안전한 피난처를 찾기 위해 필사적이었다고 말했다. 15 고1 학평 변형

➕ refuge ⓝ 피난(처), 은신(처)

207 **domestic**
[dəméstik]

dom (지배하는) + estic (형.접)
➡ 지배하는
➡ 국내의, 가정의

ⓐ 국내의, 가정 내의

예문 The most common measure of the value of production is Gross **Domestic** Product (GDP).
가장 일반적인 생산의 가치 측정은 국내 총 소득(GDP)이다. 15 .고2 학평 변형

208 **deterioration**
[ditìəriəréiʃən]

'더 나빠진'의 라틴어 deterioratus에서 유래된 'deteriorate'의 명사형

ⓝ 악화

예문 The chemicals released by the microbes during the experiment can cause **deterioration** of water quality.
실험 동안 미생물에 의해 방출된 화학물질은 수질 악화를 유발 할 수 있다. 09 .고3 학평 변형

➕ deteriorate ⓥ 악화되다, 더 나빠지다

209 **auction**
[ɔ́ːkʃən]

'상승된 판매, 경매'의 라틴어 auctionem에서 유래

ⓝ 경매 ⓥ 경매로 팔다

예문 A young boy named Tom went to the park for the **auction** of bicycles.
Tom이라는 어린 소년은 자전거 경매를 위해 공원으로 갔다. 08 .고3 학평 변형

210 **allocate**
[ǽləkèit]

al / ad (~를 향해)
+ loc (장소) + ate (동.접)
➡ 각자의 몫을 위치시키다
➡ 할당하다

ⓥ 할당하다, 배치하다

예문 The report shows the comparison between the **allocated** budget and actual spending for six departments at Triton Ventures in 2012.
그 보고서는 2012년 Triton Ventures의 여섯 개 부서에 할당된 예산과 실제 지출 사이의 비교를 보여준다. 14 .고3 평가원 변형

➕ assign ⓥ 할당하다, 배당하다

211 **swamp**
[swɑmp]

ⓝ 늪 ⓥ 늪에 빠지다

예문 One day, Yoda told his colleague to lift his sunken ship out from the **swamp**.
어느 날, Yoda는 동료에게 그의 침몰한 배를 늪에서 들어올려달라고 말했다. 05 .고1 평가원 변형

212 **deliberate**
[delíbərit]

de (집중적인) + liber / libr (균형)
+ ate (형.접)
➡ 신중한

ⓐ 고의의, 의도적인 ⓥ 숙고하다

예문 Much of socialization takes place during human interaction, without the **deliberate** intent to impart knowledge or values.
사회화의 많은 부분은 지식과 가치들을 전달하려는 고의적인 의도 없이 사람과의 상호작용 과정에서 발생한다. 12 고3 학평

213 depiction
[dipíkʃən]

depict (묘사하다)
+tion (명.접)
➡ 묘사

ⓝ 묘사, 서술

예문 Protogenes spent approximately seven years painting the lalysus, a **depiction** of a local hero of a town in Rhodes.
Protogenes는 Rhodes의 한 마을의 지역 영웅의 묘사인 'lalysus'를 그리는 데 대략 7년을 보냈다. 2016 수능

214 compulsion
[kəmpʌ́lʃən]

compulsory (강제적인)
+ion (명.접)
➡ 강제

ⓝ 강제, 강박(현상), 강요, 충동

예문 Net **compulsions** have been further defined to include compulsive online gambling and online auction addiction.
인터넷 강박증은 강박적 인터넷 도박과 온라인 경매 중독을 포함하는 것으로 정의가 확대되었다. 05 고3 학평 변형

➕ **compulsive** ⓐ 강박적인, (자신을) 통제하지 못하는

215 stiff
[stif]

'엄격한, 구부려지지 않는'의
고대 영어 stif에서 유래

ⓐ 뻣뻣한, 빽빽한, 경직된

예문 Millions of people have **stiff**, painful knees thanks to osteoarthritis.
수백만의 사람들이 골관절염 때문에 무릎이 뻣뻣해지고 통증으로 고생한다. 12 고2 학평

216 stem
[stem]

'식물의 줄기, 나무의 몸통'의
고대 영어 stemn에서 유래

ⓝ 줄기, 종족, 계통 ⓥ 생겨나다, 유래하다

예문 The banana tree is the largest plant on earth without a woody **stem**.
바나나 나무는 목질로 된 줄기가 없는, 지상에서 가장 큰 나무이다. 08 고3 평가원

217 resort
[rizɔ́ːrt]

ⓥ 의존하다, ~에 호소하다 (~to) ⓝ 휴양지, 의지, 호소

예문 In desperation, many farmers **resorted** to cultivating wetlands or rocky hillsides.
자포자기한 상태에서, 많은 농부들은 습지나 바위로 된 산비탈을 개간하는 것에 의존했다. 15 고2 학평 변형

218 outnumber
[àutnʌ́mbər]

out (~을 능가하는)+number (수)
➡ 수를 능가하는
➡ 수적으로 우세하다

ⓥ 수적으로 우세하다, ~보다 더 많다

예문 Napoleon's defeat was the result of a number of conditions, not the least of which was the fact that he was **outnumbered**.
Napoleon의 패배는 다양한 조건의 결과였으며, 그 중 중요한 것은 그가 수적 열세였다는 사실이었다. 12 고2 학평

219 **entreaty**
[intríːti]

entreat (간청하다) + y (명.접)
➡ 간청

ⓝ 간청, 애원

예문 Ms. Sebring knew that she had received the horse's cry for help, and she was there to answer that desperate **entreaty**.

Sebring은 도와달라는 말의 요청을 받았고, 그 필사적인 간청에 응답하기 위해서 자신이 그 자리에 있다는 것을 알게 됐다. 13 고3 학평 변형

➕ **plea** ⓝ 간청, 애원

220 **exemplify**
[igzémpləfài]

'삽화를 넣다'의 중세 라틴어
exemplificare에서 유래

ⓥ 전형적인 예가 된다, ~의 예가 된다, 예를 들다

예문 The famous expression, "Keep your friends close, but keep your enemies even closer," was **exemplified** well in Nelson Mandela's attempt to learn Afrikaans, the language of his enemy.

"친구는 가까이 하고, 적은 더 가까이 하라"는 유명한 말은 적의 언어인, 아프리칸스어를 배우려는 넬슨 만델라의 시도가 전형적인 예이다. 11 고3 평가원

221 **suspend**
[səspénd]

sus (아래에) + pend (매달다)
➡ 아래에 매달다

ⓥ 중지하다, 유예하다 ; 매달다

예문 We have had to **suspend** these classes during the winter.

우리는 겨울 동안 이 수업들을 유보해야 했다. 10 고3 학평

➕ **postpone** ⓥ 연기하다, 늦추다

222 **tranquility**
[trǽŋkwiləti]

'평화, 행복'의 고대 프랑스어
tranquilite에서 유래

ⓝ 평온, 고요함, 평정

예문 Certain aromas can fill you with feelings of **tranquility**, and research has found that lavender, vanilla, and green apple are among the best smells to help lower anxiety and induce sleep.

몇몇 향은 당신을 안정감으로 충만하게 해 줄 수 있으며, 연구 결과 라벤더와 바닐라, 그리고 풋사과는 불안을 줄이고 수면을 유도하는데 도움이 되는 가장 좋은 향들에 속한다고 알려져 있다. 12 고3 평가원 변형

➕ **tranquil** ⓐ 고요한, 평화로운, 차분한

223 **exterior**
[ikstí(ː)əriər]

'밖으로, 밖의'의 라틴어
exterior에서 유래

ⓐ 외부의, 옥외의   ⓝ (건물의) 외부 ; (사람의) 겉모습

예문 The plan of covering one side of the **exterior** of the center with huge artwork banners is getting underway.

센터 외벽의 한 면을 대형 그림 현수막으로 가리려는 계획이 진행 중이다. 09 고2 학평

224 **twinkle**
[twíŋkl]

'빛나다, 깜박거리다'의 고대 영어
twinclian에서 유래

ⓥ 반짝거리다, 반짝반짝 빛나다

예문 Stars **twinkle** because their light has to pass through several miles of Earth's atmosphere before it reaches the eye of an observer.

별들은 그들의 빛이 관찰자의 눈에 닿기 전에 수 마일의 지구 대기를 통과해야 하기 때문에 빛난다. 11 고1 학평 변형

225 **ovation**
[ouvéiʃən]

🔘 열렬한 박수, 환영

예문 At the end of Andy's performance, the crowd and the piano teacher gave him a standing **ovation**.

Andy의 연주가 끝나자, 청중과 선생님은 그에게 기립박수를 보냈다. 12 고1 학평

226 **nurture**
[nə́:rtʃər]

nurt/nutri(영양분을 주다)
+ure(동.접)
➡ 영양분을 주다
➡ 양육하다, 육성하다

Ⓥ 양육하다, 키우다 🔘 양육, 육성

예문 You need to develop and **nurture** your problem solving skills regularly just like your physical strength.

당신은 체력을 기르는 것과 같이 규칙적으로 문제 해결 능력을 개발하고 키울 필요가 있다. 09 고3 평가원 변형

227 **accountant**
[əkáuntənt]

account(계좌, 거래)
+ant(명.접)
➡ 거래를 하는 사람
➡ 회계사

🔘 회계사, 회계원

예문 Many businesses encourage women to advance to high management positions, and every year, schools produce more women doctors, lawyers, and **accountants**.

많은 사업체들은 여성이 고위 관리직으로 승진하도록 권장하며, 매년 학교에서는 보다 많은 여성 의사, 변호사, 그리고 회계사를 배출한다. 03 고3 학평

228 **meditate**
[méditèit]

medi(중간)+ate(동.접)
➡ 중간 위치에 서게 하다

Ⓥ 명상하다, 묵상하다, 숙고하다

예문 I think we have to slow down a bit and take the time to contemplate and **meditate**.

난 우리가 조금 속도를 늦추고 숙고할 시간을 가져야 한다고 생각한다. 13 고3 평가원 변형

➕ **meditation** 🔘 명상, 묵상

229 **negation**
[nigéiʃən]

'부인, 거부'의 고대 프랑스어 negacion에서 유래

🔘 정반대, 부정

예문 We always assume that all that is beautiful is art, or that all art is beautiful, that what is not beautiful is not art, and that ugliness is the **negation** of art.

우리는 항상 아름다운 모든 것은 예술이고, 모든 예술은 아름다우며, 아름답지 않은 것은 예술이 아니고, 추함은 예술의 반대라고 전제한다. 08 고3 학평

➕ **negate** Ⓥ 부정(부인)하다, 무효화하다

230 **generation**
[dʒènəréiʃən]

generate(생산하다, 일으키다)
+ation(명.접)
➡ 발생, 세대

🔘 세대, 시대

예문 We borrow environmental capital from future **generations** with no intention or prospect of repaying.

우리는 갚으려는 의도나 예상도 없이 미래 세대로부터 환경의 자본을 빌린다. 2017 수능

231 excess
[ékses]

exceed(넘다, 초과하다)
+ess(명.접)
➡ 초과

ⓝ 지나침, 초과, 여분

[예문] How do you get the most benefit of your **excess** meat without a fridge, or anywhere to store it?
당신은 냉장고나 따로 저장할 공간 없이 여분의 고기에서 어떻게 최대한의 이득을 얻어낼 것인가? 12 고3 평가원

232 paradoxical
[pæ̀rədáksikəl]

paradox(모순, 역설)
+xical(형.접)
➡ 모순적인

ⓐ 모순의, 역설적인

[예문] The reason for the vehicle's success was **paradoxical** because its manufacturer had decided to discontinue the line due to poor sales.
그 자동차 회사는 판매부진으로 인해 그 차의 생산을 중단하기로 결정했었기 때문에 그 자동차의 성공의 이유는 역설적이었다. 10 고2 학평 변형

➕ paradox ⓝ 모순, 역설

233 intervene
[ìntərví:n]

inter(~사이에)
+ven(e)(오다)
➡ ~사이에 오다

ⓥ 개입하다, 끼어들다

[예문] The teacher finally **intervened** in the heated arguments.
선생님은 열띤 논쟁에 마침내 개입했다.

➕ intervention ⓝ 개입, 중재, 간섭

234 byproduct
[báiprɑ̀dəkt]

ⓝ 부산물, 부작용

[예문] The decline in wine consumption in France is a **byproduct** of the emergence of the faster, more modern lifestyle.
프랑스의 와인 소비량 감소는 더 빠르고, 더 현대적인 생활방식 등장의 부산물이다. 13 고3 평가원 변형

235 grievance
[grí:vəns]

'고통을 받는 상태'의
고대 프랑스어
grevance에서 유래

ⓝ 불만, 불평, 고충

[예문] When an angry employee comes to you with a **grievance**, he is in the same frame of mind as a child who feels he doesn't get his just share of parental attention.
화가 난 근로자가 불만을 갖고 당신에게 다가올 때, 그는 응당 받아야 될 부모의 관심을 받지 못한다고 느끼는 아이와 똑같은 마음 상태에 있는 것이다. 08 고2 학평

236 scope
[skoup]

'정도, 활동할 영역'의
이탈리아어 scopo에서 유래

ⓝ 범위, 영역, 여지

예문 The issue is outside our **scope** of understanding.
그 문제는 우리가 이해하는 범위 밖에 있다.

✚ **reach** ⓝ 미치는 범위(거리)

237 benevolent
[bənévələnt]

bene(좋은)+vol(의지)
+ent(형.접)
➡ 좋은 의지의
➡ 친절한, 선의의

ⓐ 자애로운, 자비심이 많은 ; 호의적인

예문 A dictatorship can, in theory, be brutal or **benevolent**;
anarchy can, in theory, consist of "mutual aid" or a "war
of all against all" that proceeds in the absence of any
rule of law whatsoever.
독재 국가는 이론적으로 잔혹하거나 자비로울 수 있다. 무정부 상태는 이론적으로 "상
호 협력"이나 혹은 어떤 경우에든 법의 어떤 지배 없이 진행되는 "모든 것에 대항하는
모든 사람들의 전쟁"으로 되어버릴 수가 있다. 13 고3 평가원

✚ **benevolence** ⓝ 자비심, 박애

238 prosperous
[práspərəs]

prosper (번영하다, 성공하다)
+ous(형.접)
➡ 번영하는

ⓐ 번영하는, 번창하는

예문 During the Renaissance, many people in Europe were
becoming **prosperous**.
르네상스 시기에, 유럽의 많은 사람들이 번영했다. 11 고3 학평 변형

239 subscribe
[səbskráib]

sub(아래의)+scrib(e)(쓰다)
➡ 종이 아래의 서명란에 쓰다
➡ 구독신청을 하다

ⓥ 구독하다, 가입하다, (의견 등에) 동의하다

예문 I have **subscribed** to your newspaper for about
15 years.
나는 15년간 당신의 신문을 구독해왔습니다. 14 고1 학평 변형

240 sustain
[səstéin]

sus(아래로부터)+tain(받치다)
➡ 아래로부터 받치고 있다

ⓥ 지속하다, 지탱하다

예문 Our success has come to be measured by what we do
and what we earn, and we work even harder and longer
to **sustain** lifestyles that are well above world standards.
우리들의 성공은 직업과 소득에 의해 측정되어 왔기에 우리는 이 세상의 표준보다
상위에 있는 생활 방식을 유지하기 위해 더 열심히 그리고 더 오랫동안 일하고 있다.
06 고2 평가원

Review Test!

A 우리말에 맞게 빈 칸에 알맞은 단어를 쓰시오.

1	_____	흉내 내다	11	_____ acknowledge
2	_____	경매 ; 경매로 팔다	12	_____ hereditary
3	_____	고의의, 의도적인 ; 숙고하다	13	_____ refugee
4	_____	수적으로 우세하다, ~보다 더 많다	14	_____ domestic
5	_____	열렬한 박수, 환영	15	_____ allocate
6	_____	지나침, 초과, 여분	16	_____ compulsion
7	_____	개입하다, 끼어들다	17	_____ exemplify
8	_____	자애로운, 자비심이 많은 ; 호의적인	18	_____ suspend
9	_____	구독하다, 가입하다, 동의하다	19	_____ accountant
10	_____	지속하다, 지탱하다	20	_____ negation

B 문장의 빈칸에 알맞은 단어를 〈보기〉에서 찾아 쓰시오. (필요하면 형태를 고치시오.)

보기   depiction   swamp   resort   generation   twinkle

1 When we hear about wetlands such as _____ and bogs, we are often reminded of unpleasant experience.
우리가 늪이나 수렁 같은 습지에 대해서 들었을 때, 우리는 종종 불쾌한 경험을 떠올린다. 04 고3 평가원

2 Europeans loved Audubon's _____ of the birds of America, but they loved his stories of life in the American wilderness even more.
유럽인들은 Audubon의 미국의 새들에 대한 묘사를 좋아했지만, 그들은 미국 야생 동물들의 삶에 대한 그의 이야기를 훨씬 더 좋아했다.

3 "_____, _____, little star," how I wonder where you are.
"반짝반짝, 작은 별" 네가 어디 있는지 무척 궁금하구나. 10 고1 학평

4 Status in the current society rarely depends on an unchangeable identity handed down through the _____.
오늘날의 사회에서 지위는 여러 세대들을 통해 유산으로 전해온 변할 수 없는 신분에 거의 달려 있지 않다. 09 고3 평가원

5 Are you staying at this _____? We offer a 10% discount to the guest.
이 휴양지에 묵으시나요? 우리는 손님에게 10% 할인을 해 드립니다. 16 고3 평가원

Study More !

어휘 확장 : '반짝이다, 깜박이다'라는 뜻을 가진 어휘들

수능 기출 어휘를 중심으로 '반짝이다, 깜박이다'라는 의미를 가진 단어들을 살펴볼까요?

- **glitter** (보석 등이) 반짝반짝 빛나다

  ex.) Her earring was glittering on the grass.
  그녀의 귀걸이가 잔디 위에 반짝이고 있었다. [07 고3 학평]

- **sparkle** (물방울, 보석 등이) 번쩍이다

  ex.) The grass was sparkling with tiny drops of water.
  잔디가 작은 물방울로 반짝이고 있었다. [12 고2 학평]

- **twinkle** (별 따위가) 반짝반짝 빛나다

  ex.) He watched the twinkling farmhouse lights below.
  그는 아래의 반짝이는 농가의 불빛을 보았다. [2009 수능]

- **blink** (눈, 불빛이) 깜박거리다

  ex.) When using a computer for a long time, you blink less than normal.
  오랫동안 컴퓨터를 사용 할 때, 당신은 평소보다 더 적게 눈을 깜박인다. [07 고2 학평]

- **wink** (눈, 빛이) 깜박거리다

  ex.) Tom happily winked at Joe.
  Tom은 Joe에게 행복한 표정으로 윙크를 했다.

- **flicker** (전깃불이나 불길이) 깜박거리다

  ex.) On a table, lighted candles cast a soft, flickering glow.
  탁자 위에, 부드럽고 깜박이는 빛을 발하는 초가 켜져 있다. [08 고2 학평]

Word **Preview**

🎧 음원 듣기

- ☐ awe
- ☐ crush
- ☐ mutter
- ☐ quantitative
- ☐ fraught
- ☐ divert
- ☐ extinguish
- ☐ recede
- ☐ diploma
- ☐ extraordinary
- ☐ recessive
- ☐ encrust
- ☐ degenerative
- ☐ evoke

- ☐ welfare
- ☐ chubby
- ☐ crunch
- ☐ input
- ☐ bless
- ☐ outlet
- ☐ tissue
- ☐ conspicuous
- ☐ health care
- ☐ stall
- ☐ covert
- ☐ eternal
- ☐ categorize
- ☐ negotiate

- ☐ trap
- ☐ anguish
- ☐ ornament
- ☐ stroll
- ☐ render
- ☐ unfold
- ☐ cruise
- ☐ abundant
- ☐ companion
- ☐ dictate
- ☐ caregiver
- ☐ phrase

Day 07

241 awe
[ɔː]

ⓝ 경외감, 공포 ⓥ 경외감을 느끼다 (갖게 하다)

예문 One glance at a pyramid can leave the viewer in **awe** of its beauty and splendor.
피라미드를 한 번 본 사람은 그 아름다움과 장엄함에 압도된다. 07 고3 학평

242 crush
[krʌʃ]

'부수다, 으깨다'의
고대 프랑스어
cruissir에서 유래

ⓥ 으깨다, 찧다

예문 Industrial diamonds are **crushed** and powdered, and then used in many grinding and polishing operations.
공업용 다이아몬드는 으깨어지고 가루가 되어, 많은 연마, 광택 작업에 사용된다.
2007 수능

243 mutter
[mʌ́tər]

mut(중얼거리다, 꿀꿀거리다)
+ter(동.접)
➡ 중얼거리다

ⓥ 투덜거리다, 불평하다 ⓝ 중얼거림

예문 He was drunken and **muttering** about something about his son.
그는 술에 취했고 자기 아들에 대해서 뭔가를 중얼거리고 있었다.

244 quantitative
[kwántitèitiv]

ⓐ 양적인, 양에 관한

예문 Physicists have given a fully **quantitative** definition to entropy: larger numbers mean greater entropy, smaller numbers mean less entropy.
물리학자들은 하나의 명확한 수치 값을 사용하여 누군가로 하여금 어떤 대상의 엔트로피를 설명할 수 있도록 해주는 전적으로 양적인 정의를 엔트로피에 부여해 왔다. 14 고3 학평 변형

↔ **qualitative** ⓐ 성질상의, 질적인

245 fraught
[frɔːt]

ⓐ (좋지 않은 것들로) 가득한, 걱정하는

예문 The making of a walking robot was **fraught** with unexpected difficulties.
걸어다니는 로봇을 만드는 데는 예상치 못한 어려움으로 가득했다.

246 divert
[daɪˈvɜrt]

di(다른 곳으로)+vert(동.접)
➡ 다른 곳으로 돌리다

ⓥ 방향을 전환시키다, 우회시키다 ; (주의, 관심을) 딴 곳으로 돌리다

예문 In order to increase water resources, nations must use traditional water supply methods like **diverting** rivers.
물 자원을 증가시키기 위해, 국가는 강의 물 방향을 바꾸는 것과 같은 전통적인 물 공급 방식을 사용해야 한다.

247 extinguish
[ikstíŋgwiʃ]

ex (완전히) + ting(u) (불을 끄다)
+ ish (동.접)

➡ 불을 완전히 끄다

ⓥ (불을) 끄다, 없애다

예문 It could take hundreds of fire fighters many days to **extinguish** the fire.
수백 명의 소방관들이 그 불을 끄는 데는 여러 날이 걸릴 수 있었다.
03 고3 학평 변형

✚ extinguisher ⓝ 불을 끄는 사람, 소화기

248 recede
[risí:d]

'물러나다, 뒤로 가다'의
중세 프랑스어
recedere에서 유래

ⓥ 물러나다, 감소하다

예문 In the modern world, traditional local communities are **receding** in importance.
현대 세계에서는 전통적인 지역 사회의 중요성이 감소하고 있다.

249 diploma
[diplóumə]

'공식 문서, 정부 문서'의 라틴어
diploma에서 유래

ⓝ 졸업장, 학위

예문 Stevens enrolled at Cornell University to study architecture but left Cornell without a **diploma**.
Stevens는 Cornell 대학에 건축학을 공부하기 위해 등록했으나 학위 없이 학교를 그만두었다. 15 고2 학평

250 extraordinary
[ikstrɔ́:rdənèri]

extra (~을 넘어서)
+ ordinary (보통의)

➡ 보통을 넘어선

ⓐ 뛰어난, 비상한, 기이한

예문 The **extraordinary** expansion of food production by aquafarming has come with high costs to the environment and human health.
수산 양식에 의한 식량 생산의 엄청난 확대는 환경과 인간의 건강에 대한 높은 대가가 수반되어 왔다. 15 고2 학평

251 recessive
[risésiv]

recessus (뒤로 물러나다)
+ ive (형.접)

➡ 물러나는 ➡ 열성의

ⓐ 열성의, 퇴행의, 역행의

예문 Genes are grouped together in pairs and can be either dominant or **recessive**.
유전자는 짝을 이루어 무리를 짓고 우성이거나 열성일 수 있다.

↔ dominant ⓐ 우성의, 우세한

252 encrust
[inkrʌ́st]

en (~하게 하다)
+ crust (껍질)

➡ 껍질을 형성하다

ⓥ 외피로 덮다, 아로새기다

예문 In the summer heat, foliose (leaf-like) alga die out and are replaced by more resistant **encrusting** algae.
여름철 더울 때에는 (잎처럼 생긴) 엽상 조류는 자취를 감추고 더 저항력이 강한 덮개상 조류에 의해 대체된다. 15 고3 평가원

✚ coat ⓥ (페인트 등을) 칠하다, (막 같은 것을) 입히다

253 degenerative
[didʒénərèitiv]

de(반대의) + genus(생산하다)
+ ate(동.접) + ive(형.접)
➡ 비생산적인
➡ 퇴화하는

ⓐ 퇴행성의, 타락한

예문 My grandfather has **degenerative** inflammation of a joint.
우리 할아버지는 퇴행성 관절염을 앓고 있다.

254 evoke
[ivóuk]

e(밖) + voke(목소리)
➡ 밖으로 목소리를 내다
➡ 부르다

ⓥ 불러 일으키다, 환기시키다

예문 Some music or movies can **evoke** memories in particular age groups.
몇몇 음악 또는 영화들은 특정한 연령대 사람들에게 기억을 불러일으킬 수 있다.
16 고3 학평 변형

╋ **arouse** ⓥ 자극하다, 환기하다

255 welfare
[wélfɛ̀ər]

wel(잘) + fare(가다)
➡ 잘 가다 ➡ 잘 지냄

ⓝ 복지, 후생

예문 It is time for the government to try to increase **welfare** spending for the elderly.
정부가 노인들을 위한 복지 소비를 늘려야 할 시점이다. 11 고3 학평 변형

256 chubby
[tʃʌ́bi]

ⓐ 통통한, 토실토실한

예문 It is hard to resist the charm of a baby with **chubby** cheeks.
통통한 볼을 가진 아기의 매력에 저항하기는 힘들다. 11 고3 학평 변형

╋ **plump** ⓐ 포동포동한, 속이 가득찬

257 crunch
[krʌntʃ]

ⓥ 아작아작 씹다

예문 Your lips close to stop food falling from your mouth and your teeth **crunch** your food into smaller pieces.
입에서 음식이 떨어지는 것을 막기 위해 당신의 입술이 닫히고 치아는 음식을 더 작은 조각으로 부순다. 11 고1 학평

258 input
[ínpùt]

in(안으로) + put(넣다)
➡ 안으로 넣다

ⓝ 투입, 입력, 조언 ⓥ (정보 등을) 입력하다 ; (조언, 정보 등을) 제공하다

예문 Data refers to the raw materials or facts that are gathered and used for **input** to the computers.
데이터는 컴퓨터에 입력하기 위해서 수정되어 사용되는 처리되지 않은 자료나 사실을 가리킨다. 04 고3 학평

259 **bless**
[bles]

ⓥ 축복하다, 은혜를 베풀다

예문 Minji said, "God **bless** you! You can do it!".
민지가 말했다. "당신께 신의 축복이 가득하길! 당신은 할 수 있어요!".
07 고3 평가원 변형

260 **outlet**
[áutlet]

'밖으로 내보내다'의
let out에서 유래

ⓝ (감정, 에너지의) 발산(배출) 수단, 출구, 배출구

예문 Despite public concern over certain lyrics, rap music actually gives many teenagers an **outlet** from their life problems.
가사에 대한 대중들의 걱정에도 불구하고, 랩 음악은 실제로 많은 10대들에게 자신들의 인생 문제로부터의 출구를 제공한다. 08 고2 평가원 변형

261 **tissue**
[tíʃuː]

'리본, 머리띠'의 프랑스어
tissu에서 유래

ⓝ (세포) 조직, 화장지

예문 If the new cells that are produced do not carry out their usual task effectively, organs can begin to fail, **tissues** change in structure.
만약 생성되는 새로운 세포가 늘 하던 일을 효과적으로 하지 못한다면 신체 기관이 제대로 작동하지 못하게 되고 조직들은 구조상의 변화를 일으킨다. 09 고2 학평 변형

262 **conspicuous**
[kənspíkjuəs]

con(함께)+spic(보다)
+(u)ous(형.접)
➡ 같이 보는
➡ 눈에 띄는

ⓐ 눈에 잘 띄는, 두드러지는

예문 The tiger's stripes help it blend into tall grasses, but zebra's are really **conspicuous**.
호랑이의 줄무늬는 그들이 높은 풀 사이에 섞이는 것을 도와주지만 얼룩말의 줄무늬는 아주 눈에 잘 띈다. 11 고3 학평 변형

+ noticeable ⓐ 눈에 띄는, 현저한

263 **health care**
[helθ kɜər]

ⓝ 의료 서비스

예문 By 2012, experts predict, medical tourism will turn into a $100 billion international industry with more than 780 million patients seeking **health care** abroad.
전문가들이 전망하기를 2012년 쯤에는 7억8천만 이상의 환자들이 해외에서 건강관리 서비스를 찾는 가운데 의료 관광은 1천억 달러 규모의 국제적 산업이 될 것이라고 한다. 10 고3 학평

264 **stall**
[stɔːl]

'동물을 위한 안정적인
장소'의 고대 영어
steall에서 유래

ⓝ 가판대 ⓥ 멈추게 하다

예문 Harry's uncle, a tall silent pilot, had bought him a red party balloon from a charity **stall**, and tied it to the top button of Harry's shirt.
Harry의 삼촌은 키 크고 과묵한 비행기 조종사로, 자선 가판대에서 빨간 파티 풍선을 Harry에게 사 주고 그것을 그의 셔츠 맨 위 단추에 묶었다. 16 고2 학평

265 covert
[kʌ́vərt]

'숨겨진, 잘 알려지지
않은'의 고대 프랑스어
covert에서 유래

ⓐ 비밀의, 은밀한

예문 A **covert** plan was taking shape to build a new city.
신도시를 건설하기 위한 은밀한 계획이 구체화되고 있었다.

⇸ **overt** ⓐ 공공연한, 명백한, 외현적인

---

266 eternal
[i(:)tə́:rnəl]

'계속되는, 영구적인'의
라틴어 eternel에서 유래

ⓐ 영원한, 끊임없는

예문 Early philosophers considered the world stable, **eternal**,
and unshakable.
초기 철학자들은 세계는 안정적이고 영원하며 흔들리지 않는다고 여겼다.
10 고3 평가원 변형

✚ **everlasting** ⓐ 영원히 계속되는, 불후의

---

267 categorize
[kǽtəgəràiz]

category(분류)
+ize(동.접)
➡ 분류하다

ⓥ 분류하다, ~의 범주에 넣다

예문 Even today, plants may be **categorized** together in
unnatural groupings in order to make them easier to
identify.
오늘날에도, 식물을 더 쉽게 확인하게 하려고 자연스럽지 못한 집단으로 함께
분류하는 듯하다. 14 고3 평가원

---

268 negotiate
[nigóuʃièit]

'성공적으로 문제에 대해 따지다'의
라틴어 negotiatus에서 유래

ⓥ 협상하다

예문 A female lawyer working for a prestigious New York law
firm once accompanied the male CEO of a major client
to Latin America to **negotiate** a complex deal.
뉴욕의 한 명망 있는 법률회사에서 일하는 한 여성 변호사가 복잡한 거래를 협상하기
위해 한 번은 라틴아메리카로 주 고객사의 남성 최고 경영자와 동행했다. 16 고3 학평

---

269 trap
[træp]

'알아채지 못한 것을 잡기
위한 장치'의 고대 영어
treppe에서 유래

ⓝ 덫, 함정 ⓥ 가두다

예문 The biggest **trap** many family gardeners fall into is
creating a garden that is too large.
가족 정원을 가꾸는 많은 사람들이 빠져드는 가장 큰 함정은 너무 큰 정원을
만드는 것이다. 14 고2 학평

---

270 anguish
[ǽŋgwiʃ]

ang(u)(질식시키다)
+ish(명.접)
➡ 질식시킬 정도로 누르기
➡ 고통

ⓝ 괴로움, 비통, 고뇌

예문 The 2009 Nobel Prize for Literature was awarded to
Herta Müller, a distinct and compelling voice of the
anguish of human existence.
2009년 노벨 문학상은 정치적인 압제와 인간 존재의 고통에 저항하는 분명하고
강렬한 반대의 목소리를 지닌 Herta Müller에게 수여되었다. 12 고3 학평 변형

✚ **agony** ⓝ 심한 고통, 고뇌

271 ornament
[ɔ́ːrnəmənt]

'장식, 포장'의 고대 프랑스어
ornement에서 유래

🔵 ⓝ 장식(품)

예문 Tahina palm has become a highly prized **ornament** plant, and it will continue to be grown by plant growers.

Tahina 야자수는 장식용으로 가치를 높이 인정받게 되었으며, 식물 재배자들에 의해 지속적으로 재배될 것이다. 09 고2 학평

272 stroll
[stroul]

🔵 ⓥ 거닐다, 산책하다 ⓝ 산책

예문 "A woman shouldn't have to hide herself from the world. Come, we'll take a **stroll**," said Annetje, grinning.

"여자가 세상으로부터 숨어야 할 필요가 없어. 이리 와, 산책을 하자." 하고 Annetje가 씩 웃으면서 말했다. 10 고3 학평

Tip! 〈walk '걷다'에 관련된 단어〉
saunter ⓥ 한가로이 걷다   wander ⓥ 천천히 거닐다
roam ⓥ 이리저리 배회하다

273 render
[réndər]

🔵 ⓥ (어떤 상태가 되게) 만들다

예문 The inventor's innovations **rendered** useless the enormous alternators used for generating power in early radio transmitters.

그 발명가의 혁신은 초기 라디오 전송장치에서 동력을 발생시키기 위해 사용했던 거대한 교류 발전기를 쓸모 없게 만들었다. 12 고3 평가원 변형

Tip! 〈주요 용례〉
· render somebody/something harmless/ineffective/ impossible ~을 무해하게/무효로/불가능하게 만들다

274 unfold
[ʌnfóuld]

un(부정)+fold(접다)
➡ 접지 않다

🔵 ⓥ (접혀 있는 것을) 펼치다 ; 전개되다

예문 Early drafts are not discarded or considered mistakes, but are viewed as the initial steps in **unfolding** an idea.

초기 원고들은 버려지거나 실수로 간주되는 것이 아니라 생각을 구체화시키는 첫 번째 단계로써 간주된다. 07 고3 평가원

275 cruise
[kruːz]

🔵 ⓥ 순항하다 ⓝ 유람선 여행

예문 I plan to sail south, transit the Panama Canal, and **cruise** and explore the Western Caribbean from fall to winter.

저는 남쪽으로 항해하여, 파나마 운하를 지나, 가을부터 겨울까지 서카리브해를 항해하며 탐사할 계획입니다. 05 고3 학평

276 **abundant**
[əbʌ́ndənt]

abund(풍부하다)+ant(형.접)
➡ 풍부한

ⓐ 풍부한, 넘쳐나는

예문 Mosquitoes can live in cold temperatures. They are **abundant** in Antarctica.
모기는 추운 기후에서도 살 수 있다. 그들은 남극에도 넘쳐난다. 08 고2 학평

✚ **abounding** ⓐ 풍부한, 많은   **ample** ⓐ 충분한
↔ **scant** ⓐ 부족한   **scarce** ⓐ 부족한, 드문

277 **companion**
[kəmpǽnjən]

company(친구)+ion(명.접)
➡ 친구, 가까운 사이

ⓝ 동료, 친구

예문 Matisse and Renoir were dear friends and frequent **companions**.
Matisse와 Renoir는 좋은 친구이자 자주 왕래하는 동료였다. 14 고2 학평 변형

> **Tip!** 〈주요 용례〉
> · a traveling companion 길동무
> · a close companion 가까운 친구
> · a lifelong companion 평생 친구

278 **dictate**
[díkteit]

dic(말하다)+ate(동.접)
➡ 말하다

ⓥ 받아쓰게 하다, 좌우하다, ~에 영향을 주다

예문 Don't forget that your attitude **dictates** whether you are living life or life is living you.
당신의 태도가 당신이 삶을 살고 있는지 삶이 당신을 살고 있는지 좌우 한다는 것을 잊지 마세요. 05 고3 평가원 변형

✚ **dictation** ⓝ 받아쓰기

279 **caregiver**
[kɛ́ərgìvər]

care(보살핌)+giver(주는 사람)
➡ 보살핌을 주는 사람

ⓝ (병자, 아이들을) 돌보는 사람

예문 The professor said that tickling is one of the first forms of communication between babies and their **caregivers**.
그 교수는 간지럼을 태우는 것이 아기들과 그들을 돌보는 사람 간에 생기는 최초의 의사소통의 한 형태라고 말했다. 14 고2 학평 변형

280 **phrase**
[freiz]

'표현의 방식'의 라틴어
phrasis에서 유래

ⓝ 구, 구절

예문 "The family that plays together, stays together." The wisdom in this **phrase** is that social play builds ties between people that are lasting and consequential.
'함께 놀이하는 가족은 함께 있게 된다.' 이 말 속에 담긴 지혜는 사회적인 놀이는 사람들 사이에 지속적이고 중대한 유대를 형성한다는 것이다. 15 고3 평가원

Review Test!

A 우리말에 맞게 빈 칸에 알맞은 단어를 쓰시오.

1	_____	경외감, 공포 ; 경외감을 느끼다	11	_____	quantitative
2	_____	방향을 전환시키다, 우회시키다	12	_____	recede
3	_____	열성의, 퇴행의, 역행의	13	_____	degenerative
4	_____	통통한, 토실토실한	14	_____	input
5	_____	눈에 잘 띄는, 두드러지는	15	_____	tissue
6	_____	가판대 ; 멈추게 하다	16	_____	anguish
7	_____	협상하다	17	_____	ornament
8	_____	(어떤 상태가 되게) 만들다	18	_____	cruise
9	_____	동료, 친구	19	_____	abundant
10	_____	받아쓰게 하다, 좌우하다	20	_____	phrase

B 문장의 빈칸에 알맞은 단어를 〈보기〉에서 찾아 쓰시오. (필요하면 형태를 고치시오.)

보기   evoke   welfare   diploma   trap   outlet

1 Harry set out to get his General Education _____(GED), which certifies high school-level academic competence.
Harry는 고등학교 수준의 학업 능력을 인정하는 일반 교육 학위(GED)를 얻으려고 했다. 10 고2학평

2 Like fragments from old songs, clothes can _____ both cherished and painful memories.
옛날 노래에 나오는 구절처럼 옷은 소중한 추억과 가슴 아픈 기억을 모두 생각나게 할 수 있다. 2012 수능

3 Many nonprofit organizations have a positive effect on the health and _____ of people.
많은 비영리 단체들이 사람들의 건강과 복지에 긍정적인 영향을 준다. 08 고3학평

4 Creativity that is locked inside is sometimes only released if a suitable _____ is found.
자신의 내면에 갇혀 있는 창의성은 종종 적당한 출구를 찾을 때만 표출된다. 10 고1학평

5 Instead of _____ warm air in the atmosphere like carbon dioxide, fine particles like sulfate reflect the sun's light and heat.
이산화탄소처럼 대기에 따뜻한 공기를 가두는 것 대신에 황산염과 같은 미세한 입자들은 태양의 빛과 열을 반사시킨다. 14 고3 평가원

01 어원 이야기 : extinguish vs. distinguish

extinguish, distinguish등의 stinguish는 'stick'의 의미를 가지고 있어요.

- **extinguish** : ex (out) + sting (put out '끄다') + ish (동.접)으로서 '밖에서 끈다'는 의미로 불을 끄거나 대상을 없앤다는 뜻으로 사용되지요.

- **instinct** : in + stinct (stick,'찌르다')로 '내부 혹은 마음 속을 찌르는 무엇'이라는 의미를 가져요. 그래서 '본능'이라는 의미를 함께 갖는답니다.

- **distinguish** : dis (apart) + sting (stick) + ish (동.접)로서 '찔러서 분리한다'는 뜻으로 '구별하다'라는 의미로 확장 되었어요.

02 어원 이야기 : 중얼거리는 것과 관련된 어원 mut-, mum-, mur-

mut- 어원은 '중얼거리다. 투덜거리다'라는 의미에요. mut—를 어원으로 하는 단어들이 몇몇 있는데요. mutter, mumble, murmur 이 세 단어는 공통적으로 '정확하지 않게 말을 하는 것'과 관련되어 있어요. 영어에서 mutter '투덜대다', mumble '중얼거리다', murmur '속삭이다' 등은 모두 연관되거나 비슷한 동작을 가리키는 어휘들이지요. 이들 단어에서 나타나는 공통적인 어휘는 '중얼거리다. 투덜거리다'라는 의미의 mut- 어원에서 비롯되었어요.

ex.) *The doctor asked, "What can I do for you?" "well..." Mr. Jackson mumbled.*
의사는 "무엇을 도와드릴까요?" 라고 물었다. "음..." Mr. Jackson은 중얼거렸다. [1995 수능]

mut- 어원에서 유래한 단어는 이 밖에도 mute '무언의, 말 없는'에도 나타나요.

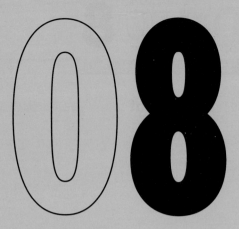

Word Preview

🎧 음원 듣기

- ☐ antecedent
- ☐ tempt
- ☐ treadmill
- ☐ sour
- ☐ consumption
- ☐ insane
- ☐ extend
- ☐ itinerary
- ☐ monetary
- ☐ disturbing
- ☐ debut
- ☐ patron
- ☐ smash
- ☐ regional

- ☐ unrecognized
- ☐ arch(a)eology
- ☐ revise
- ☐ denounce
- ☐ tackle
- ☐ metaphorical
- ☐ egocentric
- ☐ confidential
- ☐ flush
- ☐ blast
- ☐ curb
- ☐ discontent
- ☐ pendulum
- ☐ epidemic

- ☐ circumstance
- ☐ regard
- ☐ dictator
- ☐ concur
- ☐ vivacious
- ☐ entity
- ☐ peculiar
- ☐ conservative
- ☐ flock
- ☐ humid
- ☐ longitude
- ☐ affectionate

Day 08

281 ⟶ 320

281 antecedent
[ǽntisíːdənt]

ante (미리, 이전에)
+ cedere (산출하다, 생산하다)
➡ 이전에 산출한 것

Ⓝ 선례, 선행사건 ; 선조 Ⓐ 선행하는, 이전의

예문 Conditionals have been called "semifactual" because they combine a counterfactual **antecedent** and a factual consequence.
조건 명제는 사실과 반대되는 선행 사건과 실제적인 결과를 결합하기 때문에 '중간 사실적 조건'이라고 불려왔다. 14 고3 평가원
↔ **subsequent** Ⓐ 다음의, 차후의

282 tempt
[tempt]

'영향을 주려고 시도하다'의
temptare에서 유래

Ⓥ 유혹하다, 꾀다 ; 자극하다

예문 Researchers didn't know what **tempts** elephants to wander out of their protected habitat.
연구원들은 코끼리들이 그들의 보호구역 밖을 방황하도록 유혹하는 것이 무엇인지 몰랐다. 06 고3 학평 변형
➕ **temptation** Ⓝ 유혹, 유혹하는 것

283 treadmill
[trédmìl]

Ⓝ (반복되는) 지루한 일, 러닝머신

예문 After a 30-minute session on the **treadmill**, students actually did up to 10 percent better at problem solving.
30분의 러닝머신 후, 학생들은 실제로 문제 해결에 있어서 최대 10%까지 더 잘 해냈다. 11 고2 학평

284 sour
[sauər]

'신, 산성의'의 고대 영어
sur에서 유래

Ⓐ 신, 시큼한 Ⓥ 안 좋아지다, 틀어지다

예문 Two friends were in business together for over a decade, and then the market turned **sour**.
두 친구가 10년 넘게 같이 사업을 했는데, 시장 상황이 어려워졌다. 06 고2 평가원

285 consumption
[kənsʌ́mpʃən]

Ⓝ 소비(량)

예문 Do you know the **consumption** of broccoli has risen almost ten times in the last 25 years?
지난 25년 사이에 브로콜리 소비가 거의 10배가 증가한 것을 아십니까? 11 고2 학평

286 insane
[inséin]

in (부정의) + sanus (제정신인)
➡ 제정신이 아닌

Ⓐ 미친, 정신 이상의, 제정신이 아닌

예문 Some large parrots are likely to seem to go **insane** if subjected to long periods of isolation.
만약 몇몇 큰 앵무새들이 오랜 기간 고립되어 있다면 미쳐가는 것처럼 보일 가능성이 있다. 14 고3 학평 변형
↔ **sane** Ⓐ 제정신인, 분별있는

080 Word Max Prime 고등

287 extend
[iksténd]

ex (밖으로) + tend (뻗다)
➡ 밖으로 뻗다

ⓥ 확장하다, 연장하다, 늘이다 ; 펼치다

예문 Despite their **extended** free time, the people of Germany are very productive when they work.
늘어난 자유시간에도 불구하고, 독일 사람들은 일할 때 매우 생산적이다.
13 고3 평가원 변형

➕ extension ⓝ (세력, 영향력 등의) 확대, 증축 연장

---

288 itinerary
[aitínərèri]

'여행의 경로'의 라틴어
itinerarium에서 유래

ⓝ 여정, 여행 일정표

예문 I have attached a copy of our complete **itinerary**, including an emergency phone number and our e-mail address.
비상연락 전화번호와 이메일 주소를 포함하여 저희 전체 여행 일정 복사본을 첨부해 드립니다. 12 고1 학평

---

289 monetary
[mánitèri]

'돈에 적용 되는 것'의 라틴어
monetarius에서 유래

ⓐ 화폐의, 통화의, 금융(상)의, 재정(상)의

예문 Jordan was able to purchase a book from the list thanks to your **monetary** donation.
Jordan은 당신의 금전적 기부 덕분에 그 목록에 있는 책을 살 수 있었습니다.
14 고3 학평 변형

---

290 disturbing
[distə́:rbiŋ]

disturb (방해하다)
+ ~ing (형.접)
➡ 방해하는

ⓐ 충격적인, 불안감을 주는

예문 It was very **disturbing** reading your article about how the farmers plan to handle the wild pig overpopulation on the island.
어떻게 농부들이 그 섬에서 야생 돼지의 과잉 개체수를 다룰 계획인지에 대한 당신의 기사를 읽는 것은 매우 충격적이었다. 06 고3 평가원

---

291 debut
[déibjù:]

'첫 등장'의 프랑스어
debut에서 유래

ⓝ 첫 출연, 데뷔

예문 The Smurfs became an animated cartoon in 1981, when their **debut** on U.S.television launched their global rise to stardom.
스머프는 1981년에 만화 영화로 제작되었고, 그 때 미국 TV에 처음 등장한 것이 세계적인 스타로 발돋움하는 출발점이 되었다. 08 고3 학평

---

292 patron
[péitrən]

'보호자, 후원자'의
고대 프랑스어
patron에서 유래

ⓝ 후원자, 보호자 ; 단골손님

예문 The story of Athena becoming **patron** goddess of Athens concerns the struggle between the goddess and Poseidon.
아테나가 아테네의 수호여신이 되는 이야기는 이 여신과 포세이돈 사이의 경쟁과 관련되어 있다. 08 고3 학평

293 smash
[smæʃ]

'조각으로 부수다'의
고대 영어 smash에서 유래

ⓥ 부수다, 박살나다 ; ~에 세게 부딪히다, 힘껏 치다

예문 Rosalyn broke her arms and **smashed** all her toes by the accident.
사고로 인해 Rosalyn의 두 팔은 부러졌으며 모든 발가락이 으스러졌다.
09 고2 학평 변형

294 regional
[ríːdʒənəl]

region(지역)
+al(형.접)
➡ 지역의

ⓐ 지방(지역)의

예문 **Regional** telecom companies will transmit the signals to the balloons, and then each balloon will relay the signals to a ground area many miles in diameter.
(각) 지역의 전기 통신 회사들이 신호를 풍선으로 전송하고, 그런 다음 각 풍선들이 그 신호들을 직경이 수마일인 지상(에 있는 지역)으로 중계할 것이다. 16 고3 평가원

✚ local ⓐ (특정) 지역의, 현지의

295 unrecognized
[ʌnrekəgnaizd]

un(반대의)
+recognize(알아차리다)
+ed(형.접)
➡ 알아차리지 못한

ⓐ 의식되지 못하는, 인식되지 않은

예문 The issue went **unrecognized** by the investigators.
그 문제는 조사원들에게 인식되지 못한 채 넘어갔다. 10 고3 학평 변형

296 arch(a)eology
[aːrkiaːlədʒi]

'고대 역사'의 프랑스어
archeologie에서 유래

ⓝ 고고학

예문 You know my major is **archeology**. I want to see the pyramids and other attractions that I've only read about. 넌 내 전공이 고고학인 것 알잖아. 난 읽기만 했던 피라미드와 다른 명소들을 보고 싶어. 06 고3 평가원

297 revise
[riváiz]

re(다시)+videre(보다)
➡ 다시 보다
➡ 개정하다

ⓥ 개정하다, 수정하다

예문 You can write a book as quickly as possible, getting your thoughts onto paper without regard to style. Then, you can go back to **revise** and polish your writing.
여러분은 문체를 고려하지 않고 여러분의 생각을 종이 위에 쏟아 놓으면서 가능한 한 빨리 책을 쓸 수 있습니다. 그 뒤, 다시 돌아가 쓴 글을 교정하고 다듬을 수 있습니다. 15 고3 평가원

✚ revision ⓝ 수정, 개정

298 denounce
[dináuns]

de(반대의)+nuntius(주장하다)
➡ 반대로 주장하다
➡ 비판하다

ⓥ 비난하다, 비판하다, 고발하다

예문 Many people **denounced** the company's stance on climate change as utter nonsense.
많은 사람들이 그 회사의 기후 변화에 대한 입장을 터무늬 없는 소리라고 비난했다.

✚ condemn ⓥ 규탄하다, 비난하다

299 tackle
[tǽkl]

'도구, 기구'의 중세 영어
takel에서 유래

ⓥ (힘든 문제 등과) 씨름하다, 다루다 ; (축구 등에서) 태클하다

예문 The speed with which computers **tackle** multiple tasks keeps getting faster.
컴퓨터가 다수의 일을 다루는 속도는 점점 더 빨라지고 있다. `2015 수능 변형`

---

300 metaphorical
[mètəfɔ́(:)rikəl]

meta(~을 너머로)
+pherein(옮기다)
+(c)al(형.접)
➡ 뜻을 ~너머로 옮기는
➡ 비유의

ⓐ 은유의, 비유적인

예문 A new metaphor initially makes people reflect on its meaning; if it loses its novelty later by gaining popularity, it will give birth to similar types of **metaphorical** expressions.
새로운 은유는 처음에는 사람들로 하여금 그 말의 의미를 곰곰이 생각하게 만들지만 후에 대중성을 얻어 새로움을 상실하게 되면 유사한 형태의 은유적 표현들을 만들게 된다. `11 고3 평가원`

➕ figurative ⓐ 비유적인, 상징적인

---

301 egocentric
[ì:gouséntrik]

ego(자아)+center(중심)
+ic(형.접)
➡ 자아 중심적인

ⓐ 자기 중심적인, 이기적인

예문 Thirty years ago most psychologists and philosophers thought that babies and young children were irrational and **egocentric**.
30년 전에 대부분의 심리학자, 철학자들은 유아들과 어린 아이들이 비이성적이고 자기중심적이라고 생각했다. `10 고1 학평`

---

302 confidential
[kɑ̀nfidénʃəl]

confident(확신하고 있는)
+ial(형.접)
➡ 믿고 있는 ➡ 기밀의

ⓐ 기밀의, 비밀의

예문 Helen's father became her **confidential** friend, and he also became her literary adviser.
Helen의 아버지는 그녀의 비밀 친구가 되었고, 그는 또한 그녀의 문학적 조언자가 되었다. `08 고3 평가원 변형`

---

303 flush
[flʌʃ]

'급박하게 또는 폭력적으로 움직이다'의 고대 영어
flusshen에서 유래

ⓥ 붉어지다, 물을 내리다 ⓝ 홍조

예문 Although the freezing wind pounds upon her, Allen felt **flushed** with warmth of the fire.
찬 바람이 그녀를 스침에도 불구하고, Allen은 화롯불의 온기에 볼이 붉어졌다. `10 고3 평가원 변형`

---

304 blast
[blæst]

'산들바람이 부는'의
고대 영어 blaest에서 유래

ⓝ 폭발 ; 한 바탕 부는 바람 ⓥ 폭파하다, 크게 울리다

예문 The volcanic ash, after **blasting** high into the atmosphere, presented a risk to the engines of airplanes.
대기 중으로 높이 폭발한 후, 화산재는 비행기 엔진에 위험을 가했다. `10 고3 평가원 변형`

305 **curb**
[kə:rb]

'말이 고삐를 당기다'의
고대 프랑스어
courbe에서 유래

ⓥ 억제하다, 제한하다　ⓝ 구속, 속박, 억제

예문 To say that we need to **curb** anger and our negative thoughts and emotions does not mean that we should deny our feelings.
우리가 분노와 부정적인 생각과 감정을 억제할 필요가 있다고 말하는 것이 우리의 감정을 부정해야 함을 의미하지는 않는다.　2013 수능

---

306 **discontent**
[dìskəntént]

dis(떨어져)+**content**(만족하는)
➡ 만족하지 않는

ⓝ 불만, 불만스러운 것　ⓐ 불평(불만)이 있는 (~with)

예문 Mary's disappointment and **discontent** passed quite quickly when the situation develops into a different one.
Mary의 실망과 불만은 상황이 다르게 흘러가자 꽤 빠르게 바뀌었다.
12 고1 평가원 변형

---

307 **pendulum**
[péndʒələm]

'아래로 매달린'의 라틴어
pendulum에서 유래

ⓝ (시계의) 추, 진자

예문 Chris constructed the first **pendulum** clock, revolutionizing timekeeping.
Chris는 시간 기록에 혁명을 일으키는 최초의 추시계를 만들었다.　2005 수능

---

308 **epidemic**
[èpidémik]

epi(달라붙어 있는)+**demo**(사람)
➡ 사람에 달라 붙어 있는
➡ 전염병

ⓝ 유행병

예문 Driving has always been dangerous, but a new **epidemic** stretching across America's highways is making it even more risky.
운전은 항상 위험하다. 하지만 미국의 고속도로 전역에 널리 퍼져있는 유행병이 운전을 훨씬 더 위험하게 만들고 있다.　08 고3 학평

➕ **pandemic** ⓝ 전국적인(전세계적인) 유행병

---

309 **circumstance**
[sə́:rkəmstæns]

circum(주변에)+**st**(서다)
+**ance**(명.접)
➡ 주변에 서 있는 것

ⓝ 환경, 상황

예문 People experience the same **circumstances** entirely differently, depending on their emotional state.
사람들은 자신의 감정적인 상태에 따라 똑같은 상황을 완전히 다르게 경험한다.
09 고1 학평

---

310 **regard**
[rigá:rd]

re(강조)+**gard**(보다)
➡ 지켜 보다

ⓥ ~으로 여기다, 간주하다　ⓝ 관심 ; 고려 ; 존경

예문 If we **regard** animal welfare as the most important thing, we should start to ban all sports in which animals are treated cruelly.
만약 우리가 동물 복지를 가장 중요한 것으로 여긴다면, 우리는 동물들이 잔인하게 다루어지는 모든 운동 경기들을 금지하기 시작해야 한다.　06 고1 학평 변형

311 dictator
[díkteitər]

dictate(기분 나쁘게 명령하다)
+or(명.접)
➡ 기분 나쁘게 명령 하는 사람
➡ 독재자

ⓝ 독재자, 지배자

예문 Social and physical structures were the great **dictators** that determined how and where people would spend their lives.
사회적이고, 물리적인 구조는 사람들이 그들의 삶을 사는 방식과 장소를 결정하는 중요한 지배자였다. 11 고3 학평

✚ **dictatorship** ⓝ 독재 정부

312 concur
[kənkə́:r]

con(함께)+curere(달리다)
➡ 함께 달리다
➡ 의견이 일치하다

ⓥ 동의하다, (의견이) 일치하다 ; 동시에 일어나다

예문 Health professionals **concur** on the importance of a balanced diet.
건강 전문가들은 균형 잡힌 식사의 중요성에 대해 동의한다.

✚ **concurrent** ⓐ 공존하는, 동시에 발생하는

313 vivacious
[vivéiʃəs]

'생생한, 활발한'의 라틴어
vivax에서 유래

ⓐ 활발한, 명랑한

예문 Carolyn is an intelligent and **vivacious** woman.
Carolyn은 총명하고 쾌활한 여성이다.

↔ **reserved** ⓐ 속마음을 잘 드러내지 않는,

Tip!	〈vivax−, vivac− '살다(live)'〉
• viva 만세 (Long live…!)	• vita ⓝ 약력, 이력서
• vital ⓐ 필수적인, 생명유지에 필수적인	• vivid ⓐ 생기있는, 선명한

314 entity
[éntəti]

'실재, 본질'의 라틴어
entitas에서 유래

ⓝ 본질, 실체 ; 독립체

예문 Artists are perceived to establish a strong bond with their art to the point of combining into one **entity**.
예술가는 하나의 '실체'로 합쳐질 정도로까지 자신들의 예술품과 강한 유대를 확립한다고 인식된다. 18 고3 평가원

315 peculiar
[pikjú:ljər]

'~의 재산'의 라틴어
peculiaris에서 유래

ⓐ 이상한, 특별한, ~에 특유한(고유한)

예문 The tarsier is a very **peculiar** small animal, no larger than an adult man's hand.
Tarsier는 매우 독특한 작은 동물로, 성인 남자의 손 크기만 하다. 09 고2 학평

↔ **ordinary** ⓐ 평범한, 보통의

316 **conservative**
[kənsə́:rvətiv]

com(강조)
+servare(지켜보다, 유지하다)
+ative(형접)
➡ 계속 지켜보는

ⓐ 보수적인 ; (실제 수나 양보다) 적게 잡은 ⓝ 보수당원

예문 Banks are generally **conservative**, and savings accounts are guaranteed by the federal government up to a certain dollar amount.
은행은 일반적으로 보수적이고, 예금 계좌는 특정한 달러 액수까지 연방 정부에 의해 보장받는다. 15 고2 학평

317 **flock**
[flɑk]

ⓝ 떼, 무리 ⓥ 떼지어 가다

예문 **Flocks** of birds would gather together in the tree, eating fruits and chattering.
새 무리는 열매를 먹고 지저귀면서 나무 위에 모여들고는 했다. 08 고2 평가원 변형

318 **humid**
[hjú:mid]

'축축한, 눅눅한'의
고대 프랑스어
humide에서 유래

ⓐ 습한, 눅눅한

예문 It is not recommended to keep coffee in the refrigerator because the environment in a refrigerator is too **humid**.
냉장고 안의 환경은 습기가 지나치게 많아서 커피를 냉장고에 보관하는 것은 바람직하지 않다.
➕ **humidity** ⓝ 습도, 습함, 습기

> Tip! 〈주요 용례〉
> • humid climate 습한 기후
> • humid weather 후덥지근한 날씨
> • hot and humid 고온 다습한

319 **longitude**
[lάndʒətjù:d]

longus(길이)+tude(상태)
➡ 길이

ⓝ 경도

예문 Every day for a week, Kate kept getting **longitude** and latitude confused.
일주일 동안 매일 Kate는 계속 경도와 위도를 헷갈렸다. 16 고2 학평 변형

↔ **latitude** ⓝ 위도 ➕ **altitude** ⓝ 고도

320 **affectionate**
[əfékʃənit]

affection(애정)+ate(형접)
➡ 애정적인

ⓐ 다정한, 애정 어린

예문 Stephanie Scott's pit bull, Reilly Roo, is friendly and **affectionate**, even with strangers.
Stephanie Scott의 pit bull인 Reilly Ron은 낯선 사람에게조차 친근함과 애정을 보인다. 07 고3 평가원

Review Test !

A 우리말에 맞게 빈 칸에 알맞은 단어를 쓰시오.

1	_____ 선례, 선행사건 ; 선조 ; 선행하는	11	_____ treadmill
2	_____ 소비(량)	12	_____ itinerary
3	_____ 후원자, 보호자 ; 단골손님	13	_____ disturbing
4	_____ 비난하다, 비판하다, 고발하다	14	_____ unrecognized
5	_____ 불만, 불만스러운 것 ; 불평이 있는	15	_____ revise
6	_____ 유행병	16	_____ flush
7	_____ 활발한, 명랑한	17	_____ curb
8	_____ 이상한, 특별한, ~에 특유한(고유한)	18	_____ circumstance
9	_____ 보수적인 ; 보수당원	19	_____ concur
10	_____ 경도	20	_____ entity

B 문장의 빈칸에 알맞은 단어를 〈보기〉에서 찾아 쓰시오. (필요하면 형태를 고치시오.)

보기   regional   tackle   dictator   extend   blast

1 Fish schools vary in size from a few individuals to enormous populations
_____ over several square kilometers.
물고기 떼는 몇 마리의 개체에서부터 몇 제곱킬로미터에 걸쳐 펼쳐진 엄청난 개체군에 이르기까지 그 규모가 다
양하다. `13 고3 평가원`

2 Scientists _____ the mystery of how the ant measures distance.
과학자들은 개미가 어떻게 거리를 측정하는지에 대한 신비를 풀려 노력했다. `07 고2 학평`

3 By the end of the revolution in 1799, Napoleon Bonaparte was in power as a
military _____.
1799년 혁명이 끝날 무렵 나폴레옹 보나파르트는 군사 독재자로서 권력을 장악했다.

4 Artifacts of the later civilization are similar to the earlier civilization, but indicate
more _____ diversification.
후기 문명의 공예품은 초기 문명과 유사하지만, 지역적 다양성을 더 나타낸다.

5 When the music started _____ out of the speakers, I was so thrilled by
how intense the sound was.
음악이 스피커 밖으로 크게 울리기 시작했을 때, 나는 그 소리가 얼마나 강렬했는지에 대해 너무 흥분했었다.
`08 고1 학평`

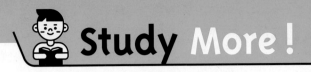

Study More !

01 **어원 이야기 : -cur (happen, run, appear)로 어휘 확장하기**

-cur는 '어떤 것이 생기다'라는 뜻으로 'happen'과 비슷한 의미를 띄고 있는데요. 이를 통해 사용빈도가 높은 관련 어휘를 쉽게 확장할 수 있어요.

- **occur** : oc (toward) + cur (run, appear)로 '어떤 쪽으로 무엇이 일어난다'는 의미로서 누구에게 '어떤 일이 생기다 (happen)'라는 의미가 되었어요. 그 후 cur는 주로 happen이라는 의미로 많이 쓰이게 되었죠.
- **concur** : con (together) + cur (run, appear)로 '어떤 일이 함께 생기다'라는 의미로 쓰여요.
- **recur** : re (again) + cur (run, appear)로 '다시 일어난다'는 의미를 가지죠.
- **incur** : in (in) + cur (appear, happen)로 내부에서 어떤 일이 생기는 것이므로 '초래하다'라는 뜻을 가지게 되었어요.

한편 -cur가 'run'의 의미를 가지는 경우는 current (curr 'run' + ent 형/명.접)처럼 '흐름 / 흐르는'의 의미를 나타낼 때 'run'의 의미를 갖는다고 해요. 위의 단어들도 concurrent '동시에 발생하는', recurrent '되풀이되는' occurrent '현재 일어나고 있는' 등의 형용사로 확장할 수 있습니다.

Tip ▶ -cur를 포함하는 어휘 활용 주의: recur – recurred (과거), recurring (분사)

02 **sour 의 활용**

sour는 형용사로서 맛을 나타낼 때 '신, 시큼한'이라는 의미를 가져요.(*a sour flavor* 신맛)
그러나 사람의 표정을 나타내는 데도 쓰이는데 이 때는 '뚱한, 시큰둥한'의 의미를 가져요.
의미 차이가 크므로 잘 기억해야 해요.(*a sour look / face* 시큰둥한 표정/얼굴)
한편 sour는 동사들과 결합해서 관계나 계획이 안 좋아지거나 틀어지는 경우를 나타내기도 합니다.
(*Their relationship turned / went sour.* 그들의 사이가 틀어졌다.)

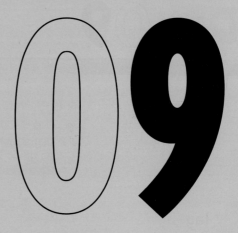

Word **Preview**

🎧 음원 듣기

- ☐ crispy
- ☐ lag
- ☐ simultaneously
- ☐ dine
- ☐ bulk
- ☐ flap
- ☐ bruise
- ☐ regardless of
- ☐ diabetes
- ☐ twilight
- ☐ quarrel
- ☐ retail
- ☐ countless
- ☐ relocate

- ☐ pessimistic
- ☐ monk
- ☐ qualified
- ☐ garment
- ☐ interplay
- ☐ statement
- ☐ arrange
- ☐ redeem
- ☐ enlist
- ☐ pathway
- ☐ ignorant
- ☐ gender
- ☐ hospitality
- ☐ discharge

- ☐ array
- ☐ segment
- ☐ simplify
- ☐ vulnerable
- ☐ martial
- ☐ evaluate
- ☐ outright
- ☐ abusive
- ☐ inquiry
- ☐ propagate
- ☐ discord
- ☐ manpower

---

321 **crispy**
[kríspi]

ⓐ 바삭한, 바스락거리는, 아삭아삭한

예문 Over the top of the paper I was reading came a **crispy** long object that caused me to jump.
읽고 있던 서류 위로 나를 벌떡 일어나게 한 부스럭거리는 긴 물건이 나타났다.
08 고3 학평 변형

---

322 **lag**
[læg]

ⓥ 뒤에 처지다, 뒤떨어지다 ⓝ 뒤처짐, 지체 ; (시간, 양, 정도의) 차이

예문 I was more tired because I **lagged** behind my fellows.
나는 동료들로부터 뒤처졌기 때문에 더욱 지쳤다.

---

323 **simultaneously**
[sàiməltéiniəsli]

simultaneous(동시의)
+ly (부.접)
➡ 동시에

ⓐⓓ 동시에

예문 We had sighted each other **simultaneously**.
우리는 동시에 서로를 쳐다보았다. 12 고3 학평 변형

➕ simultaneous ⓐ 동시의

---

324 **dine**
[dain]

'식사를 하다'의 고대 프랑스어 **disner**에서 유래

ⓥ 식사를 하다, 만찬을 들다

예문 Women who **dine** with two or three friends eat an average of 500 calories, or double that of solo diners.
두세 명의 친구들과 함께 식사를 하는 여성은 평균적으로 500칼로리를 먹거나 혼자 식사하는 사람의 두 배의 양을 먹는다. 08 고3 평가원 변형

---

325 **bulk**
[bʌlk]

ⓥ (부피가) 커지게 하다 ⓝ 대부분, 큰 규모의 양

예문 A slim boy who hopes to make the wrestling team may routinely overload his plate with foods that are dense in carbohydrates and proteins to '**bulk** up' like the wrestlers of his school.
레슬링 팀을 만들고 싶어 하는 호리 호리한 소년은 자기 학교의 레슬링 선수들처럼 '몸집을 불리기' 위해 판에 박힌 듯이 자기 접시를 탄수화물과 단백질이 많은 음식으로 가득 채울지 모른다. 11 고3 평가원

---

326 **flap**
[flæp]

'철썩 때리다'의 고대 영어 **flappe**에서 유래

ⓥ 펄럭이다, 퍼덕거리다 ⓝ (봉투 등의) 덮개 ; 펄럭임, 펄럭이는 소리

예문 I will try to make the image as vivid as possible, with birds **flapping** and feathers flying everywhere.
나는 새가 날개를 퍼덕이고 깃털이 사방에 날리고 있는 것으로 그 이미지를 더욱 생생하게 만들 것이다. 10 고2 학평

327 bruise
[bru:z]

'두드리다, 뭉게다'의
고대 영어 **brysan**에서 유래

ⓥ 타박상을 입히다 **ⓝ** 멍, 상처

[예문] When you go swimming, be careful not to **bruise** yourself against the rocks.
수영하러 갈 때, 바위에 부딪혀 상처 입지 않도록 조심해야 한다.
09 고2 평가원 변형

328 regardless of
[rigá:rdlis əv]

'분쟁, 논란'의 고대 프랑스어

~에 상관없이, 관계없이

[예문] Tolerance is the idea that all people should be equally accepted and equally treated, **regardless of** their differences from others.
관용은 사람들이 다른 이들과 다른것에 상관없이 모든 사람들이 동등하게 인정받고 동등하게 대우받는다는 개념이다. 15 고1 학평

329 diabetes
[dàiəbí:ti:z]

'오줌이 과도하게 배출 되는 것'의
중세 라틴어 **diabetes**에서 유래

ⓝ 당뇨병

[예문] Patients with **diabetes** use insulin to help their bodies process sugars normally.
당뇨병이 있는 환자들은 혈당을 정상적으로 조절하기 위해 인슐린을 이용하고 있다. 04 고2 평가원 변형

330 twilight
[twáilàit]

twi(둘) + light(빛)
➡ 낮과 밤 사이의 빛

ⓝ 석양, 황혼

[예문] The theater income was limited since it can start the showings only at **twilight**.
그 극장은 황혼 무렵에만 상영을 시작할 수 있었기 때문에 극장의 수입은 한정적이었다. 07 고3 학평 변형

331 quarrel
[kwɔ́(:)rəl]

'분쟁, 논란'의 고대 프랑스어
querele에서 유래

ⓝ 다툼, 언쟁 **ⓥ** 다투다

[예문] Our six-year-old daughter, Becky, was watching a pair of **quarreling** blue jays through the living room window.
여섯 살 난 딸 Becky는 거실 창문을 통해 다투고 있는 한 쌍의 큰 어치들을 바라보고 있었다. 12 고3 학평

332 retail
[rí:tèil]

re(다시) + tail(자르다)
➡ 다시 자르다

ⓝ 소매

[예문] We don't know why customers leave **retail** stores empty-handed.
우리는 왜 고객들이 빈 손으로 소매점을 떠나는지 알 수 없다. 11 고3 학평 변형

333 countless
[káuntlis]

count (세다) + less (~이 없는)
➡ 세지 않는 ➡ 셀 수 없이 많은

ⓐ 무수한, 수많은

예문 Dozens of wildflowers of **countless** varieties cover the ground to both sides of the path.
무수히 다양한 품종의 야생화 수십 그루가 길 양편으로 땅을 덮고 있다. 2008 수능

---

334 relocate
[rilo*u*kéit]

re (다시)
+ locate (특정 위치에 두다)
➡ 다시 위치시키다

ⓥ (기업, 근로자 등이) 이전하다 ; 재배치하다

예문 An automobile is a commodity that can be **relocated** anywhere.
자동차는 어느 곳으로든 이동될 수 있는 상품이다. 13 고3 학평 변형

✚ relocation ⓝ 재배치, 전근

---

335 pessimistic
[pèsəmístik]

pessimism (비관적인 생각)
+ istic (형.접)
➡ 비관적인

ⓐ 비관적인

예문 There are times when having a **pessimistic** view is beneficial.
비관적인 관점을 가지는 것이 이로울 때가 있다. 10 고3 학평

↔ optimistic ⓐ 낙관적인, 낙관하는

---

336 monk
[mʌŋk]

'종교적 은둔자'의 고대 영어
munuc에서 유래

ⓝ 수도승

예문 One day a wise old **monk** heard an impatient pounding on the door.
어느 날 나이 든 현명한 수도승은 서둘러 문을 두드리는 소리를 들었다.
15 고3 학평 변형

---

337 qualified
[kwáləfàid]

qualify (자격을 얻다) + ed (형.접)
➡ 자격을 얻은 ➡ 자격이 있는

ⓐ 자격이 있는

예문 Our well-**qualified** and well-paid teachers will be able to teach more effectively.
우리의 자격을 잘 갖추고 좋은 급여를 받는 선생님들이 더 효율적으로 가르칠 수 있을 거예요. 15 고3 학평 변형

✚ qualify ⓥ 자격을 갖추다

---

338 garment
[gáːrmənt]

gar (보호하다) + ment (명.접)
➡ 보호하는 것

ⓝ 의복, 옷

예문 Based on the exact image, body scanning software defines and captures all the measurements necessary for actually producing the **garment** or shoe.
정확한 이미지에 기초하여, 신체를 스캔하는 소프트웨어가 실제로 옷이나 신발을 제조하는 데 필요한 모든 치수를 확정하고 포착한다. 15 고3 학평

---

339 interplay
[íntərplèi]

ⓝ 상호 작용

예문 The quality of a statue usually relies on the **interplay** between light and shade.
동상의 작품성은 대개 명암 사이의 상호작용에 의존한다. 10 고3 학평 변형

340 statement
[stéitmənt]

state(상황)+ment(명.접)
➡ 성명, 진술

ⓝ 진술, 서술, 담화; 입출금 내역서

예문 False **statements** damaged our report.
잘못된 진술이 우리의 보고서에 피해를 입혔다. 12 고1 학평 변형

Tip! 〈주요 용례〉
· **make a statement** 성명서를 발표하다
· **an official statement** 공식 성명
· **a written statement** 진술서
· **a bank statement** 은행 내역서

341 arrange
[əréindʒ]

ar/ad(~을 향해서)
+rang(e)(선)
➡ 한 줄로 놓다

ⓥ 마련하다, 주선하다 ; 정리하다, 배열하다

예문 After correcting the picture, the painter **arranged** a second preview.
그 화가는 그림을 수정한 후 두 번째 시연회를 마련했다. 2011 수능

✚ **organize** ⓥ (어떤 일을) 준비하다, 조직하다

342 redeem
[ridíːm]

re/red(다시)+em(사다)
➡ (잃어버린 것을) 다시 사다

ⓥ (결함 등을) 보완하다, (실수 등을) 만회하다 ; (현금으로) 돌려받다

예문 When a can is emptied, it may be **redeemed** at the recycling center for the nickel deposit.
캔이 비워지면 재활용 센터에서 5센트를 돌려 받을 수 있다. 08 고3 학평 변형

343 enlist
[inlíst]

en/in(안에)+list (목록, 명부)
➡ 명부안에 이름을 넣다

ⓥ (협조, 참여를) 요청하여 얻다 ; 입대하다, 징집하다

예문 To test the theory, we **enlisted** the help of ninety people to take part in a pilot program.
그 이론을 시험해보기 위해서, 우리는 예비 연구에 참여할 90명의 도움을 얻었다. 11 고2 학평 변형

344 pathway
[pǽθwèi]

ⓝ 좁은 길, 오솔길

예문 Sam usually jogs along the **pathway** every morning.
Sam은 매일 아침에 종종 오솔길을 따라 조깅한다.

345 ignorant
[ígnərənt]

ignore(무시하다)+ant(형.접)
➡ 무지한, ~을 모르는

ⓐ 무지한, 무식한, 무지막지한

[예문] Although there are laws about the care of dogs, some dog-owners are **ignorant** of them.
개를 돌보는 법이 있음에도 불구하고, 몇몇 개 주인들은 그 법들에 대해 무지하다. 05 고3 학평 변형

346 gender
[dʒéndər]

gend(태어난)+er(명.접)
➡ 태어난 것 ➡ 성별

ⓝ 성, 성별

[예문] Whether there is a real **gender** difference in math ability and if so, why, has long been debated.
수리 능력이 성별에 따라 차이가 있는지, 그렇다면 그 이유는 무엇인지에 대해서 오랫동안 논의되어 왔다. 10 고3 학평

347 hospitality
[hàspitǽləti]

hospitable(환대하는)
+ality(명.접)
➡ 환대, 후한 대접

ⓝ 환대, 후대

[예문] I hang the picture in my bed room as a pleasant reminder of Jane's **hospitality**.
나는 Jane의 환대를 즐겁게 상기시켜주는 것으로써 그 그림을 내 침실에 걸어두었다. 14 고3 평가원 변형

348 discharge
[distʃɑ́:rdʒ]

dis(반대)+charge(짐을 싣다)
➡ (짐을) 싣던 것을 내리다
➡ 해임하다

ⓥ 방출하다 ; 해고하다   ⓝ 방출, 배출

[예문] Dry weather can cause sudden **discharges** of static electricity between our hands and metal objects such as door handles.
건조한 날씨는 우리의 손과 문 손잡이와 같은 금속 물체 사이에 갑작스러운 정전기 방출을 일으킬 수 있다. 09 고2 평가원 변형

349 array
[əréi]

ⓝ 집합체, 다수 ; 배열   ⓥ 배열하다, 배치하다

[예문] If you are interested in ancient architecture, you should visit the Uppsala castle, which has an **array** of old paintings.
만약 당신이 고대 건축 양식에 관심이 있다면, 당신은 다수의 오래된 그림들이 있는 Uppsala 성을 방문해야 해요. 11 고1 학평 변형

✚ **arrangement** ⓝ 배열, 배합, 정리

350 segment
[ségmənt]

seg(자르다)+ment(명.접)
➡ 잘라진 것

ⓝ 부분, 분절, 조각   ⓥ (여러 부분으로) 나누다, 분할하다

[예문] He showed them three line **segments**, and asked each one in turn which line was the longest.
그는 그들에게 줄 세 조각을 보여주고 차례대로 어느 줄이 가장 긴지를 물었다.
2011 수능

351 simplify
[símpləfài]

simple(간단한)
+fy(동.접)

➡ 간단하게 만들다

ⓥ 간소화하다, 단순화하다

예문 **Simplifying** the process of car manufacture was our main task.
자동차 제조 과정을 단순화 시키는 것이 우리의 주된 업무였다.

352 vulnerable
[vʌ́lnərəbl]

'부상을 입다, 다치다'의
라틴어 **vulnerare**에서 유래

ⓐ 취약한, 연약한

예문 These plants are highly **vulnerable** to frost, so you must take them inside at night.
이 식물들은 서리에 매우 약하기 때문에, 밤에는 그것들을 안으로 들여놔야 한다.

↔ **strong** ⓐ 강한, 튼튼한 **invincible** ⓐ 무적의, 정복할 수 없는

353 martial
[má:rʃəl]

'전쟁 같은, 전쟁의'의 라틴어
martialis에서 유래

ⓐ 호전적인, 전쟁의, 군대의

예문 Experienced **martial** artists use their experience as a filter to separate the essential from the irrelevant.
노련한 무술인들은 그들의 경험을 필수적인 것과 관계 없는 것을 걸러내는 여과기로 사용한다. 2011 수능

354 evaluate
[ivǽljuèit]

ⓥ 평가하다, 검토하다

예문 The teachers' committee will **evaluate** each participant and decide on the winner.
교사 위원회에서 각각의 참가자를 심사해서 우승자를 결정할 것입니다.
08 고3 평가원 변형

➕ **assess** ⓥ 평가하다 **rate** ⓥ 평가하다, 등급을 매기다

355 outright
[áutràit]

'완전히, 전체적으로'의
고대 영어 **outright**에서 유래

ⓐ 완전한, 노골적인 ⓐⓓ 완전히, 철저히, 숨김없이

예문 We had failed to win an **outright** victory.
우리는 완전한 승리를 거두지 못했다.

356 abusive
[əbjúːsiv]

abuse(학대하다, 남용하다)
+ive(형.접)
➡ 모욕적인, 학대하는

ⓐ 모욕적인 ; 학대하는

예문 Kevin announced that he'd delete **abusive** comments from his blog.
Kevin은 모욕적인 댓글들을 자신의 블로그에서 지우겠다고 공고했다.

---

357 inquiry
[inkwáiəri]

ⓝ 조사, 수사, 연구, 탐구

예문 In much of scientific **inquiry**, there are no right or wrong answers.
많은 과학 연구에서, 맞거나 틀린 답은 없다. 14 고2 학평 변형

Tip! 〈주요 용례〉
• inquire ⓥ 묻다, 알아보다
• inquire after someone 다른 사람의 건강이나 상황에 대해 묻다
• inquire into something 어떤 일이나 문제에 대해 묻다

---

358 propagate
[prápəgèit]

'증가시키는 것, 확장하다'의
라틴어 propagatus에서 유래

ⓥ (사상, 신조를) 전파하다

예문 They **propagated** misleading ideas about the power of the Internet.
그들은 인터넷의 힘에 대한 잘못된 개념을 전파했다.

✚ propaganda ⓝ 선전, 선동   propagation ⓝ 전파, 종식

---

359 discord
[dískɔːrd]

dis(떨어져)+cord(마음)
➡ 마음이 떨어져 있는 것
➡ 불일치

ⓝ 불일치, 불화

예문 Family **discord** adversely affects a child's natural development.
가정불화는 아이의 자연적 성장에 나쁜 영향을 미친다.

✚ discordance ⓝ 불화, 부조화   disharmony ⓝ 부조화, 불화
discordant ⓐ 조화를 이루지 못하는   ↔ harmony ⓝ 조화, 화합

Tip! 〈주요 용례〉
• family discord 가족 불화
• international discord 국제적 불화
• seeds of discord 불화의 원인

---

360 manpower
[mǽnpàuər]

man(사람)+power(힘)
➡ 사람의 힘

ⓝ 인력, 인적 자원

예문 More **manpower** needs to be allocated to provide diverse language services for greater efficiency.
더 효율적으로 다양한 언어 서비스를 제공하기 위해 더 많은 인력이 배정될 필요가 있다. 09 고3 학평

Review Test !

A 우리말에 맞게 빈 칸에 알맞은 단어를 쓰시오.

1 _____ 바삭한, 아삭아삭한
2 _____ 당뇨병
3 _____ 비관적인
4 _____ 의복, 옷
5 _____ 무지한, 무식한, 무지막지한
6 _____ 환대, 후대
7 _____ 호전적인, 전쟁의, 군대의
8 _____ 모욕적인 ; 학대하는
9 _____ 조사, 수사, 연구, 탐구
10 _____ 불일치, 불화

11 _____ lag
12 _____ bulk
13 _____ bruise
14 _____ regardless of
15 _____ countless
16 _____ arrange
17 _____ discharge
18 _____ segment
19 _____ evaluate
20 _____ propagate

B 문장의 빈칸에 알맞은 단어를 〈보기〉에서 찾아 쓰시오. (필요하면 형태를 고치시오.)

보기   gender   qualified   quarrel   simultaneously   relocate

1 While interacting with others, people are also _____ interacting with themselves, somewhat like talking to themselves.
다른 사람들과 상호작용을 하는 동안, 자신에게 말을 하는 것과 비슷하게 사람들은 동시에 자기 자신과 상호작용을 한다. 09 고3학평

2 Her attention was distracted by a rough, noisy _____ taking place at the ticket counter.
그녀는 매표소에서 벌어지고 있는 거칠고 시끄러운 다툼에 의해 주의가 산만해졌다. 2014 수능

3 James _____ his factory back East to New York in 1933 where he designed and manufactured unique aluminum furniture.
James는 1933년에 동부에 있는 New York으로 자신의 공장을 이주시켰으며, 그 곳에서 독특한 알루미늄 가구를 설계하여 제작했다. 13 고3 평가원

4 Police do issue permits to _____ hunters and advise hikers to wear bright, colorful clothing during hunting season.
경찰은 자격을 갖춘 사냥꾼들에게만 허가를 내주었고, 등산객들에게는 수렵기간 중에 밝고 화려한 옷을 입으라고 충고하였다. 2002 수능

5 Could biological differences between the sexes lead inevitably to _____ differences in behavior?
성별 간의 생물학적 차이가 필연적으로 행동의 성별 차이로 이어지는가? 13 고3학평

Study More !

01 **regard로 어휘 확장하기**

regard는 re (again) + gard (look)로 '다시 보다', 즉 '고려하다 (consider)'의 의미를 가지고 있어요.

- **regard** someone / something **as** ~ : ~을 ~으로 간주하다
  (regard someone as a hero : ~를 영웅으로 간주하다/여기다)
- **with regard to** something : ~과 관련하다
- in that / this **regard** : 그 / 이점과 관련하여
- **regardless of** something : 상관하지 않고
  (regardless of age and nationality 나이와 국적에 상관없이)
- with best **regards** : 편지 등의 말미에 인사로서 안부를 전하는 용도로 사용.
- with respect to 역시 with regard to와 비슷한 의미와 용법으로 쓰입니다.

regard에서 gard는 현대 영어에서 'guard ⓝ 경비, 감시, ⓥ 경비하다, 보호하다'의 뜻으로 쓰이고 있답니다.

02 **어원을 통환 어휘 확장 : -cord 'heart'**

accord, record, discord, concord 등의 단어에서 –cord–는 마음 'heart, mind'를 나타냅니다. cor(d)가 마음 'heart'를 뜻하는 것을 알아두면 어휘 확장이 용이해진답니다.

- **accord** : ac (to) + cord (heart)는 '마음이 향하는 쪽으로'라는 의미로 서로의 마음이 끌리는 것을 지칭하여 '일치하다, 적응하다'를 뜻하죠.
  ex.) The theory doesn't accord with the facts. 그 이론은 사실과 일치하지 않는다.
- **record** : re (again) + cor (heart)는 '마음으로 반복하다'로서 '기록하다; 기록'의 의미를 가지게 되었어요.
- **discord** : dis (apart) + cord (heart)는 마음이 서로 떨어져 있으므로 일치하지 않는 상태로서 '불일치, 불화'를 의미하지요.
- **concord** : con (together) + cord (heart)로서 마음이 서로 모이므로 '화합'이라는 의미를 가지게 되었습니다.
- **cordial** : cord (heart) + ial (형.접)으로 '마음에서 우러난, 진심으로'라는 뜻을 가져요.

Word **Preview**

🎧 음원 듣기

- ☐ certificate
- ☐ embody
- ☐ deviant
- ☐ abound
- ☐ self-esteem
- ☐ carbohydrate
- ☐ suspect
- ☐ automotive
- ☐ perish
- ☐ crime
- ☐ inadequate
- ☐ lever
- ☐ trigger
- ☐ decode

- ☐ groom
- ☐ ephemeral
- ☐ sturdy
- ☐ exhortation
- ☐ omit
- ☐ trim
- ☐ observation
- ☐ shiver
- ☐ contradict
- ☐ adapt
- ☐ tactics
- ☐ euphemism
- ☐ bargain
- ☐ ranch

- ☐ deference
- ☐ pinpoint
- ☐ perpetual
- ☐ reign
- ☐ tendency
- ☐ impoverished
- ☐ vacant
- ☐ decisive
- ☐ bond
- ☐ astounding
- ☐ affluent
- ☐ improper

Day 10

361 certificate
[sərtífəkit]

'보증(증명)된 것'의 중세 라틴어 **certificatum**에서 유래

ⓝ 증(명)서, 수료증

예문 The boy's full name, as recorded on his birth **certificate**, was Henry Albert David.
그 소년의 이름은 출생증명서에 기록된 것처럼 Henry Albert David였다.
14 고2 학평 변형

---

362 embody
[imbádi]

em(안에)+body(신체)
➡ 구체화하다

ⓥ 구체화하다, 구현하다

예문 We can decide what we value and how we **embody** our values in the material world.
우리는 물질적 세계에서 우리가 가치있게 여기는 것과 어떻게 우리의 가치를 구현할 것인지 결정할 수 있다. 13 고3 학평 변형

---

363 deviant
[díːviənt]

de(분리)+via(길)+ant(형.접)
➡ 길에서 벗어난

ⓐ 벗어난, 일탈적인 ; 정상이 아닌

예문 The researcher studied the **deviant** behavior of teenagers.
연구원들은 10대들의 일탈적인 행동을 연구했다.

➕ abnormal ⓐ 비정상적인, 이례적인

---

364 abound
[əbáund]

'풍부한, 많은 양이 있다'의 고대 프랑스어 **abonder**에서 유래

ⓥ 풍부하다, 많이 있다 (~ in)

예문 The island **abounds** greatly in iguanas, and in a species of birds called fragatas.
이 섬에는 이구아나와 fragata라는 종의 새들이 아주 많다. 13 고3 평가원

➕ abundant ⓐ 풍부한

---

365 self-esteem
[self-istíːm]

ⓝ 자존감, 자부심

예문 **Self-esteem** formed by praise without real judgments can be dangerous.
실제 판단 없이 칭찬으로 만들어진 자존감은 위험할 수 있다. 06 고2 학평

---

366 carbohydrate
[kàːrbouháidreit]

ⓝ 탄수화물

예문 Some nutritionists say the perfect eating plan contains mostly **carbohydrates** without much protein.
어떤 영양학자들은 완벽한 식단은 주로 단백질이 많지 않은 탄수화물 식품을 포함해야 한다고 말한다. 04 고2 평가원

367 **suspect**
[səspékt]

sus / sub (아래로부터)
+ spect (보다)
➡ 아래에서 위로 보다
➡ 의심하다

ⓥ 의심하다　**ⓝ** 혐의자, 용의자

예문 Mathematicians have long **suspected** that an elegant logic lies behind the monument's graceful shape.
수학자들은 그 기념비의 우아한 모양 뒤에 명쾌한 논리가 있다는 것을 오랫동안 의심해왔다.　06 고3 평가원

368 **automotive**
[ɔ̀ːtəmóutiv]

ⓐ 자동차의, 자동추진의

예문 In order to be used in an **automotive** engine, plant material has to go through a refining process.
자동차 엔진에 사용되기 위해서, 식물성 소재는 정제 과정을 거쳐야 한다.

369 **perish**
[périʃ]

per (완전히, 끝까지)
+ ish (가다)
➡ 완전히 가다

ⓥ 죽다, 사라지다

예문 Every work of art, no matter how precisely it imitates the original, is not a mere reproduction, but a unique creation that exists on its own and never **perishes**.
모든 미술 작품은 아무리 정확하게 원본을 모방한다 하더라도 단순한 복제가 아니리 스스로 존재하고 결코 죽지 않는 독특한 창조물이다.　13 고3 평가원

370 **crime**
[kraim]

'죄가 많은, 사악함'의
고대 프랑스어
crimne에서 유래

ⓝ 범죄

예문 Do you fear that **crime**, war, or terrorist attacks will disrupt the economy and your security?
당신은 범죄, 전쟁, 혹은 테러리스트들의 공격이 경제와 당신의 안전을 파괴할까봐 두려운가?　2012 수능

371 **inadequate**
[inǽdəkwit]

in (부정) + adequate (적절한)
➡ 적절하지 않은

ⓐ 부적절한, 불충분한

예문 Words such as fantastic and incredible are **inadequate** to describe the movie.
'환상적인'이거나 '대단하다'는 것과 같은 말은 그 영화를 묘사하기에 불충분하다.
05 고3 평가원 변형

372 **lever**
[lévər]

ⓝ 지레, 지렛대

예문 Two pigs are kept in a box with a **lever** at one end and a food dispenser at the other.
두 돼지는 한 쪽 끝에 레버가 달려있고 다른 쪽에 음식 배분 장치가 달린 상자 안에 가둬져 있다.　10 고3 평가원

373 trigger
[trígər]

ⓥ 유발하다, 촉발시키다　ⓝ 방아쇠

예문 Food allergies can **trigger** certain reactions in your body that may range from extreme sneezing to a swollen tongue.

음식 알레르기는 심한 재채기에서부터 혀가 부어오르는 것에 이르는 신체 반응들을 유발할 수 있다.　09 고3 학평 변형

---

374 decode
[di:kóud]

de (분리, 제거) + code (암호)

➡ 암호를 제거하다 ➡ 해독하다

ⓥ 번역하다, 해독하다 ; 이해하다

예문 If you do not speak Japanese, you will be faced with a world that is difficult to **decode**.

만약 당신이 일본어를 못 한다면, 당신은 이해하기 어려운 세상을 마주할 것이다.　11 고2 학평 변형

---

375 groom
[gru(:)m]

'남자 아이, 소년'의 고대 영어 grome에서 유래

ⓝ 신랑

예문 The word '**groom**' meaning 'man' is seldom used outside the context of a wedding.

'남성'을 의미하는 '신랑'이라는 단어는 결혼식의 맥락 밖에서는 거의 쓰이지 않는다.　10 고1 학평 변형

---

376 ephemeral
[ifémərəl]

ep / epi (~위에)
+ hemer (날) + al (형.접)

➡ (생명이) 하루 밖에 가지 않는

ⓐ 수명이 짧은, 순식간의, 덧없는

예문 With the coming of records not only were the "classics" preserved, but formerly **ephemeral** "hits" could now survive as "oldies."

음반의 등장과 함께 '고전작품'이 보존되었을 뿐만 아니라 이전에는 수명이 짧았던 '유행곡'이 이제는 '옛 노래'로 살아남을 수 있었다.　16 고3 학평

✚ **momentary** ⓐ 순식간의, 잠깐의

---

377 sturdy
[stə́:rdi]

'다루기 어려운, 폭력적인'의 고대 프랑스어 estordi에서 유래

ⓐ 튼튼한, 견고한

예문 The Icelandic horse is a **sturdy** animal perfectly suited to the rough Icelandic terrain.

아이슬란드 말은 거친 아이슬란드 지역에 완전히 적합한 튼튼한 동물이다.　14 고2 학평 변형

---

378 exhortation
[ègzɔːrtéiʃən]

exhort (권하다, 촉구하다)
+ ation (명.접)

➡ 권고, 촉구

ⓝ 권고, 장려의 말, 경고, 훈계

예문 Ann gave a memorable **exhortation** to her students.

Ann은 그녀의 학생들에게 인상적인 권고를 했다.

✚ **exhort** ⓥ 권하다, 촉구하다

379 omit
[oumít]

o(떨어져)+mit(보내다)
➡ 떨어져 보내다
➡ 내보내다

ⓥ 빠뜨리다, 제외하다

[예문] When you edit the manuscript, be careful not to **omit** the important sentences.
당신이 원고를 편집할 때, 중요한 문장을 빠트리지 않도록 조심해라.

➕ **omission** ⓝ 생략, 빠짐, 누락

380 trim
[trim]

'강화되다, 요새화하다'의
고대 영어 **trymian**에서 유래

ⓥ 다듬다, 잘라내다

[예문] Jack is **trimming** the bushes and Amy is moving chairs and tables.
Jack은 관목을 자르고 있고 Amy는 의자와 탁자를 옮기는 중이다.

381 observation
[àbzə:rvéiʃən]

ob(~에 대해)
+serve(주시하다)
+tion(명.접)
➡ ~에 대해 주시하는 것

ⓝ 관찰, 관측

[예문] The essence of science is to uncover patterns and regularities in nature by finding algorithmic compressions of **observations**.
과학의 본질은 관찰의 규칙적 압축을 찾아내어 자연의 경향성과 규칙성을 밝히는 것이다. `12 고3 평가원`

382 shiver
[ʃívər]

ⓝ 전율, 오한 **ⓥ** (추위, 두려움, 흥분으로) 떨다

[예문] A **shiver** went through his body.
그의 온 몸에 전율이 흘렀다. `11 고2 학평 변형`

383 contradict
[kàntrədíkt]

contra(반대의)+dict(말하다)
➡ 반대로 말하다

ⓥ 부정하다, 모순되다

[예문] Peter's actions **contradicted** his faith.
Peter의 행동은 그의 신앙과 모순되었다.

➕ **contradiction** ⓝ 모순, 반박

384 adapt
[ədǽpt]

ad(~을 향하여)
+apt(딱 맞다)
➡ 맞게끔 하다

ⓥ 적응하다, 조정하다 ; 개작하다, 각색하다

[예문] When we have an experience on successive occasions, we quickly begin to **adapt** to it, and the experience produces less pleasure each time.
우리가 연속적으로 어떤 경험을 하게 되면, 그것에 빨리 적응하게 되고, 그 경험을 할 때마다 기쁨은 점점 적어진다. `11 고2 학평`

➕ **adjust** ⓥ 조절하다, 맞추다

385 tactics
[tǽktiks]

ⓝ 전술, 전략

예문 The general won many battles because of his determination and wise **tactics**.
그 장군은 그의 투지와 현명한 전술 때문에 많은 전투에서 승리했다.

386 euphemism
[júːfəmìzəm]

eu(선, 좋은)
+pheme(말하다, 화법)
+ism(~의 행동)
➡ 좋게 말하다

ⓝ 완곡 어법, 완곡한 표현

예문 The term **euphemism** derives from a Greek word meaning 'to speak with good words'.
완곡 어법이란 용어는 '좋은 단어들로 말하다'의 의미를 가진 그리스 단어에서 유래되었다. 2012 수능 변형

✚ **euphemistic** ⓐ 완곡어법의, 완곡한

387 bargain
[báːrgin]

'사업 거래 혹은 동의'의
고대 프랑스어
bargaine에서 유래

ⓝ 흥정 ⓥ 흥정하다

예문 During the annual sale, people paid half of what the grocery store normally charged and felt lucky about the **bargain**.
정기 세일 기간 동안 사람들은 식료품점에서 부르는 값의 절반을 지불하고 그 거래에 대해 운이 좋다고 느꼈다. 2010 수능 변형

388 ranch
[ræntʃ]

'작은 농장, 농장 오두막의
무리'의 **rancho**에서 유래

ⓝ (대규모) 목장, 농장

예문 Again the **ranch** is on the market and they've shipped out the last of the horses.
다시 농장은 시장에 내 놓아졌고, 마지막으로 남은 말도 팔려 나갔다. 07 고3 학평

389 deference
[défərəns]

ⓝ 존중, 존경

예문 We are not the only species to occasionally give wrongheaded **deference** to those in authority positions.
우리는 때때로 권위있는 사람들에게 잘못된 존중을 주는 유일한 종족이 아니다.
13 고3 평가원 변형

390 pinpoint
[pínpɔ̀int]

pin(위치를 찌르다)+point(요점)
➡ 정확한 위치, 요점을 찌르다

ⓥ (위치, 이유 등을) 정확히 찾아내다

예문 Aldenderfer's research team hopes that DNA analysis will **pinpoint** the origins of the isolated region's inhabitants.
Aldenderfer의 연구팀은 DNA 분석이 이 고립된 지역 거주자들의 기원을 정확히 찾아줄 것으로 기대한다. 13 고3 평가원 변형

391 perpetual
[pərpétʃuəl]

'끝이 없는'의 고대 프랑스어
perpetuel에서 유래

ⓐ 끝없는, 평생 (종신)의, 영원한 ; 계속해서 반복되는

[예문] Andrew was a **perpetual** learner who was constantly exploring and questioning.
Andrew는 끊임없이 탐구하고 의문을 제기하는 영원한 학습자였다.
15 고3 학평 변형

✚ **everlasting** ⓐ 영원한, 변치않는

392 reign
[rein]

'지배하다, 통치하다'의
고대 프랑스어
regner에서 유래

ⓥ 군림하다, 통치하다 ⓝ 통치(기간)

[예문] Buffon was a famous zoologist and botanist during the **reign** of the French monarch Louis ⅩⅥ.
Buffon은 프랑스의 루이 16세 군주 통치시절의 유명한 동물학자이자 식물학자이다.
11 고3 평가원

✚ **rule** ⓥ 통치하다, 지배하다 ⓝ 통치, 지배

393 tendency
[téndənsi]

tend(~하는 경향이 있다)
+ency(명.접)
➡ 경향

ⓝ 성향, 기질, 경향, 추세

[예문] Researchers said that people have a **tendency** to expect positive behaviors from people they like and respect.
연구원들은 사람들은 그들이 좋아하고 존경하는 이들에게 긍정석인 행동을 기대하는 경향이 있다고 말했다. 12 고3 학평 변형

✚ **disposition** ⓝ 성질, 기질, 성향

> Tip! 〈주요 용례〉
> • a general tendency 일반적인 경향
> • an innate tendency 타고난 성향

394 impoverished
[impávəriʃt]

im(안으로)+poverish(가난)
+ed(형.접)
➡ 가난의 안쪽으로
➡ 가난한

ⓐ 빈곤한, 빈약한, 결핍된

[예문] Our society could not survive without STEM knowledge but we would be equally **impoverished** without humanistic knowledge as well.
우리 사회는 STEM 관련 지식이 없이는 생존할 수 없지만 인문학적 지식이 없으면 마찬가지로 빈곤하게 될 것이다. 10 고3 학평
*STEM (Science, Technology, Engineering, Math)

395 vacant
[véikənt]

vac(빈)+ant(형.접)
➡ 빈

ⓐ (객실, 방 등이) 비어 있는, 공석인

[예문] Go to any **vacant** chair and sit and look around.
어디든 빈 의자에 가서 앉고 주변을 둘러보아라. 05 고3 학평 변형

✚ **empty** ⓐ 빈, 인적이 없는

396 decisive
[disáisiv]

decision(결정)
+ive(형.접)
➡ 결정적인

ⓐ 결정적인, 단호한

예문 In experientialism, the body is seen as playing a **decisive** role in producing the kind of mind we have.
경험주의에서 신체는 우리가 지닌 생각의 종류를 만들어내는 데 결정적인 역할을 하는 것으로 여겨진다. 15 고3 학평

> Tip! 〈주요 용례〉
> • a decisive victory / defeat 결정적인 승리 / 패배
> • a decisive leader 결단력있는 지도자
> • decisive evidence 결정적 증거

---

397 bond
[band]

'묶거나 고정시키는 어떤 것'의
band에서 유래

ⓝ 유대, 끈

예문 In search of our identity, we form **bonds** or social groups with people whom we want to be like.
정체성을 탐구할 때, 우리는 닮고 싶은 사람들과 유대하고 사회적 집단을 형성한다.
2012 수능 변형

> Tip! 〈주요 용례〉
> • a close bond 긴밀한(돈독한) 유대 • an emotional bond 감성적 유대
> • form a bond 유대를 형성하다 • feel a bond 유대감을 느끼다

---

398 astounding
[əstáundiŋ]

astound '기절 시키는 것' +ing
➡ 기절시킬만큼 놀란

ⓐ 경악스러운, 놀랄만한

예문 As an architect, he made an **astounding** achievement.
건축가로서 그는 놀랄만한 성취를 이루었다.

✚ surprising ⓐ 놀라운 astonishing ⓐ 정말 놀라운, 믿기 힘든
amazing ⓐ 놀라운, 굉장한

---

399 affluent
[ǽfluənt]

'풍부한, ~쪽으로 흐르는'의
중세 프랑스어
affulent에서 유래

ⓐ 부유한, 유복한

예문 During the Renaissance, the upper class became more **affluent**, prices went up and the lower class found it hard to buy even the most basic necessities.
르네상스 기간 동안 상위 계층은 점점 부유해졌고, 물가는 상승하고 하위 계층은 생필품조차 사기 어려워졌다. 11 고3 학평 변형

✚ prosperous ⓐ 번영하는, 부유한 wealthy ⓐ 부유한

---

400 improper
[imprápər]

im(부정)
+proper(적절한)
➡ 적절하지 않은

ⓐ 부적절한, 잘못된

예문 The most serious problem of the report is the **improper** use of statistical data.
그 보고서의 가장 심각한 문제는 통계적 데이터의 부적절한 사용이다.

✚ inappropriate ⓐ 부적당한, 타당하지 않은

Review Test!

A 우리말에 맞게 빈 칸에 알맞은 단어를 쓰시오.

1 _____ 증서, 수료증
2 _____ 탄수화물
3 _____ 죽다, 사라지다
4 _____ 유발하다, 촉발시키다 ; 방아쇠
5 _____ 튼튼한, 견고한
6 _____ 권고, 장려의 말, 경고, 훈계
7 _____ 부정하다, 모순되다
8 _____ 존중, 존경
9 _____ 빈곤한, 빈약한, 결핍된
10 _____ (객실, 방 등이) 비어 있는, 공석인

11 _____ abound
12 _____ inadequate
13 _____ ephemeral
14 _____ observation
15 _____ shiver
16 _____ euphemism
17 _____ perpetual
18 _____ decisive
19 _____ astounding
20 _____ improper

B 문장의 빈칸에 알맞은 단어를 〈보기〉에서 찾아 쓰시오. (필요하면 형태를 고치시오.)

| 보기 | tendency　suspect　groom　bargain　affluent |

1 We are prosecuting the _____ on a number of charges.
우린 그 용의자를 여러 가지 혐의로 기소하는 중이다.

2 A woman cherishes the wedding and is considered a bride for a whole year, but a man is referred to as a _____ only on the day of the wedding.
여자는 결혼식을 소중하게 여기고, 일년 내내 신부로 여겨지지만, 남자는 결혼식 당일에만 신랑으로 여겨진다.
10 고1학평

3 One of the mistakes we often make when confronting a risk situation is our _____ to focus on the end result.
우리가 위험 상황에 맞닥뜨릴 때 자주 저지르는 실수 중의 하나는 마지막 결과에 초점을 맞추는 우리의 경향이다. 2015 수능

4 The concept of thrift emerged out of a more _____ money culture.
절약이라는 개념은 보다 풍부한 화폐 문화로부터 등장했다. 15 고3 평가원

5 _____ hunting represents one of the significant reasons why people shop.
흥정하여 싼 물건을 사는 것은 사람들이 쇼핑을 하는 중요한 이유 중의 하나를 나타낸다. 15 고3학평

Study More!

Review

01 혼동하기 쉬운 단어 perpetual/perceptual

- **perpetual** ⓐ 끊임없이 계속되는, 영원한

  the **perpetual** pain in the back 등의 계속되는 고통
  mystery of **perpetual** existence 영원한 존재의 미스터리

- **perceptual** ⓐ 지각의

  perceptual ability 지각적 능력
  your **perceptual** reality 당신의 지각하는 현실

02 '–able(–ble)' : '~ 수 있는'의 뜻을 나타낸다.

- **reliable** ⓐ 믿을 수 있는

  Helen was a **reliable** witness.
  Helen은 믿을만한 목격자였다.

- **accessible** ⓐ 접근 가능한

  This site is not **accessible** to the public.
  이 사이트는 일반인은 접근 할 수 없다.

- **invisible** ⓐ 보이지 않는

  There was an **invisible** barrier between the two countries.
  두 나라간에 보이지 않는 장벽이 있었다.

Day 11

Word Preview

🎧 음원 듣기

- fruitless
- bankrupt
- dangle
- poetic
- displace
- serial
- unfounded
- persuasion
- cue
- provoke
- minority
- entry
- pillar
- distress

- timid
- meticulous
- sphere
- drawback
- plateau
- receptive
- equivalent
- yield
- entrepreneur
- relevant
- imply
- boycott
- revive
- perceptive

- palm
- thorough
- soluble
- auditory
- elastic
- sacred
- prescribe
- captivate
- intrude
- utmost
- capable
- spatial

Day 11

---

401 fruitless
[frúːtlis]

fruit(결실)+less(~가 없는)
➡ 결실이 없는

ⓐ 성과 없는, 보람없는

[예문] It is **fruitless** to look at condominiums when you have spent the past 20-odd years in a large house and then try to move all of your life into the smaller investment.
큰 집에서 지난 20여 년을 보내고 공동 주택을 (사려고) 살펴보고 나서 여러분의 모든 생활을 (고스란히) 더 작은 크기의 투자 대상 (공동 주택)으로 옮기려고 하는 것은 부질없다. 14 고3 평가원

---

402 bankrupt
[bǽŋkrʌpt]

bank(환전업자의 계산대)
+rupt(부서지다)
➡ 환전업자의 부서진 계산대
➡ 지불할 수 없는

ⓐ 파산한

[예문] If a man is unable to repay his debt, he is declared **bankrupt**.
어떤 사람이 자신의 채무를 갚지 못하면, 그는 파산한 것으로 선고 받는다.

✚ bankruptcy ⓝ 파산

---

403 dangle
[dǽŋgl]

ⓥ 매달리다, 달랑거리다

[예문] Behind the fence, an almost naked tree stands with only one leaf **dangling** from the branch.
울타리 뒤 편에는, 가지에 잎이 하나만 매달려 있는 거의 벌거벗은 나무가 서 있다.
08 고3 학평

---

404 poetic
[pouétik]

poem(시)+etic(형.접)
➡ 시적인

ⓐ 시의, 시적인

[예문] Shakespeare hoped that **poetic** greatness would grant him a kind of earthly immortality.
셰익스피어는 시적 위대함이 그에게 세속적인 불멸을 가져다 주기를 희망했다.
2016 수능

---

405 displace
[displéis]

dis(떨어져)+place(장소)
➡ 장소와 떨어져
➡ 대체하다

ⓥ 대체하다, 쫓아내다 ; 옮겨 놓다

[예문] The aims of scholarship and preservation of real objects are being **displaced** by an emphasis on virtual experiences and emotional rhetoric.
학식과 실제 물건을 보존하는 그 목적이 가상 경험과 감정에 호소하는 미사여구에 대한 강조로 대치되고 있다. 12 고3 학평

✚ replace ⓥ 대체(대신)하다, 교체하다

---

406 serial
[síriəl]

series(연속)+al(형.접)
➡ 연속적인

ⓝ 연재물, 연속극 ⓐ 순차적인, 계속되는, 일련의

[예문] The brothers Howard and Theodore Lydecker were responsible for the wonderful special effects in movie **serials** made by Republic Pictures from the 1930s to the 1950s.
Howard와 Theodore Lydecker 형제는 1930년대부터 1950년대까지 Republic Pictures에서 만든 연작 영화의 놀라운 특수 효과를 담당했다. 14 고2 학평

---

407 unfounded
[ʌnfáundid]

un(반대의)
+found(~의 근거를 세우다)
+ed(형.접)
➡ 근거를 세우지 않은
➡ 근거가 없는

ⓐ 근거 없는, 사실 무근의

[예문] When people experience an earthquake, they temporarily become anxious about their futures, but in time they return to their normal level of **unfounded** optimism.
사람들이 지진을 겪으면 일시적으로 자신의 미래에 대해 걱정하게 되지만, 조만간 통상적인 수준의 근거 없는 낙관론으로 돌아간다. 09 고2 학평

✚ **groundless** ⓐ 근거없는, 이유없는

408 persuasion
[pərswéiʒən]

persuade(설득하다)
+sion(명.접)
➡ 설득

ⓝ 설득

[예문] **Persuasion** is the strategic use of language to move an audience.
설득은 관객들을 감동시키기 위한 언어의 전략적인 사용이다. 13 고3 평가원 변형

✚ **persuade** ⓥ 설득하다

409 cue
[kju:]

ⓝ 단서, 실마리, 신호

[예문] The professor explained that laughter is a social **cue** that we send to others.
교수님은 웃음이 우리가 다른 이에게 보내는 사회적 신호라고 설명했다.
12 고1 학평 변형

410 provoke
[prəvóuk]

pro(~에서 멀리)+voke(부르다)
➡ 멀리서 불러내다

ⓥ 자극하다, 유발하다 ; 화나게 하다

[예문] Jessica's theory has **provoked** a lot of debates on what art actually is.
Jessica의 이론은 예술이 실제로 무엇인가에 대해 많은 토론을 유발했다.
05 고3 학평 변형

✚ **irritate** ⓥ 짜증나게 하다, 화나게 하다

411 minority
[minɔ́(:)rəti]

minor(소수의)+ity(명.접)
➡ 소수

ⓝ 소수

[예문] By placing a premium on high skills that make workers more competitive, it increases income inequality between the highly skilled **minority** and the rest.
근로자들을 더 경쟁적으로 만드는 고도의 기술을 중시함으로써, 세계화는 고도의 기술을 가진 소수와 나머지 사이의 소득 불평등을 증가시킨다. 11 고3 학평

412 entry
[éntri]

ⓝ 입장, 가입 ; 참가, (사전 동의) 개별 항목

[예문] Failure to comply with any of the above rules will disqualify the **entry**.
위의 규칙을 준수하지 않으면 해당 항목을 실격 처리할 것이다. 12 고3 평가원

413 pillar
[pílər]

'기둥, 방파제'의
라틴어 pila에서 유래

ⓝ 기둥, (기둥 모양의) 기념비, 기념물

예문 What waited for Lily in the new world was brick buildings with white **pillars**.
새로운 세계에서 Lily를 기다리고 있던 것은 흰 기둥이 있는 벽돌 건물이었다.
12 고3 평가원 변형

---

414 distress
[distrés]

dis(떨어져)+stress(팽팽히 당기다)
➡ 팽팽히 당겨 사이를 떨어뜨리다

ⓝ 고통, 고뇌 **ⓥ** 괴롭히다

예문 Empathetic **distress** occurs when people realize that their actions have caused pain to another person.
고통의 공감은 자신들의 행동이 다른 사람에게 고통을 일으켰음을 깨달을 때 생긴다. 2013 수능 변형

---

415 timid
[tímid]

'쉽게 놀라는, 부끄러운'의
중세 프랑스어 timide에서 유래

ⓐ 소심한, 자신이 없는

예문 If your cat is shy and **timid**, he or she won't want to be dressed up and displayed in cat shows.
여러분의 고양이가 수줍음을 타고 소심하다면 의상을 차려입고 고양이 품평회 쇼에 나가서 자신의 모습을 보여주는 것을 원치 않을 것이다. 2013 수능 변형

---

416 meticulous
[mətíkjələs]

'겁에 질린, 소심한'의 라틴어
meticulosus에서 유래

ⓐ 세심한, 꼼꼼한

예문 Her mother was stern and **meticulous** about house cleaning.
그녀의 엄마는 집 청소에 대해 엄중하고 꼼꼼했다. 2013 수능 변형

➕ **meticulously** ⓐⓓ 꼼꼼하게, 세심하게

---

417 sphere
[sfiər]

'구체'의 라틴어
spaera에서 유래

ⓝ 구, 하늘, 창공, 영역(권)

예문 In the political **sphere**, the result was democracy, in which supporters of rival policies vied for rhetorical supremacy.
정치적 영역에서 그 결과는 민주주의였는데, 민주주의에서 경쟁 상대 정책의 지지자들은 수사적인 우위를 차지하려고 다투었다. 15 고3 평가원

---

418 drawback
[dró:bæk]

draw(끌다)+back(뒤로)
➡ 뒤로 끌다
➡ 저지하다

ⓝ 결점, 문제점 ; 방해, 철수

예문 One of the **drawbacks** of daily plans is that they lack flexibility.
일일 계획의 결점 중 하나는 융통성이 부족하다는 점이다. 14 고3 학평 변형

➕ **disadvantage** ⓝ 불리한 점, 약점

419 **plateau**
[plætóu]

'고원'의 프랑스어
plateau에서 유래

ⓝ 고원, 안정기, 정체기

예문 Tibet is known as the "roof of the world." It is a rough, dry, cold **plateau** north of the Himalayas.

Tibet은 "세계의 지붕"으로 알려져 있다. 그곳은 거칠고, 건조하고, Himalaya 산맥 북쪽의 차가운 고원지대이다. 08 고2 학평

420 **receptive**
[riséptiv]

receive(받다)+ive(형.접)
➡ 받아들이는

ⓐ 받아들이는, 수용적인 (~to)

예문 The customer tends to be **receptive** to the messages from an organization.

고객은 기관으로부터 온 메시지에 수용적인 경향을 보인다. 15 고3 학평

421 **equivalent**
[ikwívələnt]

equi(같은)+val(가치)
+ent(형.접)
➡ 가치가 같은 ➡ 동등한

ⓐ 동등한, 맞먹는   ⓝ (~에 상당하는) 대용물, 등가물

예문 Americans take in the caffeine **equivalent** of 530 million cups of coffee every day.

미국인들은 매일 5억 3천만 잔의 커피에 해당하는 카페인을 섭취하고 있다. 10 고3 학평

422 **yield**
[ji:ld]

'지불하다'의 게르만어
gieldan에서 유래

ⓝ 수확(량), 생산   ⓥ 산출하다, 생산하다

예문 Out of 100,000 to 250,000 handpicked plants, one pound of saffron is **yielded**.

손으로 직접 딴 100,000 ~ 250,000개의 식물에서 1파운드의 saffron만이 산출된다. 13 고3 학평

423 **entrepreneur**
[à:ntrəprəné:r]

'(상호 간) 주고 받는 자'의 프랑스어
entrepreneur에서 유래

ⓝ 기업가, 사업가

예문 Instead of working in an already established business, an **entrepreneur** enters an area in which success is not guaranteed.

이미 자리를 잡은 사업에서 일을 하는 대신에, 사업가는 성공이 보장되지 않는 분야로 들어간다. 11 고1 학평

424 **relevant**
[réləvənt]

re(다시)+lev(올리다)
+ant(형.접)
➡ (문제와 연관되어) 다시 올라온

ⓐ 관련 있는

예문 The more we rely on these personalities and characters to get a sense of "connectedness," the more our brains encode them as "**relevant**."

우리가 '유대감'을 얻기 위해 이러한 가상 인물과 등장인물에게 더욱 의존할수록, 우리의 뇌는 더욱 더 그것들을 '관련된' 것으로 인지한다. 14 고2 학평

➕ **related** ⓐ 관계가 있는

425 imply
[implái]

im(안에)+ply(접다)
➡ (뜻을) 안으로 접다

Ⓥ 암시하다, 함축하다

예문 Complex behavior does not **imply** complex mental strategies.
복잡한 행동이 복잡한 정신적 전략을 암시하는 것은 아니다. 15 고3 평가원

➕ implication Ⓝ 함축, 암시, 영향

426 boycott
[bɔ́ikɑt]

Ⓥ 구매, 참여를 거부하다 Ⓝ (구매, 사용 등의) 거부 운동

예문 Companies need to respond to the pressure of what customers are voicing their concerns by **boycotting** stores.
회사는 고객이 상점에 대해 구매를 거부하는 것으로 불만을 표시하는 압박에 반응할 필요가 있다. 16 고2 학평 변형

427 revive
[riváiv]

re(다시)+vive(살다)
➡ 다시 살아나다

Ⓥ 되살아나다, 회복하다 ; 다시 제작하다

예문 Recently some officials in India started a program designed to clean up and **revive** rivers using carnivorous turtles.
최근 인도의 일부 공무원들은, 육식성 거북이를 이용하여 강을 정화하고 되살리기 위해 고안된 프로그램을 시작했다. 09 고3 학평

➕ revival Ⓝ 회복, 재유행, 재공연

428 perceptive
[pərséptiv]

perceive(인지하다)
+ive(형.접)
➡ 인지하는

ⓐ 통찰력 있는, 지각의

예문 In order to succeed, a work of art must be above a certain minimum size, but this requirement is not about the nature of art so much as about the nature of the human **perceptive** apparatus.
성공하기 위해서 예술 작품은 어떤 최소한의 크기 이상이 되어야 하지만, 이러한 요건은 예술의 속성에 관한 것이라기보다는 인간 지각 기관의 속성에 관한 것이다. 14 고2 학평

➕ perceptual ⓐ 지각의, 지각에 관련된

429 palm
[pɑ:m]

'손의 평평한 부분'의
프랑스어 **palme**에서 유래

Ⓝ 손바닥, 야자과 나무, 종려나무

예문 A gigantic new species of **palm**, Tahina palm, is found only in a small area of northwestern Madagascar.
거대한 신종 야자수인 Tahina 야자수는 Madagascar 북서쪽에 있는 작은 지역에서만 발견된다. 09 고2 학평

430 thorough
[θɔ́:rou]

ⓐ 철저한, 완전한

예문 It is the responsibility of the management team to conduct **thorough** research of the candidate before recruitment.
사원 채용 전에 지원자에 대한 철저한 조사를 행하는 것은 경영진의 책임이다. 11 고3 학평

431 **soluble**
[sáljəbl]

'녹을 수 있는'의 고대 프랑스어 soluble에서 유래

ⓐ 녹는, 용해성이 있는, 해결 가능한

예문 The beans are soaked in water, which removes the caffeine-along with all **soluble** solids.
원두는 물에 담기고, 물은 용해되는 고체들과 함께 카페인을 제거해준다.
2009 수능

↔ insoluble ⓐ 녹지않는, 풀 수 없는 ✚solution ⓝ 용액, 용해

432 **auditory**
[ɔ́:ditɔ̀:ri]

'듣는 것에 관련된'의 라틴어 auditorius에서 유래

ⓐ 청각의

예문 The human **auditory** system has its own version of perceptual completion.
인간의 청각 체계는 자기 고유의 지각적 완전성을 가지고 있다. 2010 수능 변형

✚ auditorium ⓝ 청중석, 강당

433 **elastic**
[ilǽstik]

'연성인, 유연한'의 프랑스어 elastick에서 유래

ⓐ 탄력 있는, 신축적인

예문 Mica has the remarkable property of peeling into thin sheets which not only can be bent but also are **elastic** unless they have been carelessly broken.
운모는 부주의로 인해 깨지지 않았다면 휘어지지 않을 수 있을 뿐만 아니라 탄력이 있는 얇은 판으로 벗겨지는 놀라운 성질을 가지고 있다. 09 고3 학평

✚ flexible ⓐ 신축성(융통성) 있는, 유연한

434 **sacred**
[séikrid]

sacr(신성한)+ed(형.접)
➡ 신성한

ⓐ 신성한, 성스러운

예문 The archeologist was examining a **sacred** location.
그 고고학자는 한 신성한 장소를 조사하고 있었다. 08 고3 학평

435 **prescribe**
[priskráib]

pre(~전에)+scrib(e)(쓰다)
➡ 미리 쓰다
➡ 규정하다

ⓥ 처방을 내리다, 처방전을 쓰다

예문 It is important to **prescribe** equal doses of medication across the course of the day.
하루에 같은 양의 약을 처방하는 것은 중요하다. 12 고3 학평 변형

✚ prescription ⓝ 처방전

Tip! 〈-scribe '적다(write)'〉
- proscribe ⓥ 금하다, 금지하다
- inscribe ⓥ 쓰다, 새기다
- describe ⓥ 말하다, 쓰다
- prescription ⓝ 처방(전)
- inscription ⓝ (새겨진)글, 비문
- description ⓝ 서술, 기술

436 captivate
[kǽptəvèit]

'매력적인 모습으로 마음을
사로잡다'의 라틴어
captivatus에서 유래

ⓥ ~의 마음을 사로잡다

예문 The children were **captivated** by the various interesting stories about dinosaurs.
아이들은 공룡들에 대한 다양한 흥미로운 이야기에 사로잡혔다. 09 고3 학평 변형

↔ **bore** ⓥ 지루하게 하다, 따분하게 하다

---

437 intrude
[intrúːd]

in(안에) + trud(e)(밀다)
➡ 안쪽으로 밀고 들어오다

ⓥ 침해하다, 방해하다

예문 To accommodate visitors and tourists and not **intrude** on the urban layout and design, the town has built an underground parking lot with an elevator to the city center.
방문객과 관광객의 편의를 도모하고 도시 배치와 설계를 침해하지 않기 위해, 그 도시는 도심으로 연결해 주는 승강기가 갖추어진 지하 주차장을 만들었다.
09 고3 학평 변형

✚ **intrusive** ⓐ 침입의, 거슬리는, 참견하는 **intrusion** ⓝ 침해, 침범

---

438 utmost
[ʌ́tmòust]

ut(밖에) + most(가장 많은)
➡ 가장 많은 것보다 더 많은

ⓐ 최고의, 극도의

예문 I expected to have the **utmost** cooperation.
나는 최대한의 협조를 기대했다. 12 고3 학평 변형

✚ **highest** ⓐ 최고의 **maximum** ⓐ 최대의, 최고의

---

439 capable
[kéipəbl]

cap(붙잡다) + able(~할 수 있는)
➡ 붙잡을 수 있는
➡ 감당할 수 있는

ⓐ 유능한, ~할 수 있는

예문 Sometimes children may want to do more than they are **capable** of doing.
때로 아이들은 그들이 할 수 있는 것보다 더 하고 싶어 할 수도 있다. 15 고2 학평

> Tip! ⟨주요 용례⟩
> · (be) capable of (doing) something ~을 할 수 있는/있다
> · capable of teaching Spanish 스페인어를 가르칠 수 있는
> · capable of improvement 개선의 여지가 있는

---

440 spatial
[spéiʃəl]

'차지하는 공간'의 라틴어
spatium에서 유래

ⓐ 공간의, 공간적인

예문 Helen entered her destination into the GPS, whose **spatial** memory supplants her own.
Helen은 목적지를 GPS 장치에 입력했고 그 장치의 공간 기억은 그녀의 것(기억)을 대체한다. 15 고2 학평 변형

Review Test !

A 우리말에 맞게 빈 칸에 알맞은 단어를 쓰시오.

1	_____ 성과 없는, 보람없는	11	_____ bankrupt
2	_____ 근거 없는, 사실 무근의	12	_____ poetic
3	_____ 소수	13	_____ cue
4	_____ 기둥, (기둥 모양의) 기념비, 기념물	14	_____ entry
5	_____ 구, 하늘, 창공, 영역(권)	15	_____ timid
6	_____ 동등한, 맞먹는 ; 대용물, 등가물	16	_____ plateau
7	_____ 통찰력 있는, 지각의	17	_____ imply
8	_____ 청각의	18	_____ revive
9	_____ ~의 마음을 사로잡다	19	_____ sacred
10	_____ 침해하다, 방해하다	20	_____ prescribe

B 문장의 빈칸에 알맞은 단어를 〈보기〉에서 찾아 쓰시오. (필요하면 형태를 고치시오.)

> 보기   entrepreneur   persuasion   drawback   distress   yield

1 We often think of _____ as something that a speaker does to an audience.
우리는 종종 설득을 화자가 청자에게 하는 것으로 생각한다. `09 고2 학평`

2 When we are unable to set healthy limits, it causes _____ in our relationships.
건전한 한계를 설정할 수 없을 때, 그것은 우리의 관계에 고통을 야기한다. `2014 수능`

3 Some experts say that organic farming has some _____.
몇몇 전문가들은 유기 농업이 몇 가지 결점들을 안고 있다고 말한다 `13 고3 평가원`

4 As a successful _____, I have always had to meet the challenges, more important than money or business, alone.
성공한 기업가인 나는 항상 돈이나 사업보다 중요한 도전들에 홀로 맞서야 했다. `09 고3 학평`

5 Over time farmers came to rely heavily on broadly adapted, high-_____ crops to the exclusion of varieties adapted to local conditions.
시간이 흐르면서, 농부들은 지역적인 상황에 맞도록 적응된 변종들을 제외하고는 넓게 개작되고, 높은 수확률을 가진 작물에 크게 의존하게 되었다. `12 고3 평가원`

01 어휘로 바라보는 문화 차이 : palm and sole

- **palm**(손바닥) and **sole**(발바닥)

우리말에서도 '손바닥/발바닥'으로 나타내듯이 손과 발의 '바닥'을 동일한 개념으로 사용하고 있다는 걸 알 수 있어요. 그러나 영어에서는 손바닥은 **palm**으로 발바닥은 **sole**로 나타냅니다. 따라서 영어는 우리말과 달리 어휘적으로 손바닥과 발바닥이 서로 관련이 없어 보이죠.

그럼 손과 발과 관련된 신체 부위는 어떨까요?

우리말을 보면 '손가락 / 발가락'으로 역시 손과 발의 구조를 동일한 구조를 가진 것으로 보고 있는 것을 알 수 있어요. 그러면 영어는 어떻게 보고 있을까요?

영어에서 손가락에 해당하는 단어는 finger이고 발가락에 해당하는 단어는 toe예요. palm과 sole의 경우처럼 영어에서 손,발과 관련된 신체 부분을 가리키는 단어는 우리말과는 다른 경향을 보입니다.

손가락을 지칭하는 단어 역시 **thumb** (엄지), **index finger** (검지), **middle finger** (중지), **ring finger** (약지), **little finger** (새끼 손가락)처럼 각 손가락의 이름이 있지만 발가락은 엄지발가락 (big toe)만 빼고 나머지는 2nd toe, 3rd toe, 4th toe, 5th toe식으로 부르고 있어요.

위와 같은 간단한 단어의 예를 통해 알 수 있듯이 우리말과 영어는 대상을 보는 방식의 차이가 있음을 알 수 있어요.

Day 12

Word Preview

음원 듣기

- [ ] irresistible
- [ ] submerge
- [ ] unwilling
- [ ] submission
- [ ] multitask
- [ ] incline
- [ ] liable
- [ ] intensify
- [ ] acquaint
- [ ] turbulent
- [ ] intersection
- [ ] acute
- [ ] weary
- [ ] juvenile

- [ ] supremacy
- [ ] denote
- [ ] sustainable
- [ ] adequate
- [ ] encode
- [ ] hazardous
- [ ] insure
- [ ] rearing
- [ ] take for granted
- [ ] pest
- [ ] conceal
- [ ] momentum
- [ ] outstanding
- [ ] moss

- [ ] passive
- [ ] unlock
- [ ] primate
- [ ] classify
- [ ] numerical
- [ ] dubious
- [ ] segregation
- [ ] immediate
- [ ] delegate
- [ ] stern
- [ ] heir
- [ ] legitimate

Day 12

441 ···▶ 480

441 irresistible

[ìrizístəbl]

ir(반대의)+resist(저항하다)
+able(~할 수 있는)
➡ 저항할 수 없는

ⓐ 저항할 수 없는, 거부할 수 없는

예문 Suddenly, Alex had an **irresistible** urge to go to see his beloved wife and daughter.
갑자기, Alex는 그의 사랑하는 아내와 딸을 보러 가고 싶은 거부할 수 없는
충동을 느꼈다. 2008 수능 변형

---

442 submerge

[səbmə́:rdʒ]

sub(아래로)+merge(담그다)
➡ 아래로 담그다
➡ 잠수하다

ⓥ 잠수하다

예문 Submarines **submerged** beneath the surface of the ocean and snuck up on the enemies.
잠수함은 해양의 표면 아래로 잠수했고 적에게 슬금슬금 다가갔다.

---

443 unwilling

[ʌnwíliŋ]

ⓐ 꺼리는, 싫어하는 ; 본의 아닌

예문 I was **unwilling** to go to the party because I had a lot of work to do.
나는 할 일이 매우 많았기 때문에 파티에 가기를 꺼려했다. 09 고3 평가원 변형

+ unwillingly ⓐⓓ 마지못해, 본의 아니게

---

444 submission

[səbmíʃən]

submit(제출하다)+sion(명.접)
➡ 제출

ⓝ 제출, 항복, 굴복

예문 The deadline for the application **submission** is April 8th.
지원서 제출 마감은 4월 8일이다. 10 고3 평가원

+ submit ⓥ 제출하다, 항복하다

---

445 multitask

[mʌltitǽsk]

multi(다수의)+task(일)
➡ 여러가지 일

ⓥ 다중 작업 처리를 하다

예문 Lina focused on a single task instead of trying to **multitask**.
Lina는 여러가지 일을 처리하는 대신 한 가지 일에 집중했다. 16 고3 평가원 변형

---

446 incline

[inkláin]

in(~쪽으로)+cline(굽다)
➡ ~쪽으로 굽다 ➡ 기울다

ⓥ (마음이)기울다, 경향이 있다, 경사지다　ⓝ 경사(면)

예문 When you feel a strong emotion, you are **inclined** to do something vigorously.
당신이 격한 감정을 느낄 때 당신은 무언가를 활발하게 하고싶어 한다.

---

447 liable
[láiəbl]

li(묶다)+able(~할 수 있는)
➡ 묶을 수 있는
➡ 얽혀서 구속하는

ⓐ 법적 책임이 있는, ~해야 할 의무가 있는, ~하기 쉬운

[예문] Physiologically, the elderly's blood vessels are more **liable** to contract and their blood pressure rises.
생리학적으로 노인들의 혈관이 좀 더 수축하는 경향이 있고 혈압은 상승한다.
`11 고3 학평`

➕ **liability** ⓝ (~에 대한) 법적 책임, 부채

448 intensify
[inténsəfài]

intense(강력한)+fy(동.접)
➡ 강력하게 하다

ⓥ 강화하다 ; ~을 격렬하게 하다, 심해지다

[예문] Fits of anger are more likely to **intensify** anger, while tears can drive us still deeper into depression.
분노의 폭발은 화를 강화하기 쉬운 반면에 눈물은 우리를 더욱 우울하게 만든다.
`2009 수능 변형`

➕ **intense** ⓐ 격렬한, 강력한, 열정적인

449 acquaint
[əkwéint]

ac(~에)+quaint(완벽히 알다)
➡ 숙지하다, 숙지시키다

ⓥ (~와) 아는 사이가 되다 (~with), 잘 알게 하다

[예문] In Holland, he became **acquainted** with the Swedish naturalist Carl Linnaeus.
네덜란드에서 그는 스웨덴의 박물학자인 Carl Linnaeus를 알게 되었다.
`2015 수능`

➕ **acquaintance** ⓝ 아는 사람, 지인

450 turbulent
[tə́:rbjələnt]

'무질서한, 다루기 힘든'의
중세 프랑스어
turbulent에서 유래

ⓐ 격변의, 요동치는 ; 난기류의

[예문] **Turbulent** waves and high tides had washed lots of poor sea creatures ashore.
성난 파도와 높은 조수는 해안가로 많은 가엾은 바다 생물들을 밀어 올렸다.
`13 고2 학평`

➕ **turbulence** ⓝ 격동, 격변, 난기류

451 intersection
[ìntərsékʃən]

inter(~사이에)+section(구역)
➡ 사이 구역

ⓝ 교차로, 교차점

[예문] As we approached an **intersection**, we stopped at a red light.
교차로에 이르렀을 때 우리는 빨간 불에 멈췄었다. `2001 수능`

452 acute
[əkjú:t]

'날카로운'의 라틴어
acutus에서 유래

ⓐ 급성의, 극심한, (감각이) 예민한 ; (관찰력 등이) 예리한

[예문] On the surface, effective listening might seem to require little more than an **acute** sense of hearing.
표면적으로, 효과적인 청취(listening)는 단순히 민감한 듣기 감각을 요구하는
것처럼 보인다. `06 고1 학평`

453 weary
[wí(ː)əri]

'피곤한, 지친'의 고대 영어
werig에서 유래

ⓐ 지친, 피곤한　ⓥ 지치게하다, 피곤하게 하다

예문 We were **weary** from too much study.
우리는 너무나 많은 양의 공부에 지쳤다.

> Tip!　〈주요 용례〉
> · weary of (doing) something ~에 싫증난
> · weary of doing the same thing over and over again
> 같은 일을 계속 반복하는데 지친

454 juvenile
[dʒúːvənàil]

'젊음에 속한, 어린'의 라틴어
juvenills에서 유래

ⓐ 청소년의, 나이 어린, 유치한　ⓝ 청소년

예문 Kelman and Hovland performed a study in which people heard a talk about **juvenile** delinquency, given by one of three speakers.
Kelman과 Hovland가 수행한 연구에서 사람들은 청소년 범죄에 대한 이야기를 세 화자들 중 한 사람에게 들었다. 14 고3 학평

＋**adolescent** ⓝ 청소년

455 supremacy
[sjuprémasi]

supreme(최고의)+macy(명.접)
➡ 최고의 것

ⓝ 패권, 우위, 지상주의

예문 Their aerial **supremacy** within the region will last for some time.
그 지역 내에서 그들의 공군력의 우위는 당분간 지속될 것이다.

456 denote
[dinóut]

de(완전히)+note(표시하다)
➡ 완전히 표시하다

ⓥ 의미하다, 조짐을 보이다, 표시하다

예문 In this school exam report, the letter "P" **denotes** "Passed".
학교 시험 성적표에서 문자 "P"는 "통과함"을 의미한다.

＋**denotation** ⓝ 지시, 의미

457 sustainable
[səstéinəbl]

sustain(지속시키다)
+able(~할 수 있는)
➡ 지속시킬 수 있는, 지속될 수 있는

ⓐ (환경 등과 관련해서) 지속 가능한, 지속할 수 있는

예문 Our goal is to find ways to use natural resources at **sustainable** levels.
우리의 목표는 천연 자원을 지속 가능한 수준에서 이용하는 방법을 찾는 것입니다.

＋**sustain** ⓥ 지속한, 지탱하다

458 adequate
[ǽdəkwit]

'동등하게 된'의 라틴어
adequatus에서 유래

ⓐ 적당한, 충분한

예문 All travellers should ensure they have **adequate** travel insurance before they depart.
모든 여행자들은 출발하기 전에 그들이 적절한 여행 보험에 들었는지 확실히 해야 한다. 2007 수능

459 encode
[inkóud]

en(~하게 하다)+code(암호)
➡ 암호화 하다

ⓥ 암호로 바꾸다, 부호화하다

예문 After all, heredity itself **encodes** the results of millions of years of environmental influences on the human genome.
결국, 유전이야말로 인간 게놈에 대한 수백만 년의 환경적 영향의 결과를 부호화하는 것이다. 15 고3 학평

460 hazardous
[hǽzərdəs]

hazard(위험)+dous(형.접)
➡ 위험한

ⓐ 위험한

예문 The chemical is toxic and **hazardous** to health.
그 화학약품은 독성이 있고 건강에 해롭다.
✚ hazard ⓝ 위험 요소

461 insure
[inʃúər]

in/en(만들다)
+sure(걱정으로부터 자유로운)
➡ 걱정거리가 없게 만들다

ⓥ 보험에 가입하다 ; 보증하다

예문 It is important to remember that simply setting aside time to study will not **insure** that students will do well academically.
단지 공부할 시간을 따로 떼어 놓는 것이 학생들이 공부를 잘 하는 것을 보장해 주지 않는다는 점을 기억하는 것은 중요하다. 06 고1 학평

✚ insurance ⓝ 보험, 보험업, 보호수단

462 rearing
[ririŋ]

ⓝ 양육, 사육

예문 For decades, child-**rearing** advice from experts has encouraged the nighttime separation of baby from parent.
수십 년 동안 아이 양육에 대한 전문가들의 조언은 밤에 아기를 부모로부터 떨어져 재우도록 장려해 왔다. 2010 수능 변형

463 take for granted
[teik fər grǽntid]

~을 당연시하다

예문 We all **take for granted** that colds and other illnesses have physical causes, such as a virus or bacterium.
우리는 감기나 다른 질병이 바이러스나 박테리아와 같은 물리적 원인을 갖는 것에 대해 당연하게 생각한다. 12 고2 학평

464 pest
[pest]

'치명적인 전염성 질병'의 라틴어 pestis에서 유래

ⓝ 해충, 기생충

예문 The densely structured wood is resistant to invasion by insects and other potential **pests**.
조밀하게 조직을 갖춘 나무는 곤충들이나 다른 잠재적인 해충들의 공격에 내성이 있다. 2011 수능 변형

465 conceal
[kənsíːl]

con(강조)+celare(숨기다)
➡ 숨기다

ⓥ 숨기다, 감추다

예문 Polar bears evolved white fur because it better **conceals** them in the Arctic.
북극곰은 북극에서 자신을 더 잘 숨길 수 있기 때문에 털이 하얀 색깔로 진화했다.
09 고2 평가원 변형

466 momentum
[mouméntəm]

'움직임, 변화'의 라틴어
momentum에서 유래

ⓝ 탄력, 가속도, 운동량

예문 When a basketball team finds itself on the wrong side of **momentum**, or when its opponent has gained the advantage, the coach calls for a timeout.
농구팀이 잘못된 힘의 방향에 처해 있음을 알게 되거나 상대가 유리한 상황에 처해 있을 때 코치는 타임아웃을 부른다. 08 고3 평가원

✚ **impetus** ⓝ 자극(제), 추동(력)

467 outstanding
[àutstǽndiŋ]

out(밖에)+stand(서다)
+ing
➡ 밖으로 튀어나온
➡ 뛰어난

ⓐ 두드러진, 뛰어난

예문 Jim Nelson, a junior at Manti High School, was an **outstanding** athlete.
Manti 고등학교 2학년인 Jim Nelson은 뛰어난 운동선수였다. 15 고3 평가원

✚ **excellent** ⓐ 훌륭한, 탁월한

468 moss
[mɔ(ː)s]

'이끼, 늪지'의 고대 영어
meos에서 유래

ⓝ 이끼

예문 There is a promising new cancer drug derived from bacteria that live inside a **moss**-like sea creature.
이끼와 같은 해양 생물체의 안에서 사는 박테리아로부터 추출된 유망한 새로운 암 치료제가 있다. 10 고3 학평 변형

469 passive
[pǽsiv]

'감정 또는 고통을 느낄 수 있는'의
라틴어 passivus에서 유래

ⓐ 수동적인, 외부의 영향을 받는

예문 Employers should consider how to limit **passive** smoking at work.
고용주들은 직장에서 간접흡연을 제한할 수 있는 방법에 대해 숙고해야 한다.
08 고3 학평 변형

470 unlock
[ʌnlák]

un(반대의)+lock(잠그다)
➡ 잠그지 않은

ⓥ (열쇠로) 열다, (비밀 등을) 드러내다

예문 The doll had rings on her fingers and held a tiny key, which **unlocked** the box.
그 인형은 손가락에 고리를 가지고 있었고 상자를 열 수 있는 작은 열쇠를 갖고 있었다. 2009 수능

471 primate
[práimèit]

'일류의, 주된'의 라틴어
primas에서 유래

ⓝ 영장류

예문 Anthropologists observed a correlation between the sizes of **primate** brains and frequency of social contacts.
인류학자들은 영장류의 뇌 크기와 사회적 접촉의 빈도 간의 연관성을 관찰했다.
11 고3 학평 변형

472 classify
[klǽsəfài]

ⓥ 분류하다

예문 Music has traditionally been **classified** according to the musical instrument.
전통적으로 음악은 악기에 의해 분류되었다. 15 고3 평가원 변형

➕ **categorize** ⓥ 분류하다

473 numerical
[njuːmérikəl]

ⓐ 수의, 수와 관련된, 숫자로 된

예문 The scholar introduced a new **numerical** system to change the calculation system in the U.S.
그 학자는 미국의 계산 체계를 바꾸기 위해서 새로운 수 체계를 제안했다.
2008 수능 변형

Tip! 〈numerical vs. numeral〉
· **numerical** ⓐ 수의, 숫자로 된   · **numeral** ⓝ 숫자
· **numerous** ⓐ 많은   · **numerable** ⓐ 셀 수 있는
· **innumerable** ⓐ 셀 수 없이 많은, 우수한

474 dubious
[djúːbiəs]

'의심스러운'의 라틴어
dubiosus에서 유래

ⓐ 의심스러운, 미심쩍은, 수상쩍은

예문 Steve has never been **dubious** of success.
Steve는 성공을 의심한 적이 없다.

475 segregation
[sègrəgéiʃən]

segregate(분리, 차별하다)
+ation(명.접)
➡ 분리, 차별

ⓝ 분리, 차별

예문 We urge your company to implement strict regulations on **segregation** for GM and non-GM crops.
우리는 당신의 회사가 유전적으로 조작된 농작물과 조작되지 않은 농작물을 분리할 강력한 규제안을 만들어 시행할 것을 촉구한다. 09 고3 학평 변형

➕ **segregate** ⓥ 분리하다, 차별하다

476 immediate
[imíːdiət]

im/in(부정)+medi(중간의)
+ate(형.접)
➡ 중간에 아무것도 없는

ⓐ 즉각적인, 직접적인, 당면한 ; 가장 가까운

예문 In modern world, people expect **immediate** results and satisfaction.
현대에는 사람들이 즉각적인 결과와 만족을 기대한다. 2010 수능 변형

✚ **instant** ⓐ 즉각의   **instantaneous** ⓐ 즉각적인

---

477 delegate
[déləgèit]

de(분리, 제거)
+leg(의원으로써 선택 받은)
+ate(동.접)
➡ 의원으로써 선택받은 사람을 대신한
➡ (권한을 위임하여) 보내다

ⓝ 대표(자) ⓥ 위임하다, (대리자로) 파견하다

예문 Historically, daylight saving time was first suggested by Benjamin Franklin as an American **delegate** in France.
역사적으로, 일광 절약 시간제는 미국 대표였던 벤자민 프랭클린에 의해 프랑스에서 처음 제안되었다. 11 고3 학평 변형

✚ **delegation** ⓝ 대표단, 위임   **representative** ⓝ 대표자, 대리인

---

478 stern
[stəːrn]

'극심한, 엄격한'의 고대 영어
styrne에서 유래

ⓐ 엄중한, 근엄한, 심각한

예문 "We don't want to know about the accident," said Matilda in a **stern** voice.
"우리는 그 사고에 대해 알고 싶지 않아요." Matilda는 심각한 목소리로 말했다.

---

479 heir
[ɛər]

'상속자'의 라틴어
heres에서 유래

ⓝ 후계자

예문 The king died with no **heirs** of his own, and the throne was passed to his nephew.
왕은 자신의 후계자가 없이 죽었고 왕위는 그의 조카에게 양도되었다.

✚ **successor** ⓝ 후임자, 상속자   **inheritor** ⓝ 상속인, 후계자

---

480 legitimate
[lidʒítəmit]

'합법적으로 만들다'의 중세 라틴어
legitimatus에서 유래

ⓐ 타당한, 정당한

예문 These **legitimate** distinctions are often ignored in statistics that merely count cases.
이러한 타당한 구분이 단순히 사례의 수를 계산하는 통계에서는 무시 된다.
12 고3 학평 변형

Review Test !

A 우리말에 맞게 빈 칸에 알맞은 단어를 쓰시오.

1 _____ 저항할 수 없는, 거부할 수 없는
2 _____ 제출, 항복, 굴복
3 _____ 강화하다 ; ~을 격렬하게 하다, 심해지다
4 _____ 격변의, 요동치는 ; 난기류의
5 _____ 의미하다, 조짐을 보이다, 표시하다
6 _____ 위험한
7 _____ 탄력, 가속도, 운동량
8 _____ 분류하다
9 _____ 의심스러운, 미심쩍은, 수상쩍은
10 _____ 즉각적인, 직접적인, 당면한

11 _____ unwilling
12 _____ incline
13 _____ acute
14 _____ weary
15 _____ adequate
16 _____ moss
17 _____ passive
18 _____ segregation
19 _____ heir
20 _____ legitimate

B 문장의 빈칸에 알맞은 단어를 〈보기〉에서 찾아 쓰시오. (필요하면 형태를 고치시오.)

보기   outstanding   conceal   unlock   intersection   primate

1 It was Apelles' practice to _____ himself at previews of his paintings in order to hear the public's opinions of his masterpieces.
   Apelles는 자신의 걸작에 대한 대중의 의견을 듣고자 자신의 그림 시연회에서 숨어 있는 것이 다반사였다. 2011 수능

2 The prize was established in 1981 to praise _____ mathematicians in the field of applied mathematics.
   이 상은 1981년에 응용 수학 분야에서 뛰어난 수학자들을 칭찬하기 위해 만들어졌다. 12 고2학평

3 Furthermore, some nonhuman _____ have been taught to use sign language to communicate with humans.
   게다가, 인간이 아닌 어떤 영장류는 인간과 의사소통을 하기 위해 손짓을 사용하도록 가르침을 받아왔다. 14 고2학평

4 Over and over the burglar tried to _____ the door, and over and over the owner relocked it.
   계속해서 도둑은 문을 열려고 했고, 주인은 계속해서 그것을 다시 잠갔다. 12 고3학평

5 I feel the _____ at Burton Road and 3rd Street is very dangerous because there aren't any traffic lights.
   저는 교통 신호등이 하나도 없어서 Burton Road와 3번가가 만나는 교차로가 매우 위험하다고 생각합니다. 14 고3 평가원

Study More!

01 'take ~ for granted' : ~을 당연한 일로 여기다

- Most of us **took** her support **for granted**.
  우리 모두는 그녀의 지원을 당연하게 여겼다.

- Don't **take for granted** the clean air and water.
  깨끗한 공기와 물을 당연시 하면 안 된다.

02 청소년을 지칭하는 단어 juvenile, adolescent, youth, teenager

- prevent **juvenile** delinquency
  청소년 범죄를 예방하다

- patterns of behavior in **adolescents**
  청소년에게 나타나는 행동 양식

- a promising **youth**
  전도유망한 청소년

- the most popular movie among **teenagers**
  10대들 사이에서 가장 인기 있는 영화

Day **13**

Word **Preview**

🎧 음원 듣기

☐ dignity	☐ farewell	☐ municipal
☐ insomnia	☐ broaden	☐ rigorous
☐ triple	☐ optimism	☐ spectator
☐ exceptional	☐ disposable	☐ forensic
☐ cease	☐ demise	☐ prosecute
☐ verify	☐ frenzy	☐ infection
☐ morality	☐ fixate	☐ donor
☐ autonomy	☐ inscription	☐ commonality
☐ longevity	☐ tedious	☐ nonverbal
☐ sarcastic	☐ narration	☐ residual
☐ predominant	☐ lukewarm	☐ inevitable
☐ frown	☐ weave	☐ bothersome
☐ endorse	☐ mundane	
☐ accustomed	☐ assurance	

Day 13

481 ··· 520

---

481 dignity
[dígnəti]

'존엄, 특권, 존경'의 고대 프랑스어 **dignite**에서 유래

Ⓝ 존엄, 위엄, 품위, 자존감

예문 Hurting a man's **dignity** is a crime.
인간의 존엄성을 해치는 것은 범죄다. 06 고2 평가원 변형

---

482 insomnia
[insάmniə]

'잠을 자고 싶은, 잠이 부족함'의 라틴어 **insomnia**에서 유래

Ⓝ 불면증

예문 I think the culprit for his **insomnia** is stress from relationship. He is hypersensitive about other people's opinions of him.
나는 그의 불면증의 주된 원인이 인간 관계에서 오는 스트레스로 봐. 그는 다른 사람이 자신에게 가지는 의견에 대해 너무 과민해.

---

483 triple
[trípl]

tri(셋)+ple/plic(접다)
➡ 접어서 세 개로 만들다

ⓐ 3배의, 3박자의 Ⓥ 3배가 되다, 3배로 만들다

예문 The **triple** jump is an event that is made up of a hop, a skip, and a jump.
3단 뛰기는 착지(hop), 반대쪽 발 착지(skip), 그리고 순간 도약(jump)으로 이루어져 있다. 08 고2 평가원 변형

✚ **treble** Ⓥ 3배가 되다, 3배로 만들다

---

484 exceptional
[iksépʃənəl]

ⓐ 뛰어난, 아주 훌륭한

예문 Some people worshipped medical doctors as if they were **exceptional** beings possessing godlike qualities.
몇몇 사람들은 의사들이 마치 신과 같은 재능을 가진 뛰어난 존재인 것처럼 우러러보았다. 16 고2 학평 변형

---

485 cease
[si:s]

ceas(e)(떠나다)
➡ 물러나다
➡ 그만두다

Ⓥ 중단하다, 그치다

예문 It is a fundamental mistake to imagine that when we see the non-value in a value or the untruth in a truth, the value or the truth **ceases** to exist.
우리가 가치 안에서 무가치를 보거나 진실 안에서 허위를 볼 때, 가치 혹은 진실이 더 이상 존재하지 않는다고 상상하는 것은 기본적인 실수를 저지르는 것이다.
2011 수능

---

486 verify
[vérəfài]

'입증하다, ~에 대한 진실을 찾다'의 고대 프랑스어 **verifier**에서 유래

Ⓥ 사실임을 증명(입증) 하다

예문 Emily spends an hour every morning **verifying** that all the doors and windows are shut before she leaves for work.
Emily는 매일 아침 출근하기 전에 문과 창문을 모두 닫았는지 확인하는 데 한 시간이나 보낸다. 09 고3 학평

✚ **verification** Ⓝ 확인, 조회, 입증, 비준

---

487 **morality**
[mərǽləti]

moral(도덕상의) + ity(명.접)
➡ 도덕성

ⓝ 도덕(성)

[예문] Greene believes emotions and intuitions are the auto settings for our **morality** while reasoning is the manual mode.
Greene은 감정과 직관이 우리 도덕성의 자동 설정인 반면, 추론은 수동 모드라고 생각한다. 12 고3 평가원

488 **autonomy**
[ɔ:tánəmi]

auto(스스로의)
+ nom(지배하다) + y(명.접)
➡ 스스로를 지배하다
➡ 자치

ⓝ 자치권, 자립, 독립, 자주성, 자율성

[예문] To ensure all artists' **autonomy** and privacy, no one may visit a studio without invitation.
모든 예술가들의 자율과 사생활을 보장하기 위해, 초대 받지 않은 어떤 사람도 스튜디오에 방문할 수 없다. 13 고3 학평 변형

➕ **autonomous** ⓐ 자주적인, 자치의

489 **longevity**
[lɑndʒévəti]

'오래 사는'의 라틴어
longaevus에서 유래

ⓝ 장수, 수명

[예문] Exercise and a healthy diet are important, but they are not the only keys to **longevity**.
운동과 건강한 식사는 중요하지만, 이들이 장수의 유일한 요소는 아니다.
11 고1 학평 변형

490 **sarcastic**
[sɑ:rkǽstik]

ⓐ 빈정대는, 비꼬는

[예문] Many people think he is too **sarcastic** to take on such a serious role.
많은 사람들은 그가 그런 진지한 역할을 맡기에는 너무 빈정댄다고 생각한다.

➕ **sarcasm** ⓝ 빈정댐, 비꼼

491 **predominant**
[pridámənənt]

pre(~전에)
+ dominant(우세한, 지배적인)
➡ 두드러진, 뚜렷한

ⓐ 두드러진, 주된, 우세한

[예문] The **predominant** theme of the movie was rebuilding family bonds.
그 영화의 주된 주제는 가족의 유대를 재건하는 것이었다.

➕ **predominance** ⓝ 우위, 우세, 우월

492 **frown**
[fraun]

ⓥ 눈살을 찌푸리다

[예문] If you have ever had a sip of the "bitters," you would probably **frown** just thinking about it.
만약 당신이 "쓴 맛"을 맛본 적이 있다면, 당신은 아마 그 생각만으로도 얼굴을 찌푸릴 것이다. 13 고3 학평 변형

493 **endorse**
[indɔ́ːrs]

'승인하다, 문서 뒤에 서명하다'의
고대 영어 **endosse**에서 유래

ⓥ (공개적으로) 지지하다, 보증하다, 추천하다

예문 Still, Liu isn't ready to **endorse** the habit of sleeping less and making up for it later.
아직도 Liu는 잠을 덜 자고 나중에 그것을 보충하는 습관을 공개적으로 지지할 준비는 되어 있지 않다. 15 고3 학평

➕ **approve** ⓥ 찬성하다, 인정하다

---

494 **accustomed**
[əkʌ́stəmd]

accustom(익히다, 익숙하게 하다)
+ed(형.접) ➡ 익숙한

ⓐ (~에) 익숙한 (~to), 평소의

예문 People are **accustomed** to using blankets to make themselves warm.
사람들은 자신을 따뜻하게 하기 위해서 담요를 사용하는데 익숙하다. 2002 수능

➕ **familiar** ⓐ 잘 알려진, 익숙한

---

495 **farewell**
[fɛ̀ərwél]

fare(가다)+**well**(잘)
➡ 잘 가다
➡ '잘 가라'라는 인사

ⓝ 작별

예문 When I had to say **farewell** to my friends, their eyes were full of tears.
내가 친구들에게 작별인사를 해야 했을 때, 그들의 눈은 눈물로 가득 찼다.
07 고2 학평 변형

---

496 **broaden**
[brɔ́ːdən]

broad(넓은)+**en**(동.접)
➡ 넓히다

ⓥ 넓히다, 확장하다

예문 Traveling to many other countries can be helpful to **broaden** your view.
많은 나라를 여행하는 것은 당신의 시야를 넓히는데 도움이 될 수도 있다.
06 고3 평가원 변형

---

497 **optimism**
[áptəmìzəm]

optimistic(낙관적인)+**ism**(학문)
➡ 낙관주의

ⓝ 낙관론, 낙관적 생각

예문 With renewed **optimism**, he negotiated better deals and extended terms of payment.
낙관적 생각을 되찾은 그는 더 좋은 거래를 성사시켰고 지불 기한을 연장했다.
10 고3 학평

↔ **pessimism** ⓝ 비관적 생각, 비관주의

---

498 **disposable**
[dispóuzəbl]

dispose(물건을 처분하다)
+able(~할 수 있는)
➡ 일회용의

ⓐ 일회용의 ⓝ 일회용품

예문 Using **disposable** medical items will help to fight this growing health security issue.
일회용 의료용품을 사용하는 것은 이렇게 커지는 의료 보안 문제에 맞서도록 도울 것이다. 12 고1 학평 변형

---

499 demise
[dimáiz]

'묵살하다, ~에 넣다'의
중세 프랑스어
demise에서 유래

ⓝ 종말, 사망

예문 A sudden change in weather may have caused the **demise** of the dinosaur.
갑작스러운 기후 변화가 공룡들의 종말을 야기했을 것이다.

500 frenzy
[frénzi]

'광분, 광란'의 고대 프랑스어
frenesie에서 유래

ⓝ 광분, 격분, 격양, 광포

예문 During the post-Revolution **frenzy**, James spoke out against the use of the guillotine, for which he almost lost his life.
혁명 후 광란의 기간 동안 James는 단두대의 사용을 반대한다는 의견을 분명히 밝혔는데, 그것 때문에 그는 거의 목숨을 잃을 뻔하였다. 2014 수능

501 fixate
[fíkseit]

ⓥ 정착(고정) 시키다 (~on) ; 응시하다

예문 The dog was **fixated** on the cute kitten that was sleeping under the sofa.
그 개는 소파 밑에서 자고 있는 귀여운 고양이에게 시선이 고정되었다.

502 inscription
[inskrípʃən]

inscribe(새기다)
+tion(명.접)
➡ (새겨진) 글

ⓝ 비문, 글귀

예문 The bell tower is relatively new, from 1897, but the church building, as the **inscription** above the western entrance tells us, dates from 1851.
그 종탑은 1897년부터 해서 비교적 새 것이지만 그 교회 건물은 서구적 입구 위에 새겨진 글이 우리에게 말해 주듯이 1851년부터이다. 12 고3 평가원

➕ inscribe ⓥ 이름 등을 쓰다, 새기다

503 tedious
[tí:diəs]

'지루한, 짜증나는'의 라틴어
taediosus에서 유래

ⓐ 지루한, 싫증나는

예문 Smith complains that collecting trash from the ground is **tedious**.
Smith는 땅에서 쓰레기를 줍는 것이 지겹다고 불평한다. 04 고3 학평 변형

➕ boring ⓐ 지루한, 따분한

504 narration
[næréiʃən]

narrate(이야기를 하다)
+ation(명.접)
➡ 이야기를 진행하기

ⓝ 서술, 화법

예문 Through scattered **narration** and commentary throughout the play, the viewers are invited to take a step back from the performance.
극중 내내 이루어지는 산만한 이야기와 해설을 통해 관객들은 공연으로부터 한 걸음 물러서게 유도된다. 2010 수능 변형

505 lukewarm
[lúːkwɔ́ːrm]

ⓐ 미온적인, 미지근한

예문 After placing one hand in the cold water and one in the hot water, the student is told to place both in the **lukewarm** water simultaneously.
한 손은 찬물에, 다른 손은 뜨거운 물을 넣은 후에 그 학생은 두 손을 동시에 미지근한 물에 넣으라고 지시를 받는다. `14 고2 학평 변형`

✚ **tepid** ⓐ 미지근한, 열의 없는

---

506 weave
[wiːv]

'실을 엮는, ~을 짜는'의 고대 영어 **wefan**에서 유래

ⓥ 짜다, 엮다

예문 Some kinds of spiders **weave** thick white bands of silk across the centers of their webs.
어떤 종류의 거미는 거미줄 중심부에 굵고 하얀 줄을 친다. `09 고3 학평`

✚ **knit** ⓥ 뜨다, 짜다

---

507 mundane
[mʌ́ndein]

'세속적인'의 고대 프랑스어 **mondain**에서 유래

ⓐ 재미없는, 평범한, 세속적인

예문 Joe is tired of doing the same **mundane** things and wants to do something new.
Joe는 천편일률적인 일을 하는데 지쳤고 무언가 새로운 일을 하길 원한다.

✚ **banal** ⓐ 따분한, 평범한, 시시한

---

508 assurance
[əʃú(ː)ərəns]

assure '장담하다, 확언하다'
+ance(명.접)
➡ 확신, 장담

ⓝ 확언, 확약, 보장

예문 People who exhibit assertive behavior are able to handle conflict situations with **assurance**.
적극적인 행동을 보이는 사람들은 확신을 갖고 갈등 상황을 다룰 수 있다.
`08 고3 학평 변형`

✚ **guarantee** ⓝ 확약, (품질)보증, 보장

---

509 municipal
[mjuː(ː)nísəpəl]

'자유로운 마을의 시민'의 라틴어 **municipalis**에서 유래

ⓐ 지방 자치제의, 시의

예문 Yet in the United States, paper products are the single largest component of **municipal** waste.
하지만 미국에서 종이 제품은 도시 쓰레기의 가장 큰 단일 구성요소이다.

---

510 rigorous
[rígərəs]

rigor(엄함, 엄격)
+ous(형.접)
➡ 엄격한, 엄한

ⓐ 철저한, 엄격한

예문 The most **rigorous** attempt to create an absolute likeness is ultimately selective.
절대적 유사성을 만들기 위한 가장 철저한 시도는 궁극적으로 선택적이다.
`13 고3 평가원`

↔ **lax** ⓐ (일이나 규정에 대해) 느슨한, 해이한

511 **spectator**
[spékteitər]

spectate(공연이나 스포츠를 지켜보다)+or(명.접) ➡ 관중

① 관중, 구경꾼, 목격자

예문 All the **spectators** congratulated the winner on his victory.
모든 관중들이 우승자에게 승리를 축하했다. 11 고3 학평 변형

512 **forensic**
[fərénsik]

ⓐ 법의학적인

예문 Although every **forensic** case is different, each case goes through many of the same phases.
비록 모든 과학 수사 사건이 다르기는 하지만, 각 사건은 여러 동일한 단계를 거친다. 15 고3 학평

Tip! 〈주요 용례〉
• forensic evidence 법의학적 증거
• forensic tests 법의학적 테스트
• forensic investigation 법의학적 수사 분석

513 **prosecute**
[prásəkjùːt]

pre(앞)+sec(따르다)
+ute(동.접)
➡ 앞을 따라다가
➡ 법정으로 따라가다

ⓥ 기소하다, 고소하다

예문 Neither **prosecutor** nor defender is obliged to consider anything that weakens their respective cases.
검찰관과 피고 측 변호사 중 그 어느 누구도 자신들 각자의 입장을 약화시키는 것을 고려해야 할 의무는 없다. 17 고3 평가원

➕ prosecutor ⓝ 검사, 기소자

514 **infection**
[infékʃən]

infect(감염시키다)
+tion(명.접)
➡ 감염

① 감염, 오염

예문 A fever helps the body battle an **infection** and actually reduce the severity of a cold.
열은 몸이 감염과 싸우는 것을 도와주고 실제로 감기의 고통을 줄여준다.
07 고2 학평 변형

➕ infectious ⓐ 전염되는, 전염성의

Tip! 〈형태가 유사한 단어〉
• infection ⓝ 감염, 오염
• affection ⓝ 애착, 보살핌
• perfection ⓝ 완벽, 완전
• defection ⓝ 탈당, 이탈

515 **donor**
[dóunər]

donate(기부하다)
+or(명.접)
➡ 기부자, 기증자

① 기부자, 기증자

예문 We issue membership cards to **donors** who can use them to borrow equipment free of charge.
우리는 기증자에게 무료로 용품을 빌려줄 수 있는 멤버십 카드를 발급합니다.
2016 수능 변형

↔ recipient ⓝ 수령자, 수령인

516 commonality
[kàmənǽləti]

common(흔한)+nal(형.접)
+ity(명.접)

➡ 공통성, 흔함, 평범

ⓝ 공유성, 공통성, 공통점

예문 I think there is a certain **commonality** between music and language.
나는 음악과 언어 사이의 어떤 공통점이 있다고 생각한다.

517 nonverbal
[nɑnvə́:rbəl]

non(반대의)+verbal(언어의)

➡ 비언어적인

ⓐ 말을 사용하지 않는, 말이 서투른

예문 Hand movements are used as a means of **nonverbal** communication.
손동작은 비언어적 의사소통의 수단으로서 사용된다. 15 고3 평가원 변형

> Tip! 〈관련 어휘〉
> - verbal ⓐ 말로된, 구두의
> - verbally ⓐ 말로, 구두로
> - verbose ⓐ 말수가 많은, 장황한
> - verbosely ⓐ 장황하게
> - proverb ⓝ 속담

518 residual
[rizídʒuəl]

residue(잔여물)+al(형.접)

➡ 잔여의

ⓐ 나머지의, 잔여의

예문 Remove all **residual** moisture with a vacuum cleaner.
진공 청소기로 나머지 수분을 모두 제거해라. 12 고3 학평 변형

➕ residue ⓝ 잔여(잔류)물

519 inevitable
[inévitəbl]

in(부정)+evitable(피할 수 있는)

➡ 피할 수 없는 ➡ 불가피한

ⓐ 불가피한, 필연적인

예문 Biology is not destiny, so gene expression is not necessarily **inevitable**.
생물학적 기질은 운명이 아니므로, 유전자 발현은 반드시 불가피한 것은 아니다.
15 고3 학평

➕ unavoidable ⓐ 불가피한, 어쩔 수 없는

520 bothersome
[báðərsəm]

ⓐ 성가신, 귀찮은

예문 It's too **bothersome** for me to reply to every single question.
나는 각각의 모든 질문에 답해 주는 것이 너무 귀찮다.

➕ annoying ⓐ 짜증스러운, 성가신

A 우리말에 맞게 빈 칸에 알맞은 단어를 쓰시오.

1 _____ 존엄, 위엄, 품위, 자존감
2 _____ 도덕(성)
3 _____ (공개적으로) 지지하다, 보증하다
4 _____ 넓히다, 확장하다
5 _____ 일회용의 ; 일회용품
6 _____ 비문, 글귀
7 _____ 짜다, 엮다
8 _____ 지방 자치제의, 시의
9 _____ 감염, 오염
10 _____ 공유성, 공통성, 공통점

11 _____ exceptional
12 _____ sarcastic
13 _____ farewell
14 _____ frenzy
15 _____ narration
16 _____ mundane
17 _____ spectator
18 _____ donor
19 _____ residual
20 _____ inevitable

B 문장의 빈칸에 알맞은 단어를 〈보기〉에서 찾아 쓰시오. (필요하면 형태를 고치시오.)

보기   triple   longevity   optimism   tedious   nonverbal

1 Compared to past generations, we are quite well off. In the past fifty years, the average buying power has more than _____.
과거 세대와 비교해 볼 때, 우리는 꽤 유복하다. 지난 50년 동안 평균 구매력은 세 배 이상 증가했다. 14 고2학평

2 Getting rid of the mines from the ground is _____, painstaking work.
땅에서 지뢰를 제거하는 일은 지루하며 고통스러운 일이다. 14 고3학평

3 _____ is a two-sided coin, with quantity on one side and quality on the other.
장수는 양면을 가진 동전으로, 한 면은 양을 다른 면은 질을 가지고 있다. 11 고1학평

4 The findings showed that the mother's level of _____ and the child's level were very similar.
연구 결과는 어머니의 낙천주의적 성향의 정도와 자녀의 정도가 거의 비슷하다는 것을 보여주었다. 10 고3학평

5 Our _____ behavior has a way of 'leaking' messages about what we really mean.
우리의 비언어적 행동은 우리가 진정으로 무엇을 의미하는 가에 대한 메시지를 드러내는 방법을 갖고 있다.
10 고3 평가원

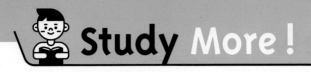

Study More!

01 어원으로 어휘 확장하기 : reside '살다, 거주하다'

reside의 어원을 살펴보면, re(again)+side(sit, settle)의 구조를 가지고 있고 다시 정착하다의 뜻으로 '살다, 거주하다'의 의미를 가지고 있어요. reside는 영어에서 많은 파생어를 가지고 있는 어휘중의 하나에요. 한 번 살펴볼까요?

- **reside in** : ∼에 거주하다
- **resident** : 거주자, 주민 (residential 거주의, 주민의)
- **residence** : 주택, 거주지 (residence hall 기숙사 (= dormitory))
- **residue** : 잔류(물), 잔여(물)
- **residual** : 남은, 잔여의 (residual issues 남아 있는 문제)

02 어원 이야기 : 원래 뜻을 알 수 없는 어원들

lukewarm은 '미지근한'이라는 뜻을 가지고 있습니다. lukewarm과 비슷한 의미로는 tepid '미지근한'이 있지요. lukewarm은 그 의미가 태도나 행동이 '미적지근'하거나 열의가 없는 경우에도 쓰이고 있어요. (*a lukewarm response / attitude* 미적지근한 반응/태도)

lukewarm은 어원 면에서도 흥미로운 점이 있는데요. 대부분 학생들은 이 단어가 luke + warm 으로 구성되어 있다는 것을 단 번에 알아차릴 수 있을 거에요. **warm**은 '따뜻한'이라는 의미를 가지고 있는데 그러면 **luke**는 어떤 의미를 가지고 있을까요? 흥미롭게도 luke는 다른 단어에서 쓰이는 경우가 없고 오직 lukewarm에서만 쓰인다고 해요. 따라서, luke의 의미를 어원 면에서 유추하기는 힘듭니다. 영어에는 이처럼 특정 단어에만 나타나며 의미의 기원이 불분명한 어원들이 있어요.

berry와 결합하는 단어들이 특히 그렇습니다. strawberry '딸기', cranberry '크랜베리', raspberry '산딸기' 등입니다. Raspberry에서 berry가 딸기를 지칭한다고 볼 수 있지만 rasp 는 오직 raspberry 라는 단어에만 나타나기 때문에 그 의미를 유추하기 어렵고 고정되어 쓰이는 경우예요.

이와 비슷한 단어로는 unkempt '헝클어진'이 있는데 unkempt hair '헝클어진 머리' 형태로 쓰입니다. 이 단어 역시 un은 unclean의 un처럼 부정의 의미를 가지고 있어요. 그러나 kempt 부분은 오직 이 단어에만 나타나며 kepmt hair '깨끗한 머리'식으로 쓰이지 않는다는 것을 잊지 마세요!

Day 14

Word Preview

🎧 음원 듣기

- ☐ sympathetic
- ☐ correlation
- ☐ fallacy
- ☐ sensible
- ☐ pedestrian
- ☐ stale
- ☐ install
- ☐ catchy
- ☐ guilty
- ☐ supplement
- ☐ in terms of
- ☐ cosmetic
- ☐ administration
- ☐ capitalize

- ☐ incur
- ☐ recite
- ☐ stack
- ☐ addictive
- ☐ commentary
- ☐ surplus
- ☐ medication
- ☐ fortress
- ☐ extrovert
- ☐ gorgeous
- ☐ executive
- ☐ erode
- ☐ ample
- ☐ specimen

- ☐ plead
- ☐ interpret
- ☐ alleviate
- ☐ carry out
- ☐ wreck
- ☐ conceive
- ☐ ultraviolet
- ☐ wander
- ☐ ideological
- ☐ usage
- ☐ shrink
- ☐ rotate

Day 14

521 **sympathetic**
[sìmpəθétik]

sympathy(동정. 연민)
+etic(형.접)
➡ 동정어린

ⓐ 동정적인, 공감하는

예문 Sometimes all a good cheese needs to stop it from going bad is a **sympathetic** ear.
때론 좋은 치즈를 상하지 않게 하기 위해 필요한 모든 것은 공감하며 들어주는 귀일수도 있다. 10 고3 평가원

522 **correlation**
[kɔ̀(:)rəléiʃən]

correlate(상관관계가 있다)
+ation(명.접)
➡ 연관성. 상관관계

ⓝ 연관성, 상관 관계

예문 Walter Mischel found that the typical **correlation** between personality traits and behavior was quite modest.
Walter Mischel은 성격 특성과 행동 사이의 전형적인 상관관계가 그리 크지 않다는 것을 발견했다. 15 고3 학평

523 **fallacy**
[fǽləsi]

'속임, 사기'의 라틴어
fallacia에서 유래

ⓝ 오류, 착오, 그릇된 생각

예문 Even worse than reaching a conclusion with just a little evidence is the **fallacy** of reaching a conclusion without any evidence at all.
단지 약간의 증거만을 가지고 결론에 도달하는 것보다 훨씬 더 나쁜 것은 전혀 어떤 증거도 없이 결론에 이르는 오류이다. 11 고3 평가원

524 **sensible**
[sénsəbl]

sense(감지하다. 느끼다)
+ible(형.접)
➡ 분별있는, 합리적인

ⓐ 분별 있는, 합리적인

예문 A director of the institute says bike riding is the **sensible** choice to improve health for those not normally accustomed to training.
이 연구소의 한 연구소장은 자전거 타기가 운동에 흔히 익숙하지 않은 사람들에게 있어 건강을 증진시킬 수 있는 현명한 선택이라고 말한다. 10 고3 학평

525 **pedestrian**
[pədéstriən]

ped(estri)(발)+an(명.접)
➡ 걸어다니는 사람

ⓝ 보행자 ⓐ 보행의

예문 Red foxes have even been known to use a **pedestrian** underpass rather than cross a highway.
붉은 여우는 고속도로를 무단 횡단하기보다는 보행자용 지하도를 이용하는 것으로 알려져 있다. 08 고3 평가원 변형

526 **stale**
[steil]

ⓐ (음식이) 신선하지 않은, 딱딱해진, 오래된, 김이 빠진

예문 The **stale** coffee was boiling up and Jimmy poured it into a glass.
오래된 커피가 끓었고 Jimmy는 그것을 유리잔에 따랐다. 07 고3 학평 변형

527 install
[instɔ́ːl]

in(안으로)+stall(세우다)
➡ 안에 세워두다 ➡ 설치하다

ⓥ 설치하다

예문 A plan was announced to **install** a new 400 acre landfill at Corcolle.
Corcolle에 400 에이커의 새로운 쓰레기 매립지를 건설하려는 계획이 발표되었다.
14 고2 학평

528 catchy
[kǽtʃi]

ⓐ 기억하기 쉬운, 외우기 쉬운 ; 함정이 있는

예문 Ad creators are constantly searching and using **catchy** phrases to win over the attention of their target.
광고 기획자는 그들의 목표대상의 주의를 끌만한 기발한 광고 문구를 끊임없이 찾아 사용하고 있다. 11 고2 학평

529 guilty
[gílti]

ⓐ 유죄의, 죄책감을 느끼는

예문 Many of us are **guilty** of passing on information we hear without knowing for sure it is true.
우리들 중에는 사실인지 확실히 알지도 못하면서 정보를 전하는 잘못을 저지르는 사람이 많다. 12 고1 학평

530 supplement
[sʌ́pləmənt]

'채우다'의 라틴어
supplementum에서 유래

ⓝ 보충(추가)물 ; 추가 요금 ⓥ 보충하다, 추가하다

예문 When the molecules are extracted from fruits and made into **supplements**, they do not reduce cancer.
분자가 과일에서 추출되어 보충제로 만들어질 때, 그것들이 암을 줄여주지는 않는다. 14 고3 평가원 변형

531 in terms of
[in təːrmz əv]

~면에서, ~에 관하여

예문 When scientists describe tool use by human beings, it is usually **in terms of** mechanical tools.
과학자들이 인간에 의한 도구 사용을 설명할 때 그것은 대개 기계적 도구라는 면에서다. 15 고3 학평 변형

532 cosmetic
[kazmétik]

ⓝ (주로 복수형) 화장품 ⓐ 성형의 ; 겉치레에 불과한

예문 The modern man's interest in grooming and **cosmetic** products is not a new phenomenon.
현대 남성들의 몸 단장과 화장품에 대한 흥미는 새로운 현상이 아니다.
12 고1 학평 변형

533 administration
[ədmìnistréiʃən]

administer(관리하다)
+ation(명.접) ➡ 관리

ⓝ 관리, 경영

예문 Government leaders should be humane and honest rather than being experts in **administration**.
정부 지도자들은 행정 전문가이기보다는 인간적이며 정직해야 한다.
10 고1 학평 변형

534 capitalize
[kǽpətəlàiz]

capital(대문자)+ize(동.접)
➡ 대문자로 쓰다

ⓥ 대문자로 쓰다, 자본화하다, (~을) 이용하다 (~on)

예문 I like the way you **capitalized** all the letters of "SUMMER CONCERT 2016." It's very eye-catching.
나는 당신이 "SUMMER CONCERT 2016"을 모두 대문자로 쓴 방식이 맘에
들어요. 이건 매우 눈에 잘 띄네요. 16 고3 학평

535 incur
[inkə́:r]

'달리다, 달아나다'의
고대 프랑스어
encurir에서 유래

ⓥ (좋지 않은 상황을) 초래하다, (비용을) 발생시키다

예문 He **incurred** a lot of expenses on his overseas travels.
그는 해외 여행에 많은 비용을 지불했다.

536 recite
[risáit]

re(다시)+cit(e)(부르다)
➡ 다시 불러내다 ➡ 소환하다

ⓥ 낭독하다, 열거하다

예문 I can **recite** the name of nearly every baseball player on the team.
나는 팀의 거의 모든 야구 선수들의 이름을 읊을 수 있다. 2005 수능 변형

537 stack
[stæk]

'더미, 쌓음'의 고대 영어
stack에서 유래

ⓝ 더미 **ⓥ** 쌓다, 포개다

예문 Can you remove the bottom coin in a **stack** without touching the other coins in the **stack** and without having the **stack** fall over?
동전 더미 속 다른 동전들을 건드리지 않으면서 동전 더미가 넘어지지 않도록
동전 더미의 맨 밑에 있는 동전을 제거할 수 있는가? 10 고1 학평

538 addictive
[ədíktiv]

addict(중독되다)+ive(형.접)
➡ 중독적인

ⓐ (약물 등의) 중독성의 ; 습관화된

예문 Playing computer games is **addictive**, so be sure to maintain balance in your everyday life.
컴퓨터 게임을 하는 것은 중독성이 있으므로 당신의 일상 생활에서 균형을
유지하는 것을 확실히 해야 한다. 2008 수능 변형

539 commentary
[káməntèri]

comment(논평, 언급)
+ary(명.접)
➡ 해설

ⓝ 해설, 논평, 주석

예문 If you are teaching your friend how to make your famous egg rolls, you provide a step-by-step **commentary** as you watch your pupil.
여러분이 친구에게 자신의 훌륭한 에그롤을 만드는 방법을 가르치고 있다면, 여러분은 자신의 제자(친구)를 지켜보면서 단계적인 설명을 제공한다.
16 고3 평가원

540 surplus
[sə́ːrplʌs]

'나머지, 여분의'의 고대 프랑스어
sorplus에서 유래

ⓝ 과잉, 잉여, 흑자 ⓐ 과잉의, 잉여의

예문 Agricultural production, which developed fastest in regions of Asia, led to food **surpluses**.
아시아 지역에서 가장 빠르게 성장한 농업 생산은 음식의 과잉을 만들어냈다.

541 medication
[mèdəkéiʃən]

ⓝ 약(물)

예문 Storing **medications** correctly is very important because many drugs will become ineffective if they are not stored properly.
만약 적절하게 보관되지 않는다면 많은 약들이 쓸모없게 될 것이기 때문에 의약품을 올바르게 보관하는 것은 매우 중요하다. 15 고1 학평

542 fortress
[fɔ́ːrtris]

'강화'의 고대 프랑스어
forteresse에서 유래

ⓝ 요새

예문 Outraged French citizens attacked Bastille, a **fortress**-prison in Paris, in the hope of capturing weapons.
성난 프랑스 시민들은 무기를 차지하겠다는 희망하에 파리의 요새 감옥 바스티유를 공격했다.
✚ fort ⓝ 보루, 요새, 진지

543 extrovert
[ékstrəvə̀ːrt]

extro/extra(밖에)
+vert(돌다)
➡ 밖으로 돌다
➡ 외향적인 사람

ⓝ 외향적인 사람

예문 Cheerful, happy babies tend to become adventurous, outgoing children who tend to become **extroverted**, sociable adults.
쾌활하고 행복한 아기는 모험을 좋아하고 외향적인 아이가 되는 경향이 있으며 그 아이는 외향적이고 사교적인 어른이 되는 경향이 있다. 14 고3 학평
✚ extroverted ⓐ 외향적인, 외향성의

544 gorgeous
[gɔ́ːrdʒəs]

'우아한, 유행하는'의
중세 프랑스어
gorgias에서 유래

ⓐ 아주 멋진, 화려한, 굉장한

예문 Alice did not ask her friends if the hat made her look **gorgeous**.
Alice는 그녀의 친구들에게 그 모자가 그녀를 예쁘게 보이게 하는지 묻지 않았다.
08 고2 평가원 변형
✚ magnificient ⓐ 장엄한, 웅장한, 장대한

545 **executive**
[igzékjətiv]

execute(처형하다, 실행하다)
+ive(명.접)
➡ 임원, 이사/집행의, 행정상의

ⓝ (기업, 조직의) 경영 간부(이사, 중역) ⓐ 경영의, 운영의

예문 An Egyptian **executive**, after entertaining his Canadian guest, offered him joint partnership in a new business venture.
캐나다인 손님을 접대한 후에, 한 이집트인 중역이 그에게 새로운 벤처 사업에서의 합작 제휴를 제의했다. 16 고3 평가원

546 **erode**
[iróud]

'~을 갈아내다, 소비하다'의
라틴어 erodere에서 유래

ⓥ 침식 시키다, 약화 시키다

예문 Wind makes sand hills and wind-blown sand **erodes** rocks.
바람은 모래 언덕을 만들고 바람에 불어온 모래는 바위를 침식시킨다.

➕ **corrode** ⓥ 부식시키다, 침식하다

547 **ample**
[ǽmpl]

'큰, 널찍한'의 라틴어
amplus에서 유래

ⓐ 풍부한, 넓은, 충분한

예문 According to research, surgery patients in rooms with **ample** natural light require less pain medication.
연구에 의하면 풍부한 자연광이 드는 병실의 수술 환자들이 진통제를 더 적게 필요로 한다. 12 고3 학평 변형

548 **specimen**
[spésəmən]

spec(i)(보다)+men(명.접)
➡ 보는 것 ➡ 표본, 견본

ⓝ 견본, 표본, (의학검사용) 시료

예문 Trace evidence refers to very minute evidence like strands of hair, skin cells, blood **specimens** or fingerprints.
Trace 증거는 머리 가닥, 피부 세포, 혈액 표본 또는 지문과 같은 아주 미세한 증거들을 일컫는다.

549 **plead**
[pli:d]

'인정을 받다'의 라틴어
placere에서 유래

ⓥ 애원하다, 호소하다

예문 Amy denied the charge and kept **pleading** innocent.
Amy는 경찰의 기소를 거부하고 계속해서 무죄를 호소했다. 12 고1 학평 변형

➕ **plea** ⓝ 애원, 간청

550 **interpret**
[intə́ːrprit]

inter(사이에)+pret(가격)
➡ 중간에서 양 쪽의 가격을 설명하다
➡ 통역하다, 해석하다

ⓥ 해석하다

예문 People with depression find it easy to **interpret** large images or scenes, but struggle to "spot the difference" in fine detail.
우울증 환자들은 큰 이미지나 장면을 해석하는 것은 쉽다고 생각하지만, 세심하게 '틀린 부분을 찾는 것'에는 어려움을 겪는다. 10 고3 학평

➕ **interpretation** ⓝ 해석

551 **alleviate**
[əlíːvièit]

al/ad(강화하다)
+levi(가볍게하다)+ate(형.접)
➡ 경감하다, 편안케하다

ⓥ 완화하다, 경감하다

예문 The chemist discovered a chemical that can **alleviate** pain and make people sleepy.
그 화학자는 고통을 완화하고 사람들을 졸리게 만드는 화학물질을 발견했다.

✚ **alleviation** ⓝ 완화, 경감 ✚ **aggravate** ⓥ 악화시키다

552 **carry out**
[kǽri aut]

(~을) 수행하다, 이행하다

예문 Public transportation enables us to **carry out** all these activities.
대중 교통은 우리가 이 모든 활동을 수행 할 수 있게 해준다. 16 고3 학평 변형

Tip! 〈out을 포함하는 주요 숙어〉
· point out 지적하다
· rule out 제외시키다
· figure out 알아내다
· find out 발견해내다
· stand out 아주 뛰어나다
· break out 발생하다

553 **wreck**
[rek]

'제거하다'의 고대 영어
wreck에서 유래

ⓥ 망가뜨리다, 난파시키다, 파괴하다 ⓝ 난파선, (사고 등의) 잔해, 충돌

예문 The ship was **wrecked** in the middle of the Atlantic.
그 배는 대서양 한 가운데서 난파되었다.

554 **conceive**
[kənsíːv]

con(함께)+ceive(품다)
➡ 함께 마음에 품다
➡ 생각해 내다

ⓥ 생각하다, 상상하다, 이해하다 ; 임신하다

예문 The documentary explained that ancient maps were not **conceived** through the same processes as modern maps.
그 다큐멘터리는 고대 지도들은 현대 지도들을 만들 때와 동일한 과정을 거쳐서 고안되지 않았다고 설명했다. 10 고3 학평 변형

✚ **conception** ⓝ 개념, 구상, 임신

Tip! 〈형태가 유사한 단어〉
· perceive ⓥ 감지하다, 인지하다
· deceive ⓥ 속이다, 기만하다
· perception ⓝ 감지, 인지
· deception ⓝ 속임, 기만

555 **ultraviolet**
[ʌ̀ltrəváiəlit]

ultra(초과의)
+violet(자외선)
➡ 자외선의

ⓝ 자외선 ⓐ 자외선의

예문 Direct exposure to **ultraviolet** light can cause severe negative effects on the skin.
자외선의 직접적인 노출은 피부에 심각한 부정적 영향을 일으킬 수 있다. 15 고1 학평 변형

556 wander
[wɑ́ndər]

'목표없이 움직이다'의 고대 영어
wanderian에서 유래

ⓥ 거닐다, 돌아다니다

예문 I **wandered** into my neighbor's backyard.
나는 옆집의 뒷마당을 돌아다녔다. 12 고1 학평 변형

Tip! 〈형태가 유사한 단어〉
- wander ⓥ 거닐다
- wonder ⓥ 궁금하다, 궁금해 하다
- ponder ⓥ 숙고하다

---

557 ideological
[àidiəládʒikəl]

ideology(이념)+cal(형.접)
➡ 이념적인, 사상적인

ⓐ 사상적인, 이념적인

예문 Sarah and her husband have an **ideological** difference,
so she usually argues with him.
Sarah와 그녀의 남편은 이념적인 차이가 있기에 그녀는 종종 그와 논쟁한다.

✚ ideology ⓝ 이념, 관념

---

558 usage
[júːsidʒ]

'사용하다'의 라틴어
usus에서 유래

ⓝ 사용(량), (단어의) 용법, 어법

예문 Two other communication devices that have come into
common **usage** are the answering machine and its
cousin, voice mail.
일상적으로 많이 쓰이는 두 가지의 다른 통신장치는 자동응답기와 그 사촌격인
음성메일이다. 06 고1 학평

---

559 shrink
[ʃriŋk]

ⓥ 줄다, 줄어들게 하다

예문 Moisture is stored in the root of a plant, and during
droughts that root **shrinks**, dragging the stem
underground.
수분은 식물의 뿌리에 저장되고 가뭄 동안에 뿌리는 수축되고 줄기를 땅 속으로 끌어
당기게 된다. 15 고3 평가원

---

560 rotate
[róuteit]

rot(바퀴)+ate(동.접)
➡ 바퀴같이 돌다
➡ 회전하다

ⓥ 회전하다, 회전시키다 ; (일 등을) 교대로 하다

예문 Many left-handed people **rotate** the paper to the left,
causing writing lines to go downward.
많은 왼손잡이들은 종이를 왼쪽으로 기울이는데, 그러면 글 쓰는 줄이 아래쪽으로
처지게 된다. 09 고2 학평

✚ rotation ⓝ 순환, 교대

Review Test!

A 우리말에 맞게 빈 칸에 알맞은 단어를 쓰시오.

1. _____ 동정적인, 공감하는
2. _____ 보행자 ; 보행의
3. _____ 유죄의, 죄책감을 느끼는
4. _____ 대문자로 쓰다, 자본화하다
5. _____ 과잉, 잉여, 흑자 ; 과잉의, 잉여의
6. _____ 아주 멋진, 화려한, 굉장한
7. _____ 견본, 표본, (의학검사용) 시료
8. _____ 난파선, (사고 등의) 잔해, 충돌
9. _____ 줄다, 줄어들게 하다
10. _____ 회전하다, 회전시키다

11. _____ fallacy
12. _____ install
13. _____ cosmetic
14. _____ recite
15. _____ addictive
16. _____ fortress
17. _____ erode
18. _____ interpret
19. _____ ultraviolet
20. _____ ideological

B 문장의 빈칸에 알맞은 단어를 〈보기〉에서 찾아 쓰시오. (필요하면 형태를 고치시오.)

〈보기〉   wander   medication   executive   ample   sensible

1. Without an _____ supply of oxygen, the bacteria cannot breed.
   충분한 산소 공급 없이는, 박테리아는 번식할 수 없다.

2. "Folk" understandings, such as Aristotle's explanation about moving objects, often sound _____ to many people, even though they are incorrect.
   움직이는 사물에 관한 아리스토텔레스의 설명과 같은 "일반 사람들의" 생각은 비록 옳지 않은 것이지만 종종 많은 사람들에게는 이치에 맞게 들린다. 2006 수능

3. You must inform people around you about it and what _____ to administer in case of an allergic reaction.
   당신은 당신 주위 사람들에게 그것에 대해 알려야만 하고, 알레르기 반응이 일어났을 때, 어떤 약을 투여해야 하는지 주변 사람들에게 일러주어야 한다 09 고3 학평

4. A newly retired _____ was bothered when no one called him anymore.
   막 은퇴한 임원은 더 이상 자신에게 아무도 전화하지 않는다는 사실에 괴로웠다. 14 고1 학평

5. While Joan was looking for a tablecloth, Kate was _____ around the room looking at the pictures on the walls.
   Joan이 식탁보를 찾고 있는 동안 Kate는 벽에 있는 사진들을 보면서 방 주변을 서성이고 있었다. 2011 수능

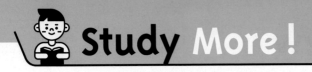

Study More!

01 'extro(a)–' : '바깥으로, ~외의, ~을 넘어선'의 뜻을 나타낸다.

- **extroverted** ⓐ 외향적인

  have an **extroverted** personality

  외향적인 성격을 지니다

- **extraterrestrial** ⓝ 외계인, 우주인 ⓐ 외계의

  the possibility of **extraterrestrial** life   외계 생명체의 가능성

  search for **extraterrestrial** existence   외계인의 존재에 대한 연구

02 혼동하기 쉬운 단어 additive/addictive

- **additive** ⓝ 첨가물, 첨가제

  buy **additive**-free chocolate bread   첨가물이 들어가지 않은 초콜릿 빵을 구입하다

  an artificial **additive**   인공 첨가물

- **addictive** ⓐ 중독적인

  Everybody knows that playing computer games is highly **addictive**.

  모든 이들이 컴퓨터 게임을 하는 것이 상당히 중독적이라는 걸 알고 있다.

Day **15**

Word **Preview**

🎧 음원 듣기

- ☐ limb
- ☐ bulge
- ☐ preferable
- ☐ productivity
- ☐ blueprint
- ☐ gain
- ☐ swift
- ☐ electoral
- ☐ stabilize
- ☐ temperament
- ☐ ambush
- ☐ wobble
- ☐ redundant
- ☐ decent

- ☐ idiom
- ☐ withhold
- ☐ kidnap
- ☐ mighty
- ☐ diarrhea
- ☐ recur
- ☐ insulation
- ☐ dart
- ☐ compact
- ☐ vast
- ☐ foremost
- ☐ tension
- ☐ punctual
- ☐ wage

- ☐ painkiller
- ☐ formidable
- ☐ retrospect
- ☐ proceed
- ☐ replenish
- ☐ supernatural
- ☐ chronic
- ☐ ferment
- ☐ repel
- ☐ dip
- ☐ thermometer
- ☐ predicament

Day 15

561 limb
[lim]

ⓝ 팔다리, 수족

예문 The American pika is a small hamster-like animal with short **limbs** and round ears.
American pika는 짧은 사지와 둥근 귀를 가진 햄스터처럼 생긴 작은 동물이다.
09 고3 학평

562 bulge
[bʌldʒ]

ⓝ 볼록함, 불룩한 것, 부풀어 오름   ⓥ 부풀어 오르다, ~으로 불룩하다

예문 In the weeks following the earthquake, steam began to pour out of the top of the volcano and a **bulge** started to expand on the mountain.
지진이 일어난 몇 주 후에, 화산 꼭대기에서 증기가 뿜어져 나오기 시작했고 부풀어 오른 증기가 산 위에서 확장되기 시작했다.

563 preferable
[préfərəbl]

ⓐ 선호되는, 더 나은

예문 Plenty of mildly good news is **preferable** to one single lump of great news.
수많은 약간 좋은 소식들이 한 뭉치의 훌륭한 소식보다 더 좋은 것이다.   12 고2 학평

pre(먼저, 전에)+fer(옮기다, 나르다)
+able(~할 수 있는)
➡ ~을 먼저 옮겨 둘 수 있는
➡ 선호하는

564 productivity
[pròudəktívəti]

ⓝ 생산성, 생산력, 다산(성)

예문 The loss of soil is decreasing the **productivity** of the land.
토양의 손실은 땅의 생산성을 저하 시킨다.   14 고3 평가원 변형

productive(생산하는)
+ity(명.접) ➡ 생산성

✚ productive ⓐ 생산적인

565 blueprint
[blú:prìnt]

ⓝ 청사진, 계획

예문 Our self-image is the **blueprint** which determines how we see the world.
우리의 자아상은 우리가 세상을 바라보는 방법을 결정하는 청사진이다.   1999 수능

566 gain
[gein]

ⓥ (경험이나 이익 등을) 얻다   ⓝ 이익 ; (부, 체중의) 증가

예문 Helicopters have **gained** popularity throughout the world in a surprisingly short amount of time.
헬리콥터는 놀라울 만큼 짧은 시간에 전 세계적으로 인기를 얻었다.
13 고3 평가원 변형

'얻다, 재산, 이점'의
중세 프랑스어
gain에서 유래

567 swift
[swift]

'빠르게 움직이는 것'의
고대 영어 swift에서 유래

ⓐ 신속한, 재빠른

예문 He made a **swift** decision to accept the invitation.
그는 초청을 받아들이는 빠른 결정을 내렸다.

---

568 electoral
[iléktərəl]

ⓐ 선거의, 유권자의

예문 Out of the political rallies and **electoral** parades that marked Jacksonian America, Whitman defined poetic fame in relation to the crowd.
Jackson 주의의 미국을 특징지었던 정치 집회와 선거 행진에서 Whitman은 군중과 관련하여 시적 명성을 정의했다. 2016 수능

+ **elective** ⓐ 선거에 의한, (강좌 등을) 선택할 수 있는

---

569 stabilize
[stéibəlàiz]

sta(서다)+ble(형.접)+ize(동.접)
➡ 움직이지 않고 서 있게 하다
➡ 안정시키다

ⓥ 안정시키다, 안정되다

예문 Interest rates and exchange rates now **stabilize** more rapidly than ever before.
현재 이자율과 환율은 그 어느 때보다 더 빠르게 안정화 되고 있다. 12 고3 학평 변형

---

570 temperament
[témpərəmənt]

temper(a)(섞다)+ment(명.접)
➡ 잘 섞여서 나타난 것 ➡ 성질

ⓝ 기질, 성미 ; 흥분하기 쉬운 기질

예문 People have been using birth order to account for personality factors such as passive **temperament**.
사람들은 수동적인 기질과 같은 성격 요소를 설명하기 위해 출생 순위를 사용해왔다. 2009 수능

---

571 ambush
[æmbuʃ]

'매복 자세로 눕다'의
고대 프랑스어
embuscher에서 유래

ⓝ 매복, 잠복 ⓥ 매복하다, 매복하여 습격하다

예문 Sun Pin's troops **ambushed** and destroyed Wei's army.
Sun Pin의 부대는 매복하여 습격하였고 Wei의 군대를 무너뜨렸다. 10 고3 학평 변형

---

572 wobble
[wábl]

ⓥ 흔들다, 비틀거리다

예문 It was suddenly harder to balance on the bike as the front wheel **wobbled** over stones.
앞바퀴가 돌 위에서 흔들릴 때, 갑자기 자전거 위에서 균형을 잡기가 더 힘들어졌다. 10 고2 학평

+ **wobbly** ⓐ 흔들리는, 기우뚱한

573 redundant
[ridʌ́ndənt]

'넘쳐 흐르다'의 라틴어
redundantem에서 유래

ⓐ 여분의, 불필요한, (일시) 해고되는

예문 Some people use, without noticing, **redundant** expressions such as 'actual facts'.
어떤 사람들은 '실제 사실'처럼 중복적인 표현을 인식하지 못한 채 사용한다.

➕ **superfluous** ⓐ 여분의, 남는, 과잉의

574 decent
[díːsənt]

ⓐ 제대로 된 ; 품위 있는, 예의 바른

예문 Now more and more elderly people find it difficult to lead a **decent** life due mainly to financial hardship.
현재 점점 더 많은 노인들이 주로 금전적인 어려움 때문에 적절한 수준의 삶을 사는데 어려움을 겪고 있다 11 고3 학평

575 idiom
[ídiəm]

idios(자기의)+**-ma**(명.접)

➡ 자기 스스로 만드는 것
➡ 어떤 표현이 문자적 정의에서 벗어나 '자기 스스로 독자적 의미'를 갖는 것

ⓝ 관용구, 숙어, (특정 지역, 시기의) 어법

예문 The 'elephant in the room' is an English **idiom** for an obvious truth that is being ignored.
'방 안의 코끼리'는 무시되거나 언급되지 않는 명백한 진실을 가리키는 영어 표현이다. 11 고2 학평 변형

➕ **idiomatic** ⓐ 관용적인

576 withhold
[wiðhóuld]

with(뒤에)+**hold**(갖고있다)

➡ 뒤에 갖고 있다 ➡ 주지 않다

ⓥ 보류하다, 억제하다

예문 Experts in education recommend that teachers **withhold** their personal opinions in classroom discussions.
교육 전문가들은 교사가 학급 토론에서 개인적인 의견을 억제할 것을 권한다.
11 고3 학평

577 kidnap
[kídnæp]

kid(아이)+**nap**(낚아채다)

➡ 아이를 낚아채다
➡ 유괴하다

ⓥ 납치하다, 유괴하다

예문 The Amber Alert system started in 1996 as a local effort in Texas to get the public involved when children were **kidnapped**.
황색경보 체제(어린이 경보시스템)는 Texas에서 아동이 유괴되었을 때 사람들이 참여하도록 하기 위한 지역적 노력으로서 1996년에 시작되었다. 06 고3 학평

578 mighty
[máiti]

might(힘)+**y**(형.접)

➡ 힘센, 강력한

ⓐ 강력한, 대단한

예문 The knight was an outstanding leader and a **mighty** warrior in the kingdom.
왕국에서 그 기사는 뛰어난 지도자이자 용맹한 전사였다.

➕ **might** ⓝ 힘, 권력

579 diarrhea
[dàiərí(:)ə]

'~을 통해 흐르는'의 그리스어
diarrhoea에서 유래

ⓝ 설사

예문 Thanks to the new drug, the rate of water borne diseases like **diarrhea** dropped greatly.
신약 덕분에, 설사와 같은 물에 의한 질병 발병률이 현저하게 떨어졌다.
12 고1 학평 변형

580 recur
[rikə́:r]

'돌아오다, 급히 돌아가다'의
라틴어 recurrere에서 유래

ⓥ 재발하다, 되풀이되다

예문 The same mistake **recurred** over and over again.
같은 실수가 계속해서 되풀이 되었다.

➕ **recurring** ⓐ 되풀이하여 발생하는

581 insulation
[ìnsjəléiʃən]

insulate(절연 처리를 하다)
+ation(명.접)
➡ 절연 처리

ⓝ 절연체, 절연처리 ; 격리, 고립

예문 Nylon is used in everything from parachutes and ropes to **insulation**.
나일론은 낙하산과 밧줄에서부터 절연체까지 모든 것에 사용된다.
07 고3 학평 변형

➕ **insulate** ⓥ 절연(단열, 방음) 처리를 하다

582 dart
[da:rt]

ⓝ 가늘고 짧은 화살 **ⓥ** 돌진하다

예문 Playing **darts** is the most popular activity among adolescents.
다트 던지기는 청소년들 사이에서 가장 인기있는 활동이다.

583 compact
[kəmpǽkt]

'집중된, 함께 매인'의 라틴어
compactus에서 유래

ⓐ 소형의 ; 조밀한, 촘촘한 **ⓝ** 휴대용 화장갑 ; 합의, 협정

예문 Yeah, I love the design particularly. It's really **compact**. And the battery lasts a long time, too.
네, 나는 특히 디자인이 좋아요. 아주 소형이네요. 그리고 배터리도 오래 지속되고요. 10 고3 학평

584 vast
[væst]

'엄청난, 큰'의 라틴어
vastus에서 유래

ⓐ 광대한, 방대한

예문 There are **vast** deserts in the Arab World, and in parts of those deserts nomads live.
아랍 세계에는 방대한 사막들이 있고 그 사막들 곳곳에서 유목민들이 살고 있다.
13 고3 학평 변형

585 **foremost**
[fɔ́ːrmòust]

fore(~전에)
+most(최상급)
➡ 가장 먼저의

ⓐ 가장 중요한, 선두의

예문 Years ago, when I was working with dogs in Europe, I witnessed an intelligence test given by some of the **foremost** trainers and behaviorists in the field.
수년 전에 유럽에서 개에 대해 연구하고 있었을 때에 나는 그 분야의 몇몇 일류 조련사와 행동주의 심리학자들에 의해 행해지는 지능 검사를 목격했다. 14 고3 학평

✚ **leading** ⓐ 이끄는, 선도하는

---

586 **tension**
[ténʃən]

tense(긴장한)
+ion(명.접)
➡ 긴장, 팽팽함

ⓝ 긴장(상태), 갈등, 팽창력

예문 If we observe nature closely, we will discover that there is constant **tension** between change and balance.
만약 우리가 자연을 가까이 관찰한다면, 우리는 변화와 균형 사이에 꾸준한 긴장이 있음을 발견할 수 있다. 2004 수능

---

587 **punctual**
[pʌ́ŋktʃuəl]

punct(점)+ual(형.접)
➡ 점 하나까지 딱 맞추는
➡ 시간을 엄수하는

ⓐ 시간을 잘 지키는, 엄수하는 ; 규칙적인

예문 One of the reasons for the popularity of the subway is that it is **punctual**.
지하철의 인기 요인 중 하나는 시간을 잘 지킨다는 점이다. 2004 수능

---

588 **wage**
[weidʒ]

ⓝ 임금, 급료 ⓥ (전쟁, 전투 등을) 벌이다 ; 계속하다

예문 It is important that workers be treated well and paid proper **wages**.
노동자들이 대우를 잘 받고 적절한 임금을 받는 것은 중요하다.

---

589 **painkiller**
[péinkìlər]

pain(고통)+kill(죽이다)+er(명.접)
➡ 고통을 죽이는 것 ➡ 진통제

ⓝ 진통제

예문 Some don't believe in acupuncture's effect as a **painkiller**.
몇몇 사람들은 진통제로서 침술의 효과를 믿지 않는다. 10 고2 학평 변형

---

590 **formidable**
[fɔ́ːrmidəbl]

'공포를 일으키는, 심각한'의 라틴어 formidabilis에서 유래

ⓐ 만만치 않은, 어마어마한

예문 Although her opponent was **formidable**, Ann finally won the game.
그녀의 상대가 만만치 않음에도 불구하고, Ann은 마침내 경기에서 이겼다.

✚ **intimidating** ⓐ 위협적인, 겁을 주는

591 retrospect
[rétrəspèkt]

retro(뒤로) + spect(보다)

➡ 뒤돌아 보다

ⓝ 회고, 추억 ⓥ 회고하다, 회상에 잠기다

[예문] In **retrospect**, last summer vacation was really perfect.
회상하자면, 지난 여름 방학은 정말 완벽했다.

Tip! 〈주요 용례〉
- **in retrospect** 돌이켜 생각해 보면
- **retrospect and prospect** 회고와 전망

592 proceed
[prəsí:d]

pro(앞으로) + ceed(가다)

➡ 앞으로 가다
➡ 진행하다

ⓥ 진행하다, 나아가다, ~을 이어서 계속하다

[예문] The guide dogs cannot distinguish the color of traffic lights, so the handler must decide when to **proceed** across the road.
안내견이 교통 신호의 색을 구별할 수 없기 때문에 시각 장애인은 언제 길을 건너야 할지를 결정해야 한다. 07 고3 학평

➕ continue ⓥ 계속하다

Tip! 〈형태가 유사한 단어〉
- **proceed** ⓥ 진행하다, 나아가다, ~을 이어서 계속하다
- **precede** ⓥ ~에 앞서다, 선행하다

593 replenish
[ripléniʃ]

re(다시) + ple(채우다)
+ ish(동.접)

➡ 다시 채우다

ⓥ 다시 채우다, 보충하다

[예문] Because your body does not produce calcium, you must continually **replenish** the supply.
당신의 몸이 칼슘을 생산하지 못하기 때문에, 당신은 꾸준히 (칼슘) 공급을 보충해야 한다. 05 고3 학평

➕ refill ⓥ 다시 채우다, 보충하다

594 supernatural
[sjù:pərnǽtʃərəl]

super(위, 초월)
+ natural(자연적인)

➡ 초자연적인

ⓐ 초자연적인

[예문] Rowling's books do contain **supernatural** creatures.
Rowling의 책은 초자연적인 존재를 포함한다. 05 고3 학평 변형

595 chronic
[kránik]

chron(오랜시간) + ic(형.접)

➡ 오랜 시간의
➡ 만성의

ⓐ (병, 질환 등이) 만성의, 만성적인

[예문] Stomachaches, indigestion, and all sorts of trouble with digestive organs can arise from **chronic** anger.
복통, 소화 불량 그리고 모든 종류의 소화 기관 관련 문제는 만성적인 분노로 인해 생길 수 있다. 10 고1 학평

596 ferment
[fə́:rment]

'발효시키다, 발효되게 하다'의
라틴어 fermentare에서 유래

Ⓥ 발효시키다, 발효되다

예문 When sugar is **fermented**, it produces alcohol.
설탕이 발효 될 때, 이는 알코올을 만들어 낸다. 07 고3 평가원

✚ **fermentation** ⓝ 발효 작용

> Tip! 〈형태가 유사한 단어〉
> · ferment ⓥ 발효시키다, 발효되다
> · torment ⓥ 고통을 주다 ⓝ 고통
> · garment ⓝ 의복, 옷

597 repel
[ripél]

re(뒤로)+pel(몰다)
➡ 뒤로 몰다

Ⓥ 격퇴하다, 물리치다 ; (자석 따위가) 반발하다

예문 The best protection against insect bites is to apply insect **repellent** to a child's skin and clothing.
곤충에 물리지 않도록 보호하는 최선의 방법은 해충 퇴치제를 아이의 피부와 옷에 바르는 것이다. 10 고1 학평

✚ **repellent** ⓝ 방충제

598 dip
[dip]

'(액체 속의) 담그다'의 고대 영어
dyppan에서 유래

Ⓥ 살짝 담그다, 적시다 ⓝ 살짝 담금, 움푹한 곳

예문 The hawk started to **dip** its wing into the lake.
매는 그의 날개를 호수에 살짝 담그기 시작했다. 10 고1 학평

599 thermometer
[θərmámitər]

thermo(열)+meter(측정하다)
➡ 열을 측정하다 ➡ 온도계

ⓝ 온도계

예문 HP had a breakthrough with a super-accurate **thermometer** that was created in th HP Labs.
HP는 HP 실험실에서 만들어진 초정밀 온도계로 획기적 발전을 이룩했다.
15 고3 평가원

600 predicament
[pridíkəmənt]

ⓝ 곤경, 궁지

예문 Dad's words helped him to get out of his **predicament**.
아버지의 말씀은 그가 곤경에서 빠져나오는 데 도움을 주었다.

Review Test!

A 우리말에 맞게 빈 칸에 알맞은 단어를 쓰시오.

1 _____ 볼록함, 불룩한 것, 부풀어 오름
2 _____ 이익 ; (부, 체중의) 증가 ; 얻다
3 _____ 안정시키다, 안정되다
4 _____ 보류하다, 억제하다
5 _____ 절연체, 절연처리 ; 격리, 고립
6 _____ 가장 중요한, 선두의
7 _____ 시간을 잘 지키는, 엄수하는
8 _____ 회고, 추억 ; 회고하다, 회상에 잠기다
9 _____ (병, 질환 등이) 만성의, 만성적인
10 _____ 발효시키다, 발효되다

11 _____ productivity
12 _____ ambush
13 _____ redundant
14 _____ mighty
15 _____ compact
16 _____ painkiller
17 _____ replenish
18 _____ dip
19 _____ thermometer
20 _____ predicament

B 문장의 빈칸에 알맞은 단어를 〈보기〉에서 찾아 쓰시오. (필요하면 형태를 고치시오.)

보기   tension   decent   preferable   proceed   supernatural

1 A violin creates _____ in its strings and gives each of them an equilibrium shape: a straight line.
바이올린은 그것의 줄들에 팽창력을 만들어내고 그 각각의 줄에 평형 형태, 즉 직선을 제공한다. 2009 수능

2 Today's camera-carrying tourists generally think, "Ooh, that's pretty," and _____ to snap a quick digital photo.
오늘날 카메라를 가지고 다니는 관광객은 보통 "오, 예쁜데"라고 생각하고, 이어서 빠르게 디지털 사진을 찍기 시작한다. 12 고3학평

3 Usually, religious myths feature tales of _____ beings that in various ways illustrate the society's ethical code in action.
보통 종교적 신화는 그 사회의 윤리적 행동 규정을 다양한 방식으로 보여주는 초지연적 존재에 관한 이야기들을 특징으로 한다. 11 고3학평

4 In addition to _____ geography, a second factor that helped Europe and Asia was the direction of their continent's axis.
더 나은 지형 외에도, 유럽과 아시아를 돕는 두번째 요인은 그들의 대륙들의 축의 방향이었다.

5 Homeless shelters are always in need of _____ clothing.
노숙자 쉼터는 항상 쓸 만한 의류가 부족합니다. 11 고1학평

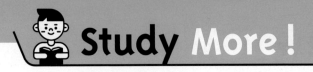
Study More !

01 어휘 : 선거(election)에 관련된 어휘들

선거(election)는 유권자(voter)들이 자신이 지지하는 후보(candidate)를 선거에서 투표를 해서 (vote in an election) 선출(elect)하는 민주적인(democratic) 과정이라 할 수 있어요.

선거일(election day)전까지 선거운동(election campaign)을 벌이기도 하는데요. 국회의원 (Member of the National Assembly)는 보통 총선거(general election)를 통해 선거구 (electoral district 혹은 constituency) 단위로 선출하지요. 후보자가 선거에 출마(run for election)하면 보통 선거 공약(election promise)를 제시합니다. 유권자들은 투표소(polling station)에서 투표용지(ballot paper)로 투표를 합니다. 투표 결과(election results)에 따라 선거에서 이기고(win an election) 지는(lose an election)쪽이 나오게 되고요. 선거는 뽑는 대상에 따라 대통령을 뽑는 선거(presidential election), 시장을 뽑는 선거(mayoral election) 등으로 나뉩니다.

02 어원 : 청사진(blueprint)의 기원

원래 청사진(blueprint)은 건축이나 공학에서 설계 도면을 푸른 색으로 화학 처리된 종위 위에 한 것에서 비롯되었어요. 푸른 종이 위에 연필로 그린 부분은 하얗게 남아 있게 되는데 이 방식은 동일한 도면을 만들어 내는 데 편리했지요. 이렇게 작성된 청색도면은 건축이나 기계를 만드는 계획이나 설계도 역할을 했고 원래의 문자적인 의미에 더해 어떤 일을 하기 위한 (자세한) 계획을 의미하게 되었어요. 현재는 CAD 등 컴퓨터로 작업을 하기 때문에 실제 blueprint는 거의 사용되지 않고 있지만 그 의미는 그대로 남아있어요.

ex.) a blueprint for welfare reform 복지 제도 개혁에 대한 청사진

영어에서는 명사 plan 역시 '계획'이라는 의미와 더불어 'floor paln(평면도)'에서처럼 plan이 '도면'을 뜻하기도 합니다.

Day 16

Word **Preview**

🎧 음원 듣기

- ☐ shed
- ☐ tangible
- ☐ clarify
- ☐ circular
- ☐ unpredictable
- ☐ besiege
- ☐ reference
- ☐ firsthand
- ☐ marvel
- ☐ rhetorical
- ☐ pirate
- ☐ outdated
- ☐ provision
- ☐ cripple

- ☐ desperation
- ☐ downfall
- ☐ orchard
- ☐ rinse
- ☐ recession
- ☐ criminal
- ☐ commission
- ☐ inertia
- ☐ inappropriate
- ☐ glance
- ☐ violate
- ☐ dimension
- ☐ load
- ☐ division

- ☐ surrounding
- ☐ centralize
- ☐ female
- ☐ snatch
- ☐ keen
- ☐ customization
- ☐ abuse
- ☐ incompatible
- ☐ summon
- ☐ obligation
- ☐ portfolio
- ☐ sprout

Day 16

---

601 shed
[ʃed]

'나누다, 분리하다'의 고대 영어
sceadan에서 유래

ⓥ 없애다, 떨구다 ; 비추다

예문 The smoke seemed to cover the sky and made me **shed** tears.
연기가 하늘을 덮었고 눈물이 나게 했다. 07 고1 학평

---

602 tangible
[tǽndʒəbl]

'만져질 수 있는'의 중세 프랑스어
tangible에서 유래

ⓐ 유형의 ; 만져서 알 수 있는

예문 Achievement is something **tangible**, clearly defined and measurable.
성취는 실체가 있고 명확하게 정의되며 측정할 수 있는 유형의 것이다. 16 고2 학평

↔ intangible ⓐ 무형의, 만져서 알기 힘든

---

603 clarify
[klǽrəfài]

'무언가를 명확하게 하다'의
라틴어 **clarificare**에서 유래

ⓥ 명백히 하다, 분명히 하다

예문 Students frequently **clarify** and interpret their teacher's instructions.
학생들은 자주 그들 선생님의 지시를 분명히 하고 해석한다. 15 고3 학평 변형

✚ clarification ⓝ 맑게 함, 설명, 해명

---

604 circular
[sə́ːrkjələr]

circul(원)+ar(형.접)
➡ 원의

ⓐ 원형의, 순환적인 ; 에둘러 말하는

예문 When a certain word which is to be defined crops up in its own definition, we call it a **circular** definition.
정의될 특정한 단어가 그 정의 안에서 나올 때, 우리는 그것을 순환적 정의라고 한다.
13 고3 학평 변형

---

605 unpredictable
[ʌ̀npridíktəbl]

un(반대의)+predict(예측하다)
+able(~할 수 있는)
➡ 예측할 수 없는

ⓐ 예측 할 수 없는, 예상하기 힘든

예문 The fact is that life is **unpredictable**.
사실은 인생이 예측 불가능이라는 것이다. 10 고3 평가원 변형

---

606 besiege
[bisíːdʒ]

be+seige(앉다)
➡ (적의 요새 앞에) 앉다
➡ 포위하다

ⓥ 포위하다, 에워싸다, 엄습하다

예문 When you walk into a store, you are **besieged** by information.
여러분이 상점에 들어가면, 여러분은 정보에 둘러쌓인다. 2013 수능

✚ surround ⓥ 둘러싸다, 에워싸다

---

607 reference
[réfərəns]

refer(언급하다, 지칭하다)
+ence(명.접) ➡ 언급, 지칭

ⓝ 참조, 언급, 추천서

[예문] I was pleased to receive your email requesting a letter of **reference** for a scholarship.
나는 당신의 장학금을 요청하는 이메일을 받아서 매우 기뻤습니다.
11 고3 평가원 변형

608 firsthand
[fə́ːrsthǽnd]

ⓐⓓ 직접(으로) ⓐ 직접의, 직접 얻은

[예문] When we narrate our **firsthand** experiences, we tend to modify what happened in order to make our story enjoyable for the listeners.
직접 경험한 것을 말할 때 우리는 이야기를 듣는 사람들이 즐겁도록 하기 위해 일어난 일을 수정하는 경향이 있다. 16 고3 학평

609 marvel
[máːrvəl]

ⓥ 놀라다, 경이로워하다, 경탄하다 (~at) ⓝ 경이로움, 놀라운 일

[예문] I remembered seeing a pocket compass when I was seven years old and **marveling** that the needle always pointed north.
나는 7살 때 주머니용 나침반을 보고 바늘이 항상 북쪽을 가리키는 것에 감탄했던 것을 기억했다. 12 고3 학평 변형

✚ marvelous ⓐ 놀라운, 훌륭한

610 rhetorical
[ritɔ́(ː)rikəl]

ⓐ 수사적인, 미사여구의

[예문] The scientist reverses his drive toward mathematical exactness in favor of **rhetorical** vagueness and metaphor.
과학자는 모호함과 비유에 우호적이 되어 수학적 엄밀성에 대한 자신의 욕구를 뒤집는다. 2014 수능

✚ rhetoric ⓝ 수사법, 미사여구

611 pirate
[páiərət]

'항해사, 해적'의 라틴어
pirata에서 유래

ⓝ 해적 ⓥ 해적 행위를 하다, 약탈하다

[예문] Sue was captivated by Peter's story about **pirates**, treasure and the sea.
Sue는 해적, 보물, 그리고 바다에 대한 Peter의 이야기에 사로잡혔다.
09 고3 학평 변형

612 outdated
[aʊtdeitid]

out(밖의)+date(d)(시기, 때)
➡ 시기를 벗어난
➡ 한물간, 구식의

ⓐ 구식의, 진부한

[예문] Today we are so interdependent that the concept of war has become **outdated**.
오늘날에는 우리는 서로 너무도 많이 의존하고 있어서 전쟁의 개념이 시대에 뒤떨어진 것이 되었다. 2010 수능

✚ old-fashioned ⓐ 구식의, 보수적인

613 provision
[prəvíʒən]

provide(공급하다)
+sion(명.접)
➡ 공급

ⓝ (법률 등의) 조항, 규정, 단서, 공급, 제공

예문 For example, voluntary labor, such as helping mom clean the house, constitutes an unpaid service **provision**.
예를 들어, 집 청소를 하는 엄마를 돕는 것과 같은 자발적인 노동은 돈을 받지 않는 서비스에 해당된다. 15 고1 학평 변형

614 cripple
[krípl]

'굽은 것, 굽다'의 고대 영어
crypel에서 유래

ⓥ 불구로 만들다, 무력하게 만들다

예문 If God allowed us to go through our lives without any obstacles, it would **cripple** us.
신이 우리에게 어떤 장애물도 없는 삶을 겪게 허락한다면, 그것은 우리를 무력하게 만들 것이다. 10 고3 학평 변형

615 desperation
[dèspəréiʃən]

desperate(자포자기한)
+tion(명.접)
➡ 자포자기

ⓝ 자포자기, 필사적임

예문 In **desperation**, many Irish farmers resorted to cultivating wetlands or rocky hillsides.
필사적으로 많은 아일랜드 농부들은 습지나 바위투성이 언덕의 중턱을 경작하는 것에 의존하게 되었다. 15 고2 학평

➕ despair ⓝ 절망, 자포자기

616 downfall
[dáunfɔ̀:l]

down(아래로)+fall(떨어지다)
➡ 아래로 떨어지다
➡ 몰락하다

ⓝ 몰락, 낙하, 강우, 강설

예문 The scientist explained that the American pika's thick fur can be its **downfall**.
과학자는 미국 새양토끼의 두꺼운 털이 그것의 몰락 원인이었을 거라고 설명했다.
09 고3 학평 변형

617 orchard
[ɔ́:rtʃərd]

'과일 정원'의 고대 영어
orceard에서 유래

ⓝ 과수원

예문 Arabs have a saying which reflects respect for the elderly: A house without an elderly person is like an **orchard** without a well.
아랍인들은 연장자들에 대한 존경심을 나타내는 속담을 가지고 있다. 연장자가 없는 집은 우물이 없는 과수원과 같다. 10 고2 학평

618 rinse
[rins]

'(그릇 따위를 물로) 씻다'의
고대 프랑스어 rincer에서 유래

ⓥ 헹구다, 씻어내다 ⓝ 물에 씻기, 헹구기, 린스제

예문 Your food may taste soapy if you don't **rinse** the dishes well enough after you wash them.
만약 당신이 접시를 씻은 후에 잘 헹구지 않는다면 당신의 음식에서는 비누 맛이 날지도 모른다.

619 recession
□□
[riséʃən]

recess(물러나다, 멀어지다)
+sion(명.접)
➡ 후퇴

ⓝ 불경기, 불황

예문 These days, lots of young people are worried about their future because of the economic **recession**.
요즘 많은 젊은이들이 경기 침체로 인해 그들의 미래를 걱정하고 있다.
09 고3 학평

620 criminal
□□
[krímənəl]

crime(범죄)+al(형.접)
➡ 범죄의

ⓐ 범죄의 ⓝ 범인

예문 In the next decade, tens of thousands of **criminals** who were locked up as a result of tough anti-crime policies will be released from prisons.
강력한 반(反) 범죄 정책의 결과로 수감되었던 수 만 명의 범죄자들이 10년 후에 감옥에서 석방될 것이다. 08 고2 학평

➕ crime ⓝ 범죄

621 commission
□□
[kəmíʃən]

commit(위원회에 위탁하다)
+sion(명.접) ➡ 위원회

ⓝ 위원회, 위임, 수수료 ⓥ 위임하다, (작업, 제품 등을) 주문(의뢰)하다

예문 An international **commission** banned the fishing of some sharks.
국제 위원회는 일부 상어들의 포획을 금지했다. 11 고2 학평

622 inertia
□□
[inə́:rʃə]

inert(기력이 없는)+ia(명.접)
➡ 무력, 타성

ⓝ 관성, 타성

예문 **Inertia** is the tendency of an object to remain still unless a force is applied to it.
관성이란 물체에 어떤 힘이 가해지지 않는다면 계속 멈춰있고자 하는 성질이다.
08 고1 학평

623 inappropriate
□□
[ìnəpróupriit]

in(반대)
+appropriate(적절한)
➡ 부적절한

ⓐ 부적절한

예문 There are all kinds of reasons that people fail themselves and their children when trying to correct **inappropriate** behavior.
자녀들의 부적절한 행동을 교정하고자 할 때 자신과 자녀에게 모두 실망을 주는 데는 여러 가지 이유가 있다. 12 고3 학평

624 glance
□□
[glæns]

'빠르게 움직이다, 빛나다'의
glent에서 유래

ⓥ 힐끗 보다 ⓝ 흘끗 봄, 번득임

예문 It is proven that when a speaker **glances** at his watch, many in the audience do the same thing.
연설자가 시계를 힐끗 쳐다보면 청중의 대다수도 같은 행동을 한다는 것이 밝혀졌다. 2003 수능

625 violate
[váiəlèit]

'위반하다'의 라틴어
violare에서 유래

ⓥ 위반하다, 침해하다

예문 CCTV can **violate** people's privacy.
CCTV는 사람들의 사생활을 침해할 수 있다. 15 고1 학평 변형

✚ **violation** ⓝ 위반, 침해

---

626 dimension
[diménʃən]

di/dis(밖으로)+mens/met
(측정하다)+ion(명.접)
➡ ~의 겉을 잰 것 ➡ 치수, 크기

ⓝ 치수, 차원

예문 The advantages of reading can be discussed in personal and in social **dimensions**.
독서의 이점은 개인적인 차원과 사회적인 차원에서 논의될 수 있다. 15 고3 학평 변형

---

627 load
[loud]

'옮기다'의 고대 영어
lad에서 유래

ⓝ 짐, 화물 ⓥ 짐을 싣다

예문 A farmer passed by him with a cart heavily **loaded** with corn.
한 농부가 옥수수가 가득 실린 손수레를 끌고 그의 옆을 지나갔다. 14 고3 학평

---

628 division
[divíʒən]

divide(분리하다, 나누다)
+sion(명.접)
➡ 분할, 구분

ⓝ 분할, 분배

예문 A century earlier, Thomas Jefferson had vigorously promoted an orderly **division** of the American land, beginning with the Northwest Territory.
한 세기 전에, Thomas Jefferson은 Northwest Territory에서 시작하여 미국 땅을 질서 정연하게 나누는 것을 활발히 추진했었다. 16 고3 학평

---

629 surrounding
[səráundiŋ]

ⓐ 인근의, 주변의

예문 A plateau has steep sides that rise above the **surrounding** land.
고원은 주변의 땅 위로 솟아오른 경사면을 가지고 있다. 09 고1 평가원

---

630 centralize
[séntrəlàiz]

central(중심되는, 가장 중요한)
+ize(동.접)
➡ 중앙화하다 ➡ 중앙 집권화하다

ⓥ 중앙 집권화하다, 중심에 모으다

예문 Some people think that power should be localized, not **centralized**.
일부 사람들은 권력이 중앙에 집중되는 것이 아니라 지방으로 분권화가 되어야한다고 생각한다.

631 female
[fíːmèil]

'소녀'의 라틴어
femella에서 유래

ⓐ 여성의 ⓝ 여성

예문 The vast majority of advertising uses **female** models whose key features such as thinness and pure skin do not correspond to many women's bodies.
많은 광고는 대다수 여성들의 신체와는 일치하지 않는 날씬함과 깨끗한 피부 같은 주요 특징들을 가진 여성 모델을 이용한다. 10 고3 학평

632 snatch
[snætʃ]

'갑자기 탁 부러지거나 물다'의
고대 영어 snatch에서 유래

ⓥ 낚아채다, 빼앗다

예문 The strong wind **snatched** Lily's hat.
강한 바람이 Lily의 모자를 낚아챘다

633 keen
[kiːn]

'용감한, 대담한'의 고대 영어
cene에서 유래

ⓐ 간절히 하고 싶어하는, ~을 좋아하는 (~ on), 예민한

예문 I was always **keen** on taking photographs.
나는 항상 사진 찍기를 좋아했다. 06 고2 평가원

634 customization
[kʌstəməzéiʃən]

customize(주인이 원하는대로
만들다)+ation(명.접)
➡ 주문제작

ⓝ 주문제작

예문 Mass **customization** is a strategy to provide individualized products to consumers.
대량 주문 제작은 개개인의 요구에 맞추어 만든 제품을 소비자들에게 제공할 수 있게 하는 전략이다. 15 고3 학평

➕ customize ⓥ (주문에 따라) 만들다, 주문제작하다

635 abuse
[əbjúːs]

ab(떠나서)+us(e)(사용하다)
➡ 올바른 사용에서 멀어지다
➡ 오용하다

ⓥ 남용하다 ⓝ 남용

예문 Some people **abuse** public library Internet access, for example, to send spam emails.
어떤 사람들은 공공 도서관의 인터넷 접속을 스팸 메일을 보내는 것등으로 남용한다. 09 고3 평가원 변형

636 incompatible
[ìnkəmpǽtəbl]

in(부정)+compatible
(호환할 수 있는)

➡ 호환할 수 없는

ⓐ 화합이 안 되는, 상반되는 (~ with)

예문 Zoo life is completely **incompatible** with an animal's deeply-rooted survival instincts.
동물원에서의 삶은 동물에게 깊숙이 뿌리 박힌 생존 본능과는 전적으로 양립불가하다. 12 고3 평가원 변형

637 summon
[sʌ́mən]

sum(남몰래)+mon(경고하다)

➡ 남몰래 경고하다

ⓥ 소환하다, 호출하다, (회의를) 소집하다, (용기나 자신감을) 불러 일으키다

예문 The boy **summoned** the courage to ask what was really on his mind.
그 소년은 그의 마음 속에 무엇이 있었는지 묻기 위해 용기를 냈다. 05 고3 학평

638 obligation
[àbləɡéiʃən]

obligate(의무를 지우다,
강요하다)+ation(명.접)

➡ 의무

ⓝ (법적, 도의적) 의무

예문 Humans have the moral **obligation** to protect all other forms of life.
인간은 다른 모든 생명체를 보호 할 도덕적 의무가 있다. 12 고3 평가원 변형

✚ duty ⓝ 의무, 본분 **oblige** ⓥ 의무적으로 ~하게 하다, 강요하다

639 portfolio
[pɔːrtfóuliòu]

'잃어버린 종이를 옮기는 케이스'의
이탈리아어 **portafoglio**에서 유래

ⓝ 작품집, 포트폴리오, 서비스 목록

예문 To apply for university, Sarah made a **portfolio** and wrote an essay introducing herself.
대학 입학을 위해서 Sarah는 포트폴리오를 만들었고 그녀 자신을 소개하는 에세이를 썼다. 10 고3 학평

640 sprout
[spraut]

'싹이 나다'의 고대 영어
sprutan에서 유래

ⓝ 싹 ⓥ 싹이 나기 시작하다

예문 In May, clusters of red roses **sprout** from the stem tips, attracting hummingbirds.
5월이 되자 붉은 장미 송이들이 가지 끝에서 벌새를 끌어들이면서 싹을 틔웠다.
14 고3 학평 변형

Review Test !

A 우리말에 맞게 빈 칸에 알맞은 단어를 쓰시오.

1	_____	없애다, 떨구다 ; 비추다	11	_____	clarify
2	_____	참조, 언급, 추천서	12	_____	unpredictable
3	_____	구식의, 진부한	13	_____	rhetorical
4	_____	과수원	14	_____	cripple
5	_____	범죄의 ; 범인	15	_____	inertia
6	_____	위반하다, 침해하다	16	_____	division
7	_____	치수, 차원	17	_____	snatch
8	_____	중앙 집권화하다, 중심에 모으다	18	_____	abuse
9	_____	주문제작	19	_____	portfolio
10	_____	화합이 안 되는, 상반되는	20	_____	sprout

B 문장의 빈칸에 알맞은 단어를 〈보기〉에서 찾아 쓰시오. (필요하면 형태를 고치시오.)

보기   female   circular   surrounding   firsthand   glance

1 To define "philosophy" as "the activity carried out by philosophers" would be the example of a _____ definition.
"철학"을 "철학자에 의해 행해지는 활동"이라고 정의하는 것은 순환적 정의의 또 다른 예가 될 것이다. 13 고3 학평

2 A fine line exists between invented stories and the relation of _____ experiences.
따라서 지어낸 이야기와 직접 한 경험을 말하는 것은 종이 한 장 차이이다(차이가 거의 없다). 16 고3 학평

3 There is now considerable controversy _____ the notion of general intelligence.
이제는 일반 지능의 개념을 둘러싼 상당한 논쟁이 있다. 15 고2 학평

4 At first _____, he looked like a bum.
언뜻 보기에 그는 게으름뱅이처럼 보였다.

5 The _____ wearing the white dress is about to be married and change her status and role in society.
흰색 드레스를 입은 여성은 곧 결혼할 것이고 사회에서 그녀의 지위와 역할을 변화시킬 것이다. 15 고3 평가원

Day 16 167

| 01 | 용법 : 자주 같이 쓰이는 전치사들의 용법 |

영어에서 특정 어휘는 특정 전치사와 사용되는 경향이 있는데요. 그래서 이러한
전치사에 대한 숙지가 매우 중요해요. 다같이 알아볼까요?

- **keen on/to** : ~을 아주 좋아하는, ~에 관심이 많은

  keen은 '간절히 ~하고 싶어하는, 아주 좋아하는(eager, enthusiastic)'이라는
  의미를 가지고 있으며 keen on doing something / keen to do something 형태로
  자주 사용됩니다.

  ex.) keen on taking photographs
  사진 찍기를 아주 좋아하는 [06 고2 평가원]

  ex.) keen to take his dad's advice.
  아버지의 충고를 잘 받아들이는 [03 고3 학평]

  keen은 명사와 결합해서 '예민한, 예리한'의 뜻도 갖습니다.

  ex.) a keen sense of smell
  예민한 후각

  ex.) a keen sensitivity to his plight
  자신의 역경에 대한 예리한 감성 [11 고3 학평]

- **marvel at/over** : ~에 놀라다

  ex.) marvel at the wonders of nature
  자연의 기적에 놀라다 [07 고3 평가원]

- **glance at/over** : ~을 힐끗 보다; ~을 힐끗 봄

  ex.) a glance at the shelves
  선반을 힐끗 보기 [2013 수능]

Day 17

Word Preview

음원 듣기

- strive
- dazzling
- velocity
- domain
- disapprove
- standpoint
- brutal
- upcoming
- ridiculous
- incorporate
- adhesive
- lease
- stink
- halt

- dim
- paw
- previous
- astronomy
- shield
- distort
- notorious
- rebel
- conquest
- shriek
- stationary
- moan
- rationale
- strand

- creek
- swarm
- blush
- extrinsic
- earning
- relation
- astonish
- density
- estimate
- regulation
- brink
- port

Day 17

641 strive
[straiv]

'~와 싸우다, 전쟁을 하다'의
고대 프랑스어 estriver에서 유래

ⓥ 분투하다, 애쓰다

예문 Ashley and her team **strived** to conserve the wild plants growing in Korea.
Ashley와 그녀의 팀은 한국에서 자라는 야생 식물을 보존하기 위해 고군분투 하였다.
2004 수능 변형

---

642 dazzling
[dǽzliŋ]

ⓐ 눈부신, 휘황찬란한

예문 Susan says that the ring is **dazzling** and she can't wait to wear it.
Susan은 그 반지가 너무 눈이 부셔 그것을 끼고 싶어 견딜 수 없다고 말한다.
09 고3 학평 변형

➕ dazzle ⓥ 눈이 부시게 하다, 현혹 시키다

---

643 velocity
[vəlάsəti]

'신속, 빠름'의 라틴어
velocitatem에서 유래

ⓝ (빠른) 속도

예문 The **velocity** of a river is reduced when it enters a large body of water such as a lake.
강의 속도는 그것이 호수와 같은 커다란 수역에 들어갈 때 줄어든다.
06 고3 평가원 변형

➕ speed ⓝ 속력, 속도

---

644 domain
[douméin]

'영역, 주'의 중세 프랑스어
domaine에서 유래

ⓝ 영역, 범위

예문 In many countries, soccer is a predominantly male **domain**.
많은 나라에서, 축구는 대개 남자의 영역이다.

---

645 disapprove
[dìsəprúːv]

dis(반대)+approve(승인하다)
➡ 승인하지 않다

ⓥ 탐탁찮아하다, 못 마땅해 하다, 승인하지 않다

예문 Why do they **disapprove** of the new traffic policy?
왜 그들은 새로운 교통 정책을 반대하는 걸까요?

---

646 standpoint
[stǽndpɔ̀int]

ⓝ 관점, 입장

예문 From the **standpoint** of health, eating late at night is a bad practice.
건강의 관점에서 밤 늦게 먹는 것은 안 좋은 습관이다. 10 고3 평가원 변형

➕ stance ⓝ 입장, 태도, 자세

647 brutal
[brúːtəl]

'잔혹한'의 라틴어
brutus에서 유래

ⓐ 잔인한, 난폭한, 악랄한

예문 Dog fights are **brutal** and bloody affairs impossible to break up without risking serious injury.
개들 간의 싸움은 심각한 부상의 위험을 무릅쓰지 않고서는 말릴 수 없는 잔인하고도 살벌한 사건이다. 05 고3 학평 변형

✚ cruel ⓐ 잔혹한, 잔인한, 무자비한

648 upcoming
[ʌ́pkʌ̀miŋ]

ⓐ 다가오는, 곧 있을

예문 We have an important announcement regarding an **upcoming** special event.
다가오는 특별 행사에 대해 중대한 발표가 있습니다. 16 고3 평가원

✚ forthcoming ⓐ 다가오는, 곧 있을

649 ridiculous
[ridíkjələs]

ridicule(조롱, 조소)
+ous(형.접)
➡ 조롱하는
➡ 웃기는, 터무니없는

ⓐ 말도 안 되는, 웃기는

예문 I will say that banning the junk food and vending machines in schools is **ridiculous**.
학교에서 정크 푸드와 자판기를 금지하는 것은 터무니없다고 생각한다. 05 고3 학평

✚ silly ⓐ 어리석은, 지각없는

650 incorporate
[inkɔ́ːrpərit]

in(안으로)+corp(육체)
+ate(동.접)
➡ 안으로 육체를 넣다
➡ 여럿이 모여 조직을 만들다

ⓥ (일부로) 포함하다, 합병하다, 섞다

예문 There is strong research evidence that children perform better in mathematics if music is **incorporated** in it.
음악이 수학에 통합되면 어린이들이 수학을 더 잘한다는 강력한 연구 증거가 있다. 16 고3 평가원 변형

✚ incorporation ⓝ 법인, 결합, 합병

651 adhesive
[ædhíːsiv]

adhere(들러붙다)+ive(명.접)
➡ 들러붙는 것 ➡ 접착제

ⓝ 접착제 ⓐ 점착성의, 끈끈한, 잘 들러붙는

예문 The central compound of Silver's **adhesive** was an acrylate.
Silver 접착제의 중심 혼합물은 아크릴레이트이었다.

✚ sticky ⓐ 끈적거리는, 달라붙는

652 lease
[liːs]

'놓아주다, 보내주다'의
고대 프랑스어 laissier에서 유래

ⓝ 임대차 계약 ⓥ 임대하다

예문 I have lived in this apartment for the last ten years and the **lease** has been renewed three times.
나는 이 아파트에서 지난 10년 동안 살았고 임대차 계약은 세 번 갱신되었다. 1998 수능

✚ let ⓥ 세를 주다

653 **stink**
[stiŋk]

'어떤 종류의 냄새를 내뿜다'의
고대 영어 **stincan**에서 유래

Ⓥ 악취가 풍기다 Ⓝ 악취

예문 Being happy means that you realize that there are
times that you will be unhappy and recognize that life
sometimes **stinks**.
행복해진다는 것은 당신이 불행해질 때도 있다는 것을 깨닫는 것, 그리고 가끔은
인생이 괴로울 수도 있다는 것을 인식한다는 것을 의미한다. 12 고3 평가원

654 **halt**
[hɔːlt]

'잡다. 멈추다'의 프랑스어
halte에서 유래

Ⓥ 멈추다 Ⓝ 중단

예문 The mill wheels moved more slowly, some finally ground
to a **halt**.
물레방아는 더 천천히 움직였고, 그 중 몇 개는 서서히 가다가 마침내 멈추었다.
13 고3 학평

655 **dim**
[dim]

'어두운. 모호한'의 고대 영어
dimm에서 유래

ⓐ 어두운 Ⓥ ~을 어둑하게 하다

예문 Reading in **dim** light doesn't affect the function of your
eyes.
어두운 조명 속에서 글을 읽는 것은 당신의 눈 기능에 영향을 끼치지 않는다.
07 고2 학평 변형

656 **paw**
[pɔː]

'발'의 고대 프랑스어
powe에서 유래

Ⓝ (동물의) 발

예문 Snow leopards' large furry **paws** act like snowshoes to
help them walk on snow.
눈 표범의 털로 덮인 큰 앞발은 눈신처럼 기능하여 눈 위를 걸을 수 있도록 도와준다.
10 고3 학평

657 **previous**
[príːviəs]

'이전에 존재한 것'의 라틴어
praevius에서 유래

ⓐ 이전의, 앞선

예문 The **previous** night, my family had arrived in a small
seaside town for a visit.
지난 밤에 우리 가족은 작은 해변가 마을에 방문차 도착했다. 03 고3 평가원

✚ **previously** ⓐⓓ 이전에, 미리, 사전에

658 **astronomy**
[əstrάnəmi]

astro(별)+**nomy**(~학)
➡ 별에 대한 학문 ➡ 천문학

Ⓝ 천문학

예문 Thanks to his new novel, I began to pay attention to
astronomy.
그의 새 소설 덕분에 나는 천문학에 관심을 갖게 되었다.

✚ **astronomical** ⓐ 천문의, 천문학의

659 shield
[ʃiːld]

'보호자, 방어하다'의 고대 영어
scield에서 유래

ⓝ 방패, 보호막, 보호장치 ⓥ 보호하다, 가리다

[예문] In the Middle Ages, horses were mainly used to carry armored warriors with **shields** and weapons.
중세에 말은 주로 방패와 무기를 들고 갑옷을 입은 전사들을 태우는 데 이용되었다. 07 고3 학평

660 distort
[distɔ́ːrt]

dis(떨어져)+tort(꺾다)
➡ 비틀어서 진실에서 떨어뜨려 놓다
➡ 왜곡하다

ⓥ (사실 등을) 왜곡하다, (형태, 모습 등을) 비틀다

[예문] A map must **distort** reality in order to portray a complex, three-dimensional world on a flat sheet of paper.
지도는 복잡하고 3차원적인 세상을 평평한 종이 위에 그리기 위해 반드시 현실을 왜곡해야 한다. 14 고2 학평

✛ **distortion** ⓝ 일그러짐, 왜곡

661 notorious
[noutɔ́ːriəs]

'잘 알려진, 공적으로 알려진'의
중세 라틴어 notorius에서 유래

ⓐ 악명 높은

[예문] The region is **notorious** for extreme weather conditions.
그 지역은 극심한 기상 조건으로 악명 높다.

662 rebel
[rébəl]

'완고한, 고집 센'의
고대 프랑스어
rebelle에서 유래

ⓝ 반역자, 저항 세력 ⓥ 반란을 일으키다

[예문] In 1810, Hidalgo gathered tens of thousands of Mexicans into his **rebel** army.
1810년에 Hidalgo는 수 만명의 멕시코인들을 자신의 반란군으로 모았다.
06 고3 학평

663 conquest
[kánkwest]

ⓝ 정복, 점령지

[예문] New **conquests** were not administered, just economically exploited.
새로운 점령지는 관리 되는 것이 아니라 단지 경제적으로 부당하게 이용당했다.
07 고3 평가원

664 shriek
[ʃriːk]

'쌩하는 소리를 내다'의
스칸디나비아어 scrycke에서 유래

ⓥ (흥분, 고통으로) 소리를 지르다, 비명을 지르다 ⓝ 비명, 날카로운 소리

[예문] "Stop and be quiet!" **shrieked** the old woman.
"그만하고 조용히 해!" 나이 든 여성이 소리를 질렀다. 07 고2 학평 변형

665 **stationary**
[stéiʃənèri]

'움직임이 없는'의 중세 프랑스어 **stationnaire**에서 유래

ⓐ 움직이지 않는, 정지된

예문 All the women were then asked to work out on **stationary** bikes.
모든 여성들에게 페달 밟기 운동을 하도록 했다. 09 고2 학평

666 **moan**
[moun]

'낮고 애절한 소리를 내다'의 고대 영어 **manan**에서 유래

ⓥ (사람이) 신음하다, 칭얼대다, 불평하다

예문 Wounded soldiers were **moaning** with pain in the hospital rooms.
부상 당한 병사들이 병실에서 고통에 신음하고 있었다.

667 **rationale**
[ræ̀ʃənǽl]

ⓝ 근거, 이유

예문 Companies that change constantly without any consistent **rationale** collapse easily.
어떠한 일관성 있는 이유 없이 계속 변하는 회사는 쉽게 실패한다. 12 고3 평가원 변형

➕ **rational** ⓐ (생각 등이) 합리적인, 이성적인

668 **strand**
[strænd]

ⓝ 가닥 ⓥ 오도가도 못하게 하다

예문 She picked out some flowers, and **strands** of green ivy to make her wedding bouquet.
그녀는 자신의 결혼 부케를 만들기 위해 몇 송이의 꽃과 초록 담쟁이 줄기들을 꺾었다. 16 고3 학평 변형

669 **creek**
[kriːk]

ⓝ 작은 만, 개울, 시내

예문 The **creeks** and streams were long gone back into the earth.
시냇물과 하천의 물줄기는 오래 전에 땅속으로 사라져버렸다. 16 고3 학평 변형

670 **swarm**
[swɔːrm]

'아주 많은 수'의 고대 영어 **swearm**에서 유래

ⓥ 떼를 지어 다니다 ⓝ 떼

예문 Have you ever seen hundreds of thousands of bees or millions of birds **swarming** around?
당신은 수십만 마리의 벌이나 수백만 마리의 새가 떼지어 있는 걸 본 적 있나요?

671 blush
[blʌʃ]

'붉어지다, 빛나다'의 고대 영어
blyscan에서 유래

 얼굴이 붉어짐   얼굴이 붉어지다

예문 When the teacher praised Lina, a **blush** came over her face.
선생님이 Lina를 칭찬했을 때, 그녀의 얼굴은 온통 빨개졌다.

672 extrinsic
[ikstrínsik]

exter(바깥으로)+in(장소 접사)
+secus(나란히)
➡ 바깥으로 향하는
➡ 외적인

 외적인, 외부의, 비본질적인

예문 The **extrinsic** reward that matters most to teenagers is the recognition of their peers.
10대들에게 가장 중요한 외적 보상은 또래 친구들의 인정이다.
13 고3 평가원 변형

↔ intrinsic ⓐ 고유의, 본질적인

673 earning
[ə́:rniŋ]

earn(돈을 벌다)+ing(명.접)
➡ 돈을 버는 것
➡ 소득

 소득, 획득

예문 The risk associated with an investment can be defined as the probability of **earning** an expected profit.
투자와 관련된 위험은 기대 수익을 얻을 가능성으로 규정될 수 있다.
15 고2 학평 변형

➕ earn ⓥ (일하며) 벌다, 얻다

674 relation
[riléiʃən]

relate(관련 있다)
+ation(명.접) ➡ 관련(성)

 관계, 관련

예문 Faith and encouragement can lead to the positive **relation** between a husband and a wife.
믿음과 격려는 부부 사이의 긍정적인 관계로 이어질 수 있다.

675 astonish
[əstániʃ]

'깜짝 놀라게 하다'의 고대 프랑스어
estoner에서 유래

ⓥ 깜짝 놀라게 하다

예문 The **astonished** executive just stood there, stunned.
그 놀란 경영진은 어안이 벙벙한 채로 그 곳에 서 있었다. 10 고3 학평

➕ amaze ⓥ (대단히) 놀라게 하다

676 density
[dénsəti]

dense(촘촘한, 밀도있는)
+ity(명.접) ➡ 밀도

ⓝ 밀도, 농도

[예문] Salt water has a higher **density** than fresh water.
소금물은 민물보다 농도가 더 높다.

➕ dense ⓐ 빽빽한, 밀집한, 밀도가 높은

677 estimate
[éstəmeit]

estim(가치)+ate(동.접)
➡ 가치를 평가하다, 측정하다

ⓝ 추정(치), 견적 ⓥ 추산하다

[예문] They have no ability to **estimate** how long a task will take.
그들은 어떤 과제가 얼마나 걸릴지 추정할 수 있는 능력이 없다. 16 고3 평가원

➕ estimation ⓝ 판단, 평가

> **Tip!** 〈주요 용례〉
> • **make an estimate** 추정하다
> • **a rough estimate** 대략적인 추정치
> • **an accurate estimate** 정확한 추정치

678 regulation
[règjəléiʃən]

regulate(규제하다)
+ation(명.접) ➡ 규제, 단속

ⓝ 규정, 규제

[예문] Researchers claim that strict **regulations** banning junk foods from schools are crucial.
연구원들은 교내에서 인스턴트 음식을 금지하는 엄격한 규제가 중요하다고 주장한다.
05 고3 학평 변형

679 brink
[briŋk]

'모서리'의 중세 독일어
brink에서 유래

ⓝ (새롭거나 흥미로운 상황이 발생하기) 직전, (벼랑, 강가 등의) 끝

[예문] How many times has our own world been on the **brink** of destruction?
우리가 사는 이 세상이 파괴 직전까지 갔던 적이 얼마나 많았던가? 05 고3 학평

> **Tip!** 〈주요 용례〉
> • **on the brink of something** ~의 직전에
> • **on the brink of ruin** 파멸 직전의
> • **on the brink of bankruptcy** 파산 직전의

680 port
[pɔːrt]

'항구'의 라틴어
portus에서 유래

ⓝ 항구

[예문] One or two small fishing boats were going up towards the **port**, leaning to the light wind.
한 두 척의 작은 어선이 가벼운 바람에 기울어지며 항구를 향해 가고 있었다.
10 고2 학평

➕ harbour ⓝ 항구, 항만

Review Test!

A 우리말에 맞게 빈 칸에 알맞은 단어를 쓰시오.

1	_____	분투하다, 애쓰다	11	_____	velocity
2	_____	탐탁찮아하다, 못 마땅해 하다	12	_____	ridiculous
3	_____	(일부로) 포함하다, 합병하다, 섞다	13	_____	adhesive
4	_____	악취가 풍기다 ; 악취	14	_____	dim
5	_____	천문학	15	_____	distort
6	_____	악명 높은	16	_____	conquest
7	_____	(흥분, 고통으로) 소리를 지르다	17	_____	moan
8	_____	가닥 ; 오도가도 못하게 하다	18	_____	swarm
9	_____	소득, 획득	19	_____	estimate
10	_____	깜짝 놀라게 하다	20	_____	port

B 문장의 빈칸에 알맞은 단어를 〈보기〉에서 찾아 쓰시오. (필요하면 형태를 고치시오.)

> 보기   shield   domain   brutal   extrinsic   previous

1 The negative effects of _____ motivators such as grades have been documented with students from different cultures.
성적과 같은 외적인 동기 부여 요인의 부정적인 영향은 다양한 문화권 출신의 학생들에게서 서류로 입증되어 왔다. 2016 수능

2 Wisdom mostly remains the _____ of the elders, and the technology revolution has not diminished our need for them.
지혜는 대체로 연장자의 영역에 남아 있고, 기술 혁신은 연장자들에 대한 우리의 필요를 감소시키지 않았다. 09 고3 학평

3 While in South Africa, he faced _____ discrimination that was commonly directed at Blacks and Indians.
남 아프리카 공화국에 있는 동안 그는 흑인들과 인디언들에게 공통되게 향한 난폭한 차별 대우에 직면했다.

4 More generally, there simply is no mechanism through which the history of the _____ tosses could influence the current one.
더 일반적으로는 이전의 던지기의 이력이 현재의 것에 영향을 미칠 수 있게 하는 메커니즘은 전혀 없다. 15 고2 학평

5 One particular Korean kite is the rectangular "_____ kite," which has a unique hole at its center.
한 가지 특별한 한국의 연은 직사각형의 "방패연"인데, 그것은 중앙에 특이한 구멍을 가지고 있다. 2006 수능

Study More !

01 어휘 확장 : 무리를 나타내는 어휘들

무리를 나타내는 어휘들에는 무엇이 있는지 알아볼까요? 한국어에서도 무리를 나타내는 단어 중 어떤 것들은 특정 대상하고만 결합합니다. 예를 들어 '한 무리의 소년'이라고 할 수 있지만 '한 무리의 꽃'이라고는 잘 하지 않습니다. 영어도 마찬가지로 group처럼 여러 대상에 두루 쓰일 수 있는 단어가 있는 반면 a herd of cows '소 떼'처럼 동물을 지칭하는 단어와 쓰이는 것들이 있습니다. 수능을 비롯한 기출 문제 중 몇 가지 예를 알아보겠습니다.

- **swarm** (주로 무리를 지어가는 곤충) 떼, 군중
  ex.) a massive swarm of very angry bees
  아주 큰 무리의 화난 벌들 [10 고2 학평]

- **herd** (같이 살고 먹이를 먹는 짐승) 떼, 군중
  ex.) a running herd of bulls 달리고 있는 한 떼의 황소들
  ex.) a herd of zebras 한 떼의 얼룩말 [14 고3 평가원]

- **flock** (양, 염소, 새등의) 떼, (사람의) 무리

- **school** (물고기, 고래 등의) 떼
  ex.) Many species of fishes and birds travel in groups, such as schools of fishes and flocks of birds.
  많은 종의 물고기와 새들은 물고기 떼나 새 떼처럼 무리를 지어 이동한다. [12 고3 학평]

- **crowd** 군중, 무리
  ex.) a crowd of spectators 한 무리의 관중들

- **host** 큰 무리, 떼, 다수
  ex.) hosts of problems 수 많은 문제
  ex.) a host of possibilities 수 많은 가능성 [13 고3 학평]

- **company** (집합적) 동료, 일행
  ex.) a superb company of writers 최고의 작가 그룹 [05 고3 학평]

- **무리나 떼를 가리키는 단어들이 사용되는 속담들**
  ex.) Two's company, three's a crowd. 두 사람은 좋은 동반자가 되어도 셋은 너무 많다.
  ex.) Birds of feather (flock together). 같은 유형의 사람들이 함께 모인다.(=유유상종)

*위 속담에서 flock은 '모이다, 떼를 지어 가다'라는 의미를 가진 동사로 쓰입니다.

Day **18**

Word Preview

음원 듣기

- ☐ ruthless
- ☐ corpse
- ☐ incurable
- ☐ gravitate
- ☐ enact
- ☐ affiliate
- ☐ invertebrate
- ☐ pail
- ☐ conscience
- ☐ bathe
- ☐ barometer
- ☐ womb
- ☐ constrain
- ☐ retain

- ☐ mere
- ☐ commitment
- ☐ attain
- ☐ anatomy
- ☐ mutation
- ☐ uphold
- ☐ spokesperson
- ☐ geographic
- ☐ contemplate
- ☐ up-to-date
- ☐ scorn
- ☐ substandard
- ☐ interpersonal
- ☐ reform

- ☐ subordinate
- ☐ proficient
- ☐ amplify
- ☐ divine
- ☐ solemn
- ☐ accumulate
- ☐ immoral
- ☐ finite
- ☐ substitute
- ☐ probe
- ☐ crude
- ☐ compel

Day 18

681 ruthless
[rúːθlis]

reuthe(동정, 연민)
+less(~이 없는)
➡ 동정심이 없는

ⓐ 무자비한, 가차없는, 냉혹한

예문 Depressed, **ruthless** bosses create toxic organizations filled with negative underachievers.
우울하고, 무자비한 상사들은 부정적인 목표 미달성자로 가득한 독성이 있는 조직을 만든다. 13 고1 학평

➕ **ruthlessly** ⓐⓓ 무자비하게, 잔인하게

682 corpse
[kɔːrps]

'시체'의 프랑스어
corps에서 유래

ⓝ 시체, 송장

예문 The "Iceman," whose 5,200 year old **corpse** was discovered on a glacier on the Italian Austrian border, had stuffed grasses into his shoes to keep his feet warm and was carrying a sloe berry.
"아이스맨"은 5,200년 된 그의 시체가 이탈리아와 오스트리아의 국경에 있는 빙하에서 발견되었는데, 발을 따뜻하게 유지하기 위해서 풀을 신발에 채워 넣었고 야생 자두를 지니고 있었다. 13 고3 학평

683 incurable
[ɪnkjúː(ː)ərəbl]

in(반대의)+cure(치료하다)
+able(~할 수 있는)
➡ 치료할 수 없는

ⓐ 치료 불가능한, 불치의

예문 Hospices treat patients suffering from **incurable** diseases who are not expected to live for more than a year.
호스피스는 채 일 년도 살 가망이 없는 불치병에 걸린 환자들을 돌본다. 03 고2 평가원

684 gravitate
[grǽvitèit]

ⓥ 인력에 끌리다, 가라앉다

예문 We tend to **gravitate** toward what is not happening rather than what is.
우리는 일어날 일보다 일어나지 않을 일에 더 끌리는 경향이 있다. 07 고3 평가원 변형

685 enact
[inǽkt]

en(~하게 하다)+act(법을 허가하다)
➡ 법을 허가하게 하다

ⓥ (법을) 제정하다, 일어나다, 벌어지다

예문 The new law has been **enacted** by the congress and will be effective immediately.
새로운 법은 의회에 의해 제정되었고 즉시 발효 될 것이다.

686 affiliate
[əfíliit]

'입양하다'의 라틴어
affiliatus에서 유래

ⓥ 제휴하다, 연계하다, 합병하다 ⓝ 계열사, 지사, 조합원, 회원

예문 A professor in Harvard surveyed 4,000 medical doctors who worked at the hospitals **affiliated** to universities in Korea.
하버드의 한 교수는 한국에서 대학과 제휴한 병원에서 일하는 4천명의 의사들을 조사했다.

180 Word Max Prime 고등

687 **invertebrate**
[invə́:rtəbrit]

in(부정)
+vertebr(척추)
+ate(형.접)
➡ 척추가 없는

ⓝ 무척추동물

예문 Smith was appointed as a professor of 'insects and worms' at the Museum of Natural History and reformed the study of **invertebrates**.
Smith는 자연사 박물관에서 '곤충과 벌레' 분야의 교수로 임명되었고, 무척추 동물에 관한 연구의 혁신을 이루었다. `10 고2 학평`

↔ vertebrate ⓝ 척추동물

688 **pail**
[peil]

'액체를 측정하는 단위'의
고대 영어 **paegel**에서 유래

ⓝ 들통, 버킷

예문 The boy goes to work for a dairy farmer, who pays him with a **pail** of milk instead of money.
그 소년은 한 낙농업 농부를 위해 일하러 가는데 그는 돈 대신에 우유 한 통을 그에게 지불한다. `15 고2 학평`

689 **conscience**
[kánʃəns]

con(함께)+sci(알다)
+ence(명.접)
➡ 함께 선과 악을 잘 알고 있는
➡ 양심적인

ⓝ 양심, (양심의) 가책

예문 Adrian's **conscience** did not allow him to lie to the teacher.
Adrian의 양심은 그가 선생님께 거짓말을 하는 것을 허락하지 않았다.

✚ conscientious ⓐ 양심적인, 성실한

690 **bathe**
[beið]

'씻다, 목욕하다'의 고대 영어
bapian에서 유래

ⓥ 목욕하다, 세척하다

예문 People in some countries like to **bathe** with mud as an alternative-medicine treatment.
몇몇 나라의 사람들은 대체 의학 치료의 일환으로써 진흙으로 목욕하는 것을 즐긴다. `11 고3 학평 변형`

691 **barometer**
[bərámitər]

baros(무게)
+meter(계량기로 재다)
➡ 무게를 재다
➡ 지표

ⓝ 기압계, (여론, 상황 등의) 지표

예문 The scientist knew that studying people's eyes is a surer **barometer** of pain and pleasure than any spoken word.
그 과학자는 사람들의 눈을 주의 깊게 살펴보는 것이 그 어떤 말보다 더 확실한 고통과 즐거움의 척도라는 것을 알았다. `10 고1 학평 변형`

692 **womb**
[wu:m]

ⓝ 자궁

예문 Scientists said that babies in the **womb** taste, remember, and form preferences for what Mom has been eating.
과학자들은 자궁 속 아기들이 엄마가 먹는 것들에 대해 맛을 보고, 기억하고, 선호도를 형성한다고 말했다. `15 고1 학평 변형`

693 constrain
[kənstréin]

con(함께)
+strain(단단히 끌어당기다)
➡ 함께 단단히 끌어 당기다
➡ 한하다

ⓥ 제한하다, 제약하다, 강요하다

예문 We are **constrained** by the scarcity of resources, including a limited availability of time.
우리는 이용 가능한 시간의 제약을 포함해서 자원의 부족으로 제한받고 있다.
14 고2 학평 변형

✚ **constraint** ⓝ 제약, 제한

---

694 retain
[ritéin]

re(뒤에서)+tain(붙잡다)
➡ 뒤에서 붙잡다

ⓥ 유지하다, 간직하다

예문 In most traditional societies, people were taught to worship their ancestors and to **retain** the traditions.
대부분의 전통적인 사회에서 사람들은 조상을 숭배하고, 전통을 유지하도록 배웠다.
08 고3 학평

✚ **maintain** ⓥ 유지하다, 지속하다

---

695 mere
[miər]

'순수한, 섞이지 않은'의
라틴어 **merus**에서 유래

ⓐ 단순한, (한낱) ~에 불과한

예문 Many disciplines are better learned by entering into the doing than by **mere** abstract study.
많은 학과목이 단순한 추상적 학습보다는 실제로 행동에 옮김으로써 더 잘 학습된다.
10 고3 평가원 변형

---

696 commitment
[kəmítmənt]

commit(약속하다)
+ment(명.접) ➡ 약속

ⓝ 약속, 신념

예문 As time passed, his **commitment** and passion seemed to fade gradually.
시간이 지나면서, 그의 신념과 열정은 점점 옅어지는 듯 했다. 16 고3 평가원

---

697 attain
[ətéin]

at(~을 향해서)
+tain/tact(만지다)
➡ 목표로 하는 것에 닿다
➡ 달성하다

ⓥ 달성하다, 얻다, 획득하다

예문 The curved wings can **attain** great amounts of lift, and a similar design is employed on the Concorde aircraft.
구부러진 날개는 큰 양력을 획득할 수 있는데, 유사한 디자인이 콩코드 항공기에 사용되고 있다. 12 고3 학평

---

698 anatomy
[ənǽtəmi]

'신체를 자르다'의 라틴어
anatomia에서 유래

ⓝ 해부학, 해부학적 구조, (사태나 사건의) 분석

예문 The last lecture was on the **anatomy** of the mouse.
지난 강의는 쥐의 해부에 관한 것이었다.

699 mutation
[mju(ː)téiʃən]

mutate(돌연변이가 되다)
+ation(명.접)
➡ 돌연변이

ⓝ 돌연변이, (형태·구조상의) 변화

예문 Environmental factors can cause genetic **mutations**.
환경적 요소가 유전적 돌연변이를 초래할 수도 있다. 15 고3 학평 변형

➕ **mutate** ⓥ 돌연변이를 만들다

700 uphold
[ʌphóuld]

up(위로)+hold(지탱하다)
➡ 위를 향해 받치다
➡ 지지하다

ⓥ 유지시키다, ~을 지지하다

예문 Intrinsic values are those we **uphold** regardless of the benefits or costs.
내적 가치는 우리가 이익 또는 가격과 상관없이 유지하는 가치이다.
12 고3 학평 변형

➕ **support** ⓥ 받치다, 지지하다

701 spokesperson
[spóukspə̀ːrsən]

spoke/speak(말하다)
+person(사람)
➡ 말하는 사람

ⓝ 대변인

예문 Eric was named the **spokesperson** of the year by the American Red Cross.
Eric은 미국 적십자회의 올해의 대변인으로 지정되었다. 14 고3 학평 변형

702 geographic
[dʒìːəgrǽfik]

geography(지리학)+ic(형.접)
➡ 지리학의

ⓐ 지리학의, 지리적인

예문 The **geographic** range of migratory birds is vast.
철새가 움직이는 지리적 범위는 방대하다.

703 contemplate
[kántəmplèit]

'조사하다, 관찰하다'의 라틴어
contemplatus에서 유래

ⓥ 고려하다, 심사 숙고하다, 응시하다

예문 We have to slow down a bit and take the time to **contemplate** and relax.
우리는 조금 느긋해져야 하고 심사숙고하고 휴식을 취할 시간을 가져야 한다.
13 고3 평가원 변형

➕ **ponder** ⓥ 숙고하다

704 up-to-date
[ʌp tu deit]

ⓐ 현대의, 최신 유행의

예문 The university catalog is revised every year in order that it will be **up-to-date**.
대학 편람은 매년 최신판으로 개정된다. 09 고2 학평

705 scorn

[skɔːrn]

'조롱, 경멸, 멸시'의 고대 프랑스어 escarn에서 유래

ⓥ 경멸하다 ⓝ 경멸, 멸시

[예문] Some people **scorn** tradition but that attitude is wrong.
몇몇 사람들은 전통을 경멸하지만 그런 태도 역시 잘못된 것이다.

---

706 substandard

[sʌbstǽndərd]

sub(아래의)+standard(표준)
➡ 표준 이하의

ⓐ 표준 이하의, 열악한, 불량의

[예문] The problem is related to **substandard** housing.
그 문제는 불량 주택과 관련되어 있다.

---

707 interpersonal

[ìntərpə́:rsənəl]

inter(~사이에)
+personal(개인의)
➡ 개인 사이에

ⓐ 대인관계에 관련된

[예문] Career counselors classify jobs, according to three categories of skills that the job requires: **interpersonal** skills, mental skills, and physical skills.
직업상담사들은 직업이 요구하는 세 가지 기술—인간관계 기술, 정신적 기술, 신체적 기술—의 범주에 따라 직업을 분류한다. 06 고2 학평 변형

---

708 reform

[rifɔ́ːrm]

'다시 만들다, 재편성하다'의 고대 프랑스어 reformer에서 유래

ⓥ 개혁하다, 개선하다 ⓝ 개혁, 개정, 개선

[예문] Artists during the Renaissance **reformed** painting and sculpture.
르네상스 시기의 예술가들은 그림과 조각을 개혁했다. 2005 수능 변형

---

709 subordinate

[səbɔ́ːrdənit]

sub(아래의) +ordin(순서)
+ate(동.접)
➡ 순서를 밑에 두다
➡ 하위의

ⓐ 종속된, 부차적인 ⓝ 종속자, 하급자

[예문] Leadership is an influence relationship between leaders and followers, not an authority relationship between so-called superiors and **subordinates**.
지도력은 소위 상사와 부하직원 간의 권위적 관계가 아니라 지도자와 따르는 자들 간에 서로 영향력을 주는 관계이다. 09 고2 학평

---

710 proficient

[prəfíʃənt]

pro(앞으로)+fic(i)(만들다)
+ent(형.접)
➡ 앞서 만드는
➡ 앞서 만들어 익숙한

ⓐ 능숙한, 숙달한

[예문] The phrase 'jack-of-all-trades' refers to those who claim to be **proficient** at countless tasks, but cannot perform a single one of them well.
'Jack-of-all-trades'라는 구절은 많은 일들에 능숙하지만 그들 중 한가지도 제대로 하지 못하는 사람을 일컫는다. 11 고3 평가원 변형

+ proficiency ⓝ 숙달, 능숙

711 amplify
[ǽmpləfài]

ample(충분한)+fy(동.접)

➡ 충분하게 하다
➡ 과장하다

Ⓥ 증폭시키다, 과장하다

예문 Armstrong used De Forest's vaccum tube to invent an **amplifying** system that enabled radio receivers to pick up distant signals. Armstrong은 전파 수신기가 멀리 있는 신호를 잡는 것을 가능하게 했던 증폭시스템을 발명하기 위해 De Forest의 진공관을 이용했다. 12 고3 평가원 변형

➕ **amplifier** ⓝ 앰프, 증폭기

712 divine
[diváin]

'신의'의 라틴어
divinus에서 유래

ⓐ 신의, 신성한

예문 The saying, "To err is human, to forgive, **divine**," shows the ideal we should have: people should be forgiving of other's mistakes.
"실수는 인간의 몫이고 용서는 신의 몫이다"는 격언은 타인의 잘못을 용서해야 한다는 것이 우리가 가져야 할 이상임을 보여준다. 09 고3 학평

713 solemn
[sáləm]

'엄숙한, 장엄한'의 고대 프랑스어
solemne에서 유래

ⓐ 장엄한, 엄숙한, 침통한

예문 Those **solemn** but sweet organ notes had set up a revolution in him.
장엄하면서도 감미로운 그 오르간 곡들은 그의 마음에 대변혁을 일으켰다.
11 고3 평가원

➕ **solemnity** ⓝ 근엄함, 엄숙함, 침통함

714 accumulate
[əkjú:mjəlèit]

ac(~에)+cumulate(쌓다)

➡ ~에 쌓아 올리다
➡ 축적하다

Ⓥ 모으다, 축적하다

예문 Before the Internet, most professional occupations required a large body of knowledge, **accumulated** over years or even decades of experience.
인터넷 이전에, 대부분의 전문 직업들은 몇 년간의 또는 심지어 수십 년의 경험으로 축적된 많은 양의 지식을 요구했다. 16 고3 학평

➕ **amass** Ⓥ 모으다, 축적하다

715 immoral
[imɔ́(:)rəl]

im(부정)+moral(도덕적인)

➡ 비도덕적인

ⓐ 부도덕한, 비도덕적인

예문 Knowledge is amoral – not **immoral** but morality neutral.
지식은 도덕과 관계가 없으며 비도덕적인 것이 아니라 도덕 중립적이다.
2015 수능 변형

716 finite
[fáinait]

'한계의' 라틴어
finitum에서 유래

ⓐ 한정된, 유한한

예문 Some argue that we are already at a breaking point because we have nearly exhausted the Earth's **finite** carrying capacity.
어떤 이들은 우리가 지구의 유한한 환경 수용력을 거의 다 써버렸기 때문에 우리가 이미 한계점에 이르러 있다고 주장한다. 16 고3 평가원

↔ **infinite** ⓐ 무한한, 무수한

717 substitute
[sʌ́bstitjùːt]

sub(~의 위치에)
+stitu(te)(서다)
➡ ~의 위치에 대신 서다

ⓥ 대체하다   ⓝ 대체품, 교체 선수

예문 Tofu is rich in high quality protein, vitamins and calcium, so it is an excellent **substitute** for meat in many vegetarian recipes.
두부는 양질의 단백질과 비타민, 칼슘이 풍부하므로 채식주의자들을 위한 많은 요리법에 고기 대용으로 탁월하다. 06 고3 학평

718 probe
[proub]

'시험'의 라틴어
proba에서 유래

ⓥ 조사하다, 수사하다, 살피다   ⓝ (철저한) 조사, 탐침

예문 The research team designed a special robot to **probe** the sea floor.
그 연구팀은 해저를 조사하기 위해 특별한 로봇을 고안했다.

719 crude
[kruːd]

'거친, 조리되지 않은'의
라틴어 crudus에서 유래

ⓐ 대충의, 미가공의   ⓝ 원유, 미정제품

예문 The mummification process used on Ginger was **crude** compared to methods developed in Egypt centuries later.
Ginger에서 사용된 미이라화 과정은 수세기 후에 이집트에서 개발된 방법에 비하면 조잡했다.

720 compel
[kəmpél]

com(함께)+pel(몰아가다)
➡ 억지로 함께 몰아넣다
➡ 강요하다

ⓥ 강요하다, 강제하다, ~하게 만들다

예문 A food labeled "free" of a food dye will **compel** some consumers to buy that product.
예를 들면, 식용 염료가 들어있지 않다고 표기된 식품은 일부 소비자들로 하여금 그 식품을 구매하게 만들 것이다. 14 고1 학평

✚ **force** ⓥ 억지로 ~하게 하다, 강요하다

Review Test!

A 우리말에 맞게 빈 칸에 알맞은 단어를 쓰시오.

1	_____ 무자비한, 가차없는, 냉혹한	11	_____	incurable
2	_____ 제휴하다, 연계하다, 합병하다	12	_____	pail
3	_____ 기압계, (여론, 상황 등의) 지표	13	_____	constrain
4	_____ 단순한, (한낱) ~에 불과한	14	_____	commitment
5	_____ 돌연변이, (형태·구조상의) 변화	15	_____	attain
6	_____ 고려하다, 심사 숙고하다, 응시하다	16	_____	spokesperson
7	_____ 개혁하다, 개선하다 ; 개혁, 개정	17	_____	interpersonal
8	_____ 신의, 신성한	18	_____	proficient
9	_____ 한정된, 유한한	19	_____	accumulate
10	_____ 대체하다 ; 대체품, 교체선수	20	_____	immoral

B 문장의 빈칸에 알맞은 단어를 〈보기〉에서 찾아 쓰시오. (필요하면 형태를 고치시오.)

보기   crude   retain   subordinate   uphold   womb

1 Masks are too heavy to _____ indefinitely, and no matter how well you believe you are disguising yourself, others always know.
가면은 너무나 무거워서 언제까지나 유지할 수 없으며, 당신이 아무리 스스로를 잘 변장하고 있다고 믿고 있더라도 다른 사람들은 항상 알고 있다. 13 고3 평가원

2 Depending on the type of bridge and the site, it is _____ to the surroundings, or it makes a strong statement.
다리의 유형과 지역에 따라, 다리는 주변 환경에 종속적이기도 하고, 강하게 드러나기도 한다. 16 고2 학평

3 Long ago, radar technology was very _____.
오래 전에 레이더 기술은 매우 조잡했다.

4 Perhaps you are unaware that the construction company has agreed to _____ many of the trees that are now growing on the property.
아마 귀하는 건설회사가 지금 그 부지에서 자라고 있는 많은 나무들을 보존하기로 합의한 사실을 모르고 계신 것 같습니다. 05 고2 평가원

5 There was a dramatic difference between those who had sampled carrot juice in the _____ and those who had not.
자궁 안에서 당근 주스를 맛본 아기들과 그렇지 않은 아기들 사이에 현격한 차이가 있었다. 15 고1 학평

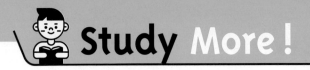

Study More!

---

01 혼동하기 쉬운 단어 conscience/conscious

• **conscience** ⓝ 양심

have a guilty **conscience** 양심의 가책을 받다
freedom of **conscience** 양심의 자유

• **conscious** ⓐ 의식하는, 의도적인

Tim is not **conscious** of the problems related to the air pollution.
Tim은 대기 오염과 관련된 문제에 대해 의식하지 못한다.

02 혼동하기 쉬운 단어 compliment/complement

• **compliment** ⓝ 칭찬   ⓥ 칭찬하다

His behavior deserved a handsome **compliment**.
그의 행동은 후한 칭찬을 받을 만했다.

• **complement** ⓝ 보완, 보어   ⓥ 보완하다

The boys had different writing styles that **complemented** each other well.
그 소년들은 글 쓰는 성향이 달라서 서로를 잘 보완해 주었다.

Day

19

Word Preview

- ☐ defend
- ☐ come across
- ☐ disperse
- ☐ irritate
- ☐ restrain
- ☐ intense
- ☐ plight
- ☐ iconic
- ☐ distasteful
- ☐ spacious
- ☐ gist
- ☐ transparent
- ☐ contrary
- ☐ component

- ☐ futile
- ☐ coral
- ☐ inward
- ☐ superficial
- ☐ assassin
- ☐ federal
- ☐ reside
- ☐ impractical
- ☐ intermediary
- ☐ hinge
- ☐ aristocracy
- ☐ resilient
- ☐ rehearsal
- ☐ frantic

- ☐ responsive
- ☐ optimal
- ☐ anonymous
- ☐ competent
- ☐ botanical
- ☐ complement
- ☐ ordinal
- ☐ physique
- ☐ illustrate
- ☐ secure
- ☐ unavoidable
- ☐ thread

Day 19

721 **defend**
[difénd]

de(떨어져)+fend(치다)
➡ 쳐서 멀리 보내다
➡ 방어하다

ⓥ 방어하다, 지키다, 변호하다

[예문] Some animals rely on their own senses to **defend** themselves.
몇몇 동물들은 그들 스스로를 지키기 위해 자신의 감각에 의존한다. 14 고3 평가원 변형

╋ **defence** ⓝ 방어, 수비   **protect** ⓥ 보호하다, 지키다

722 **come across**
[kʌm əkɔ́ːs]

우연히 만나다, (우연히) 발견하다

[예문] Imagine that you are walking in a rain forest when you **come across** a deep narrow valley.
당신이 열대 우림을 걷고 있다가 깊고 좁은 계곡을 마주친다고 상상해보라.
08 고2 평가원 변형

723 **disperse**
[dispə́ːrs]

'산재하다'의 라틴어
dispersus에서 유래

ⓥ 흩어지다, 해산하다, 내놓다

[예문] The vending machines **disperse** chocolate bars, carbonated soda drinks, and salty chips.
자판기는 초콜릿 바, 탄산이 든 음료수, 짭짤한 과자를 내보낸다.

724 **irritate**
[íritèit]

'화나게 하다, 짜증나게 하다'의
라틴어 **irritatus**에서 유래

ⓥ 거슬리게 하다, 몹시 짜증내다

[예문] Keeping the sweat away is good because the salt in sweat **irritates** the eyes, making them sting a little.
땀 속에 들어있는 염분이 눈을 자극하여 따끔거리게 하기 때문에 땀을 멀리 흐르도록 하는 것도 좋다. 06 고2 학평 변형

╋ **irritating** ⓐ 흥분시키는, 아리게하는

725 **restrain**
[ristréin]

re(뒤로)+strain(단단히 끌어당기다)
➡ 뒤로 단단히 끌어당기다
➡ 제지하다

ⓥ 제지하다, 억제하다

[예문] When he heard the unjust criticism levelled towards him, he could not **restrain** himself.
그가 그를 향한 부당한 비판을 들었을때, 그는 스스로 자제할 수 없었다.
2011 수능 변형

726 **intense**
[inténs]

in(~을 향해서)+tens(e)(뻗은)
➡ ~을 향해서 한껏 뻗은

ⓐ 격렬한, 극심한

[예문] TV and newspapers warn of **intense** hurricanes, mega-droughts, famine, and the extinction of the human race.
TV나 신문에서는 강력한 허리케인이나, 엄청난 가뭄, 굶주림, 혹은 인류의 멸종에 대해서 경고한다. 05 고2 학평

727 plight
[plait]

'위험한, 해로운'의
프랑스어 plit에서 유래

ⓝ 역경, (나쁜)상태, 곤경, 궁지

예문 Witnessing the **plight** of an injured animal was certainly not an unusual experience for Sylvia.
부상당한 동물의 상태를 목격한 것은 Sylvia에게는 분명히 보기 드문 경험이 아니었다.

✚ predicament ⓝ 곤경, 궁지

728 iconic
[aikánik]

ⓐ ~의 상징이 되는, 우상의, 전통을 따르는

예문 Neuschwanstein Castle, which is situated in the Emerald mountains of Bavaria, is one of the world's most **iconic** and renowned castles.
Bavaria의 에메랄드 산에 위치한 Neuschwanstein Castle은 세계에서 가장 대표적이고 잘 알려진 성들 중 하나다. 12 고3 학평 변형

729 distasteful
[distéistfəl]

distaste(불쾌감, 혐오감)
+ful(형.접) ➡ 불쾌한, 혐오스러운

ⓐ 싫은, 불쾌한, 마음에 들지 않는

예문 Most people agree that the shirt is a **distasteful** color.
대부분의 사람들이 그 셔츠는 마음에 들지 않는 색이라는 것에 동의했다.

730 spacious
[spéiʃəs]

space(공간, 자리)+ious(형.접)
➡ 자리가 있는 ➡ 널찍한

ⓐ 넓은, 널찍한

예문 The room is **spacious** and there is a large window overlooking the garden.
그 방은 넓고 정원을 내려다 볼 수 있는 큰 창문이 있다. 15 고3 학평 변형

731 gist
[dʒist]

'~안에 포함되어 있다'의
고대 프랑스어 gist에서 유래

ⓝ (대화, 글의) 요지, 요점, 골자

예문 Although I got the **gist** of the movie, I did not fully understand it.
비록 내가 그 영화의 요점을 이해하긴 했지만, 나는 그것을 완전히 이해하지는 못했다.

✚ core ⓝ 핵심, 골자, 정수

732 transparent
[trænspέ(:)ərənt]

trans(~을 통해서)
+par(눈에 보이는)+ent(형.접)
➡ ~을 통해 보이는
➡ 투명한

ⓐ (물체가) 투명한, 명료한, 솔직한

예문 Water is formless and **transparent**, and yet we long to be beside it.
물은 형태가 없고 투명하지만 그럼에도 우리는 그것 옆에 있기를 갈망한다. 07 고2 학평 변형

✚ transparency ⓝ 투명도, 명료성

733 **contrary**
[kántreri]

contra(~에 반대하여)
+ry(형.접) ➡ 반대의

ⓐ (~과) 반대되는 (~ to)

[예문] **Contrary** to popular belief, reading books in poor light does not ruin your eyes.
대중적인 믿음과는 반대로, 어두운 조명에서 책을 읽는 것은 당신의 눈을 망치지 않는다. 10 고1 학평

734 **component**
[kəmpóunənt]

com(함께)+pon(놓다)
+ent(명.접)
➡ 함께 놓여진 것

ⓝ 요소, 부품

[예문] Learning and memorizing facts was an important **component** of the mathematics instructional program.
사실을 학습하고 암기하는 것은 수학 교육 프로그램의 중요한 요소였다.
14 고3 평가원 변형

735 **futile**
[fjúːtəl]

fut(붓다)+ile(형.접)
➡ 붓기 쉬운, 세어 나오기 쉬운

ⓐ 헛된, 소용없는

[예문] My **futile** attempts to open the door only increased my panic.
문을 열려는 나의 헛된 시도는 그저 내 공포감을 크게 할 뿐이었다.
11 고3 평가원 변형

➕ **vain** ⓐ 헛된, 무익한

736 **coral**
[kɔ́ːrəl]

ⓝ 산호, 산호층 ⓐ 산호색의

[예문] Global marine biodiversity is increasingly endangered, and **coral** reefs are among the most threatened marine environments on Earth.
전 세계의 해양 생물의 다양성이 점점 더 위험에 처해 있고 산호초는 지구상에서 가장 위협을 받고 있는 해양 환경에 속한다. 16 고3 평가원

737 **inward**
[ínwərd]

in(안, 안쪽)+ward(~쪽의)
➡ 안쪽의

ⓐⓓ 안쪽으로 ⓐ 내부의

[예문] Many of us turn our attention **inward** and reflect on ourselves to make our lives better.
우리의 삶을 더 나아지게 만들기 위해 우리들 중 많은 사람들이 우리의 관심을 내면으로 돌리고 우리 자신을 성찰한다. 12 고1 학평

738 **superficial**
[sjùːpərfíʃəl]

super(위에)
+fic/face(표면)
+ial(형.접)
➡ 표면 위에 있는, 표면 상의

ⓐ 피상적인, 얄팍한, 깊이 없는

[예문] Image formation is the first step towards seeing **superficial** analogies between the eye and a camera.
이미지 형성은 눈과 카메라 사이에 피상적 비유를 보는 첫번째 단계이다.
2013 수능 변형

➕ **shallow** ⓐ 얄팍한, 피상적인

739 **assassin**
[əsǽsin]

'종교적 적을 죽이다'의 아랍어
hashshashin에서 유래

🔵 ⓝ 암살자

예문 Another extreme example of political correctness
would be calling a 'hunter' an 'animal **assassin**'.
정치적 올바름의 또 하나의 극단적인 예는 '사냥꾼'을 '동물 암살자'로 부르는
것이다. 11 고2 학평 변형

➕ **assassinate** ⓥ 암살하다 **assassination** ⓝ 암살

740 **federal**
[fédərəl]

'공식적인 동의 또는 함께 하는 것'의
라틴어 foedus에서 유래

🔵 ⓐ 연방의, 연방 정부의

예문 The income tax is a primary source of revenue for
the U.S. **federal** government.
소득세는 미국 연방 정부의 주요한 세금원이다.

741 **reside**
[rizáid]

re(뒤에)+sid(e)(앉다)
➡ 뒤에 앉아있다
➡ 머무르다

🔵 ⓥ 거주하다, 살다

예문 Harry was scheduled to return to his hometown
next week, having **resided** in London for 10 years.
Harry는 10년간 London에서 살다가 다음 주에 그의 고향으로 돌아갈
예정이었다.

➕ **resident** ⓝ 거주자, 주민

742 **impractical**
[imprǽktəkəl]

im(부정)+practical(실용적인)
➡ 실용적이지 않은

🔵 ⓐ 비현실적인, 비실용적인

예문 The company rejected the inventor's idea as
impractical.
그 회사는 그 발명가의 아이디어를 비실용적이라고 거절했다.

743 **intermediary**
[intərmíːdièri]

'다른 이들 사이에 있는 누군가'의
라틴어 intermedius에서 유래

🔵 ⓝ 중재자, 중개인 ⓐ 중간의, 중개의

예문 Doris acted as an **intermediary** between the two
companies.
Doris는 그 두 회사의 중재자 역할을 했다.

➕ **intermediate** ⓐ 중간의, (수준 등이) 중급의

744 **hinge**
[hindʒ]

🔵 ⓥ ~여하에 달려있다 ⓝ 경첩

예문 The company's future **hinges** on the outcome of the
negotiations.
그 회사의 미래는 협상의 결과에 달려있다.

745 aristocracy
[ǽristάkrəsi]

aristo(최상의)
+cracy(지배, 통치)
➡ 최상의 지배를 받는
➡ 귀족제

ⓝ 귀족(제), 귀족 사회

예문 In a country without a landed **aristocracy**, judges formed a privileged but public-spirited class.
지주 귀족이 없는 나라에서, 법조인들은 특권층이지만 공공심을 가진 계층을 형성했다. 09 고3 평가원 변형

➕ **aristocrat** ⓝ 귀족

746 resilient
[rizíljənt]

re(다시)+sil(뛰다)
+ent(형.접)
➡ 다시 뛰어오르는

ⓐ 회복력 있는, 탄력 있는

예문 Customers commonly say they want a product or service to be "reliable," "effective," "robust," "dependable," or "**resilient**."
고객들은 흔히 제품이나 서비스가 '믿을 수 있는', '효과적인', '튼튼한', '신뢰할만한' 혹은 '복원력이 있는' 것이기를 원한다고 말한다. 15 고3 학평

➕ **resilence** ⓝ 탄력, 회복력

747 rehearsal
[rihə́:rsəl]

rehearse(예행 연습을 하다)
+al(명.접)
➡ 예행 연습

ⓝ 시연, 예행연습

예문 Although there was a serious accident last weekend, the **rehearsal** was successful.
지난 주말에 심각한 사고가 있었음에도 불구하고, 그 리허설은 성공적이었다.
06 고2 학평 변형

➕ **rehearse** ⓥ 리허설(예행연습)을 하다

748 frantic
[frǽntik]

'미친'의 고대 영어
frentik에서 유래

ⓐ 광란적인, 정신없이 서두는

예문 The movie star often feels she is the object of envy, especially from **frantic** teens.
그 영화배우는 종종 그녀가 특히 광란의 10대들에게 질투의 대상이 된 것 같다고 느낀다. 05 고3 학평 변형

➕ **frenzied** ⓐ 광분한, 광란한

749 responsive
[rispάnsiv]

response(대답, 응답)
+ive(형.접)
➡ 응답하는

ⓐ 즉각 반응하는, 민감한

예문 A human system of regulating flow is almost always more **responsive** than a mechanical one.
흐름을 조정하는 인간의 시스템은 기계적인 시스템보다 즉각적인 반응을 거의 항상 더 잘한다. 15 고2 학평

➕ **sensitive** ⓐ 민감한, 민감하게 반응하는

750 optimal
[άptəməl]

'가장 호의적인'의 라틴어
optimus에서 유래

ⓐ 최적의, 최상의

예문 Olives and nuts are just some of the foods that provide the types of fats which we need in order to maintain **optimal** health.
올리브와 견과류는 최적의 건강 상태를 유지시켜 주는데 필요한 지방 유형을 제공하는 몇몇 음식들이다. 08 고2 학평 변형

751 anonymous
[ənánəməs]

ant(~이 없는)+onym(이름)
+ous(형.접)
➡ 이름이 없는

ⓐ 익명인, 작자 미상의

예문 Your article will be reviewed by three **anonymous**
volunteer referees.
당신의 기사는 세 명의 익명 자원 심사위원에 의해 검토를 받을 것입니다.

➕ anonymity ⓝ 익명성

752 competent
[kámpitənt]

competence(능력, 역량)
+ent(형.접)
➡ 능력있는, 유능한

ⓐ 유능한, 능숙한, 만족할만한

예문 Brian is a **competent** worker and has been doing
his job very well.
Brian은 유능한 직원이고 그는 자기의 일을 매우 잘 해왔다. 16 고3 평가원 변형

➕ competence ⓝ 능숙함, 역량

Tip! 〈주요 용례〉
· **highly/extremely competent** 대단히/아주 유능한
· **competent to do something** ~할 능력이 있는

753 botanical
[bətǽnikəl]

botanic(식물의)+al(형.접)
➡ 식물(학)의

ⓐ 식물(학)의

예문 They might refer to these substances as **botanical**
extracts.
그들은 이 물질들을 식물성 추출물로 지칭할 수도 있을 것이다.
14 고3 평가원 변형

754 complement
[kámpləmənt]

com(강조)+ple(채우다)
+ment(명.접)
➡ 완전히 채우는 것

ⓥ 보완하다, 보충하다   ⓝ 보완물, 보충물

예문 The best picture books contain words and pictures
which **complement** each other.
최상의 그림책은 서로 보완하는 단어와 그림을 포함하고 있다. 05 고3 평가원 변형

➕ complementary ⓐ 상호보완적인

755 ordinal
[ɔ́:rdənəl]

'순서를 표시하는'의 고대 라틴어
ordinalis에서 유래

ⓐ 서수의, 순서를 나타내는   ⓝ 서수

예문 Neumann gave the modern definition of **ordinal**
numbers, at age nineteen.
Neumann은 19살 때 서수의 현대적인 정의를 완성했다. 15 고3 평가원 변형

↔ cardinal (number) ⓝ 기수

756 physique
[fizíːk]

'육체의'의 프랑스어 physique에서 유래

ⓝ 체격, 몸매

예문 Although you have a good mind and a beautiful **physique**, constant self-development is still important.
비록 당신이 좋은 정신, 멋진 체격을 가졌을지라도 끊임없는 자기 계발은 여전히 중요하다. 05 고3 학평 변형

+ build ⓝ (사람의) 체구

757 illustrate
[íləstrèit]

'이해하기 쉽게 밝히다'의 라틴어 illustratus에서 유래

ⓥ 설명하다, 삽화를 넣다

예문 Instead of imitating reality, some painters wanted to **illustrate** social conditions within their art.
현실을 모방하는 대신에, 몇몇 화가들은 그들의 예술로 사회적 상황을 설명하길 원했다. 15 고3 학평 변형

+ demonstrate ⓥ 입증하다, (행동으로)보여주다

758 secure
[sikjúər]

se(떨어져)+cure/care(걱정)
➡ 걱정하는 것에서 떨어져

ⓐ 안전한, 확실한, 안정감 있는 ⓥ 안전하게 하다, 얻어내다, 확보하다

예문 Feeling **secure** is an important component of happiness.
안전함을 느끼는 것은 행복의 중요한 요소이다. 13 고3 학평

⟷ insecure ⓐ 불안정한

759 unavoidable
[ʌ̀nəvɔ́idəbl]

un(반대의)+avoid(피하다)
+able(~할 수 있는)
➡ 피할 수 없는

ⓐ 불가피한, 어쩔 수 없는

예문 Although failure may be an **unavoidable** part of life, you can still overcome it and achieve your goals.
실패는 당신 삶의 피할 수 없는 부분이기는 하지만 당신은 그래도 이를 극복하고 목표를 이룰 수 있다.

760 thread
[θred]

'가느다란 끈'의 고대 영어 thræd에서 유래

ⓝ 실, 나사 산 ⓥ 실을 꿰다

예문 Ann's **thread** was so strong and beautiful that it was used to make clothes for emperors.
Ann이 뽑아낸 실은 매우 강하고 아름다워서 황제의 옷을 만드는데 사용되었다.
09 고2 학평

+ needle ⓝ 바늘

Review Test!

A 우리말에 맞게 빈 칸에 알맞은 단어를 쓰시오.

1	_____	방어하다, 지키다, 변호하다	11 _____	disperse
2	_____	격렬한, 극심한	12 _____	iconic
3	_____	반대되는	13 _____	component
4	_____	안쪽으로 ; 내부의	14 _____	assassin
5	_____	거주하다, 살다	15 _____	intermediary
6	_____	귀족(제), 귀족 사회	16 _____	rehearsal
7	_____	최적의, 최상의	17 _____	responsive
8	_____	보완하다, 보충하다	18 _____	competent
9	_____	설명하다, 삽화를 넣다	19 _____	physique
10	_____	안전한, 확실한, 안정감 있는	20 _____	thread

B 문장의 빈칸에 알맞은 단어를 〈보기〉에서 찾아 쓰시오. (필요하면 형태를 고치시오.)

보기   irritate   botanical   coral   federal   secure

1 Clara expanded the _____ garden on the Left Bank in Paris.
Clara는 파리의 Left Bank에 있는 식물원을 확장했다. 11 고3 평가원

2 There are no _____ filtration or disinfection requirements for bottled water, as there are for tap water.
수돗물에 대해서는 연방의 정수 또는 소독 규정이 있는데 병에 든 물에 대해서는 전혀 규정이 없다. 15 고3 학평

3 Reading seems to be an important activity that helps teenagers _____ a good job.
독서는 10대들이 좋은 직업을 확보하도록 돕는 중요한 활동으로 보인다.

4 Michael tries to focus on his studies, but the sound of the tapping continues to _____ him.
Michael은 그의 공부에 집중하려고 했으나 연필을 두드리는 소리는 계속해서 그를 자극하였다. 07 고2 평가원

5 Nearly everyone has heard of _____ and most people have a mental picture of what _____ looks like.
거의 모든 사람들이 산호에 대해 들어 보았고 대부분은 산호가 어떻게 생겼는지에 대한 심상을 가지고 있다.

Study More !

01 어원을 통한 어휘 확장 : '반대(opposite), 떨어져(apart)'의 의미를 가진 dis-

dis-는 기출에서 출현빈도가 높은 어원 중의 하나입니다. dis- 는 '반대(opposite)', '떨어져 (apart, away)'의 의미를 가지고 있으며 접두사 역할을 합니다. dis-가 포함된 중요한 어휘를 선별해서 알아볼까요?

- **disperse** : dis (apart) + perse (scatter)로서 떨어져 분산시키는 것이니 '흩어지다, 해산하 다'의 의미를 가지고 있습니다.

- **dismiss** : dis (away) + miss (send)이므로 멀리 보내다라는 뜻으로 '해산하다, 해산시키다' 라는 뜻으로 쓰입니다. *ex.) dismiss a platoon* 소대를 해산시키다
  dismiss의 의미는 좀 더 확장되어 '묵살하다, 일축하다'의 뜻으로도 많이 쓰입니다.
  ex.) dismiss a suggestion 제의를 묵살하다

- **discriminate** : dis (apart) + criminate (sieve, distinguish)로서 '서로 떨어져' sieve '걸러내다' 또는 distinguish '구분하다'의 의미에서 '차별하다'라는 의미가 되었습니다.

- **dispose** : dis (apart) + pose (place)로서 원래 위치에서 떨어져 위치시킨다는 것에서 '배치하다'는 의미, 그리고 더 이상 가까이 두지 않는다는 것에서 '처리하다, 없애다'라는 의미를 가지게 되었습니다. 두 번째 의미의 경우 주로 dispose of something 형태로 쓰입니다.
  ex.) dispose of toxic waste 유독 폐기물을 처리하다

- **dispose**의 활용형
  disposable ⓐ 사용 후 버리는, 일회용의
  ex.) disposable razors and cameras 일회용 면도기와 카메라들 [1998 수능]

  disposal ⓝ 처리, 처분
  ex.) garbage disposal 쓰레기 처리 [15 고2 학평]
  ex.) complete disposal of infected animals 감염된 동물의 완전한 처분 [11 고3 학평]
  disposal은 또한 'at somebody's disposal'형태의 숙어에 사용되어 '~가 원하는 대로, ~의 처분에 따라' 등의 의미로 쓰입니다. *ex.) the overabundance of information at our disposal* 우리가 마음대로 쓸 수 있는 정보의 과잉 [12 고2 평가원]

dis-는 결합하는 단어에 따라 dif-형으로 나타나기도 합니다. 대표적인 경우가 differ 입니다.

- **differ** : dif (apart) + fer (carry)로서 다른 것과 동떨어져 옮기는 상태에서 '다르다'라는 의미가 생겼습니다.
  ex.) Written language may differ from spoken language in style.
  문자 언어는 구어와 스타일에서 다를 수 있다. [1996 수능]

Day 20

Word Preview

🎧 음원 듣기

- ☐ curse
- ☐ consonant
- ☐ oblige
- ☐ detract
- ☐ strenuous
- ☐ mainstream
- ☐ ripe
- ☐ abnormal
- ☐ synthetic
- ☐ bizarre
- ☐ affirmative
- ☐ racism
- ☐ buildup
- ☐ premonition

- ☐ vie
- ☐ monopoly
- ☐ perception
- ☐ debris
- ☐ festive
- ☐ recruit
- ☐ bureaucracy
- ☐ responsibility
- ☐ tide
- ☐ indispensable
- ☐ hospitable
- ☐ ubiquitous
- ☐ magnitude
- ☐ vibrate

- ☐ gracious
- ☐ canal
- ☐ regression
- ☐ entrust
- ☐ unbearable
- ☐ lick
- ☐ fiber
- ☐ quest
- ☐ encompass
- ☐ viewpoint
- ☐ blunder
- ☐ gigantic

Day 20

761 curse
[kəːrs]

'누군가를 해하고자 하는 기도'의
고대 영어 curs에서 유래

ⓝ 저주, 욕설 ⓥ 욕(설)을 하다, 저주하다

예문 The poor man began to believe he was **cursed**.
그 불쌍한 남자는 자신이 저주 받았다고 믿기 시작했다.

---

762 consonant
[kánsənənt]

con(함께)+sonant(소리가 나는)
➡ (모음과) 함께 소리가 나는

ⓝ 자음

예문 Everett discovered that languages that included ejective
consonants were generally spoken at a higher elevation
than those that did not.
Everett는 방출 자음을 포함한 언어들이 일반적으로 그렇지 않은 것들보다 높은 고도
에서 말해진다는 것을 발견했다. 14 고1 학평

↔ vowel ⓝ 모음

---

763 oblige
[əbláidʒ]

ob(~에)+lig(e)(묶다)
➡ ~에 묶다

ⓥ 의무적으로 ~하게 하다, 강요하다

예문 The first Everesters were **obliged** to trek 400 miles to
reach the foot of the mountain.
최초의 에베레스트를 오른 사람은 산기슭까지 다다르기 위해 400마일을 걸어야만
했다. 2012 수능 변형

✚ obligation ⓝ (법적, 도덕적) 의무

---

764 detract
[ditrǽkt]

de(~에서)+tract(끌다)
➡ ~에서 끌다 ➡ 빗나가게 하다

ⓥ (주의를) 딴 곳으로 돌리다, 빗나가게 하다

예문 Helen tried to **detract** her daughter's attention from the
doll.
Helen은 자기 딸의 관심을 그 인형에서 돌리려고 했다.

---

765 strenuous
[strénjuəs]

'활동적인, 빠른'의 라틴어
strenuus에서 유래

ⓐ 몹시 힘든, 맹렬한, 분투하는

예문 They are making **strenuous** efforts to figure out the
cause of the accident.
그들은 그 사고의 원인이 무엇인지 알아내기 위해 맹렬한 노력을 하고 있다.

✚ arduous ⓐ 몹시 힘든, 고된

---

766 mainstream
[méinstriːm]

ⓝ (사상, 견해 등의) 주류, 대세 ⓐ 주류의, 정통파의

예문 **Mainstream** repertory is not necessarily the same as
the best repertory.
대세를 이루는 레퍼토리가 최고의 레퍼토리와 꼭 일치하는 것은 아니다.
06 고2 평가원

---

767 ripe
[raip]

'익을 준비가 된'의 고대 영어 ripe에서 유래

ⓐ 익은; ~에 적합한

예문 The color of fruit suggests whether it is **ripe**; the color of meat whether it is fresh.
과일의 색은 그것이 익었는지를, 고기의 색은 그것이 신선한지를 보여준다.
11 고3 학평

---

768 abnormal
[æbnɔ́:rməl]

ab(떨어져)
+normal(정상적인)
➡ 정상적인 것과 거리가 먼

ⓐ 비정상적인

예문 Although there have been some famous people who were left-handed, lefties used to be considered **abnormal**.
일부 유명한 왼손잡이들이 있었음에도 불구하고, 왼손잡이는 비정상적인 것으로 여겨졌다. 04 고2 평가원

➕ **unusual** ⓐ 보통이 아닌, 비범한

---

769 synthetic
[sinθétik]

syn(함께)+thet(장소)
+ic(형.접)
➡ 함께 한 곳에 모여있는

ⓐ 인공의, 합성의

예문 Plastics are **synthetic** materials, which means that they are made from chemicals in factories.
플라스틱은 인공 물질인데 이는 그들이 공장에서 화학물질로부터 만들어졌음을 의미한다. 09 고1 평가원 변형

---

770 bizarre
[bizá:r]

'이상한, 환상적인'의 프랑스어 bizarre에서 유래

ⓐ 기이한, 특이한

예문 Some animals will engage in **bizarre** behaviors and can severely harm themselves.
몇몇 동물들은 기이한 행동을 보일 것이며 심하게 자신들에게 상처를 입힐 수 있다. 14 고3 학평 변형

➕ **odd** ⓐ 이상한, 특이한

---

771 affirmative
[əfə́:rmətiv]

affirm(긍정하다)+ive(형.접)
➡ 긍정의, 긍정하는

ⓐ 긍정의 ⓝ 긍정의 대답

예문 After Tim's presentation, the professor made an **affirmative** nod.
Tim의 발표 후 교수님은 긍정적으로 고개를 끄덕이셨다.

➕ **positive** ⓐ 긍정적인, 낙관적인

---

772 racism
[réisizəm]

race(인종)+ism(명.접)
➡ 인종 차별주의

ⓝ 인종 차별(주의)

예문 Because of the government's efforts, educational institutes are free from **racism**.
정부의 노력 때문에, 교육 기관들은 인종차별로부터 자유롭다. 09 고3 평가원 변형

773 **buildup**
[bíldʌ̀p]

ⓝ 증강, 강화, 축적

예문 Headaches often follow the **buildup** of rage.
두통은 종종 분노가 축적되어 생긴다. 10 고1 학평

---

774 **premonition**
[priməníʃən]

pre(전에)+moni(경고하다)
+tion(명.접)
➡ 미리 경고하는 것

ⓝ (불길한) 예감, 예고

예문 Pamela had a sudden **premonition** that she would fail the driving test.
Pamela는 자신이 운전시험에 떨어질 것이라는 갑작스러운 예감이 들었다.

✚ **premonitory** ⓐ 예고의, 전제의

---

775 **vie**
[vai]

'도전하다'의 고대 프랑스어
envier에서 유래

ⓥ 우열을 다투다, 경쟁하다 (~ for / with)

예문 Many athletes **vie** for the gold medal in the Olympics.
올림픽에서 많은 운동 선수들은 금메달을 따기 위해 경쟁한다.

✚ **compete** ⓥ 경쟁하다, 맞서다

---

776 **monopoly**
[mənápəli]

'상품 또는 무역의
독점적 통제'의 라틴어
monopolium에서 유래

ⓝ 독점, 전매, 독차지

예문 When a firm discovers a new drug, patent laws give the firm a **monopoly** on the sale of that drug.
한 회사가 신약을 발견할 때, 특허법은 그 회사에게 그 약 판매에 대한 독점권을 부여한다. 11 고3 학평 변형

✚ **monopolize** ⓥ 독점하다, (관심 등을) 독차지 하다

---

777 **perception**
[pərsépʃən]

perceive(인지하다)
+tion(명.접)
➡ 인지, 자각

ⓝ 인식, 지각

예문 All of us use cultural knowledge to organize our **perception** and behavior.
우리 모두는 문화적 지식을 사용해서 우리의 인식과 행동을 체계화한다.
2012 수능 변형

✚ **perceive** ⓥ 지각하다, 인지하다

---

778 **debris**
[dəbríː]

'유적, 낭비'의 프랑스어
debris에서 유래

ⓝ 잔해, 파편, 부스러기

예문 After the bombing, the city's streets were covered with **debris** from the fallen buildings.
폭격이 있은 후 도시의 거리들은 무너진 건물들의 파편으로 덮였다.

---

779 festive
[féstiv]

'잔치, 연회와 관련있는'의
라틴어 festivus에서 유래

ⓐ 축제의, 기념일의, 명절기분의

예문 Balloons can be easily seen at birthday parties and other **festive** occasions.
풍선은 생일 파티나 다른 축하 행사에서 쉽게 볼 수 있다. 08 고1 학평

780 recruit
[rikrúːt]

re(다시)+cruit(자라다)
➡ 다시 자라게 하다
➡ 다시 인원이 늘어나게 하다

ⓥ 채용하다, 모집하다, 보충하다 ⓝ 신입 회원, 신병

예문 Max joined an organization that **recruits** volunteers to teach in low income communities.
Max는 저소득층 주민들을 가르칠 봉사자를 모집하는 단체에 가입했다.
2015 수능 변형

781 bureaucracy
[bjuərákrəsi]

bureau(관료, 관직)
+cracy(kratia)(체제)
➡ 관료 체제
➡ 관료제

ⓝ 관료(제)

예문 Leaders use passion and ideas to lead people, as opposed to using threats and **bureaucracy** to manage them.
리더는 사람들을 관리하기 위하여 위협과 관료 조직을 이용하는 것과는 반대로 사람들을 이끌기 위해서 열정과 아이디어를 이용한다. 14 고3 학평

✛ bureaucratic ⓐ 관료적인, 절차가 복잡한

782 responsibility
[rispànsəbíləti]

responsible
(책임감이 있는)+ity(명.접)
➡ 책임(감)

ⓝ 책임, 책무

예문 Accepting a job means that you accept the **responsibility** that goes with it.
당신이 어떤 일을 맡는다는 것은 그것과 동반하는 책임을 지는 것을 의미한다.
12 고1 학평

783 tide
[taid]

'적당한 때, 기간, 계절'의
고대 영어 tid에서 유래

ⓝ 조수, 밀물과 썰물

예문 **Tides** result from the pull of the moon and the sun.
조수는 달과 태양의 인력으로 인해 생긴다. 04 고3 평가원 변형

✛ tidal ⓐ 조수의, 조수의 영향을 받는

784 indispensable
[ìndispénsəbl]

in(부정)
+dispensable(불필요한)
➡ 꼭 필요한

ⓐ 없어서는 안 될, 필수적인

예문 Science is an **indispensable** source of information for many writers.
과학은 많은 작가들에게 없어서는 안될 정보의 근원이다. 11 고3 평가원 변형

↔ dispensable ⓐ 없어도 되는, 불필요한

785 hospitable
[háspitəbl]

hospit(손님)+able(형.접)
➡ 손님을 맞이 하는

ⓐ 환대하는, 친절한, (기후, 조건 등이) 알맞은

[예문] The generous court officer said that he found the people of foreign lands to be **hospitable** and generally kindhearted.
그 관대한 관리는 다른 지역에 사는 사람들이 공손하며, 대개 마음씨가 곱다고 여긴다고 말했다. 06 고3 학평

786 ubiquitous
[juːbíkwitəs]

ubi(어디든)+que(어느것이든)
+ous(형.접)
➡ 어디에나 있는

ⓐ 어디에나 있는, 아주 흔한

[예문] The view of riding bicycles is so **ubiquitous** in Vietnam.
자전거를 타는 풍경은 베트남에서는 아주 흔하다.

✚ ubiquity ⓝ 도처에 있음

787 magnitude
[mǽgnətjùːd]

magn(거대한)
+tude(명.접)
➡ 거대함

ⓝ 규모, 중요성, 지진 규모(단위)

[예문] The human brain is not particularly sensitive to the absolute **magnitude** of stimulation, but it is extraordinarily sensitive to the differences.
인간의 뇌는 자극의 절대적인 크기에 특별히 민감하지 않지만 차이에는 대단히 민감하다. 11 고2 학평

788 vibrate
[váibreit]

'흔들리다'의 라틴어
vibrare에서 유래

ⓥ 떨리다, 흔들리다

[예문] The snake swells up, hisses loudly, **vibrates** its tail, and even bites.
그 뱀은 부풀어 오르고, 쉭쉭 소리를 내고, 꼬리를 흔들며 심지어 물기까지 한다.
05 고3 평가원

789 gracious
[gréiʃəs]

ⓐ 품위 있는, 자애로운

[예문] The audience responded with deafening applause, in recognition of the master musician who could pay so **gracious** a compliment.
청중들은 그렇게도 우아한 칭찬을 할 수 있는 이 거장 음악가를 보고, 귀가 먹먹할 정도의 큰 박수로 응답했다. 12 고3 평가원

790 canal
[kənǽl]

'수도관, 홈'의 라틴어
canalis에서 유래

ⓝ 운하, 수로

[예문] A representative of the **canal** city said that Venice was formed by the historical and cultural environment.
이 운하도시의 대표자는 Venice가 역사적이고 문화적인 환경에 의해 형성되었다고 말했다.

791 regression
[rigréʃən]

re(뒤로)+gress(걷다)
+ion(명.접)
➡ 뒤로 걷다

ⓝ 퇴보, 후행, 역행

[예문] Visual **Regression** means you continually go back to read words or phrases that have already been completed.
시각적 역행이란 당신이 이미 읽은 단어나 어구들을 계속해서 되돌아가서 읽는 것을 의미한다. 09 고2 학평

792 entrust
[intrʌ́st]

en(~안에)
+trust(믿음, 신뢰)
➡ 믿음 안에 두다
➡ 위탁하다

ⓥ 맡기다, 위임하다, 위탁하다

[예문] Before dad went to travel, he **entrusted** me with his movie projector and all the reels of film.
아버지는 여행을 떠나기 전에, 내게 자신의 영사기와 모든 영화 필름을 맡겼다.
15 고3 평가원 변형

➕ consign ⓥ 위탁하다, 맡기다, 건네주다

793 unbearable
[ʌ̀nbɛ́(:)ərəbl]

un(반대의)+bear(견디다)
+able(~할 수 있는)
➡ 견딜 수 없는

ⓐ 참을 수 없는, 견딜 수 없는

[예문] For many parents, studying abroad presents an **unbearable** financial burden that is impossible to overcome
많은 부모들에게, 해외 유학은 극복하는 것이 불가능하고 견뎌내기 힘든 재정적인 부담감을 가져다 준다. 08 고2 학평

➕ intolerable ⓐ 참을 수 없는, 견딜 수 없는

794 lick
[lik]

'표면을 핥아 올리다'의
고대 영어 liccian에서 유래

ⓥ 핥다; 파도가 철썩 거리다, 매질하다

[예문] Jude stood in front of the elevator, the wave of darkness **licking** at him like a physical force.
Jude는 엘리베이터 앞에 서 있었고 어둠의 물결이 물리적인 힘처럼 그를 향해 파도처럼 철썩이고 있었다. 16 고3 평가원

795 fiber
[fáibər]

'섬유, 가는 실과 같은 것'의
라틴어 fibra에서 유래

ⓝ 섬유(질)

[예문] **Fiber** helps to lessen calorie intake, because people don't feel hungry even though they eat less.
식이 섬유는 칼로리 섭취를 줄이는데 도움이 되는데, 이는 사람들이 덜 먹어도 배고픔을 느끼지 못하기 때문이다. 2007 수능

796 quest
[kwest]

'탐구, 탐색'의 고대 프랑스어
queste에서 유래

ⓝ 원정모험, 탐구, 탐색

예문 Myth and folk tale heroes are called upon to take up a **quest** just as each human being must journey through life.
각각의 인간들이 인생을 여행해야 하는 것과 마찬가지로 신화와 민간 설화의 영웅들은 모험을 하거나 여행을 하도록 요구된다. 08 고3 학평

➕ search (for) ⓝ 수색, 추구

Tip! 〈관련 어휘〉
• quest ⓝ 탐구, 탐색   • request ⓝ 요청, 신청
• conquest ⓝ 정복, 점령

797 encompass
[inkʌ́mpəs]

en(~하게 하다)
+compass(원형)
➡ 둥글게 둘러싸다

ⓥ (많은 것을) 포함하다, 아우르다, 에워싸다

예문 Native American art **encompasses** a broad spectrum of techniques, materials and crafts.
미국 원주민 예술은 광범위한 기술, 재료, 공예품들을 포함한다.

798 viewpoint
[vjúːpɔ̀int]

view(보다)+point(요점, 의견)
➡ (어떤 주제에 대해) 보는 관점

ⓝ 관점, 견해, 시각

예문 People tend to pay attention to information that supports their **viewpoints**.
사람들은 그들의 관점을 지지해주는 정보에 관심을 기울이는 경향이 있다. 16 고3 학평 변형

799 blunder
[blʌ́ndər]

'눈을 감다'의 고대 스칸디나비아어
blundra에서 유래
➡ 후에 '어리석은 실수를 하다'의 뜻으로 발전

ⓝ (어리석은) 실수 ⓥ (어리석은) 실수를 하다

예문 Gray refuses to admit that he made a serious **blunder**.
Gray는 자신이 어리석은 실수를 저질렀다고 인정하기를 거부한다.

Tip! 〈'실수'에 관련된 단어〉
• mistake ⓝ 실수   • blunder ⓝ (어리석은) 실수
• error ⓝ 오류   • gaffe ⓝ 실수, 결례
• oversight ⓝ 실수, 간과

800 gigantic
[dʒaigǽntik]

'거인과 관련된'의 라틴어
gigas에서 유래

ⓐ 거대한

예문 The word 'gargantuan' has a similar meaning to the words **gigantic**, huge, large, etc.
'gargantuan'이라는 단어는 거대한, 큰, 커다란 등의 단어들과 비슷한 의미를 갖고 있다. 05 고1 평가원

Review Test !

A 우리말에 맞게 빈 칸에 알맞은 단어를 쓰시오.

1 _____ 자음
2 _____ 비정상적인
3 _____ (불길한) 예감, 예고
4 _____ 잔해, 파편, 부스러기
5 _____ 책임, 책무
6 _____ 조수, 밀물과 썰물
7 _____ 어디에나 있는, 아주 흔한
8 _____ 퇴보, 후행, 역행
9 _____ 원정모험, 탐구, 탐색
10 _____ (어리석은) 실수, (어리석은) 실수를 하다

11 _____ detract
12 _____ mainstream
13 _____ affirmative
14 _____ monopoly
15 _____ recruit
16 _____ bureaucracy
17 _____ vibrate
18 _____ unbearable
19 _____ viewpoint
20 _____ gigantic

B 문장의 빈칸에 알맞은 단어를 〈보기〉에서 찾아 쓰시오. (필요하면 형태를 고치시오.)

보기   buildup   canal   perception   racism   magnitude

1 Kate and her classmate, Jamie, were the youngest of the winning teams in the Stop _____ National Video Competition in 1998.
Kate와 그녀의 급우인 Jamie는 1998년에 '인종차별을 막기 위한 전국 비디오 경연대회'에서 우승한 팀의 가장 막내였다. `09 고3 평가원`

2 On March 20th, 1980, Mount Saint Helens experienced a 4.2 _____ earthquake.
1980년 3월 20일, 세인트 헬렌스 산은 진도 4.2의 지진을 겪었다.

3 A primary source of heat _____ is sunlight absorbed by your home's roof, walls, and windows.
열이 모이는 주된 원천은 지붕과 벽 그리고 유리창을 통해 흡수되는 햇볕이다. `05 고3 학평`

4 She avoids social lunches because she thinks they create the _____ of favoritism.
그녀는 사교를 위한 점심이 어떤 사람을 편애한다는 생각을 만들어낸다고 생각해서, 그녀는 사교를 위한 점심을 피한다. `12 고1 학평`

5 By the time the _____ was finished, the railroad had been established as the fittest technology for transportation.
운하가 완성되었을 즈음에, 철도는 이미 가장 최적의 운송 기술로 자리를 잡고 있었다. `2011 수능`

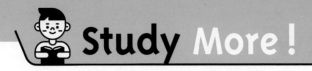

Study More !

- **detect** ⓥ 감지하다, 발견하다

  The machine suddenly **detected** movement. 그 기계가 갑자기 움직임을 감지했다.

  detect the error in the report 보고서에 오류를 발견하다

- **detract** ⓥ 주의를 딴 데로 돌리다, 손상시키다

  I tried to **detract** my son's attention from the TV.
  나는 텔레비전에서 아들의 관심을 돌리려고 노력했다.

  detract the value of the tower 그 탑의 가치를 손상시키다

- **rational** ⓐ 합리적인

  rationalize ⓥ 합리화하다

  Eric **rationalized** his stupid mistake.
  Eric은 그의 어리석은 실수를 합리화했다.

- **symbol** ⓝ 상징

  symbolize ⓥ 상징하다

  A four-leaf clover **symbolizes** good fortune.
  네잎 클로버는 행운을 상징한다.

Day 21

Word Preview

 음원 듣기

- [ ] abbreviate
- [ ] sabotage
- [ ] ecosystem
- [ ] blister
- [ ] upbringing
- [ ] preliminary
- [ ] era
- [ ] introspective
- [ ] ideology
- [ ] scholarship
- [ ] stubborn
- [ ] verdict
- [ ] gleam
- [ ] entail

- [ ] probable
- [ ] outweigh
- [ ] outbreak
- [ ] prophecy
- [ ] torment
- [ ] depression
- [ ] geometric
- [ ] riot
- [ ] confine
- [ ] stammer
- [ ] conclusive
- [ ] adhere
- [ ] imperative
- [ ] flaw

- [ ] cane
- [ ] oversee
- [ ] column
- [ ] identification
- [ ] evolution
- [ ] distribution
- [ ] nursery
- [ ] scheme
- [ ] inconsistent
- [ ] generate
- [ ] lava
- [ ] disguise

Day 21

801 abbreviate
[əbríːvièit]

'짧게 하는 것'의 라틴어
abbreviatus에서 유래

ⓥ (어구를) 단축하다, 줄이다

예문 People in America use a great deal of slang, and spoken words are often **abbreviated**.
미국 사람들은 속어를 많이 사용하고 구어는 종종 축약이 된다.
06 고2 학평 변형

✛ abbreviation ⓝ 축약형

802 sabotage
[sǽbətàːʒ]

'고의로 방해하다'의 프랑스어
saboter에서 유래

ⓥ (고의적으로) 방해하다, 파괴하다　ⓝ 고의적 방해 행위

예문 Anxiety **sabotages** academic performance of all kinds.
걱정은 모든 종류의 학업 수행을 방해한다. 2013 수능

803 ecosystem
[ékousìstəm]

eco(환경의) + system(체계)
➡ 생태계

ⓝ 생태계

예문 The role of humans in today's **ecosystems** differs from that of early human primitive society.
오늘 날의 생태계에서 인간의 역할은 초기 인간 원시 사회 때와는 다르다.
13 고1 학평 변형

804 blister
[blístər]

'덩어리, 물집'의 고대 프랑스어
blestre에서 유래

ⓝ 물집　ⓥ 물집이 생기게 하다

예문 Wearing high heels can cause **blisters** that can be painful and ugly.
하이힐을 신는 것은 고통스럽고 흉한 물집을 유발할 수 있다. 07 고1 학평 변형

805 upbringing
[ʌ́pbrìŋiŋ]

ⓝ 양육, 훈육, 가정교육

예문 A wise **upbringing** from parents is able to shape a child's whole life for the better.
부모의 현명한 양육방식은 아이의 삶 전체를 더 좋게 형성할 수 있다.

806 preliminary
[prilímənèri]

pre(이전) + limen(문지방, 한계)
+ ary(형.접)
➡ 문지방이나 한계를 넘기 전인
➡ 기본적인

ⓐ 예비의, 준비의　ⓝ 예비 행위, 사전 준비

예문 A junior high school student had survived all the **preliminary** rounds of a national spelling bee.
한 중학교 학생이 전국 맞춤법 대회의 모든 예선전을 통과했다. 06 고2 평가원 변형

807 era
[í(:)rə]

'~의 시간이라고 여겨지는 시대'의 라틴어 aera에서 유래

ⓝ 시대, 연대

예문 Leadership is becoming more important in this **era** of change.

지도력은 이 변화의 시기에 점점 중요해지고 있다. 09 고2 학평

808 introspective
[ìntrəspéktiv]

intro(안)+spec(보다)
+ive(형.접)

➡내면을 들여다보는

ⓐ 자기 성찰적인, 자기 반성의

예문 Intellectual, **introspective**, and exceedingly detail-oriented investigators are happiest when they're using their brain power to pursue what they deem as a worthy outcome.

조사자는 지적이고, 자기 성찰적이며, 대단히 꼼꼼하며, 자신이 가치 있는 결과로 여기는 것을 추구하기 위해 지적 능력을 사용하고 있을 때 가장 행복하다. 16 고3 평가원

➕ **introspection** ⓝ 자기성찰

809 ideology
[àidiálədʒi]

'생각의 대한 연구 또는 과학'의 프랑스어 ideologie에서 유래

ⓝ 이념, 관념

예문 An inflationary **ideology** that compromises quality for quantity can be traced back to Hollywood and celebrity.

양을 위해 질을 타협하는 팽창위주의 관념은 헐리우드와 유명인사들에게로 거슬러 올라갈 수 있다. 10 고3 학평

➕ **ideological** ⓐ 사상적인, 이념적인

810 scholarship
[skálərʃ̀ip]

ⓝ 장학금

예문 Susan got a full **scholarship** and studied without any concern about school expenses.

Susan은 전액 장학금을 받았고, 학비 걱정 없이 공부했다.

811 stubborn
[stʌ́bərn]

ⓐ 완강한, 고질적인

예문 Julia had always focused on the **stubborn** belief that writing a book was too big a project.

Julia는 항상 책을 쓴다는 것을 너무나도 큰 일이라는 완고한 믿음을 갖고 있었다. 06 고3 평가원 변형

812 verdict
[və́:rdikt]

ver(사실)+dict(말하다)
➡사실을 말하다

ⓝ 판결, 평결, 의견

예문 Making better decisions when picking out jams is best done with the emotional brain, which generates its **verdict** automatically.

잼을 고를 때 더 좋은 선택을 하는 것은 자동으로 판단을 내리는 감정적 뇌에 의해 가장 잘 수행된다. 2013 수능

➕ **ruling** ⓝ (판사의) 판결

813 gleam
[gli:m]

'밝게 빛나다, 밝음'의 고대 영어 glæm 에서 유래

ⓥ 어슴푸레하게 빛나다 ⓝ 희미한 빛

예문 Marking the Nepal-Tibet border, Everest looms as a three-sided pyramid of **gleaming** ice and dark rock.
네팔과 티베트 사이의 경계가 되는 에베레스트는 빛나는 얼음과 짙은 색의 바위로 이루어진 세 개의 면을 가진 피라미드의 형태로 솟아있다. 2013 수능

---

814 entail
[intéil]

ⓥ 수반하다, 필요로 하다, 의미하다

예문 By likening the eye to a camera, elementary biology textbooks help to produce a misleading impression of what perception **entails**.
눈을 카메라에 비유함으로써, 기초 생물학 교과서는 인식이 수반하는 것에 대한 잘못된 인상을 만들어 내는데 기여하고 있다. 2013 수능

---

815 probable
[prábəbl]

prob (시험하다)
+ able (~할 수 있는)
➡ 시험 할 수 있는
➡ 그럴듯한, 있을 법한

ⓐ 어떤 일이 있을 것 같은, 개연성 있는

예문 It is **probable** that Emma will come home next week.
Emma는 다음 주에 집에 돌아올 것 같다.

✚ **probability** ⓝ 개연성, 확률

---

816 outweigh
[àutwéi]

out (~보다 크다, 무겁다)
+ weigh (무게가 나가다)
➡ ~보다 무게가 많이 나가다

ⓥ ~보다 더 크다, 능가하다, 중대하다

예문 For the player, the many benefits of being champion **outweigh** the risk of injury.
선수에게는 챔피언으로서의 여러 이점이 부상에 대한 위험을 능가한다.

✚ **override** ⓥ ~보다 우위에 서다

---

817 outbreak
[áutbrèik]

ⓝ 발생, 발발

예문 An **outbreak** of cholera in 1830 killed nearly 13,000 people in Italy.
1830년의 콜레라 발병은 이탈리아 사람들을 거의 13,000명 가량 죽였다.
09 고2 평가원 변형

✚ **break out** 발생하다, 발발하다

---

818 prophecy
[práfisi]

'선지자의 역할, 기능'의 라틴어 prophetia에서 유래

ⓝ 예언

예문 Islam and Christianity differ when it comes to their central teacher of **prophecy**.
이슬람과 기독교는 그들의 핵심적인 선지자를 언급하는 것에 있어 다르다.
05 고3 학평

✚ **prediction** ⓝ 예언, 예보

819 **torment**
[tɔːrmént]

tor(비틀다, 꼬다) + ment(명.접)
➡ 비틀고 꼬는 것
➡ 고통(을 주는 것)

ⓥ 괴롭히다, 고통을 주다, 괴롭히다   ⓝ 고통, 고뇌, 고통을 주는 것

[예문] Fear of failure **tormented** Justin.
실패에 대한 두려움이 Justin을 괴롭혔다.

✚ anguish ⓝ (극심한) 괴로움

820 **depression**
[dipréʃən]

de(아래) + press(누르다)
+ ion(명.접)
➡ 아래로 누르다
➡ 우울함

ⓝ 우울증, 우울함

[예문] A few years ago, I established a healing group to treat anxiety and **depression**.
몇 년 전에 나는 불안과 우울증을 치료하기 위한 치료 그룹을 만들었다.
11 고2 학평 변형

821 **geometric**
[dʒìːəmétrik]

geometry(기하학) + ic(형.접)
➡ 기하학의

ⓐ 기하학의, 기하학적인

[예문] The ceiling of the mansion was decorated with complex **geometric** patterns.
그 대저택의 천장은 복잡한 기하학적 무늬로 장식되어 있었다.

822 **riot**
[ráiət]

'분쟁, 다툼, 언쟁'의 고대 프랑스어 riote에서 유래

ⓝ 폭동, 시위

[예문] The police tried to suppress the **riot** that broke out in the jail.
경찰은 감옥에서 발생한 폭동을 진압하기 위해 애썼다.

823 **confine**
[kánfain]

con(함께) + fin(e)(경계, 끝)
➡ 함께 같은 경계를 갖고 있다

ⓥ 한정하다, 국한하다

[예문] In the old Sumerian period, knowledge of writing was **confined** to professionals who worked for the king or temple.
고대 수마리아 시대에는 쓰기에 대한 지식이 왕이나 사원에서 일하는 전문가에게 한정되었다.   2006 수능 변형

✚ restrict ⓥ 제한하다, 한정하다   confinement ⓝ 국한, 한정, 제한

824 **stammer**
[stǽmər]

'말을 더듬다'의 고대 영어 stamerian에서 유래

ⓝ 말 더듬기   ⓥ 말을 더듬다

[예문] Dr. Drake cured my son's **stammer**.
Dr. Drake는 우리 아들이 말 더듬는 것을 치료해 주었다.

✚ stutter ⓝ 말 더듬기 ⓥ 말을 더듬다

825 **conclusive**
[kənklúːsiv]

con(함께)+clue(닫다)
+ive(형.접)
➡ 함께 닫는
➡ 결정적인

ⓐ 결정적인, 명확한

예문 Although the evidence is far from **conclusive**, tumeric is highly recommend for people with arthritis and some forms of cancer.
증거가 아직 확실하지는 않지만 강황은 관절염이나 암을 앓고 있는 사람들에게 강력히 추천된다.

➕ **conclusively** ⓐⓓ 결정적으로

---

826 **adhere**
[ædhíər]

ad(~으로)+haerere(달라붙다)
➡ ~에 고착하다

ⓥ 들러붙다, 부착하다, 고수하다

예문 Some designers tend to **adhere** to the principles that produced success in the first place.
일부 디자이너들은 처음에 성공을 가져다준 원칙을 고수하는 경향이 있다.
12 고3 평가원 변형

➕ **adhesive** ⓝ 접착제

---

827 **imperative**
[impérətiv]

'명령에 관련된'의
imperativus에서 유래

ⓐ 필수의, 반드시 해야 하는, 명령적인

예문 It is **imperative** that we finish the project by next Friday.
우리는 반드시 다음주 금요일까지 프로젝트를 끝내야 한다.

---

828 **flaw**
[flɔː]

ⓝ (사물의) 결함, 결점

예문 We all have a tendency to look at our own **flaws** with a magnifying glass.
우리는 모두 자신의 결점을 확대경으로 바라보는 경향이 있다. 15 고3 학평 변형

---

829 **cane**
[kein]

'길고 가느다란 나무 줄기'의
고대 프랑스어 cane에서 유래

ⓝ 줄기, 지팡이

예문 Sarah taps the tip of her **cane** against the floor for attention.
Sarah는 주목을 끌기 위해 지팡이 끝으로 바닥을 쳤다. 16 고2 학평

---

830 **oversee**
[òuvərsíː]

over(~너머에)+see(보다)
➡ ~너머로 보다
➡ 감시하다

ⓥ 감독하다, 두루 살피다

예문 In contrast to project managers, functional managers **oversee** many functional areas, each with its own specialists.
프로젝트 관리자에 비교해서 직무 능력 관리자는 여러 직무 능력 분야를 자신의 고유한 전문성으로 감독한다. 16 고3 평가원 변형

831 column
[kάləm]

'기둥'의 라틴어
columna에서 유래

ⓝ 기둥, 열, 세로줄, (신문, 잡지 등의) 기고란

예문 The backbone is sometimes called the spinal **column**.
등뼈는 때때로 척추의 기둥이라고 불린다.

---

832 identification
[aidèntəfəkéiʃən]

identify (신원을 확인하다)
+ ation (명.접)
➡ 신원 확인

ⓝ 신원 확인, 신분증, 식별

예문 Our understanding of context plays an important role for object **identification**.
상황에 대한 이해는 개체 인식에 중대한 역할을 한다. 2008 수능 변형

+ recognition ⓝ 알아봄, 인식

---

833 evolution
[èvəlúːʃən]

evolve (진화하다)
+ tion (명.접) ➡ 진화

ⓝ 진화

예문 Through **evolution**, animals and plants have been able to adapt to the environment.
진화를 통해서, 동물과 식물들은 환경에 적응할 수 있게 되었다.
09 고2 평가원 변형

Tip! 〈형태가 유사한 형태의 단어〉
• evolution ⓝ 진화
• revolution ⓝ 혁명

---

834 distribution
[dìstrəbjúːʃən]

'구분, 분배'의 라틴어
distributionem에서 유래

ⓝ 분배, 분포, 배급

예문 Selling is tied no longer to production but to **distribution**.
판매는 더 이상 생산과 연결되어 있지 않고 배급과 연결되어 있다.
09 고2 학평 변형

Tip! 〈주요 용례〉
• a fair distribution 공정한 분배
• population distribution 인구 분포
• distribution network 유통망

---

835 nursery
[nə́ːrsəri]

'돌보는'의 라틴어
nutritia에서 유래

ⓝ 탁아소, 아기 방

예문 Switching on the light in the **nursery**, Amy found her baby daughter giving out odd little cries.
아기 방에 불을 켜면서 Amy는 그녀의 어린 딸이 이상한 작은 울음 소리를 내는 것을 알았다. 12 고3 평가원 변형

836 scheme
[ski:m]

'모양, 형태'의 라틴어
schema에서 유래

ⓝ 계획, 제도, 책략 ⓥ 책략을 꾸미다, 계획하다

[예문] Wetlands are converted in favor of more profitable options such as dams or irrigation **schemes**.
습지는 댐이나 관개 시설과 같이 더 이득이 되는 것으로 전환된다.
11 고3 학평 변형

837 inconsistent
[ìnkənsístənt]

in (부정) + consistent (한결같은)
➡ 한결같지 않은

ⓐ 일치하지 않는, 일관성 없는

[예문] We were disturbed by Jack's **inconsistent** behaviors.
우리는 Jack의 일관성 없는 행동으로 인해 방해 받았어요. 16 고3 평가원 변형

✚ inconsistency ⓝ 불일치

> Tip! 〈주요 용례〉
> · inconsistent with ~와 상반되는
> · inconsistent with traditional value 전통적인 가치와 상반되는

838 generate
[dʒénərèit]

gener (태어나다) + ate (동.접)
➡ 태어나다 ➡ 생산하다

ⓥ 발생시키다, 일으키다

[예문] Slow muscle fibers are muscle cells that can sustain repeated contractions but don't **generate** a lot of quick power for the body.
느린 근섬유는 반복적인 수축을 견딜 수는 있지만, 신체를 위한 신속한 힘을 많이 만들지는 않는 근육 세포이다. 2013 수능

✚ generation ⓝ 세대, 발생

> Tip! 〈주요 용례〉
> · generate electricity / heat 전기/열을 발생시키다
> · generate revenue / profits 수익/이윤을 창출하다
> · generate stress 스트레스를 일으키다

839 lava
[lá:və]

'화산에서 흘러나온 녹은 바위'의
이탈리아어 lava에서 유래

ⓝ 용암

[예문] When magma reaches the Earth's surface, it is called lava.
마그마가 지구 표면에 닿을 때, 이는 용암이라 불린다.

840 disguise
[disgáiz]

dis / des (떨어져) + guise (외형)
➡ 외형과 떨어져
➡ 위장하다, 가장하다

ⓥ 변장하다, 위장하다 ⓝ 변장, 위장

[예문] To **disguise** the damaged goods, retailers encouraged shoppers to have their purchases gift-wrapped.
손상된 상품을 위장하기 위해, 소매상들은 손님들에게 구입한 물건들을 포장하도록 권했다. 12 고3 평가원 변형

Review Test !

A 우리말에 맞게 빈 칸에 알맞은 단어를 쓰시오.

1 _____ (어구를) 단축하다, 줄이다   11 _____ sabotage

2 _____ 자기 성찰적인, 자기 반성의   12 _____ upbringing

3 _____ 어떤 일이 있을 것 같은, 개연성 있는 13 _____ preliminary

4 _____ 기하학의, 기하학적인   14 _____ stubborn

5 _____ 들러붙다, 부착하다, 고수하다   15 _____ gleam

6 _____ 감독하다, 두루 살피다   16 _____ prophecy

7 _____ 분배, 분포, 배급   17 _____ confine

8 _____ 일치하지 않는, 일관성 없는   18 _____ stammer

9 _____ 발생시키다, 일으키다   19 _____ flaw

10 _____ 변장하다, 위장하다, 변장, 위장   20 _____ evolution

B 문장의 빈칸에 알맞은 단어를 〈보기〉에서 찾아 쓰시오. (필요하면 형태를 고치시오.)

보기 nursery   depression   scholarship   ecosystem   column

1 Sea stars are known as keystone species, because as top predators they
   determine _____ structure by their eating habits.
   불가사리들은 핵심종으로 알려져 있는데, 왜냐하면 최상위 포식자로서 그들은 자신들의 식습관으로 생태계 구조
   를 결정하기 때문이다. 12 고3 평가원

2 Each of the selected students will receive a $1,000 _____ every year.
   선정된 학생들은 각각 매년 1,000달러의 장학금을 받을 것이다. 14 고3 평가원

3 When we have made an error, as for example in adding up a _____ of
   figures, we have a tendency to repeat it again and again.
   예를 들어 세로 줄로 나열된 숫자들을 더할 때처럼, 우리는 실수를 했을 때 그 실수를 계속해서 반복하는 경향이
   있다. 10 고3 평가원

4 Jane ran back to the _____ to check on her daughter.
   Jane은 그녀의 딸을 살펴보기 위해 아기방으로 달려갔다. 12 고3 평가원

5 _____ really does change the way you see the world.
   우울은 정말로 당신이 세계를 보는 방식을 바꿔놓는다. 10 고3 학평

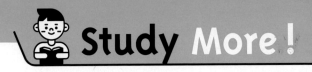

Study More!

01 **어원으로 어휘 확장하기 : gl- 빛나다 'shine'이 포함된 어휘**

gl- 어원은 shine '빛(나는)'과 관련된 의미를 가지고 있습니다.

- **gleam** : 어슴푸레하게 빛나다
- **glow** : 빛나다, 타다
- **glare** : 환하다, 눈부시다
- **glaze** : 윤이 나게 하다
- **glisten** : 반짝이다, 번들 거리다
- **glitter** : 반짝반짝 빛나다
- **gloss** : 윤, 광
- **glossy** : 윤이 나는

이처럼 직접적으로 의미가 드러나는 경우와 달리 좀 더 의미가 확장되는 경우도 있습니다.

- **glimpse** 잠깐(언뜻, 힐끗)보다
  원래 빨리 번쩍이는 빛을 보려면 순간적으로 쳐다봐야 하는데 이런 뜻이 '잠깐(언뜻, 힐끗) 보다'
  라는 뜻으로 발전했습니다.

- **glass** : '유리'의 경우 역시 gl-부분은 유리를 빛나는 재료로 본 것에서 비롯되었다고
  할 수 있습니다.

* **기출문제 살펴보기**

- **gleam**
  ex.) a three-sided pyramid of **gleaming** ice and dark rock.
  빛나는 얼음과 짙은 색의 바위로 이루어진 세 개의 면을 가진 피라미드의 형태 (2013 수능)

- **glow**
  ex.) On a table, lighted candles cast a soft, flickering **glow**.
  탁자 위에, 부드럽고 깜박이는 빛을 발하는 초가 켜져 있다. (08 고2 학평)

- **glisten**
  ex.) There across the valley was a little house and its windows **glistened**
  golden as the sun shone on the little house. 골짜기 건너 편에는 작은 집이 있었고,
  그 작은 집에 햇살이 비치자 그 집의 창문들은 반짝 반짝 빛났다. (01 고3 학평)

Word Preview

🎧 음원 듣기

- ☐ shift
- ☐ hardship
- ☐ confront
- ☐ inhale
- ☐ inefficient
- ☐ exclaim
- ☐ gradual
- ☐ expedition
- ☐ trace
- ☐ accelerate
- ☐ stagger
- ☐ screech
- ☐ courteous
- ☐ exquisite

- ☐ punch
- ☐ virtuous
- ☐ camouflage
- ☐ glamorous
- ☐ unanimous
- ☐ roam
- ☐ strain
- ☐ acupuncture
- ☐ intimate
- ☐ stroke
- ☐ ventilate
- ☐ unrestricted
- ☐ irrelevant
- ☐ degrade

- ☐ glossy
- ☐ sort
- ☐ confess
- ☐ lure
- ☐ preoccupied
- ☐ empower
- ☐ populate
- ☐ integrate
- ☐ sob
- ☐ agenda
- ☐ hygiene
- ☐ versatile

Day 22

841 ··· 880

---

841 shift
[ʃift]

ⓥ 이동하다, (견해, 태도 등을)바꾸다 ⓝ 이동, 변화

예문 With that one crucial **shift** in thinking, my whole attitude changed.
그 한 가지 중대한 사고 방식의 변화로 인해 제 태도 전반이 바뀌었습니다.
15 고3 평가원

---

842 hardship
[háːrdʃip]

hard (어려운, 힘든)
+ ship (상태, 특질)
➡ 어려운 상태 ➡ 고난

ⓝ 고난, 고충, 곤란

예문 More and more elderly people find it difficult to lead a decent life due mainly to financial **hardship**.
점점 더 많은 노인들이 주로 재정적 고난으로 인해 제대로 된 삶을 영위하는 데 어려움을 겪고 있다. 11 고3 학평 변형

---

843 confront
[kənfrʌ́nt]

con (함께) + front (정면)
➡ 함께 정면을 보다
➡ 서로 마주보다

ⓥ 직면하다, 맞서다

예문 When **confronted** with a threat, the brain would send the signal, "danger!"
위협과 마주할 때, 뇌는 "위험!"이라는 신호를 보낸다. 15 고1 학평 변형

✚ **face** ⓥ 정면으로 대하다, 맞서다

---

844 inhale
[inhéil]

in (안쪽) + hale (숨을 쉬다)
➡ 안쪽으로 숨을 쉬다
➡ 숨을 들이쉬다

ⓥ 들이마시다

예문 Even plants have respiratory systems, but they exhale oxygen and **inhale** carbon dioxide.
심지어 식물들도 호흡 기관이 있지만, 식물들은 산소를 배출하고 이산화탄소를 흡입한다.

↔ **exhale** ⓥ 내쉬다

---

845 inefficient
[ìnifíʃənt]

in (부정)
+ efficient (효율적인)
➡ 비효율적인

ⓐ 비효율적인, 비능률적인

예문 Applying a single plan to everything can be **inefficient** and sometimes contradictory.
모든 일에 한 가지 계획을 적용하는 것은 비효율적이고 때로는 모순적일 수 있다.
15 고2 학평 변형

✚ **ineffectual** ⓐ 효과가 없는, 무익한

---

846 exclaim
[ikskléim]

ex (밖으로) + claim (울다)
➡ 밖에서 크게 울다
➡ 크게 외치다

ⓥ 소리치다, 외치다

예문 "Look at the frogs by the pond!" Mary **exclaimed** excitedly.
"연못가에 있는 개구리를 보세요." Mary는 신이 나서 소리쳤다. 12 고2 학평

✚ **exclamation** ⓝ 외침, 절규, 감탄사

---

847 **gradual**
[grǽdʒəwəl]

grad (단계) + (u)al (형.접)
➡ 단계적으로 ➡ 점진적인

ⓐ 점진적인

예문 Aging is a result of the **gradual** failure of the body's cells and organs to replace and repair themselves.
노화는 신체 내의 세포와 기관들이 점차로 스스로를 교체하고 회복시키지 못하기 때문에 생긴다. 09 고2 학평

848 **expedition**
[èkspidíʃən]

ex (밖으로) + ped(i) (발) + tion (명.접)
➡ 밖으로 걸어다니다 ➡ 원정

ⓝ 탐험(대), 원정, 짧은 여행

예문 When Napoleon invaded Egypt in 1798, some scholars accompanied the **expedition**.
나폴레옹이 1798년에 이집트를 침공했을 때, 몇몇 학자들이 그 원정에 함께했다. 2014 수능 변형

849 **trace**
[treis]

'찾다, 따르다'의
고대 프랑스어
tracier에서 유래

ⓥ 쫓다, (무엇의 형체, 윤곽을) 따라가다 **ⓝ** 자취

예문 Scientists have **traced** the origins of shopping back to prehistoric times, when "shopping" was called "hunting."
과학자들은 "쇼핑"이 "사냥"으로 불렸던 선사시대로 거슬러 올라가 쇼핑의 기원을 추적해왔다. 08 고2 평가원 변형

850 **accelerate**
[əksélərèit]

'서둘러 하다, 빨라지다'의
라틴어 acceleratus에서 유래

ⓥ 속도를 늘리다, 가속화하다

예문 The pace and impact of international trade **accelerated**.
국제 무역의 속도와 영향력은 가속화되었다. 12 고3 학평

851 **stagger**
[stǽgər]

'놀라운'의 형용사
staggering에서 유래

ⓥ 비틀거리다, 깜짝놀라게 하다, 동요하다

예문 When Maggie charged with an uppercut to the jaw, the champion **staggered** and dropped to the mat.
Maggie가 턱을 올려 쳤을 때, 챔피언은 비틀거렸고 매트에 쓰러졌다. 09 고2 학평

➕ **staggering** ⓐ 충격적인, 믿기 어려운

852 **screech**
[skri:tʃ]

'꽥하는 소리를 내다'의
고대 북유럽어
scrycke에서 유래

ⓥ 날카로운 소리를 내다, 끼익거리는 소리를 내다 **ⓝ** 끽끽하는 소리

예문 After winning the finals, Linda **screeched** with joy and ran to her family.
결승전에서 이긴 후, Linda는 기쁨에 소리를 질렀고 그녀의 가족에게 뛰어갔다. 15 고3 학평 변형

853 courteous
[kə́ːrtiəs]

ⓐ 공손한, 정중한

예문 Latinos are **courteous** by nature and by custom.
라틴계 사람들은 천성적으로 그리고 습관상 공손하다. 11 고1 학평

'공손한 자세를 취하다'의
고대 프랑스어 **curteis**에서 유래

+ courtesy ⓝ 공손함, 정중한 행위, 친절

---

854 exquisite
[ékskwizit]

ⓐ 매우 아름다운, 정교한

예문 We were fascinated by the **exquisite** statue.
우리는 그 정교한 동상에 매료되었다.

ex (밖으로) + quisit(e) (찾다)
➡ 가장 많이 찾는
➡ 훌륭한

---

855 punch
[pʌntʃ]

ⓥ 주먹으로 치다, 때리다, 구멍을 뚫다 ⓝ 주먹으로 한대 침, 천공기

예문 The sharks had **punched** a huge hole in the boat's side, and water started to rush in.
상어들이 배 한 쪽에 큰 구멍을 뚫었고 물이 그 안으로 들어가기 시작했다.
06 고2 학평 변형

punch (찌르다)
➡ 찔러서 구멍을 내다

---

856 virtuous
[və́ːrtʃuəs]

ⓐ 덕이 높은, 도덕적인, 고결한

예문 Her **virtuous** life was made into a movie and remembered by many people.
그녀의 고결한 삶은 영화로 제작되었고 많은 사람들에 의해 기억되었다.

'선한, 도덕적인'의 라틴어
virtuosus에서 유래

+ ethical ⓐ 도덕적으로 옳은, 윤리에 관계된

---

857 camouflage
[kǽməflàːʒ]

ⓝ 위장, 위장(수단) ⓥ 위장하다, 속이다, 감추다

예문 Some butterflies protect themselves through **camouflage** – by folding up their wings, they reveal the undersides and blend in with their surroundings.
어떤 나비들은 위장을 통해 스스로를 보호하는데, 날개를 접어 아래쪽을 보이게 하여 주변의 환경과 조화를 이룬다. 09 고3 학평

'변장하다'의 프랑스어
camoufler에서 유래

+ disguise ⓝ 변장 ⓥ 변장하다

---

858 glamorous
[glǽmərəs]

ⓐ 매력적인, 화려한

예문 The film depicts the **glamorous** world of fashion.
그 영화는 매혹적인 패션 세계를 묘사한다.

glamour (화려함, 매력)
+ ous (형.접)
➡ 화려한, 매력 있는

859 unanimous

[juːnǽnəməs]

un (하나) + anim (마음)
+ ous (형.접)
➡ 마음이 하나인 ➡ 일치하는

ⓐ 만장일치의, 이구동성의

예문 By a **unanimous** vote, Lucy was elected as class president.

만장일치의 투표로, Lucy는 학급 회장으로 당선되었다. 13 고3 학평 변형

860 roam

[roum]

'배회하는 행동'의 고대 영어
ramian에서 유래

ⓥ (이리저리) 돌아다니다, 배회하다

예문 The night before the Celtic New Year was considered a special night when ghosts and witches **roamed** the earth.

켈트족의 새해 전날 밤은 귀신과 마녀가 세상을 배회하는 특별한 밤으로 여겨졌다. 04 고3 평가원 변형

861 strain

[strein]

'꽉 잡아 당기다'의 라틴어
stringere에서 유래

ⓝ 부담, 압박, (근육 등의) 접질림, 삠 ⓥ 잡아당기다, 긴장시키다

예문 The girl jumped and fortunately she did not break a bone or even **strain** a muscle.

그 소녀는 뛰어 올랐지만 운 좋게도 뼈가 부러지거나 근육을 접지르지 않았다. 09 고1 학평 변형

862 acupuncture

[ǽkjupʌ̀ŋktʃər]

acus (바늘) + punct (찌르다)
+ ure (명.접)
➡ 바늘로 찌르는 방법
➡ 침을 이용한 치료

ⓝ 침술

예문 **Acupuncture** has long been tried against all sorts of illnesses, from pains to infertility.

침술은 통증에서 불임에 이르기까지 모든 종류의 질병에 대해 오랫동안 시도되어 왔다. 10 고2 학평

863 intimate

[íntəmit]

'가장 깊숙한, 중심의'
라틴어 **intimus**에서 유래

ⓐ 친밀한, 상세한

예문 Few people have **intimate** knowledge of the new product.

새로운 상품에 대해 상세한 지식을 갖고 있는 사람은 거의 드물다. 10 고3 평가원

864 stroke

[strouk]

'손을 부드럽게 넘기다'의
고대 영어 **stracian**에서 유래

ⓝ 발작, 타법, (수영 등의) 스트로크 ⓥ 쓰다듬다

예문 I took the pictures of you doing the butterfly **stroke**.

나는 네가 접영(butterfly stroke)을 하고 있는 사진을 찍었어. 13 고3 학평

865 ventilate
[véntəlèit]

'바람'의 라틴어
ventus에서 유래

ⓥ 환기하다, 통풍시키다

[예문] A medical study found that passengers flying in planes with re-circulated air didn't catch more colds than people on planes **ventilated** with fresh air.
한 의학 연구에서는 공기 재순환 시스템을 갖춘 비행기의 탑승객들이 신선한 공기로 순환시키는 비행기의 승객들보다 감기에 더 걸리는 게 아니라는 사실을 발견했다. 08 고2 평가원 변형

+ ventilation ⓝ 통풍, 환기, 환기 장치

866 unrestricted
[ʌ̀nristríktid]

un (반대의) + restrict (제한하다)
+ ed (형.접) ➡ 제한받지 않는

ⓐ 조금도 제한받지 않는, 구속받지 않는

[예문] "**Unrestricted** competition" is impossible, because, by definition, all competition is restricted.
"제한 없는 경쟁"은 정의상 모든 경쟁이 제한적이기 때문에 불가능하다. 09 고2 학평 변형

867 irrelevant
[iréləvənt]

ir (반대의)
+ relevant (관련 있는)
➡ 관련있지 않은

ⓐ 무관한, 상관없는 (~to)

[예문] Experienced martial artists use their experience as a filter to separate the essential from the **irrelevant**.
노련한 무술인들은 그들의 경험을 필수적인 것과 무관한 것을 걸러내는 여과기로 사용한다. 2011 수능

+ unrelated ⓐ 관련(관계) 없는

868 degrade
[digréid]

de (아래로)
+ gradus (단계, 정도)
➡ 단계나 정도를 낮추다

ⓥ 비하하다, 평판(품위)를 저하하다, 품질을 떨어뜨리다

[예문] Digitized images often **degrade** subtle information about your face.
디지털화된 이미지는 종종 당신 얼굴에 대한 미묘한 정보의 질을 떨어뜨린다. 2016 수능 변형

869 glossy
[glási]

ⓐ 윤이 나는, 번질번질한

[예문] Debra wrapped up the gift in **glossy** wrapping paper.
Debra는 선물을 광택지로 포장했다.

870 sort
[sɔːrt]

ⓝ:'종류, 계층'의 고대 프랑스어
sorte에서 유래
ⓥ:'유형 또는 질에 따라서 분류하는 것'의 고대 프랑스어 sortir에서 유래

ⓝ 종류 **ⓥ** 분류하다

[예문] Children who grow up experiencing all **sorts** of cultures tend to be less biased.
모든 종류의 문화를 경험하면서 자라는 아이들은 덜 편향적인 경향이 있다. 09 고3 평가원 변형

871 confess
[kənfés]

con(함께) + fess(말하다)

➡ 함께 말하다
➡ 상대방에게 털어 놓다

ⓥ 자백하다, 고백하다

[예문] Bing asked him why he was so early, and Jaco **confessed** that he had attacked this math question, which he related on the spot to Bing.
Bing은 그에게 왜 그렇게 일찍 일어났는지 물었고, Jaco는 이 수학 문제를 풀려고 시도했다고 고백했고 그 자리에서 Bing에게 그 문제를 말해주었다.

✚ confession ⓝ 고백, 자백

872 lure
[ljuər]

ⓥ 유혹하다, 꾀다 ⓝ 유혹, 매력

[예문] Many people moved to this city, **lured** by good jobs and nice weather.
많은 사람들이 좋은 직업과 날씨에 매료되어 이 도시로 이주해왔다.

873 preoccupied
[pri:ákjəpàid]

pre(미리, 이전에) + occupy(시간, 또는 공간을 차지하다) + ed(형.접)

➡ 미리 점유하고 있는
➡ ~에 사로잡힌

ⓐ (생각, 걱정에) 사로잡힌, 집착하는

[예문] You become more easily **preoccupied** with the stresses of everyday life during busy times of the year such as the Christmas season.
크리스마스 기간과 같이 일년 중 바쁜 시기에는 일상의 스트레스에 더 쉽게 사로잡히게 된다. [11 고3 학평 변형]

✚ absorbed (in) ~에 몰두한, 빠져있는

874 empower
[impáuər]

em(만들다)
+ power(힘)

➡ 힘을 만들다
➡ 힘을 주다

ⓥ 권한(권리)을 주다

[예문] Trusting people and **empowering** them allows you to focus on the things you need to accomplish.
사람들을 신뢰하고 그들에게 권한을 부여하는 것은 당신이 성취할 필요가 있는 것들에 집중할 수 있게 해 준다. [2012 수능]

✚ authorize ⓥ 권위를 부여하다, 위임하다

875 populate
[pápjəlèit]

popul(사람, 인구) + ate(동.접)

➡ 사람들이 있게 하다
➡ 거주시키다

ⓥ 살다, 거주하다, (장소를) 차지하고 있다

[예문] The galaxies refer to the enormous star systems that **populate** our universe.
은하는 우리의 우주를 차지하고 있는 거대한 별 체계를 일컫는다.

876 integrate
[íntəgrit]

in(반대의)+teg(접촉하다)
+r(형.접)+ate(동.접)
➡ 건드리지 않고 두다
➡ 통합된 상태 그대로 두다

ⓥ 통합하다, 합병하다

[예문] Traditional television is **integrated** as it contains images, sound and text.
전통적인 텔레비전은 이미지와 소리, 글자를 포함함으로써 통합적이다.
2015 수능 변형

➕ integration ⓝ 통합

---

877 sob
[sɑb]

'짧은 호흡으로 울다'의
고대 영어 seofian에서 유래

ⓥ 흐느끼며 울다 ⓝ 흐느낌, 흐느껴 우는 소리

[예문] The boy began to **sob** again, burying his face in the pillow.
그 소년은 베개에 그의 얼굴을 묻으면서 다시 흐느끼기 시작했다.

Tip! 〈우는 것에 관련된 단어〉
- cry ⓥ 울다
- weep ⓥ 울다 (눈물을 흘리다)
- sob ⓥ 흐느끼다
- hold back the tears 눈물을 참다
- cry your eyes out 눈이 붓도록 울다
- burst into tears 와락 울음을 터뜨리다

---

878 agenda
[ədʒéndə]

'해야할 일'의 라틴어
agenda에서 유래

ⓝ 의제, 안건, 의사 일정

[예문] Do you know what's on the **agenda** at the next conference?
당신은 다음 회의의 의제가 무엇인지 알고 있나요?

➕ program ⓝ (업무, 행사 등의) 계획, 진행 순서

---

879 hygiene
[háidʒi(:)n]

'건강'의 그리스어
hygies에서 유래

ⓝ 위생, 위생학

[예문] Residents in southern India are earning close to a dollar a month by using public toilets. The Indian government started this plan to promote **hygiene**.
인도 남부 지역 주민들은 공중화장실을 사용하면서 한 달에 1달러에 가까운 돈을 벌고 있다. 인도 정부는 위생 상태를 향상시키기 위해서 이 정책을 시작했다.
08 고1 학평 변형

➕ hygienic ⓐ 위생적인

---

880 versatile
[vɔ́:rsətil]

'다양한 업무를 쉽게 다룰 수 있는
능력'의 라틴어 versatilis에서 유래

ⓐ 다재 다능한, 다용도의, 다목적의

[예문] Wesley is a **versatile** football player. He played several different positions this season.
Wesley는 다재다능한 축구선수이다. 그는 이번 시즌에 여러 다른 포지션을 맡았다.

Review Test!

A 우리말에 맞게 빈 칸에 알맞은 단어를 쓰시오.

1 _____ 고난, 고충, 곤란

2 _____ 들이마시다

3 _____ 속도를 늘리다, 가속화하다

4 _____ 위장, 위장(수단) ; 위장하다, 속이다

5 _____ 만장일치의, 이구동성의

6 _____ 침술

7 _____ 조금도 제한받지 않는, 구속받지 않는

8 _____ 자백하다, 고백하다

9 _____ 살다, 거주하다, (장소를) 차지하고 있다.

10 _____ 흐느끼며 울다 ; 흐느낌, 흐느껴 우는 소리

11 _____ shift

12 _____ expedition

13 _____ courteous

14 _____ glamorous

15 _____ stroke

16 _____ glossy

17 _____ preoccupied

18 _____ integrate

19 _____ hygiene

20 _____ versatile

B 문장의 빈칸에 알맞은 단어를 〈보기〉에서 찾아 쓰시오. (필요하면 형태를 고치시오.)

보기   sort   confront   irrelevant   gradual   trace

1 Nero entered the games and won every event because no other athlete dared to _____ him on the athletic battlefield.
네로는 경기에 출전했고 모든 경기에서 승리했는데 왜냐하면 다른 선수들은 그와의 경기에서 감히 맞설 엄두를 내지 못했다.

2 When dinosaurs or other ancient animal or plant life die, a _____ process begins.
공룡이나 다른 고대 동물이나 식물의 생명체가 죽으면 점진적인 과정이 시작된다.

3 We all want to believe that our brains _____ through information in the most rational way possible.
우리 모두는 우리의 뇌가 가능한 가장 이성적인 방법으로 정보를 가려낸다는 것을 믿고 싶어한다. 16 고3 학평

4 Being careful not to be noticed, he let his eyes _____ the figure of her face.
눈치 채지 않도록 조심하면서 그는 그녀의 얼굴 모습을 살펴보았다. 07 고3 학평

5 People are strongly influenced by _____ factors − the ones that speak to our unconscious desires and motivations.
사람들은 관련 없는 요소들 − 우리의 무의식적인 욕구 나 동기 부여에 호소하는 것들에 아주 많이 영향을 받는다.
15 고2 학평

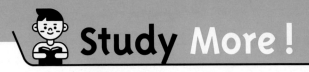
Study More !

01 어원 이야기 : '점, 찌르다'를 의미하는 -punct-

-punct- 는 '찌르다, 점 / 구멍(point)'의 의미를 가진 어원이며 –point–, –punch–의
변형된 형태 입니다.

- **punctual** : punct (point) + al (형.접)로서 날카롭게 점을 찌르는 것, 시간을 정확히 엄수하는
  의미를 가지게 됩니다. *ex.) be punctual for meeting* 만나는 시간을 정확히 지키다

- **acupuncture** : acus (needle) + punct (point, stick) + ure (명.접)로 바늘로 찌르는 것을
  지시해서, 침을 이용한 치료를 의미하는 단어가 되었어요.

- **punch** : punch (point), 찌르다 (stick, pierce, sting)등의 의미를 지니고 있어요. 영어에서
  도 '뾰족한 것으로 구멍을 내다'라는 의미로 쓰이고 있습니다. 또한 찌르는 행위가 주먹과 연결되
  어 '주먹으로 치다'라는 의미도 가지게 되었습니다.

- **punctuate** : punct (point) + ate(동.접)로 역시 '점을 찍다'라는 뜻에서 '구두점을 찍다'라는
  의미를 가지게 되었습니다.

- **puncture** : punct (point) + ure(명.접)로 한국어로 펑크라고 칭하는 '타이어에 난 펑크'를
  가리킵니다. *ex.) Jim got a puncture on his bike this morning.* 아침에 Jim의 자전거 바퀴
  에 펑크가 났다.

Word **Preview**

🎧 음원 듣기

- ☐ trend
- ☐ justify
- ☐ aggravate
- ☐ transaction
- ☐ compatible
- ☐ presuppose
- ☐ embed
- ☐ barn
- ☐ barter
- ☐ compound
- ☐ split
- ☐ liberate
- ☐ immortal
- ☐ botanic

- ☐ internalize
- ☐ germinate
- ☐ partial
- ☐ readily
- ☐ stumble
- ☐ excavation
- ☐ hence
- ☐ miscellaneous
- ☐ accuse
- ☐ sue
- ☐ offensive
- ☐ ego
- ☐ copious
- ☐ illiterate

- ☐ sprain
- ☐ pledge
- ☐ solitude
- ☐ maneuver
- ☐ bereaved
- ☐ flame
- ☐ outline
- ☐ monarchy
- ☐ distinct
- ☐ hinder
- ☐ patriotism
- ☐ philosophy

881 **trend**
[trend]

ⓝ 추세, 경향

예문 Some scientists say that if global warming **trends** continue, we will see stronger hurricanes and typhoons.
일부 과학자들은 만약 지구 온난화의 추세가 계속 된다면, 우리는 더 강한 허리케인과 태풍을 볼 것이라고 한다.

882 **justify**
[dʒʌ́stəfài]

just(올바른, 정당한) + ify(동.접)
➡ 정당화하다

ⓥ 정당화하다, 해명하다

예문 You should not try to **justify** your failure by making excuses.
당신은 당신의 실패를 변명함으로써 정당화 시키려하면 안 된다.

883 **aggravate**
[ǽɡrəvèit]

ag(~로) + grav(무거운) + ate(동.접)
➡ (상황이) 점점 무거워 지게 하다

ⓥ 악화시키다, 가중시키다, 화나게하다

예문 Difficulty in assessing information is **aggravated** by the overabundance of information at our disposal.
정보를 평가하는 것의 어려움은 우리가 원하는 대로 쓸 수 있는 정보의 과다에 의해 악화된다. 12 고3 평가원 변형

➕ **aggravation** ⓝ 악화, 격화

884 **transaction**
[trænsǽkʃən]

ⓝ 거래, 매매

예문 Neither side disclosed details of the **transaction** at the meeting.
그 회의에서 어느 쪽도 거래의 세부사항에 대해 공개하지 않았다.

885 **compatible**
[kəmpǽtəbl]

com(함께) + pati(고통받다) + ble(형.접)
➡ 함께 고통을 받는
➡ 함께 있을 수 있는

ⓐ 호환이 되는, 양립 될 수 있는

예문 Contentment is thoroughly **compatible** with wanting the future to be quite different.
만족감은 미래가 완전히 다르길 바라는 것과 완전히 양립될 수 있다. 13 고3 학평 변형

886 **presuppose**
[prìːsəpóuz]

pre(전에) + suppose(예상하다)
➡ 미리 예상하다

ⓥ 예상하다, 전제하다, 추정하다

예문 The new computer class **presupposes** that you have basic knowledge in programming.
새로운 컴퓨터 강좌는 당신이 프로그래밍에 대한 기본적인 지식이 있다는 것을 전제로 한다.

➕ **presupposition** ⓝ 예상, 상정, 추정

887 embed
[imbéd]

ⓥ 박아넣다, 끼워 넣다

[예문] The water that is **embedded** in our food and manufactured products is called virtual water.

우리 음식과 가공품에 포함된 물은 가상수라고 불린다. 16 고1 학평

888 barn
[bɑːrn]

barley(보리) + aern(집)
➡ 보리가 있는 집
➡ 헛간

ⓝ 곳간, 마구간

[예문] Come and visit Fresh Farm, and enjoy our beautiful fields, **barns**, fresh milk, and cheese shop.

Fresh 농장에 와서 우리의 아름다운 들판, 마구간, 신선한 우유와 치즈 가게를 즐겨보세요. 16 고3 평가원 변형

889 barter
[bάːrtər]

'물물 교환하다, 빼앗다'의 고대 프랑스어
barater에서 유래

ⓥ 물물 교환하다 ⓝ 물물교환

[예문] **Bartering** was the medium of exchange until gold and silver were used to buy and sell goods.

물물교환은 금과 은이 물건을 사고 파는 데 사용될 때까지 교환의 매개수단이었다.

890 compound
[kámpaund]

com(함께) + pound(놓다)
➡ 함께 놓다
➡ 여러 가지를 함께 놓아 섞다

ⓝ 복합체, 화합물 ⓐ 합성의 ⓥ 악화시키다, 섞다, 혼합하다

[예문] Plants generate hundreds of **compounds** that they use to protect themselves from being overconsumed by insects and animals.

식물은 곤충과 동물에 의해 과도하게 먹히는 것으로부터 자신을 보호하기 위해 사용하는 수백 가지나 되는 화합 물질을 발생시킨다. 14 고3 학평

891 split
[split]

'떠나다, 출발하다'의 중세 네덜란드어
splitten 에서 유래

ⓥ 나누다, 쪼개다, 분열시키다 ⓝ 분열, 분할, 틈

[예문] Because we had only one apple, I **split** it into two pieces.

우리는 사과가 하나 밖에 없었기 때문에, 나는 그것을 두 조각으로 쪼갰다.

892 liberate
[líbərèit]

liber(자유) + ate(동.접)
➡ 자유롭게 하다

ⓥ 해방시키다

[예문] Financial security can **liberate** us from work we do not find meaningful and from having to worry about the next paycheck.

재정적 안정은 우리가 의미 있다고 생각하지 않는 일로부터 그리고 다음 번 월급에 대해서 걱정해야 하는 것으로부터 우리를 해방시켜 줄 수 있다. 2016 수능

893 immortal
[imɔ́ːrtəl]

im (부정)
+ mortal (영원히 살 수 없는)
➡ 불멸의

ⓐ 불멸의, 불후의

예문 The novelist believes that he could write an **immortal** classic like Shakespeare.
그 소설가는 자신이 Shakespeare처럼 불멸의 명작을 쓸 수 있다고 믿는다.

---

894 botanic
[bətǽnik]

'식물의 연구 또는 과학에 적용되는 것'의 프랑스어 botanique에서 유래

ⓐ 식물의, 식물학의

예문 Max took his children to the **botanic** garden to show them tropical plants.
Max는 그의 아이들에게 열대 식물을 보여주기 위해서 그들을 식물원에 데려갔다.

➕ botany ⓝ 식물학

---

895 internalize
[intə́ːrnəlàiz]

internal (내부에, 내면에)
+ ize (동.접)
➡ 내면화하다

ⓥ (사상, 태도 등을) 내면화하다

예문 The best way to **internalize** what you study or read is to expose yourself to various tests.
당신이 공부하거나 읽은 것을 내면화 하는 가장 좋은 방법은 당신을 다양한 테스트에 노출하는 것이다. 13 고3 평가원 변형

↔ externalize ⓥ (사상, 태도 등을) 표면화하다

---

896 germinate
[dʒɔ́ːrmənèit]

germ (싹) + in (안에서)
+ ate (동.접)
➡ 안에서 싹이 트게 하다
➡ 싹트다

ⓥ 싹트다, 발아시키다, 시작되다

예문 The idea for his new novel **germinated** from his experience as a volunteer aid worker.
그의 새 소설에 대한 아이디어는 그의 자원 봉사자 경험에서 싹텄다.

---

897 partial
[pɑ́ːrʃəl]

'한 쪽의, 편향된'의 고대 프랑스어 parcial에서 유래

ⓐ 부분적인, 편파적인

예문 What you suggest would only be a **partial** solution to the problem.
네가 제안하는 것은 그 문제에 대해 단지 부분적인 해결책일 것이다.

↔ impartial ⓐ 공정한

---

898 readily
[rédəli]

ready (준비된) + ily (부.접)
➡ (준비되어) 손쉽게, 순조롭게

ⓐⓓ 손쉽게, 순조롭게

예문 Today people have **readily** accessible news 24 hours a day.
오늘날 사람들은 하루 24시간 내내 쉽게 뉴스를 접한다. 10 인천 고1 학평

899 stumble
[stʌ́mbl]

ⓥ 비틀거리다, 발을 헛디디다

예문 While browsing the Internet, I **stumbled** on an ad for a magazine, the Economist.
인터넷을 검색하다가 나는 우연히 the Economist라는 잡지의 광고를 보게 되었다.
11 고2 학평 변형

900 excavation
[èkskəvéiʃən]

ex(밖)+cave(굴, 공간)
+ate(동.접)+ion(명.접)
➡ 밖에서 굴을 내어가는 것

ⓝ 발굴, 발굴지, 땅파기

예문 During a recent **excavation** in a very old city, archaeologists found the remains of a water well about four meters deep in a stratum.
아주 오래된 도시의 최근 발굴(작업)에서 인류학자들은 지층 속 4미터 정도의 깊이에서 우물의 유적을 발견했다. 10 고3 학평

➕ **excavate** ⓥ 발굴하다, 출토하다, 굴착하다

901 hence
[hens]

'떨어져, 다른 데'의 고대 영어
heonan에서 유래

ⓐⓓ 따라서, 그러므로

예문 **Hence**, studying history trains us not to accept everything we read or hear as the truth.
따라서, 역사를 공부하는 것은 우리가 읽고 듣는 모든 것을 진실로 받아들이지 않게 훈련시킨다. 13 고3 평가원

902 miscellaneous
[mìsəléiniəs]

'혼합된'의 라틴어
miscellaneus에서 유래

ⓐ 여러 가지 종류의, 잡다한

예문 Peter drove down to home with several **miscellaneous** pieces of handmade pottery.
Peter는 직접 만든 여러가지 종류의 자기들을 가지고 자신의 집을 향해 운전했다.

➕ **diverse** ⓐ 다양한, 여러가지의

903 accuse
[əkjúːz]

ac(~를 향해서)+cuse(이유)
➡ ~에 대한 이유로 (고발하다)

ⓥ 고발하다, 혐의를 제기하다, 비난하다

예문 Often, DNA evidence can be used to find a person **accused** of a crime innocent.
종종, DNA 증거는 피소당한 사람이 무죄라는 것을 밝히는데 사용될 수 있다.
06 고3 학평 변형

➕ **accusation** ⓝ 혐의 제기, 비난

904 sue
[sjuː]

'인내하여 계속하다'의
고대 프랑스어 suer에서 유래

ⓥ 고소하다, 소송을 제기하다

예문 Buyers are **suing** the car company for false advertising.
구매자들이 그 자동차 회사를 허위 광고로 고소했다.

905 offensive
[əfénsiv]

ofendre(적대감을 불러 일으키다)
+ive(형.접)
➡ 적대감을 불러 일으키는
➡ 모욕적인

@ 모욕적인, 공격적인 ⓝ (군사적) 공격, 공세

예문 His **offensive** behavior and attitude disappointed the audience.
그의 모욕적인 행동과 태도는 관중들을 실망시켰다.

906 ego
[íːgou]

'나, 자아'의 라틴어
ego에서 유래

ⓝ 자아, 자존심

예문 We are called to put aside our **egos** and admit that we are not totally self-sufficient.
우리는 우리의 자존심을 제쳐두고 우리가 완전히 자급할 수 없다는 사실을 인정해야 한다. 09 고3 학평

907 copious
[kóupiəs]

'풍부한'의 라틴어
copiosus에서 유래

@ 엄청난, 방대한

예문 Our village has had **copious** snow in the last few weeks.
우리 마을은 지난 몇 주 간 엄청난 양의 눈이 내렸다.

✚ abundant @ 풍부한, 아주 많은

908 illiterate
[ilítərit]

il(부정)
+literatus(글을 읽을 줄 아는)
➡ 글을 읽을 줄 모르는

@ 글을 읽거나 쓸 줄 모르는, 문맹의

예문 These days, the number of **illiterate** individuals is decreasing.
요즘은 문맹자의 수가 줄어들고 있다. 05 고3 학평 변형

909 sprain
[sprein]

ⓥ 삐다, 접지르다

예문 Andy got a chance to play in the last 10 seconds of the championship game when a starting player **sprained** his ankle.
Andy는 선발선수가 그의 발목을 삐었을 때 챔피언십 경기의 마지막 10초 동안 경기를 할 기회를 얻었다. 15 고3 평가원

910 pledge
[pledʒ]

'약속하다'의 고대 프랑스어
plegie에서 유래

ⓝ 약속, 맹세 ⓥ 약속하다

예문 Helen simply said that she **pledged** to support the village's recycling program.
Helen은 그녀가 마을의 재활용 프로그램을 지지할 것을 약속했다고 간단히 말했다.
14 고1 학평 변형

911 solitude
[sálitʃùːd]

n 고독, 외로움, 한적한 곳

예문 I was used to big skies, wild water, snakes and horses, and **solitude**.
나는 넓은 하늘, 급류, 뱀과 말, 그리고 고독에 익숙했다. 12 고3 평가원

sole(혼자의, 단 하나의)
+tude(상태)
➡혼자인 상태
➡고독

✚ **solitary** ⓐ 혼자 하는, 혼자 잘 지내는, 홀로 있는

912 maneuver
[mənúːvər]

v (군대, 함대 등을) 기동시키다 **n** 책략, 술책, (군대, 군함 등의) 기동

예문 Providing more **maneuvering** room for customers increases the probability of purchase.
고객들을 위한 더 많은 기동 여유 공간을 확보하면 구매 가능성이 높아진다.
11 고3 학평

'부대 또는 전함의 계획된 움직임'의
프랑스어 **manoeuvre**에서 유래

913 bereaved
[biríːvd]

a 사별을 당한

예문 James was recently **bereaved** of his wife and was deep in sorrow.
James는 최근에 그의 부인과 사별했고 깊은 슬픔에 잠겼다.

bereafian(빼앗다, 강탈하다)
+ed(형.접)
➡빼앗긴, 강탈당한
➡시간이 지나면서 '사랑하는
 사람을 잃은'의 뜻으로 발전

914 flame
[fleim]

n 불꽃, 화염

예문 I saw my son's black motorcycle exploding with **flames**.
나는 내 아들의 검은색 오토바이가 불꽃에 휩싸여 폭발하는 것을 보았다.
07 고1 학평 변형

'화염'의 중세 영어
flaume에서 유래

Tip! 〈주요 용례〉
- put out the flames 불길을 끄다
- fan the flame 부채질하다
- a gas flame 가스불

915 outline
[áutlàin]

n 윤곽, 요약 **v** 개요를 서술하다, 윤곽을 보여주다

예문 I saw the **outline** of the giant, 193-kilometer-wide crater.
나는 193킬로미터 너비의 엄청난 분화구 윤곽을 보았다.

out(밖에)+line(선)
➡바깥 선 ➡윤곽, 개요

916 monarchy
[mánərki]

mon(o)(하나의)
+ arch(통치자) + y(명.접)
➡ 1인 통치체제 ➡ 군주제

ⓝ 군주제

[예문] The revolution temporarily transformed France from an absolute **monarchy** to a republic of free and equal citizens.
그 혁명은 일시적으로 프랑스를 절대 군주제에서 자유롭고 평등한 시민들의 공화국으로 바꿔놓았다.

917 distinct
[distíŋkt]

de(따로)
+ stingere(찌르다)
➡ 따로 찔러 표시하다

ⓐ 뚜렷한, 분명한, 별개의

[예문] The bandages were wrapped very tightly to keep the **distinct** figure of the mummy intact.
미라의 뚜렷한 모습을 유지하기 위해서 붕대는 매우 단단하게 둘러졌다.

✚ noticeable ⓐ 눈에 띄는, 현저한

> Tip! 〈형태가 유사한 단어〉
> · distinct ⓐ 뚜렷한, 분명한, 별개의   · instinct ⓝ 본능
> · extinct ⓐ 멸종된

918 hinder
[híndər]

'해를 입히다, 부상 입히다'의
고대 영어 hindrian에서 유래

ⓥ 방해하다, 훼방하다

[예문] The dog's natural tendency to memorize landmarks can actually **hinder** training.
개의 주요 지형지물을 기억하는 자연스러운 경향은 실제로 훈련을 방해 할 수 있다.
14 고3 학평

✚ hindrance ⓝ 방해(요인)

919 patriotism
[péitriətìzəm]

'조국'의 고대 그리스어
patris에서 유래

ⓝ 애국심

[예문] **Patriotism**, as a value, demands sacrifices and is sometimes disadvantageous as far as individual well-being is concerned.
가치로서의 애국심은 희생을 요구하고 때때로 개인의 행복에 관한 한 불이익이 된다.
12 고3 학평

✚ patriotic ⓐ 애국적인   patriot ⓝ 애국자

920 philosophy
[filásəfi]

philo(사랑하다, 좋아하다)
+ sophia(지혜)
➡ 지혜를 사랑하다

ⓝ 철학, 인생관

[예문] Matthew was dedicated to the prosperity of the nation in terms of politics and **philosophy**.
Matthew는 정치와 철학적인 측면에서 국가 발전에 헌신했다. 09 고3 평가원 변형

Review Test !

A. 우리말에 맞게 빈 칸에 알맞은 단어를 쓰시오.

1 _____ 추세, 경향	11 _____ aggravate
2 _____ 호환이 되는, 양립 될 수 있는	12 _____ embed
3 _____ 복합체, 화합물 ; 합성의	13 _____ liberate
4 _____ 식물의, 식물학의	14 _____ immortal
5 _____ (사상, 태도 등을) 내면화하다	15 _____ readily
6 _____ 발굴, 발굴지, 땅파기	16 _____ miscellaneous
7 _____ 모욕적인, 공격적인, (군사적) 공격	17 _____ illiterate
8 _____ 약속, 맹세 ; 약속하다	18 _____ maneuver
9 _____ 불꽃, 화염	19 _____ monarchy
10 _____ 방해하다, 훼방하다	20 _____ philosophy

B. 문장의 빈칸에 알맞은 단어를 〈보기〉에서 찾아 쓰시오. (필요하면 형태를 고치시오.)

보기   accuse   justify   barter   distinct   solitude

1 When a person accepts a moral principle, naturally the person believes the principle is important and well _____.
어떤 사람이 도덕적 원칙을 받아들일 때, 그 사람은 당연히 그 원칙이 중요하고 아주 정당하다고 믿는다. `2015 수능`

2 A guard at Windsor Castle was _____ of being asleep on duty.
Windsor 성의 어떤 보초는 근무 중에 잠이 든 것으로 인해 고소되었다. `12 고1 학평`

3 _____ revealed to him all of nature's secrets, and enveloped him in its delights.
고독은 자연의 모든 신비를 그에게 보여 주었고 그를 자연의 기쁨으로 감쌌다. `07 고2 평가원`

4 While design and styling are interrelated, they are completely _____ fields.
디자인과 스타일링이 서로 관련되어 있지만 그것들은 완전히 별개의 영역이다. `2007 수능`

5 The _____ system worked well until people started to move about more and to greater distances.
물물 교환 시스템은 사람들이 점점 더 먼 거리로 이동하기 시작할 때까지 잘 작동했다. `1998 수능`

01 주의해야 할 전치사 용법

- **be bereaved of someone:** ~와 사별하다
  동사 bereave는 '가족, 친지와 사별하다'라는 뜻을 가지고 있으며 주로 be bereaved (of) 형태로 쓰입니다.
  ex.) the bereaved family 유족
  ex.) be bereaved of her father 아버지와 사별한

- **stumble (up)on/across something:** ~을 우연히 발견하다
  동사 stumble은 '발을 헛디디다'라는 의미를 가지고 있으며 전치사 upon, on, across등과 결합하여 '우연히 (~을) 발견하다'의 뜻으로 사용됩니다. 이와 비슷한 의미의 숙어로 come across(우연히 찾아내다)가 있습니다.
  ex.) stumble on a strange house 이상한 집을 우연히 발견하다

02 partial 편파적인

- **partial**은 명사 part의 형용사이며 '부분적인, 불완전한' 이라는 의미와 '~을 편애하는/편파적인'이라는 의미를 가지고 있습니다.
  ex.) a partial judge 편파적인 판사

- **partial**이 서술어로 쓰일 때는 전치사 to와 결합합니다.
  ex.) Joe's somewhat partial to rock music. Joe는 록 음악을 아주 좋아한다.

- **part**에서 파생된 부사는 partly와 partially가 있습니다. 대개의 경우 두 단어 모두 비슷한 의미로 사용될 수 있어요.
  ex.) partly/partially responsible 부분적으로 책임이 있는
  다만 '**편파적**'이라는 의미로 사용을 할 때는 **partial**을 써야 해요.
  ex.) I'm partial to cream soup. (O) 나는 크림 수프를 상당히 좋아한다.
  ex.) I'm partly to cream soup. (X)

- **partial**의 반의어는 **impartial** '공정한' 입니다.
  ex.) an impartial verdict/advice/judge 공정한 판결/충고/판사

Day

24

Word **Preview**

🎧 음원 듣기

- ☐ poultry
- ☐ impatient
- ☐ burden
- ☐ casualty
- ☐ confirm
- ☐ rewind
- ☐ hideous
- ☐ cellar
- ☐ counterproductive
- ☐ predator
- ☐ rehabilitation
- ☐ fragment
- ☐ evaporate
- ☐ decade

- ☐ drip
- ☐ maladaptive
- ☐ spotlight
- ☐ deprive
- ☐ expansion
- ☐ pitfall
- ☐ communal
- ☐ coward
- ☐ appreciation
- ☐ burst into
- ☐ nominate
- ☐ naughty
- ☐ restless
- ☐ utensil

- ☐ globalization
- ☐ originate
- ☐ envision
- ☐ marble
- ☐ vomit
- ☐ dwell
- ☐ draft
- ☐ dispense
- ☐ glaze
- ☐ designate
- ☐ jeopardize
- ☐ strict

Day 24

921 poultry
[póultri]

'집에서 기르는 가축'의
고대 프랑스어
pouletrie에서 유래

ⓝ (닭, 오리 등의) 가금류, 가금류의 고기

예문 Because it is common practice to use infected **poultry** manure as fertilizer or feed, other birds easily became infected with the bird flu virus.
감염된 가금류 배설물을 거름 또는 먹이로 사용하는 것이 흔한 일이기에, 다른 새들도 쉽게 조류독감 바이러스에 감염 되었다.

---

922 impatient
[impéiʃənt]

im (부정) + patient (참을성 있는)
➡ 참을성 없는

ⓐ 참을성 없는, 조급한

예문 Jimmy got really **impatient** because he wanted to master all the techniques as soon as possible.
Jimmy는 가능한 빨리 모든 기술을 숙달하고 싶었기 때문에 매우 조급했다.
08 고1 학평 변형

---

923 burden
[bə́:rdən]

'짐, 무게, 의무'의 고대 영어
byroen에서 유래

ⓥ 부담을 지우다 ⓝ 짐, 부담

예문 Alex's 16th birthday was coming and he really wanted a new computer, but he didn't want to **burden** his father.
Alex의 16번째 생일이 다가왔고 그는 정말 새로운 컴퓨터를 원했지만 그의 아버지께 부담을 지우고 싶진 않았다. 06 고2 평가원

---

924 casualty
[kǽʒuəlti]

'부상 입은, 전투에서 죽은'의
casual에서 유래

ⓝ 사상자, 피해자

예문 The earthquake last week caused numerous **casualties**.
지난 주의 지진은 수많은 사상자를 발생시켰다.

---

925 confirm
[kənfə́:rm]

con (강조) + firm (확고한)
➡ 더욱 확고하게 하다

ⓥ 확인하다, 확정하다

예문 In all cultures in which eye-gaze behavior has been studied, science **confirms** that those who are dominant have more freedom in using it.
눈 – 시선 행동이 연구되어 온 모든 문화에서 과학은 (상대적으로) 우세한 사람들이 그것(눈 – 시선 행동)을 사용할 때 더 많은 자유를 갖는 다는 것을 입증해준다.
2014 수능

---

926 rewind
[ri:wáind]

re (다시) + wind (감다)
➡ 되감다

ⓥ (녹음 테이프 등을) 되감다 ⓝ 되감기(기능)

예문 I want to repair the video player because it is unable to **rewind** the tape.
비디오 플레이어가 테이프를 되감지 못해서 수리를 하고 싶어요.

927 hideous
[hídiəs]

'끔찍한, 지긋지긋한'의
프랑스어 hidous에서 유래

@ 흉측한, 끔찍한

예문 Anna was heartbroken when she saw the **hideous** stain.
Anna는 그 보기 흉한 얼룩을 보고 매우 슬펐다. 15 고2 학평

928 cellar
[sélər]

'저장소, 지하 통로'의 고대 프랑스어
celier에서 유래

⬤ 지하실, 지하 저장실

예문 Gerald decided to hide the jewels in the **cellar** of his country house.
Gerald는 그 보석들을 자신의 시골 저택 지하실에 숨기기로 결심했다.

929 counterproductive
[kàuntərprədʌ́ktiv]

counter(반대의, 역)
+ productive(산출하는, 야기하는)
➡ 반대의 효과를 야기하다

@ 역효과를 낳는, 비생산적인

예문 Forcing your children to eat, especially if they don't like what is on the plate, is absolutely **counterproductive**.
당신의 아이들에게 특히 그들이 접시 위에 있는 음식을 싫어하는데도 강제로 먹이는 것은 전적으로 역효과를 낳는다. 16 고3 평가원 변형

930 predator
[prédətər]

'약탈자, 도적'의 라틴어
praedator에서 유래

⬤ 포식자, 천적

예문 A school of fish will split in two to avoid a **predator** and then quickly.
물고기 떼는 천적을 피하기 위해 두 무리로 나뉘었다가 다시 빠르게 하나로 합칠 것이다. 14 고3 평가원 변형

931 rehabilitation
[rìːhəbìlitéiʃən]

re(다시) + habilitare(재교육 시키다)
+ation(명.접)
➡ 재교육시키는 것 ➡ 재활

⬤ 재활, 사회 복귀

예문 I had several months of **rehabilitation** after my knee surgery.
나는 무릎 수술 후에 몇 개월의 재활 시간을 보냈다.

932 fragment
[frǽgmənt]

frag(부서지다) + ment(명.접)
➡ 부서진 것 ➡ 조각, 파편

⬤ 조각, 파편 ⓥ 조각나다, 부서지다

예문 The lamp shattered into a thousand **fragments** after it was hit by the baseball.
그 등불은 야구 공에 맞은 뒤에 천여 개의 조각으로 부서졌다.

933 evaporate
[ivǽpərèit]

'증기 속으로 흩어지다'의 라틴어
evaporare에서 유래

ⓥ 증발하다, 증발시키다

예문 After it rains, it's fun to watch the puddles **evaporate** in the hot sun.
비가 온 뒤에, 뜨거운 태양에 물 웅덩이가 증발되는 것을 보는 것은 재미있다.

934 decade
[dékeid]

dec(10)+ade(명.접)
➡ 10년의

ⓝ 10년(간)

예문 During the last several **decades**, Asia's glaciers have been melting at an alarming rate.
지난 몇십 년간, 아시아의 빙하는 놀랄 만한 속도로 녹고 있다. 06 고2 평가원

935 drip
[drip]

'떨어지게 하다'의 고대 영어
drypan에서 유래

ⓥ (방울 등이) 뚝뚝 떨어지다 ⓝ (작은 액체) 방울, 물방울 소리

예문 Andrew felt something begin to **drip** from his eyes.
Andrew는 그의 눈에서 무언가 뚝뚝 떨어지기 시작하는 것을 느꼈다.
07 고2 학평 변형

936 maladaptive
[mælədǽptiv]

mal(나쁜, 잘못된)
+adaptive(적응할 수 있는)
➡ 적응하지 못하는

ⓐ 적응성 없는, 부적응의

예문 A group of teachers gathered to discuss **maladaptive** behaviors in children.
한 그룹의 선생님들이 어린이들에게 나타나는 부적응 행동에 대해 토론하기 위해 모였다.

937 spotlight
[spátlàit]

ⓝ 세간의 주목, 환한 조명 ⓥ 이목을 집중시키다, 집중 조명하다

예문 When Thomas discovered new evidence of the planet, he came into the **spotlight** in the field of astronomy.
Thomas가 그 행성의 새로운 증거를 발견했을 때, 그는 천문학계의 주목을 받게 되었다. 13 고1 학평 변형

938 deprive
[dipráiv]

de(강조)+priv(e)(분리하다)
➡ ~에서 분리하다
➡ 빼앗다

ⓥ 빼앗다, 박탈하다

예문 When **deprived** of regular intervals of dark and light, the mind can lose its bearings.
어둠과 빛의 규칙적인 간격이 빼앗기면, 마음은 방향을 잃을 수 있다. 13 고1 학평 변형

➕ deprived ⓐ 궁핍한, 불우한

939 expansion
[ikspǽnʃən]

ex(밖으로)+pand(뻗다, 퍼지다)
+ion(명.접)

➡ 밖으로 뻗는 것 ➡ 확대, 확장

ⓝ 확대, 팽창

예문 Two million years ago, the **expansion** of the human brain required energy-rich food.
200만 년 전 인간의 뇌가 커지면서 에너지가 풍부한 음식물이 필요하게 되었다.
09 고2 평가원 변형

940 pitfall
[pítfɔ̀:l]

pit(구멍, 빈 부분)
+fall(떨어지다)
➡ 구멍으로 떨어지다
➡ 함정

ⓝ 위험, 함정

예문 Scientific and professional policy design does not necessarily escape the **pitfalls** of degenerative politics.
과학적이고 전문적인 정책 구상은 퇴행적인 정책의 위험을 꼭 피하는 것은 아니다.
2014 수능

✚ **peril** ⓝ 위험, 위태

941 communal
[kəmjú:nəl]

ⓐ 공동의, 공유의, 공동 사회의

예문 There stood a **communal** water pump in the center of the village.
마을 중앙에 공용 펌프가 있었다.

✚ **common** ⓐ 공동의, 공통의

942 coward
[káuərd]

'겁쟁이'의 고대 프랑스어
cowart에서 유래

ⓝ 겁쟁이, 비겁한 사람 ⓐ 겁이 많은, 소심한

예문 On the third day the Wei general came to think, "I knew the men of Ch'i were **cowards**, and after only three days more than half of them have deserted!"
삼일 째, 위나라 장군은 "제나라 군사들이 겁쟁이라는 것은 알고 있었지만, 단지 삼 일 만에 반 이상이 도망을 쳤군" 이라고 생각하게 되었다. 2014 수능

✚ **cowardly** ⓐ 겁이 많은, 소심한

943 appreciation
[əprì:ʃiéiʃən]

ap(~에)+preci(가격)
+ate(동.접)+tion(명.접)
➡ ~에 대해 가치(값)를 평가하는 것
➡ ~의 가치를 이해하는 것 ➡ 감상

ⓝ 감상, 감사

예문 Finally, at the end of the presentation, show your **appreciation** by giving the speaker a big round of applause.
마지막으로, 발표가 끝났을 때 연설자에게 큰 박수를 쳐줌으로써 당신의 감사를 표현 하세요. 2003 수능

✚ **appreciate** ⓥ 고마워 하다

944 burst into
[bə́:rst ìntu]

갑자기 ~을 터뜨리다, 내뿜다

예문 When Louis finished the race, everybody **burst into** tears.
Louis가 경주를 끝냈을 때, 모두가 울음을 터트렸다. 16 고1 학평 변형

945 nominate
[nάmənèit]

nomin(이름) + ate(동.접)
➡ 이름을 붙이다
➡ 후보 이름을 말하다

ⓥ 지명하다, 후보자로 추천하다, 임명하다

예문 Sarah belongs to an organization that **nominates** candidates and elects officers.
Sarah는 후보자를 지명하고 공무원을 뽑는 기관에 속해 있다. 06 고3 학평 변형

➕ **nominee** ⓝ 지명된 사람, 후보　**nomination** ⓝ 지명, 추천

946 naughty
[nɔ́:ti]

naught(악, 악한 행동)
+ y(~의 특질)
➡ 악한 행동의
➡ 시간이 지나면서 '무례한,
　버릇이 없는'의 뜻으로 발전

ⓐ 버릇 없는, 말을 안 듣는

예문 I quickly wrote a short letter asking the math teacher to forgive me for being so **naughty**.
나는 재빨리 수학 선생님께 버릇없이 군 것을 용서해 주길 바라는 짧은 편지를 썼다.
05 고3 학평 변형

➕ **mischievous** ⓐ 장난이 심한, 짓궂은

947 restless
[réstlis]

rest(편하게 있다) + less(~이 없는)
➡ 편히 있지 못하는 ➡ 불안한

ⓐ 가만히 못 있는, 불안한

예문 Roy seemed **restless** and afraid.
Roy는 불안하고 두려워 보였다. 11 고1 학평 변형

948 utensil
[ju:ténsəl]

ut(en)(사용하다)
+ sil(알맞은)
➡ 사용하기에 알맞은 것들

ⓝ 도구, 기구

예문 I'll check if all the cooking **utensils** and seasoning are in place.
모든 조리기구와 양념이 제 자리에 있는지 확인할게요. 12 고2 평가원

949 globalization
[ˌgloubəlɪˈzeɪʃən]

global(세계적인) + ize(~화하다)
+ ation(명.접). ➡ 세계화

ⓝ 세계화

예문 **Globalization** gives us a chance to learn about other societies and cultures.
세계화는 우리에게 다른 사회와 문화에 대해서 배울 수 있는 기회를 준다.
15 고1 학평 변형

950 originate
[ərídʒənèit]

origin(기원, 유래) + ate(동.접)
➡ ~에서 비롯되다, 유래되다

ⓥ 비롯하다, 유래하다

예문 According to legend, the tangram puzzle **originated** in China.
전설에 따르면, 탱그램 퍼즐은 중국에서 유래되었다. 06 고3 학평 변형

951 envision
[invíʒən]

en(만들다) + vision(환상, 상상)

➡ 마음속에 그리다, 상상하다

Ⓥ 마음속에 그리다, 상상하다

예문 We **envision** a society with equal opportunities.
우리는 기회가 균등한 사회를 마음속에 그린다.

Tip! 〈형태가 유사한 단어〉
- vision Ⓝ 시야, 선경지명
- revision Ⓝ 수정, 검토
- division Ⓝ 분할, 분배
- envision Ⓥ 마음 속에 그리다, 상상하다
- supervision Ⓝ 감독, 관리

952 marble
[máːrbl]

'반짝이다'의 고대 그리스어
marmairo에서 유래

Ⓝ 대리석, 구슬

예문 Michaelangelo looked at a block of **marble** and saw a man.
Michaelangelo는 대리석 덩어리를 보고 사람을 보았다. 2005 수능

953 vomit
[vámit]

'위장의 내용물을 입을 통해
분출하다'의 고대 프랑스어
vomit에서 유래

Ⓥ 토하다, 게우다

예문 The symptoms of hemlock poisoning include **vomiting** and loss of muscular power.
독미나리 중독의 증상은 구토와 근력의 손실을 포함한다. 08 고2 평가원 변형

✚ throw up 토하다

954 dwell
[dwel]

Ⓥ 살다, 거주하다

예문 Wolf spiders are a group of ground-**dwelling** hunting spiders.
늑대거미들(독거미들)은 땅에서 사는 사냥 거미의 종류들이다. 06 고2 평가원

955 draft
[dræft]

'원고의 초고본'의
draught에서 유래

Ⓝ 초안, 밑그림, 선발, 징집 Ⓥ 밑그림을 그리다, 초고를 쓰다

예문 I can send you a first **draft** of our plan and the estimate within two days.
이틀 내로 우리의 계획에 대한 첫 번째 초안과 견적을 보내드릴 수 있습니다.
2008 수능 변형

956 dispense
[dispéns]

dis (밖) + pens (매달다)
➡ 밖에 매달다
➡ 분리하여 두다

ⓥ 나누어주다, 베풀다, 없애다

[예문] So they decided to **dispense** with the old man's services.
그래서 그들은 그 노인의 업무를 없애기로 결정했다. 05 고3 평가원

> Tip! 〈주요 용례〉
> · **dispense with something** ~을 없애다, 생략하다
> · **dispense with formalities** 형식적인 것들을 생략하다

957 glaze
[gleiz]

ⓥ 윤기를 내다, 창에 유리를 끼우다

[예문] Black ice refers to a thin coating of **glazed** ice on a surface.
Black ice는 표면의 윤이 나는 얇은 얼음막을 지칭한다. 15 고2 학평 변형

958 designate
[dézignit]

de (밖으로) + signare (표시하다) + ate (동.접)
➡ 밖으로 표시하다
➡ 시간이 지나면서 '지정하다, 지명하다'의 뜻으로 발전

ⓐ 지명을 받은, 지명된 ⓥ 지정하다, 지명하다

[예문] Most people know what a check is: an authorization to pay a **designated** amount of money out of an established account.
대부분의 사람들은 수표가 무엇인지 알고 있다: 개설된 계좌로부터 명시된 금액의 돈을 지불하는 허가서이다. 09 고3 학평

959 jeopardize
[dʒépərdàiz]

jupartie (위험) + ize (동.접)
➡ 위험하게 하다

ⓥ 위태롭게 하다

[예문] The bribery allegation will **jeopardize** his political carrier.
그 뇌물 혐의는 그의 정치 경력을 위태롭게 할 것이다.

960 strict
[strikt]

'단단하게 당겨진'의 라틴어 **strictus**에서 유래

ⓐ 엄격한, 엄밀한

[예문] Some parents are afraid that they might be too **strict** and unkind to their children, and they may bend their rules.
어떤 부모들은 자신들이 아이들에게 너무 엄격하고 몰인정한 것은 아닌지 염려하며 자신들의 규칙을 완화할지 모른다. 07 고1 학평

> Tip! 〈strict와 비슷한 의미의 단어〉
> · **firm** ⓐ 단호한   · **tough** ⓐ 엄한
> · **stern** ⓐ 엄중한

A 우리말에 맞게 빈 칸에 알맞은 단어를 쓰시오.

1	_____	(닭, 오리 등의) 가금류, 가금류의 고기	11	_____ burden
2	_____	(녹음 테이프 등을) 되감다, 되감기	12	_____ cellar
3	_____	포식자, 천적	13	_____ rehabilitation
4	_____	(방울 등이) 뚝뚝 떨어지다, 방울	14	_____ expansion
5	_____	빼앗다, 박탈하다	15	_____ appreciation
6	_____	공동의, 공유의, 공동 사회의	16	_____ restless
7	_____	지명하다, 후보자로 추천하다	17	_____ marble
8	_____	도구, 기구	18	_____ draft
9	_____	비롯하다, 유래하다	19	_____ glaze
10	_____	나누어주다, 베풀다, 없애다	20	_____ strict

B 문장의 빈칸에 알맞은 단어를 〈보기〉에서 찾아 쓰시오. (필요하면 형태를 고치시오.)

보기   spotlight   decade   confirm   impatient   globalization

1 Unfortunately, young people graduating from university quickly grow
_____ with their unattractive, basic-level jobs.
불행하게도, 대학을 졸업한 젊은 사람들은 재미없고 기초적인 수준의 일에는 금방 싫증을 느껴 조급해한다.
`10 고1 학평`

2 When Renoir was confined to his home during the last _____ of his life,
Matisse visited him daily.
Renoir가 인생의 마지막 10년 간 집에만 틀어 박혀 있을 때, Matisse는 매일 그를 방문했다. `14 고2 학평`

3 _____ has resulted in a global brain drain, which refers to the situation
in which countries lose their best educated workers.
세계화는 전 세계적인 두뇌 유출을 초래했는데, 그것은 국가가 최고로 잘 교육받은 일꾼들을 잃는 상황을 일컫는다.
`14 고1 학평`

4 A British physician-geographer used a famous map to _____ his theory
that contaminated water was to blame for the transmission of cholera.
한 영국의 내과 의사이자 지리학자가 오염된 물이 콜레라 전염의 원인이라는 그의 이론을 입증하기 위해 유명한
지도를 사용했다. `10 고3 학평`

5 Being in the _____ made him feel tense.
주목을 받는 것은 그가 긴장감을 느끼게 했다. `14 고3 평가원`

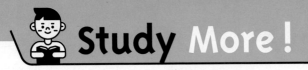

Study More !

01 혼동하기 쉬운 단어 bright/blight

bright은 형용사로 '빛나는, 눈부신, 밝은'의 의미로 사용되요.

*ex.) The sun is slowly getting **brighter** as its core contracts and heats up.*
태양은 그 핵이 수축하고 가열되면서 서서히 더 밝아지고 있다. [13 평가원 수능 모평]

반면에 **blight**은 '망치다', '엉망으로 만들다'의 의미를 가집니다. 식물에 적용되면 '병충해'가
되고 망치는 대상이 도시가 될 경우에는 '황폐화'의 뜻을 가지게 되죠.

*ex.) Unfortunately this potato proved particularly vulnerable to the potato **blight**
of 1845-52.* 불행히도 이 감자는 1845~52년의 감자 마름병에 특히나 취약했던 것으로 드러났다. [15 고2 학평]

02 혼동하기 쉬운 단어 conform/confirm

- **conform** ⓥ순응하다, 따르다

  It is very important to **conform** to the safety rules of the swimming pool.
  수영장의 안전 규칙을 따르는 것은 매우 중요하다.

- **confirm** ⓥ확인하다, 입증하다

  Scientists **confirmed** that taking a nap is useful to increase work efficiency.
  과학자들은 낮잠을 자는 것이 일의 효율을 증대시키는 데 유용하다는 것을 확인했다.

Day

Word Preview

🎧 음원 듣기

- ☐ chunk
- ☐ orient
- ☐ incremental
- ☐ ingenious
- ☐ parliament
- ☐ willingness
- ☐ drape
- ☐ convert
- ☐ anecdote
- ☐ pierce
- ☐ blade
- ☐ throne
- ☐ solely
- ☐ compensation

- ☐ lessen
- ☐ reproduction
- ☐ radical
- ☐ lottery
- ☐ recognition
- ☐ superb
- ☐ outrage
- ☐ inflation
- ☐ ripple
- ☐ resemble
- ☐ soothe
- ☐ vaccination
- ☐ merge
- ☐ democracy

- ☐ fragile
- ☐ naive
- ☐ influx
- ☐ engrave
- ☐ enclose
- ☐ latitude
- ☐ overlap
- ☐ scrap
- ☐ sensuous
- ☐ gross
- ☐ shuffle
- ☐ hectic

Day 25

961 chunk
[tʃʌŋk]

ⓝ 큰 덩어리, 상당히 많은 양

예문 There are **chunks** of chocolate in the cookies.
과자에 초콜릿 덩어리들이 있다.

---

962 orient
[ɔ́ːriənt]

ori(오르다) + ent(명.접)
➡ 떠오름
➡ 해가 떠오르는 방향

ⓥ ~을 지향하게 하다, 자기 위치를 알다

예문 Our society is a youth-**oriented** culture, one that
assumes that what is new and current is of most value.
우리 사회는 젊은이 중심의 문화이고, 새롭고 현재 유행하는 것이 가장 가치 있는
것이라 가정하는 문화이다. 11 고1 학평 변형

➕ **orientation** ⓝ 지향, 성향, 예비교육

---

963 incremental
[ìnkrəméntəl]

incre(증가하다)
+ ment(명.접) + al(형.접)
➡ 증가의

ⓐ 점진적인, 증가의

예문 The software company is adding **incremental** changes
to its existing software products.
그 소프트웨어 회사는 자신들의 현재 소프트웨어 제품에 점진적인 변화를 주고 있다.

---

964 ingenious
[indʒíːnjəs]

in(안쪽) + gen(i)(태어나다)
+ ous(형.접)
➡ 태어날 때 타고난 능력의 ➡ 영리한

ⓐ 기발한, 독창적인

예문 Joyce has come up with an **ingenious** solution to the
problem.
Joyce는 그 문제에 대한 기발한 아이디어를 생각해냈다.

---

965 parliament
[pɑ́ːrləmənt]

parlia(말하다, 협상하다)
+ ment(것, 장소)
➡ 말하고 협상하는 장소
➡ 국회

ⓝ (주로 영국의) 국회, 의회

예문 If you visit Berlin, you shouldn't miss the Reichstag
building. It is the building for the German **Parliament**,
one of Berlin's most historic landmarks.
만약 당신이 베를린을 방문한다면, Reichstag 빌딩을 놓치면 안 된다. 그것은
독일의 국회 건물로 베를린의 가장 역사적인 명소 중 하나다. 13 고3 학평

➕ **National Assembly** ⓝ (한국의) 국회

---

966 willingness
[wílinnis]

willing(~에 꺼리지 않는)
+ ness(명.접)
➡ 기꺼이 하는 마음

ⓝ 의향, 기꺼이 하기

예문 The **willingness** to take a risk is very important in
starting a new business.
기꺼이 모험을 하려는 마음은 새로운 사업을 시작할 때 매우 중요하다. 11 고1 학평

967 drape
[dreip]

'옷 등을 둘러서 장식하다'의
고대 프랑스어 **draper**에서 유래

ⓥ 걸치다, 주름을 잡아 걸치다   ⓝ 덮는 천, 휘장, 커튼

[예문] The ancient Greek and Roman costume is essentially **draped**, and presents a traditional stability and permanence.
고대 그리스인과 로마인들의 의상은 기본적으로 주름을 잡아 걸쳐지며 전통적인 안정성과 영구성을 보여준다. 13 고3 평가원

968 convert
[kánvəːrt]

con(강조)+vert(돌아서다)
➡ (생각, 형태 등을) 바꾸다

ⓥ 전환하다, 바꾸다

[예문] Coconut oil can be used as a skin cream or **converted** into soap.
코코넛 오일은 피부에 바르는 크림으로 이용되거나 비누로 변환될 수 있다.
06 고2 학평 변형

969 anecdote
[ǽnikdòut]

an(부정)+ec(밖으로)
+dot(e)(알려지지 않은)
➡ 밖으로 알려지지 않은 일들

ⓝ 일화, 비사

[예문] Chris told an interesting **anecdotes** about his daughter.
Chris는 그의 딸에 대한 흥미로운 일화를 들려주었다.

970 pierce
[piərs]

per(~을 통해서, 관통하여)
+tundere(두드리다, 때리다)
➡ ~을 관통하여 두드리다, 때리다
➡ 시간이 지나면서 '뚫다, 관통하다'의 뜻으로 발전

ⓥ 뚫다, 관통하다, 찌르다

[예문] Sylvia's mother does not allow Sylvia to get her ears **pierced**.
Sylvia의 어머니는 Sylvia가 귀를 뚫는 것을 허락하지 않는다.

     ✚ penetrate ⓥ 뚫고 들어가다, 관통하다

971 blade
[bleid]

ⓝ (칼, 도구 등의) 날

[예문] You can harden a **blade** just by hammering it.
당신은 단지 망치로 두드리는 것만으로도 칼날을 단단하게 할 수 있다.
14 고2 학평 변형

972 throne
[θroun]

'군주에 의해 지정된 자리'의
고대 프랑스어 **trone**에서 유래

ⓝ 왕위

[예문] Queen Elizabeth celebrated 60 years on the **throne** in 2012.
Elizabeth 여왕은 2012년에 즉위 60주년을 기념했다.

973 solely
[sóulli]

sole(유일한, 단 하나의) + ly(부.접)
➡ 오로지, 단독으로

ⓐ 오로지, 단지

예문 An estimated 73 million sharks are killed **solely** for their fins every year.
매년 어림 잡아 7300만 마리의 상어가 단지 지느러미 때문에 죽음을 당한다.
11 고2 학평 변형

974 compensation
[kàmpənséiʃən]

com(함께) + pens(무게를 달다)
+ ate(동.접) + tion(명.접)
➡ 무게를 달아 손실을 돌려주다

ⓝ 보상, 보상금

예문 If one of the parties fails to keep the promise, the other has a right to receive **compensation**.
만약 한쪽 편이 약속을 지키지 못하게 되면, 상대편은 배상을 받을 권리를 가진다.
2010 수능 변형

➕ **compensate** ⓥ 보상하다

975 lessen
[lésən]

less(더 적은, 덜 한)
+ en(~하게 하다) ➡ 줄이다

ⓥ 줄이다, 완화하다

예문 We are trying too **lessen** the amount of paper waste.
우리는 폐휴지의 양을 줄이려고 노력한다.

976 reproduction
[rìːprədʌ́kʃən]

re(다시) + produce(자식을 낳다, 생산하다) + tion(명.접)
➡ 다시 자식을 낳거나 생산하는 것
➡ 번식, 재현

ⓝ 번식, 재현

예문 Every work of art is not a mere **reproduction**, but a unique creation.
모든 예술 작품들은 단순한 재현이 아니라 독특한 창조물이다. 13 고3 평가원 변형

➕ **reproduce** ⓥ 재생하다, 재현하다, 번식하다

977 radical
[rǽdikəl]

'기원 혹은 본질적인 것으로 돌아가는'의 라틴어 radix에서 유래

ⓐ 급진적인

예문 Some of the most recent government policies are much too **radical**.
최근 정부 정책 중 일부는 너무 급진적이다. 11 고2 학평 변형

➕ **extreme** ⓐ 극도의, 극심한

978 lottery
[látəri]

'행운'의 이탈리아어 lotto에서 유래

ⓝ 복권, 제비뽑기

예문 For individuals, getting a good job is like winning the **lottery**.
사람들에게 좋은 직업을 얻는 것은 복권에 당첨되는 것과도 같다.
09 고2 평가원 변형

➕ **draw** ⓝ 추첨, 제비뽑기

979 **recognition**
[rèkəgníʃən]

re(다시)+congnit(알다)
+ion(명.접)

➡️ 다시 아는 것
➡️ 인지, 인식

ⓝ 인식, 인정, 승인

 Honor your children in celebration of their birthdays or in **recognition** of their accomplishments by donating a book through the Williams Book Club.
Williams Book Club을 통해 책을 기부하는 것으로 여러분들의 자녀의 생일 축하나 그들의 성취를 인정해주세요. 14 고3 학평

➕ **recognize** ⓥ 알아보다, 인식하다

980 **superb**
[sju(ː)pə́ːrb]

'웅장한, 자랑스러운'의
라틴어 **superbus**에서 유래

ⓐ 최고의, 최상의

 Thank you so much for your great service and **superb** delivery.
당신의 훌륭한 서비스와 최상의 배달에 매우 감사 드립니다. 09 고3 학평 변형

981 **outrage**
[áutreidʒ]

outrer(경계선 밖으로 밀다)
+age(명.접)

➡️ 경계선 밖으로 미는 것

ⓝ 격분, 격노 ⓥ (수동태로) 격분하게 만들다

예문 The lawyer, assuming the accident to be an example of Latin American gender bias, was **outraged**.
그 변호사는 그 사고가 라틴계 미국인의 성 편견의 예시라고 추측하며 격분했다. 16 고3 학평 변형

982 **inflation**
[infléiʃən]

in(안)+fla(불다)+ion(명.접)

➡️ 부풀어 오르게 하는 것(현상)

ⓝ 물가 인상, 인플레이션

예문 **Inflation** can be a major life concern for most people.
물가 상승률은 대부분의 사람들에게 가장 큰 삶의 걱정거리이다. 16 고3 평가원

➕ **inflate** ⓥ 부풀리다, 부풀다, 가격이 오르다

983 **ripple**
[rípl]

ⓝ 잔물결, 파문 ⓥ 잔물결을 이루다, 파문을 만들다

예문 The bottle was floating on the ocean while tiny waves swept forward in **ripples**.
그 병은 잔잔한 파도가 잔물결을 이루며 앞으로 휩쓸려 오는 가운데 바다에 떠 있었다. 14 고3 학평 변형

984 **resemble**
[rizémbl]

re(강조)+sembl(e)(비슷한)

➡️ 매우 비슷하다 ➡️ 닮다

ⓥ 닮다, ~와 공통점이 있다

예문 Actually, John doesn't **resemble** his parents in appearance at all.
사실 John은 외모로는 그의 부모님과 전혀 닮지 않았다.

985 soothe
[suːð]

'확인하다'의 고대 영어
sooth에서 유래

➡ 시간이 지남에 따라 '지지하다'
→ '격려하다' → '편안하게 하다,
달래다'의 뜻으로 발전

ⓥ 진정시키다, 달래다, 누그러뜨리다

예문 I had turned toward Nick in shock, but he did not cuddle
or **soothe** me.
나는 충격에 휩싸여 Nick을 향해 돌아 보았지만, 그는 나를 안아주거나
진정시켜주지 않았다. 11.고3 평가원 변형

986 vaccination
[væksənéiʃən]

vaccinate
(주사를 맞히다, 접종하다)
+ ation (명.접)

➡ 백신, 예방 접종

ⓝ 백신(예방) 접종

예문 Yellow fever can be fatal. There is no treatment, though
it can be prevented by **vaccination**.
황열병은 치명적일 수 있다. 황열병은 백신으로 예방할 수 있음에도 불구하고
치료법은 없다. 13.고2 학평 변형

➕ **vaccinate** ⓥ 예방접종을 하다

987 merge
[məːrdʒ]

라틴어에서 원래 의미는
'가라앉다'의 뜻이었지만 후에
'합병하다'의 뜻으로 발전

ⓥ 합병하다, 통합하다

예문 The two small schools in the village were **merged** to
form a larger school.
마을에 있는 두 개의 소학교는 하나의 큰 학교로 합쳐졌다.

➕ **merger** ⓝ (조직이나 사업체의) 합병

988 democracy
[dimάkrəsi]

demos (일반인, 시민)
+ cracy (지배, 체제)

ⓝ 민주주의, 민주정치

예문 Competition is the engine of evolution and the
foundation of **democracy**.
경쟁은 발전의 엔진 역할을 하고 민주주의의 근간이다. 15.고2 학평 변형

➕ **democratic** ⓐ 민주주의의

989 fragile
[frǽdʒl]

frac (부서지다) + ile (~하기 쉬운)

➡ 부서지기 쉬운

ⓐ 부서지기 쉬운, 손상되기 쉬운

예문 With your donation, we can preserve **fragile** coral reefs
around the world.
귀하의 기부로 우리는 전 세계의 손상되기 쉬운 산호초를 보호할 수 있습니다.
16.고3 평가원

990 naive
[nɑːíːv]

'자연스러운, 단순한'의
프랑스어 naive에서 유래

ⓐ 순진한, 고지식한, 속기 쉬운

예문 Forrest Gump is the story of a **naive** young man from
Alabama with a good heart who keeps stumbling into
success in spite of himself.
Forrest Gump는 자신도 모르게 우연히 계속해서 성공하게 되는 착한 성품을 지닌
Alabama의 한 순진한 청년에 대한 이야기이다. 12.고2 학평

➕ **innocent** ⓐ 순진한, 천진난만한

991 **influx**
[ínflʌks]

in(안)+flux(흐름)

➡ 안 쪽으로 흐르는 것

ⓝ 유입, 쇄도

[예문] Some universities have set up new departments to deal with the **influx** of students.
몇몇 대학들은 학생들의 유입을 다루기 위해 새로운 학과를 만들었다.

↔ **outflow** ⓝ 유출, 분출, 범람

992 **engrave**
[ingréiv]

en(안)+grave(새기다)

➡ (안 쪽에) 새기다

ⓥ 새기다, 조각하다

[예문] I found a book with the word 'Record' neatly **engraved** on it.
나는 표지에 깔끔하게 'Record'라는 단어가 새겨져 있는 책을 발견했다.
2012 수능 변형

993 **enclose**
[inklóuz]

en(안)+close(닫다)

➡ 안에 넣고 닫다

ⓥ 동봉하다, 둘러싸다

[예문] Denny and his father are **enclosing** a garden with a fence.
Denny와 그의 아버지는 정원을 울타리로 둘러싸는 중이다.

994 **latitude**
[lǽtətjùːd]

'폭, 너비'의 고대 프랑스어 latitude에서 유래

ⓝ 위도, (선택, 행동 방식의) 자유

[예문] When I was in high school, I was studying longitude and **latitude** in geography class.
내가 고등학생 때, 나는 지리학 시간에 경도와 위도에 대해서 공부했었다.
16 고2 학평 변형

↔ **longitude** ⓝ 경도

995 **overlap**
[óuvərlæp]

over(~위에)
+lap(다른 부분을 겹겹이 쌓다)

➡ ~위에 겹겹이 쌓다

ⓥ 포개지다, 중복되다 ⓝ 포개짐, 중복됨, 공통 부분

[예문] The processes of advocacy and mediation can **overlap**, perhaps with very problematic results.
옹호와 중재의 과정은 아마도 아주 해결하기 어려운 결과를 가지고 겹칠 수 있다.
2012 수능 변형

996 scrap
[skræp]

'약간, 하찮은 것'의
고대 노르웨이어
skrap에서 유래

ⓥ 폐기하다, 폐지하다, 철회하다 ⓝ (옷감 등의) 조각

예문 Beethoven took **scraps** of paper with him on his frequent walks, writing down his musical ideas as they came to him.
베토벤은 잦은 산책길에 종잇조각을 가지고 다니면서 악상이 떠오를 때마다 적어두곤 했다. 11 고3 평가원

997 sensuous
[sénʃuəs]

ⓐ 감각적인, 관능적인

예문 The poet's language is more **sensuous** than ordinary language.
그 시인의 언어는 보통의 언어보다 감각적이다. 09 고3 학평

998 gross
[grous]

ⓐ 총계의, (잘못, 실수 등이) 심한, 엄청난 ⓝ 총계, 총체

예문 National income accounting requires measuring the value of production. The most common measure is **Gross** Domestic Product (GDP).
국가 수입 회계는 생산의 가치를 측정하는 것을 요한다. 가장 흔한 측정법은 국내 총생산(GDP)이다. 15 고2 학평

999 shuffle
[ʃʌfl]

'발을 끌며 움직이다'의 중세 영어
shovelen에서 유래

ⓥ 발을 끌며 걷다, 카드를 섞다, (위치, 순서를) 이리저리 바꾸다

예문 I **shuffled** the cards and then dealt 5 to each player.
나는 카드를 섞었고 각 참가자별로 5장씩 나누어 주었다.

> **Tip!** 〈형태가 유사한 단어〉
> • **shuffle** ⓥ 발을 끌며 걷다, 카드를 섞다, (위치, 순서를) 이리저리 바꾸다
> • **ruffle** ⓥ 헝클다
> • **muffle** ⓥ 소리를 죽이다, 감싸다

1000 hectic
[héktik]

'계속되는, 늘 하는'의
라틴어 **heticus**에서 유래

ⓐ 정신 없이 바쁜, 빡빡한

예문 On Christmas Eve in 2002, the Z-Mart in Seoul was jammed and **hectic**.
2002년 크리스마스 이브에, 서울의 Z마트는 혼잡스럽고 정신없이 바빴다.
15 고2 학평 변형

Review Test !

A 우리말에 맞게 빈 칸에 알맞은 단어를 쓰시오.

1 _____ 큰 덩어리, 상당히 많은 양
2 _____ 의향, 기꺼이 하기
3 _____ (칼, 도구 등의) 날
4 _____ 줄이다, 완화하다
5 _____ 물가 인상
6 _____ 민주주의, 민주정치
7 _____ 유입, 쇄도
8 _____ 새기다, 조각하다
9 _____ 감각적인, 관능적인
10 _____ 정신 없이 바쁜, 빡빡한

11 _____ incremental
12 _____ convert
13 _____ solely
14 _____ lottery
15 _____ recognition
16 _____ resemble
17 _____ vaccination
18 _____ merge
19 _____ enclose
20 _____ shuffle

B 문장의 빈칸에 알맞은 단어를 〈보기〉에서 찾아 쓰시오. (필요하면 형태를 고치시오.)

보기 radical naive soothe superb latitude

1 The twentieth century saw various _____ changes in the field of education.
20세기는 교육 분야에서 다양한 급진적 변화를 보여 주었다.

2 Thank you so much for the excellent service and the _____ delivery.
탁월한 서비스와 우수한 배송에 감사드립니다. 09 고3 학평

3 I'm looking for something to _____ my irritated skin.
나는 따끔거리는 피부를 진정시킬 무언가를 찾고 있다. 12 고3 평가원

4 To be creative problem solvers, people must learn to approach complexity with a certain _____ simplicity.
창의적으로 문제를 해결하는 사람이 되기 위해 사람들은 어느 정도 천진난만한 단순성으로 복잡한 문제에 접근해야 한다. 14 고3 평가원

5 Giving people the _____ and flexibility to use their judgment and apply their talents rapidly accelerates progress.
사람들에게 그들의 판단력을 사용하고 그들의 재능을 적용할 수 있는 자유와 융통성을 주는 것은 급속히 발달을 가속화시킨다. 2012 수능

Study More!

01 어휘 확장 : gross

gross는 '전체, 총계의'란 뜻과 '중대한' 그리고 '역겨운, 터무니없는' 등 대립되는 뜻을 포함하고 있다는 사실에 주의해야 해요.

- **gross** ⓐ 총, 전체의　　　*ex.) gross income* 총 소득

  수능 및 모의 평가에도 자주 나오고 있는 GDP는 Gross Domestic Product로 '국내 총생산'을 뜻합니다. GNP는 Gross National Product로 '국민 총생산'을 뜻하지요.

- **gross** ⓐ 중대한, 엄청난

  ex.) a gross mistake 중대한 실수
  ex.) a gross human inequality 엄청난 인간 불평등 (2015 수능)

- **gross** ⓐ 역겨운(=disgusting), 상스러운

  ex.) gross words 상스러운 말들

02 어원 이야기 : 백신(vaccine)의 유래

vaccine은 원래 소에게 발생하는 천연두(smallpox)인 우두(cowpox virus)에서 유래했습니다. 1800년 경 에드워드 제너(Edward Jenner)는 소젖을 짜다 우두에 걸린 사람은 천연두에 걸리지 않는다는 것을 발견했고 우두로부터 보호해주는 물질이 있을 것이라 생각했습니다. 그래서 우두에 걸린 사람의 물집에서 체액을 채취해서 다른 사람에게 접종하자 천연두가 발생하지 않은 것을 발견하였지요. 이것이 바로 면역치료의 시초가 되었어요.

19세기 말 파스퇴르 역시 닭 콜레라 균에서 제너의 결과와 비슷한 효과를 발견했으며 제너의 업적을 기리기 위해 라틴어로 소를 의미하는 vacca에 착안해서 예방 기능이 있는 면역균을 vaccine이라고 명명하게 되었습니다.

vaccine은 명사로서 '예방 백신' 약제를 가리킵니다. 동사는 vaccinate '예방 주사를 맞히다'이며 이의 명사형은 vaccination '예방 접종'입니다.

Word Preview

음원 듣기

- [ ] petition
- [ ] weed
- [ ] triumph
- [ ] boundary
- [ ] malfunction
- [ ] substantial
- [ ] weep
- [ ] apparel
- [ ] compress
- [ ] pervasive
- [ ] desolate
- [ ] anthropology
- [ ] favorable
- [ ] assembly

- [ ] sewage
- [ ] audible
- [ ] indulge
- [ ] phase
- [ ] groundless
- [ ] rust
- [ ] intake
- [ ] circuit
- [ ] choke
- [ ] frost
- [ ] correspondent
- [ ] dysfunctional
- [ ] malicious
- [ ] condense

- [ ] resentment
- [ ] swell
- [ ] amphibian
- [ ] dummy
- [ ] credible
- [ ] prevalent
- [ ] subsequent
- [ ] discern
- [ ] upright
- [ ] put off
- [ ] parameter
- [ ] shortage

Day 26

1001 ···> 1040

1001 petition
[pətíʃən]

pet(it)(찾다) + ion(명.접)
➡ 구함 ➡ 간청, 청원

ⓝ 청원, 탄원(서) ⓥ 진정하다, 탄원하다

예문 Since the city accepted our **petition**, the bus company will initiate a service to the front door of our complex every day.
시에서 우리의 청원서를 받아들여준 덕분에, 버스 회사는 매일 우리 아파트 단지의 정문까지 운행 서비스를 시작할 것이다. 15 고2 학평 변형

1002 weed
[wiːd]

'잡초, 잔디'의 고대 영어
weod에서 유래

ⓝ 잡초, 수초 ⓥ 잡초를 뽑다

예문 To cut down on **weeds** and make plants grow more quickly, farmers and gardeners often put black plastic around their tomato plants.
잡초를 제거하고 식물을 더 빨리 자라게 하기 위해 농부와 정원사들은 토마토 묘목 주변에 검은색 비닐을 종종 깔아둔다. 07 고3 학평

1003 triumph
[tráiəmf]

'전쟁에서의 승리'의 고대 프랑스어
triumphe에서 유래

ⓝ 큰 승리, 대성공 ⓥ 이기다, 성공하다

예문 People hope good almost always **triumphs** over evil.
사람들은 거의 항상 선이 악에게 승리하기를 희망한다. 05 고3 학평 변형

1004 boundary
[báundəri]

bound(경계, 한계) + ary(명.접)
➡ 경계

ⓝ 경계, 영역

예문 Following flooding, a river's course may shift, altering the **boundary** between states and countries.
홍수 후에는 주와 국가 사이의 경계가 변형되면서 강의 경로가 바뀔지도 모른다.
15 고1 학평

1005 malfunction
[mælfʌ́ŋkʃən]

mal(잘못된) + function(기능)
➡ 기능을 하지 못하는

ⓝ 고장, 오작동

예문 Unfortunately, we cannot work today due to an equipment **malfunction**.
유감스럽게도 기계 고장 때문에 오늘은 작업을 할 수 없습니다.

1006 substantial
[səbstǽnʃəl]

sub(아래) + stance(서 있는)
+ al(형.접)
➡ 견고하게 받치고 있는

ⓐ 상당한, 실질적인, 본질적인

예문 The city's wealth originally came from the **substantial** tolls it placed on passing merchants.
그 도시의 부유함은 원래 지나가는 상인들에게 부과했던 상당한 통행료에서 비롯되었다. 11 고3 평가원

✛ **considerable** ⓐ 상당한, 적지 않은

1007 weep
[wi:p]

ⓥ 울다, 눈물을 흘리다

예문 Suddenly I heard a woman **weeping** while I was making some cookies.
쿠키를 만들고 있던 와중에 난 갑자기 어떤 여자가 울고 있는 것을 들었다.
05 .고3 평가원 변형

1008 apparel
[əpǽrəl]

'장비를 갖추다'의 고대 프랑스어 **apareillier**에서 유래

ⓝ 의류, 의복

예문 The **apparel** supplier must look for ways to offer customers top quality goods at highly competitive prices.
의류업자들은 고객들에게 꽤 경쟁력있는 가격으로 높은 질의 상품을 제공할 방법을 찾아야 한다. 15 고3 학평 변형

1009 compress
[kámpres]

com(함께)+**press**(누르다)
➡ 같이 누르다

ⓥ 압축하다, 꾹 누르다

예문 The body of the insect is sightly **compressed** and mostly elongated, with its mouth facing down.
그 곤충의 몸통은 약간 납작하고 대체로 긴 편이며, 주둥이는 아래 쪽을 향하고 있다. 11 고2 학평 변형

➕ **compressed** ⓐ 눌린, 납작한

1010 pervasive
[pərveisiv]

per(통해서)+**vadare**(가다, 걷다)
+**ive**(형.접)
➡ ~을 통해서 가는

ⓐ 만연한, 구석구석 스며드는, 침투성의

예문 A sense of social change is **pervasive** in his new novel.
사회 변화에 대한 의식이 그의 새 소설에 깃들어 있다.

➕ **prevalent** ⓐ 널리 퍼져있는, 우세한

1011 desolate
[désəlit]

de(강조)+**sol**(혼자)
+**ate**(형.접)
➡ 혼자의

ⓐ 황량한, 쓸쓸한, 적막한

예문 The **desolate** landscape creates very unique sandstorms and winds.
그 황량한 풍경은 매우 독특한 모래 태풍과 바람을 만든다.

➕ **bleak** ⓐ 암울한, 황량한, 음산한

1012 anthropology
[ænθrəpálədʒi]

anthro(인간)+**logy**(학문)
➡ 인간에 대한 학문

ⓝ 인류학, 문화 인류학

예문 Franz Boas was considered a major force in the development of modern **anthropology**.
Franz Boas는 현대 인류학의 발전에 주된 힘이었다고 평가되었다.

1013 **favorable**
[féivərəbl]

favor(선의, 아주 좋아하는)
+able(~할 수 있는)
➡ 선하게 할 수 있는
➡ 유리한, 호의적인

ⓐ 유리한, 호의적인, 양호한

[예문] Hundreds of celebrities fail to make a **favorable** impression because they don't listen attentively to public opinion.
수많은 유명 인사들이 대중의 의견을 귀 기울여 듣지 않기 때문에 호감을 주는데 실패한다. `05 고3 학평 변형`

1014 **assembly**
[əsémbli]

a(~로)+ssembler(모이다)
+y(명.접)
➡ 함께 모이는 것

ⓝ 의회, 조립

[예문] The McDonaldization of society does not refer just to the robot like **assembly** of food.
사회의 맥도날드화는 기계적인 음식의 조합만을 의미하지는 않는다. `12 고3 평가원`

➕ **assemble** ⓥ 모으다, 집합시키다, 조립하다

1015 **sewage**
[sjúːidʒ]

sewer(물이 흐르게 하는 것, 도관)
+-age(상태, ~와 관련있는 것)
➡ 도관과 관련있는 것
➡ 시간이 지나면서 '하수, 오물'의 뜻으로 발전

ⓝ 하수, 오물

[예문] Many cities are finding that artificial wetlands provide a low cost way to filter and treat outflowing **sewage**.
많은 도시들이 인공 습지가 흘러나오는 오수를 거르고 처리하는데 돈이 적게 드는 방법을 제공한다는 사실을 알아가고 있다. `14 고2 학평`

1016 **audible**
[ɔ́ːdəbl]

aud(듣다)+ible(형.접)
➡ 들을 수 있는
➡ 소리가 들리는

ⓐ 잘 들리는, 들을 수 있는

[예문] His speech was barely **audible**.
그의 연설은 거의 들리지 않았다.

↔ **inaudible** ⓐ 들리지 않는

1017 **indulge**
[indʌ́ldʒ]

'~을 즐기다'의 라틴어
indulgere에서 유래

ⓥ 빠지다, 탐닉하다, ~을 마음껏 하다

[예문] Some students may **indulge** in fantasies of violence by watching the movie.
몇몇 학생은 그 영화를 봄으로써 폭력에 대한 환상에 빠지지도 모른다.
`2015 수능 변형`

➕ **indulgence** ⓝ 하고 싶은 대로 함, 관대

1018 **phase**
[feiz]

ⓝ 단계

[예문] For a long time, anthropologists believed that all human societies would progress through a known series of **phases** of evolution.
오랫동안 인류학자들은 모든 인간 사회가 알려져 있는 진화의 연속적 단계를 통하여 진보할 것이라고 믿었다. `10 고3 학평`

1019 groundless
[gráundlis]

ground(지면, 근거)
+ less(~없는)
➡ 타당한 이유가 없는

ⓐ 근거 없는, 사실무근의

예문 The public suffers from a **groundless** fear of chemical decaffeination.
대중은 화학적 카페인 제거법에 대한 근거 없는 공포에 시달린다. 2009 수능 변형

➕ baseless ⓐ 근거없는, 이유없는

1020 rust
[rʌst]

'녹이 슬게 하다'의
고대 영어 rust에서 유래

ⓝ 녹 ⓥ 녹슬다, 부식하다

예문 Under the "no dumping" signs you will find old tires, **rusting** sinks, junked refrigerators, and other trash.
"쓰레기 투기 금지"라는 표지판 아래에서 낡은 타이어, 녹슬어가는 싱크대.
버려진 냉장고 등의 쓰레기들을 발견하게 될 것이다. 05 고3 학평

1021 intake
[íntèik]

in(안에)
+ take(음식을 받아들이는 행위)
➡ 안으로 음식을 받아들이는 행위
➡ 섭취

ⓝ 섭취, 흡입, 채용, 수입

예문 Moderate food **intake** is essential for the survival of every living organism.
적절한 음식 섭취는 모든 생물의 생존을 위해 필수적이다. 2016 수능 변형

1022 circuit
[sə́:rkit]

circu(주변에) + it(가다)
➡ 주변, 둘레를 돌다

ⓝ 순환, 순회

예문 The electrons move along a **circuit** and produce electricity.
전자는 회로를 따라 움직여서 전기를 생산한다. 09 고2 평가원 변형

1023 choke
[tʃouk]

ⓥ 질식시키다, 막다, 숨이 막히다

예문 A tiny flap of tissue covers the windpipe when we swallow our food so that we don't **choke**.
우리가 음식을 삼킬 때 질식하지 않기 위해서 조직의 작은 덮개들이 호흡기관을 덮는다.

1024 frost
[frɔ(:)st]

'얼어 붙은, 극심히 추운'의
고대 영어 frost에서 유래

ⓝ 서리, 성에 ⓥ 성에로 뒤덮다, 성에가 끼다

예문 Smudge pots and heaters are two ways of fighting **frost**.
훈증 난로와 히터는 서리를 이길 수 있는 두 가지 방법이다. 11 고3 학평

1025 correspondent
[kɔ̀(:)rispándənt]

cor(함께) + respond(응답하다)
+ ent(명.접)

➡ 서로 응답하는 사람 ➡ 통신원

ⓝ 통신원, 기자, (편지 등으로) 소식을 주고 받는 사람

예문 Lori is interested in international affairs and wants to be a foreign **correspondent**.
Lori는 국제 문제에 관심이 많아서 해외 통신원이 되고 싶어 한다.

✚ **correspond** ⓥ 상응하다, 소식을 주고 받다

1026 dysfunctional
[disfʌ́ŋkʃənl]

dys(악화, 불량)
+ functional(기능적인)

➡ 고장난

ⓐ 고장난, 기능 이상의

예문 I recently started to teach English to children from **dysfunctional** families.
나는 최근에 결손 가정의 아이들에게 영어를 가르치기 시작했다.

✚ **dysfunction** ⓝ 기능 이상, 역기능

1027 malicious
[məlíʃəs]

melice(악의) + ous(형.접)

➡ 악의적인

ⓐ 악의적인, 적의있는

예문 **Malicious** rumors about him spread like fire and ruined his reputation quickly.
그에 대한 악의적인 소문이 급속히 퍼졌고 그의 평판을 빠르게 손상시켰다.

✚ **vicious** ⓐ 악의있는, 부도덕한, 고약한

1028 condense
[kəndéns]

con(강조)
+ dense(진한, 밀도 높은)

➡ 매우 진하게 하다

ⓥ 농축하다, 응축하다, 응축되다

예문 For rain to occur, water has to **condense**.
비가 오기 위해서, 물이 응축되어야 한다.

✚ **condensation** ⓝ 응결, 응축, (책 등의) 압축 요약

1029 resentment
[rizéntmənt]

re(강조) + sent(느끼다)
+ ment(명.접)

➡ 강한 감정을 갖는 것

ⓝ 분노, 분함, 적의

예문 Loving yourself makes you feel more self-confident and lessens your **resentment** toward your friends.
당신 자신을 사랑하는 것은 당신이 더 많은 자신감을 느끼게 하고, 친구들을 향한 당신의 적의를 줄여준다. 11 고3 평가원 변형

✚ **resent** ⓥ 분하게 (억울하게) 여기다

1030 swell
[swel]

'더 크게 하다, 자라다'의
고대 영어 **swellan**에서 유래

ⓥ 붓다, 부풀다, 증가하다 ⓝ 부어오름, 증가, 팽창

예문 Look! Your ankle is already starting to **swell**.
좀 봐. 네 발목이 벌써 붓기 시작했어.

1031 **amphibian**
☐☐
[æmfíbiən]

amphi(양 쪽)+bi(생명)
+an(생물)

➡ 양쪽에 사는 생물
➡ 물과 육지에 사는 생물

Ⓝ 양서류(동물)

예문 It was generally thought that reptiles and **amphibians**
don't sleep, although some recent studies indicate
that they do.
최근의 몇몇 연구가 파충류와 양서류가 잠을 잔다는 것을 보여줬음에도 불구하고
그들이 잠을 자지 않는다고 일반적으로 생각되었다. 15 고3 학평 변형

1032 **dummy**
☐☐
[dʌ́mi]

dumb(무언의, 말이 없는)+y(특질)

➡ 말이 없는 상태
➡ 시간이 지나면서 '사람의 모습을
본뜬 모형'의 뜻으로 발전

Ⓝ 인체 모형, 견본 Ⓐ 모조의

예문 The **dummy**'s job is to simulate a human being during
a crash.
그 인체 모형의 역할은 사고 동안 인간을 가장하는 것이다. 10 고3 학평 변형

1033 **credible**
☐☐
[krédəbl]

cred(믿다)+ible(형.접)

➡ 믿을 수 있는

Ⓐ 믿을 수 있는, 신뢰(신용) 할 수 있는, 확실한

예문 Comic book heroes, familiar to most consumers,
may even be more **credible** and effective than real-life
celebrities.
대부분의 소비자들에게 익숙한 만화책의 영웅들이 심지어 실제 삶의 유명인들보다
더 신뢰할 수 있고 효과적일 수 있다. 09 고3 평가원

↔ incredible Ⓐ 믿을 수 없는, 믿기 힘든

1034 **prevalent**
☐☐
[prévələnt]

pre(이전)+valent(힘 있는, 강한)

➡ 강한 힘을 가진
➡ 우세한, 널리 퍼져 있는

Ⓐ 널리 퍼진, 만연한

예문 I think that the most **prevalent** and important prefix of
our times is multi, which means 'more than one'.
나는 우리 시대의 가장 널리 퍼져있고 중요한 접두사는 '하나 이상'을 의미하는
multi라고 생각한다. 09 고3 평가원

1035 **subsequent**
☐☐
[sʌ́bsəkwənt]

sub(~후에)+sequ(따르다)
+ent(형.접) ➡ 뒤따르는

Ⓐ 그 후의, 차후의

예문 **Subsequent** events verified Sue's predictions.
그 후의 사건들이 Sue의 예측들을 입증하였다.

✛ following Ⓐ 다음의, 다음에 계속되는

1036 discern
[disə́ːrn]

dis(떨어져, 따로)
+ cern(체로 치다)
➡ 체로 쳐서 걸러내다
➡ 분별하다

ⓥ 식별하다, 분간하다

예문 The pattern of stripes on a zebra makes it hard for a cheetah to **discern** an individual zebra.
얼룩말의 줄무늬 패턴은 치타가 각각의 얼룩말을 분간하기 어렵게 만든다.

✚ distinguish ⓥ 구별하다, 식별하다

1037 upright
[ʌ́pràit]

up(위로) + right(똑바른)
➡ 똑바로 선

ⓐ (자세가) 똑바른, 곧추 선, 강직한, 올바른

예문 Warthogs keep their tails in the **upright** position when they are running.
흑 멧돼지는 달릴 때 꼬리를 곧추 세운다. 14 고1 학평 변형

1038 put off
[put ɔːf]

연기하다, 미루다

예문 My parents always say, never **put off** till the next day what you can do that day.
나의 부모님은 항상 그날의 할 수 있는 일을 다음 날로 미루지 말라고 말씀하신다.

✚ postpone ⓥ 연기하다, 늦추다

1039 parameter
[pərǽmitər]

para(옆, 부수적인)
+ metro(척도)
➡ 척도에 관련된 요소

ⓝ 규정 요소, 매개변수, 한도

예문 Devising a definition that establishes clear and clean **parameters** around what types of activities should be included and excluded for sports is relatively difficult to do.
어떤 유형의 활동이 스포츠에 포함되어야 하고 제외되어야 하는지에 대한 규정 요소들을 분명하고 깔끔하게 규명하는 정의를 만드는 것은 비교적 어렵다. 16 고2 학평

1040 shortage
[ʃɔ́ːrtidʒ]

short(부족한)+-age(상태)
➡ 부족한 상태
➡ 부족, 결핍

ⓝ 부족, 결핍

예문 Industrial diamonds are so important that a **shortage** would cause a breakdown in the metal-working industry.
공업용 다이아몬드는 아주 중요해서 부족하면 금속 가공업의 붕괴를 초래 할 것이다. 2007 수능

✚ deficiency ⓝ 부족, 결핍, 결함

Review Test!

A 우리말에 맞게 빈 칸에 알맞은 단어를 쓰시오.

1	_____ 청원, 탄원(서) ; 진정하다, 탄원하다	11	_____	weed
2	_____ 경계, 영역	12	_____	apparel
3	_____ 고장, 오작동	13	_____	assembly
4	_____ 인류학, 문화 인류학	14	_____	rust
5	_____ 단계	15	_____	circuit
6	_____ 통신원, 기자	16	_____	malicious
7	_____ 분노, 분함, 적의	17	_____	condense
8	_____ 인체 모형, 견본, 모조의	18	_____	prevalent
9	_____ 식별하다, 분간하다	19	_____	put off
10	_____ 부족, 결핍	20	_____	parameter

B 문장의 빈칸에 알맞은 단어를 〈보기〉에서 찾아 쓰시오. (필요하면 형태를 고치시오.)

보기   credible   compress   intake   substantial   sewage

1 The cleared soil was rich in minerals and nutrients and provided _____ production yields.
개간된 토양은 미네랄과 영양분이 풍부하였고 상당한 양의 농작물을 산출하였다. 2012 수능

2 When you step on a weighing scale, you _____ a spring inside it that is linked to a pointer.
당신이 저울 위에 올라설 때, 당신은 저울 속의 용수철을 누르게 되는데 이것은 저울의 바늘과 연결되어 있다.
2012 수능

3 They can predict the outcome with _____ information.
그들은 신뢰할 수 있는 정보를 바탕으로 결과를 예상할 수 있다. 2012 수능

4 Maintaining a good nutritional _____ will lead to a healthy lifestyle.
좋은 영양 섭취를 유지하는 것은 건강한 생활 습관으로 이어질 것이다.

5 Water flows to the sea, carrying _____ and other wastes with it.
물은 하수와 다른 쓰레기들과 함께 바다로 흘러간다. 10 고2 학평

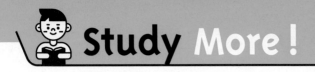

Study More !

01 혼동하기 쉬운 단어 **edible / audible**

- **edible** ⓐ 먹을 수 있는

  The fruits are **edible**. 그 과일은 먹을 수 있다.

  I want to buy some **edible** fungi. 전 식용 버섯을 좀 사고 싶은데요.

- **audible** ⓐ 들을 수 있는

  His song was barely **audible**. 그의 노래는 거의 들리지 않았다.

  There was an **audible** whisper in the air. 귀에 들리는 속삭임이 있는 것 같았다.

02 'in–' : '부정,반대'의 뜻이나 '~의 상태가 되게 하다'의 뜻을 나타낸다.

- **incapacity** ⓝ 무력, 무능

  Martin didn't recognize his **incapacity** for work.

  Martin은 그가 일할 능력이 없음을 깨닫지 못했다.

- **inflame** ⓥ 격앙시키다, (상황을) 악화시키다

  Her attitude **inflamed** public anger.

  그녀의 태도는 대중의 화를 악화시켰다.

Day **27**

Word **Preview**

🎧 음원 듣기

- ☐ deplete
- ☐ bribe
- ☐ humane
- ☐ linger
- ☐ implement
- ☐ outlast
- ☐ leak
- ☐ tersely
- ☐ amenity
- ☐ alternative
- ☐ reconciliation
- ☐ solitary
- ☐ figure out
- ☐ traumatic

- ☐ consensus
- ☐ prior
- ☐ cliff
- ☐ witness
- ☐ reconsider
- ☐ accuracy
- ☐ inborn
- ☐ armistice
- ☐ hobble
- ☐ humiliate
- ☐ tame
- ☐ deadlock
- ☐ proclaim
- ☐ precaution

- ☐ catastrophe
- ☐ thermal
- ☐ majority
- ☐ irrigation
- ☐ startle
- ☐ shortcoming
- ☐ gauge
- ☐ hypothesis
- ☐ mineral
- ☐ scribble
- ☐ be engaged in
- ☐ disparity

1041 deplete
[diplíːt]

de(부정) + plete(채워진)
➡ 채워지지 않은, 비어 있는

ⓥ 고갈시키다, 격감시키다

[예문] Biomass is plant-derived material usable as a renewable energy source which does not **deplete** existing supplies. 생물 자원은 현존하는 자원들을 고갈시키지 않는 재생에너지원으로 사용할 수 있는 식물에서 얻을 수 있는 자원이다. 08 고3 학평

✚ use up 다 써버리다

1042 bribe
[braib]

ⓝ 뇌물 ⓥ 뇌물을 주다

[예문] Researchers had fifteen students rate their moral distaste for several morally dubious acts, such as politicians taking **bribes**, students cheating on tests, and the like.
연구자들은 15명의 학생들로 하여금 뇌물을 받는 정치가와 시험에서 부정행위를 하는 학생들과 같은 여러 가지 도덕적으로 좋지 않은 행동들에 대한 그들의 도덕적 혐오에 대해 등급을 매기도록 하였다. 13 고3 학평

1043 humane
[hju(ː)méin]

human(인간의, 인간적인)의
형용사 변형 형태에서 유래

ⓐ 인간적인, 자비로운

[예문] It is universally believed that government leaders must be **humane** and fair.
정부 지도자는 인간적이며 공정해야 한다고 일반적으로 여겨진다.

✚ compassionate ⓐ 인정 많은, 동점심 있는

1044 linger
[língər]

'살다, 남아있다'의
lenger에서 유래

ⓥ 오래 머물다, 오래 끌다

[예문] Britney's performance will **linger** long in people's memory.
Britney의 공연은 오래도록 사람들의 기억 속에 남을 것이다.

✚ lingering ⓐ 오래 가는, 오래 끄는

1045 implement
[ímpləmənt]

im(안에) + ple(채우다) + ment(명.접)
➡ 안에 채워넣음, 실행
➡ (실행에 필요한) 기구

ⓥ 실행하다, 실시하다 ⓝ 기구, 도구, 수단, 방법

[예문] Singapore has **implemented** the strictest no-smoking laws on Earth.
싱가포르는 이 세상에서 가장 강력한 금연 법을 시행하고 있다. 07 고3 학평 변형

1046 outlast
[àutlǽst]

out(끝까지, 완전히)
+ last(지속되다)
➡ 끝까지 지속되다

ⓥ ~보다 오래 가다, ~보다 오래 살다

[예문] "Now I'm alone and I want to make a great use of the rest of my life. I'll spend it for something that will **outlast** my life," the old man said.
"이제 나는 혼자고 남은 삶을 최대한 잘 보내고 싶어요. 나는 내 인생보다 더 오래 지속될 무언가를 위해 내 남은 삶을 보낼 겁니다."라고 그 노인은 말했다. 06 고3 학평

✚ outlive ⓥ ~보다 오래 살다(지속되다)

1047 leak
[liːk]

'방울방울 흐르다'의
중세 네덜란드어
leken에서 유래

ⓥ (액체, 기체가) 새다, (비밀 등을) 누설하다, 유출하다　ⓝ 새는 곳

예문 Our ship began to **leak**. Then one day a sailor, sniffing the air, said, "Land's ahead."
우리의 배에 물이 새기 시작했다. 그러다 어느 날 한 선원이 공기의 냄새를 맡더니 "육지가 앞에 있다"라고 말했다. 09 고1 평가원

1048 tersely
[təːrsli]

ters(명료한) + ly(형.접)
➡ 명료하게

ⓐ 간결하게, 야무지게

예문 A genuinely educated person can express himself **tersely** and trimly.
성실하게 교육받은 사람은 스스로를 간결하고 잘 다듬어서 표현 할 수 있다.
2011 수능

➕ terse ⓐ 간결한, 간단 명료한

1049 amenity
[əménəti]

'쾌적하고 기분이 좋은 상태'의
라틴어 amoenitas에서 유래

ⓝ 생활 편의 시설

예문 A home's value, unlike the automobile's, is as dependent on its location as on its characteristics and **amenities**.
자동차의 가치와는 달리, 주택의 가치는 그 특성과 편의 시설만큼이나 (주택이 지어진) 위치에 의해 좌우된다. 2011 수능

1050 alternative
[ɔːltəːrnətiv]

alter(다른) + (n)ative(형.접)
➡ 다른 것의

ⓝ 대안　ⓐ 대체의

예문 We tend to consider ourselves as rational decision makers, logically evaluating the costs and benefits of each **alternative** we encounter.
우리는 우리 자신을, 우리가 직면하는 각각의 대안들의 비용과 이익을 논리적으로 평가하는, 이성적 의사 결정자라고 여기는 경향이 있다. 12 고3 평가원

1051 reconciliation
[rèkənsìliéiʃən]

re(다시)
+ conciliation(달램, 회유)
➡ 다정한 사이로 만들다

ⓝ 화해, 조화, 조정

예문 A relationship can suffer after a quarrel if the offender refuses to make the first move toward **reconciliation**.
(인간) 관계는 다툼 후에 기분 나쁘게 한 사람이 먼저 화해를 위한 몸짓을 거절한다면 악화 될 수 있다. 05 고3 평가원

➕ reconcile ⓥ (다른 생각들을) 조화(화해) 시키다

1052 solitary
[sálitèri]

sol(it)(혼자) + ary(형.접)
➡ 혼자 있는

ⓐ 혼자 하는, 단독의, 혼자 사는

예문 When you insert periods of more **solitary** thinking between the discussions, you tend to get higher-quality ideas and solutions.
토론 중에 더 많은 단독적인 사고를 하는 시간을 넣을 때, 더 질 좋은 아이디어와 해결책을 얻게 되는 경향이 있다.

➕ solitude ⓝ 고독, 외로움, 한적한 곳

1053 figure out
[fígjər aut]

이해하다, 해결하다, 알아내다

예문 We couldn't **figure out** how to remove the truck without damaging the freeway above.
우리는 어떻게 위쪽에 있는 고속도로에 손상을 가하지 않고 트럭을 치울지 알아내지 못했다. 06 고3 평가원

1054 traumatic
[trɔːmǽtik]

trauma(부상, 상처)
+ (t)ic(~와 관련된)
➡ 상처와 관련된

ⓐ 충격적인, 정신적 충격이 큰

예문 Children who are taught that loss is **traumatic** rather than normal are ill-prepared to cope with it.
패배가 일반적이기보다 대단히 충격적이라고 배운 아이들은 패배에 대처하는 것에 제대로 준비하지 못한다. 10 고3 학평 변형

✚ trauma ⓝ 트라우마, 충격적인 경험

1055 consensus
[kənsénsəs]

con(함께) + sentire(느끼다)
+ tus(명.접)
➡ 함께 느끼는 것

ⓝ 의견 일치, 합의

예문 Members of a group tend to avoid promoting viewpoints outside the comfort zone of **consensus** thinking.
한 집단의 구성원들은 생각의 일치라는 안전한 구역을 벗어나 자신의 의견을 전개시켜 나가는 것을 회피하려는 경향이 있다. 10 고3 학평

↔ disagreement ⓝ 의견차이, 다툼

1056 prior
[práiər]

pri(처음의)
+ or(비교급 어미)
➡ 더 먼저인

ⓐ 이전의, 사전의

예문 **Prior** to the Renaissance, objects in paintings were flat and symbolic rather than real in appearance.
낭만주의 시대 이전에, 그림의 사물들은 실제의 모습과는 달리 평면적이고 상징적이었다. 2005 수능 변형

✚ priority ⓝ 우선 순위, 우선권

1057 cliff
[klif]

'가파른 경사지'의
고대 영어 clif에서 유래

ⓝ 낭떠러지, 절벽

예문 Bats live in caves, **cliffs** and even in tree hollows.
박쥐는 동굴, 절벽 그리고 심지어 나무 속 우묵한 곳에서도 산다.

1058 witness
[wítnis]

ⓥ 목격하다, 입증하다, 증언하다   ⓝ 목격자, 증인

예문 Many **witnesses** insisted that the accident took place on the crosswalk.
많은 목격자들이 그 사고가 건널목에서 일어났다고 주장했다. 1997 수능

✚ observer ⓝ 관찰자, 목격자

1059 reconsider
[ri:kənsídər]

re(다시)
+ consider(숙고하다)
➡ 재고하다

ⓥ 재고하다

(예문) It's time for us all to **reconsider** the seriousness of the problem and to do something about it.
이제 우리 모두 문제의 심각성을 다시 생각해 보고 이 문제에 대해 무언가 해야 할 때이다. 2007 수능

1060 accuracy
[ǽkjərəsi]

accurate(정확한, 정밀한)
+ acy(명.접) ➡ 정확(성)

ⓝ 정확도, 정확

(예문) I doubted the **accuracy** of the information in the report.
나는 그 보고서 속 정보의 정확성을 의심했다.

➕ accurate ⓐ 정확한, 정밀한

1061 inborn
[ínbɔ́:rn]

in(안에) + born(태어난)
➡ 타고난, 선천적인

ⓐ 타고난, 선천적인

(예문) Success will be gained only if the individual has great **inborn** ability.
성공은 그 사람이 타고난 뛰어난 능력을 가지고 있을 때에만 얻을 수 있을 것이다.
13 고1 학평 변형

1062 armistice
[á:rmistis]

arm(무기) + sitium(중지)
➡ 휴전

ⓝ 휴전 (협정)

(예문) Someone shouted, "It's the **armistice**. The war is over."
누군가가 "휴전이에요! 전쟁은 끝났어요!" 라고 소리쳤다. 14 고3 학평 변형

➕ ceasefire ⓝ 휴전, 정전

1063 hobble
[hábl]

ⓥ 다리를 절다, 절뚝거리다

(예문) She still **hobbled** on an imperfect leg, and each activity left her in agony for days.
그녀는 아직 불완전한 다리를 절뚝거렸고 각각의 활동은 수일 동안 그녀에게 극도의 고통을 남겼다. 12 고3 학평 변형

➕ limp ⓥ 다리를 절뚝거리다 ⓝ 절뚝거림

1064 humiliate
[hju:mílièit]

humble(변변찮은) + ate(동.접)
➡ 변변찮게 만들다

ⓥ 창피를 주다, 모욕하다

(예문) I felt **humiliated** by the negative responses of the audience.
나는 관중들의 부정적인 반응에 모욕감을 느꼈다.

1065 **tame**
[teim]

'신체적으로 억압된'의
중세 영어 **tame**에서 유래

ⓥ 길들이다 **ⓐ** 길들여진

[예문] The word "diamond" comes from the ancient Greek word, which means "impossible to **tame**."
"다이아몬드"라는 말은 "길들여 질 수 없는"의 뜻을 가진 고대 그리스어에서 왔다.
`05 고1 평가원 변형`

1066 **deadlock**
[dédlàk]

dead(완전히 멈춤) + lock(잠구다)
➡ 완전히 잠긴 상태

ⓝ (협상의) 교착 상태

[예문] The negotiation fell into a complete **deadlock**.
협상은 완전한 교착 상태에 빠졌다.

➕ **stalemate** ⓝ 교착 상태, 궁지, 막다름

1067 **proclaim**
[proukléim]

pro(앞으로) + claim(외치다,
요구하다, 주장하다)
➡ 앞을 향해 외치다(주장하다)

ⓥ 선포하다, 선언하다, 칭송하다

[예문] The city government **proclaimed** a state of emergency.
시 정부는 비상사태를 선포했다.

➕ **declare** ⓥ 선언하다, 공표하다

1068 **precaution**
[prikɔ́:ʃən]

pre(전에) + caution(주의)
➡ 미리 주의를 줌
➡ 예방책

ⓝ 예방(책), 조심, 경계

[예문] Some eye doctors recommend that you take frequent breaks from your computer but this **precaution** is merely to prevent the fatigue.
일부 안과 의사들은 컴퓨터로부터 자주 휴식을 취할 것을 권하지만 이러한 권고는 단지 눈의 피로를 막기 위해서 일 뿐이다. `07 고2 학평`

1069 **catastrophe**
[kətǽstrəfi]

'예상의 번복'의 라틴어
catastropha에서 유래

ⓝ 참사, 재앙

[예문] The last flood in Pakistan was a **catastrophe**, but no one mentioned it.
지난번 파키스탄의 홍수는 재앙이었지만, 아무도 그것을 언급하지 않았다.
`11 고2 학평 변형`

➕ **catastrophic** ⓐ 큰 재앙의, 비극적인

1070 **thermal**
[θə́:rməl]

'열'의 그리스어
therme에서 유래

ⓐ 열의, 온도의, 보온성이 좋은

[예문] **Thermal** pollution is a serious problem that affects the ecosystems of rivers and lakes in most industrialized countries.
열 공해는 대부분의 산업화된 국가에서 강과 호수의 생태계에 영향을 끼치는 심각한 문제이다.

1071 **majority**
[mədʒɔ́(ː)rəti]

major(중요한, 주된)
+ ity(명.접)
➡ 대다수, 대부분

ⓝ 대다수, 과반수

예문 The vast **majority** of people spend their entire lives close to home.
대다수의 사람들은 자신들의 온 생애를 집 가까이에서 보낸다. 09 고1 학평 변형

1072 **irrigation**
[ìrəgéiʃən]

'물을 대다, 관개'의 라틴어
irrigationem에서 유래

ⓝ 관개, 물대기

예문 The craters of extinct volcanoes were used by farmers for their **irrigation** water.
그 사화산의 분화구는 농부들의 관개 용수를 위해 사용되었다. 10 고2 학평 변형

✚ irrigate ⓥ 땅에 물을 대다

1073 **startle**
[stá:rtl]

ⓥ 깜짝 놀라게 하다

예문 The sound, unexpected and loud, **startled** the cow, so it began to run away.
예기치 못했던 커다란 그 소리가 소를 깜짝 놀라게 해서 소가 도망가기 시작했다.
14 고1 학평 변형

✚ startling ⓐ 아주 놀라운

1074 **shortcoming**
[ʃɔ́:rtkʌ́miŋ]

ⓝ 결점, 단점

예문 One **shortcoming** of the car is its high noise level while driving.
그 차의 한 가지 단점은 운전 중 높은 소음 수치이다. 07 고2 학평

✚ failing ⓝ (주로 복수로) 결점, 약점, 단점

1075 **gauge**
[geidʒ]

'정확한 치수로 확인하다'의
프랑스어 gauge에서 유래

ⓥ 판단하다, 측정하다 **ⓝ** 계측기, 치수, 기준

예문 "I'm afraid we've run out of gas! I should have checked the gas **gauge** before leaving", Max said.
"휘발유가 다 떨어진 것 같아요! 떠나기 전에 휘발유 계측기를 확인했어야 했는데" 라고 Max가 말했다. 1997 수능 변형

✚ measure ⓥ 측정하다, 평가하다

1076 hypothesis
[haipάθisis]

hypo(아래) + thesis(가정, 넣기)
➡ 어떤 가정을 아래에 넣기
➡ 어떤 것을 가정(전제) 하기

ⓝ 가설, 추정, 추측

예문 After repeated tests, her **hypothesis** has finally been confirmed.
반복된 시험 후에, 그녀의 가설은 마침내 사실임이 확인되었다.

✚ postulate ⓝ 가정, 가설

1077 mineral
[mínərəl]

'채굴을 해서 얻는 물질'의
라틴어 minerale에서 유래

ⓝ 광물, 무기질, 탄산음료 ⓐ 광물성의, 무기질의

예문 A lot of people believe the most healthful diets are high in fiber, vitamins, and **minerals** but low in fat, cholesterol, sugar, and salt.
많은 사람들은 가장 건강한 식단은 섬유질, 비타민, 그리고 무기질이 높고 지방, 콜레스테롤, 설탕 그리고 소금은 적은 식단이라고 믿는다. 04 고2 평가원

1078 scribble
[skríbl]

'쓰다'의 라틴어
scribillare에서 유래

ⓥ 휘갈겨 쓰다, 낙서하다, 흘려쓰다 ⓝ 휘갈겨 쓴 글씨, 낙서

예문 A girl at the front of the crowd holds out the movie star's photograph and the movie star takes it and **scribbles** his autograph on it.
군중들의 앞에서 한 소녀가 그 영화배우의 사진을 들고 있고 영화배우는 그것을 가져가 그 위에 자신의 사인을 흘려 쓴다. 10 고3 학평 변형

1079 be engaged in
[bi ingéidʒd in]

~에 종사하고 있다, ~에 참여하다

예문 When students **are engaged in** creating a code of conduct, they are motivated to cooperate and have an investment in it. 학생들이 행동 수칙을 정하는 과정에 참여하면, 그들은 의욕적으로 협력하게 되고, 그것에 투자하게 된다. 11 고2 학평

1080 disparity
[dispǽrəti]

dis(부정) + parity(동등함)
➡ 동등하지 않음

ⓝ (불공평한) 차이, 격차, 불균형

예문 The huge **disparity** in income between the advanced country and underdeveloped country can be explained entirely as a **disparity** in trust.
선진국과 개발도상국 간 큰 소득 격차는 전적으로 신용에서의 격차로 설명될 수 있다.
09 고3 학평 변형

✚ discrepancy ⓝ 차이, 불일치

Review Test!

A 우리말에 맞게 빈 칸에 알맞은 단어를 쓰시오.

1 _____ 고갈시키다, 격감시키다
2 _____ 오래 머물다, 오래 끌다
3 _____ 생활 편의 시설
4 _____ 의견 일치, 합의
5 _____ 재고하다
6 _____ 다리를 절다, 절뚝거리다
7 _____ 예방(책), 조심, 경계
8 _____ 깜짝 놀라게 하다
9 _____ 휘갈겨 쓰다, 낙서하다, 흘려쓰다
10 _____ ~에 종사하고 있다, ~에 참여하다

11 _____ humane
12 _____ leak
13 _____ reconciliation
14 _____ traumatic
15 _____ cliff
16 _____ inborn
17 _____ tame
18 _____ thermal
19 _____ gauge
20 _____ mineral

B 문장의 빈칸에 알맞은 단어를 〈보기〉에서 찾아 쓰시오. (필요하면 형태를 고치시오.)

보기   alternative   figure out   witness   solitary   majority

1 Some people thought that LEDs are a more efficient _____ to other light sources.
몇몇 사람들은 LED란 다른 어떤 광원보다 효과적인 대체물이라고 생각했다. 09 고1 평가원

2 One reason why I like the beach is its _____ atmosphere.
내가 해변을 좋아하는 이유는 고독한 분위기 때문이다. 1995 수능

3 When induced to give spoken or written _____ to something they doubt, people will often feel bad about their deceit.
사람들은 그들이 의심스러워하는 무엇인가에 말이나 글로 증언을 해 달라고 권유를 받을 때, 종종 자신이 속인다는 것에 관해 안 좋은 기분을 느낄 것이다. 12 고3 평가원

4 To the _____ of people, Einstein's theory is a complete mystery.
대다수의 사람들에게 아인슈타인 이론은 완전한 수수께끼이다. 11 고2 학평

5 Scientists are trying to _____ why the Arctic is warming and melting faster than computer models predict.
과학자들은 컴퓨터가 예상하는 것보다 북극이 더 따뜻해지고 빠르게 녹아내려가고 있는 이유를 밝혀내려고 노력하고 있다. 08 고2 평가원

Study More !

어휘 이야기 : '이전(before)'을 나타내는 어원과 단어들

prior, ante-, pre-, fore- '이전'을 나타내는 어휘 및 어원들에 대해서 알아볼까요?
- **prior** ⓐ이전의, 앞의 (= previous) *ex.) prior knowledge / consent* 사전 지식 / 동의
- **prior to something** ~보다 앞서 *ex.) prior to the meeting* 미팅에 앞서

ante- 는 이전의 (= before)란 뜻을 가지고 있으며 변형으로 anci-, ant(e), anti- 등이 있습니다.
- **antecedent** : ante (before) + ced (go) + ent (형.접)로서 '앞서가는, 선행하는'의 뜻을 나타냅니다.
- **ancestor** : an (before) + cest (go) + or (명.접)으로서 '먼저 가는 사람', 즉 이전 시대 사람을 가리키며 '조상'이라는 의미를 가지게 됩니다.
- **ancient** : anci (before) + ent (형.접)은 이전을 나타내며 '고대의'란 뜻을 가지게 되죠.
  ex.) ancient civilization 고대 문명
- **anticipate** : anti (before) + cip (grasp) + ate (동.접)으로서 '앞서서 미리 잡는다는 것'으로서 미리 생각하다, 즉 '예상하다, 기대하다'라는 의미를 가지게 됩니다.

'이전'을 나타내는 또 다른 어원으로는 **pre-**가 있습니다.
- **precede** : pre (before) + cede (go)로서 '먼저 가는' 이라는 의미로서 '앞서다, 앞장서다'라는 뜻을 가지게 됩니다.
- **predict** : pre (before) + dict (say)는 '미리 말하다'라는 의미이므로 '예상하다, 예측하다'의 의미가 되지요.
- **prevent** : pre (before) + vent (come)은 '미리 와서 어떤 행위를 한다'는 의미로 '예방하다, 막다'의 의미를 지니게 됩니다.

fore- 역시 before 등에서 볼 수 있듯이 '미리'란 의미를 가지고 있어요.
- **forecast** : fore (before) + cast (plan, prepare)는 '미리 던지다'라는 의미인데 미리 계획을 하거나 준비를 하는 것으로서 '예보하다, 예측하다'라는 의미를 지닙니다.
- 이 밖에도 fore-를 포함하고 자주 쓰이는 단어들은 **forefront** '최우선, 맨 앞', **foreground** '전경, 전면', **foremost** '으뜸가는, 맨 앞의' 등이 있어요.

Day 28

Word Preview

🎧 음원 듣기

- ☐ solvent
- ☐ erroneous
- ☐ rage
- ☐ preparatory
- ☐ prone
- ☐ grin
- ☐ innovation
- ☐ episode
- ☐ demolition
- ☐ exert
- ☐ tolerate
- ☐ flatten
- ☐ statistics
- ☐ realm

- ☐ propensity
- ☐ shrug
- ☐ blur
- ☐ disposition
- ☐ determined
- ☐ council
- ☐ arrogant
- ☐ artifact
- ☐ yeast
- ☐ asthma
- ☐ constitute
- ☐ refraction
- ☐ resign
- ☐ flatter

- ☐ abrasion
- ☐ reject
- ☐ lantern
- ☐ archaic
- ☐ salient
- ☐ outlook
- ☐ moist
- ☐ uplift
- ☐ aesthetic
- ☐ eradicate
- ☐ obscure
- ☐ frail

Day 28

1081 solvent
[sálvənt]

ⓝ 용제, 용매 ⓐ 지급 능력이 있는, 용해(되는)

예문 The teacher explained that the chamber contains an ultrasonic transmitter and a suitable **solvent**.
선생님은 이 초음파 실에는 초음파 전도체와 적합한 용매가 들어있다고 설명했다. 09 고2 학평 변형

⇄ **insolvent** ⓐ 파산한

1082 erroneous
[iróuniəs]

ⓐ 잘못된, 틀린

예문 He argues that the report's conclusion is based on **erroneous** data.
그는 그 보고의 결론은 잘못된 데이터에 기반한 것이라고 주장한다.

✚ **inaccurate** ⓐ 부정확한, 오류가 있는

1083 rage
[reidʒ]

'분노, 격분'의 고대 프랑스어 rage에서 유래

ⓝ 격렬한 분노, 격노, 폭력 사태 ⓥ 격노하다, 격노하게 하다

예문 If the other person is in a **rage**, you need to be calm enough for both of you.
상대방이 화가 나 있다면, 상대방과 당신 모두를 위해 당신이 차분해질 필요가 있다. 08 고3 학평

1084 preparatory
[pripǽrətɔ̀:ri]

pre (미리, 이전에) + par(e) (준비하다) + ory (형.접)
➡ 미리 준비하는 것의 ➡ 예비의

ⓐ 준비를 위한, 준비의, 예비의

예문 One morning I came across a catalog for a college **preparatory** school.
어느 날 아침 나는 대학입시 준비학교의 카탈로그를 우연히 발견했다. 12 고3 평가원 변형

✚ **preliminary** ⓐ 예비의, 준비의

1085 prone
[proun]

'~하기 쉬운'의 라틴어 pronus에서 유래

ⓐ ~하기 쉬운, ~의 경향이 있는 (~to)

예문 According to some recent studies, men appeared to be more **prone** to heart disease.
최근의 몇몇 연구에 의하면, 남성이 심장 질환에 더 걸리기 쉬운 것으로 나타났다.

1086 grin
[grin]

'이를 보이다'의 고대 영어 grennian에서 유래

ⓥ (소리 없이) 활짝 웃다 ⓝ 활짝 웃는 웃음

예문 A marvelous **grin** spread all over my father's face.
환한 미소가 우리 아빠의 얼굴에 퍼졌다. 09 고2 평가원 변형

1087 innovation
[ìnəvéiʃən]

in (안에) + nov (새로운)
+ ate (동.접) + tion (명.접)
➡ 안을 새롭게 하는 것
➡ 혁신

ⓝ 혁신

예문 **Innovation** and cultural exchange can expand Earth's capacity.

혁신과 문화적 교류는 세계의 수용력을 확장 시킬 수 있다. 16 고3 평가원 변형

1088 episode
[épisòud]

epi (안으로) + sode (들어가기)
➡ 첨가되는 것

ⓝ 사건, 에피소드

예문 In the first test, the children watched an **episode** of a sitcom.

첫 번째 시험에서, 아이들은 시트콤의 한 에피소드를 보았다. 10 고2 학평 변형

1089 demolition
[dèməlíʃən]

de (분리, 제거) + moliri (건물을 짓다)
+ tion (명.접)
➡ 건물을 짓는 것을 제거 하는 것
➡ 해체, 철거

ⓝ 파괴, 폭파, 해체

예문 The building is slated for **demolition**.

그 건물은 해체(철거)가 예정되어 있다.

➕ **demolish** ⓥ (건물을) 철거하다, 허물다, 파괴하다

1090 exert
[igzə́ːrt]

ⓥ (권력, 영향력을) 행사하다, 가하다

예문 The president **exerts** all his authority when the council makes new policy.

대통령은 의회가 새 정책을 만들 때 그의 모든 영향력을 행사한다.

1091 tolerate
[tálərèit]

'참다, 지속하다'의 라틴어
toleratus에서 유래

ⓥ 참다, 견디다, 용인하다

예문 If self-esteem is taught improperly, you can raise a generation of kids who cannot **tolerate** frustration.

자존감 교육이 부적절하게 행해진다면, 당신은 좌절감을 견디지 못하는 세대의 아이들을 키울 수도 있다. 06 고2 학평 변형

1092 flatten
[flǽtən]

flat (평평한) + en (~하게 하다)
➡ 평평하게 하다

ⓥ 납작해지다, 평평하게 하다

예문 The dog **flattened** its ears and snarled at me.

그 개는 귀를 납작하게 세우고 나를 향해 으르렁 거렸다.

1093 **statistics**
[stətístiks]

state (국가) + ist (명.접)
+ ics (학문)
➡ 국정을 다루는 사람들이
이용하는 학문

ⓝ 통계(학)

예문 Analysts have always tended to measure a society by classical economic and social **statistics**.
분석가들은 항상 고전적인 경제적 및 사회적 통계자료로 사회를 측정하는 경향이 있었다. 12 고2 학평

1094 **realm**
[relm]

'왕국'의 고대 프랑스어
reaume에서 유래

ⓝ 영역, 범위

예문 Nature lies outside the urban and agricultural **realms**, in regions of Earth where natural processes are unhindered.
자연은 도시와 농촌 지역 외부에, 다시 말해 자연의 과정이 방해받지 않는 지구의 지역에 존재한다. 11 고3 평가원

1095 **propensity**
[prəpénsəti]

propense (~을 하고 싶은)
+ -ty (성질)
➡ ~을 하고 싶은 성질(특질)

ⓝ 경향, 성향

예문 The **propensity** to engage in artistic expression is one of the characteristics that distinguish humans from all other animals on this planet.
예술적 표현에 참여하려는 성향은 인간을 지구상의 다른 모든 동물들과 구분하는 특징들 중 하나다.

➕ **disposition** ⓝ (타고난)기질, 성향

1096 **shrug**
[ʃrʌg]

ⓥ (어깨를) 으쓱하다 ⓝ 어깨를 으쓱하기

예문 The boy **shrugged** and pretended that nothing had happened.
그 소년은 어깨를 으쓱하고는 아무 일도 일어나지 않은 척 했다.

1097 **blur**
[blə:r]

ⓥ 흐리게 하다, 흐릿해지다 ⓝ 흐릿함, 침침함, 흐려보이는 것

예문 Mike's vision was **blurred** by the tears in his eyes.
눈에 눈물이 가득 고여 Mike의 시야가 흐려졌다. 08 고2 평가원 변형

1098 **disposition**
[dìspəzíʃən]

dispose (배치하다, 배열하다)
+ tion (명.접)
➡ 배치, 배열

ⓝ (타고난) 성격, 성향

예문 Psychologists make the distinction between **dispositions**, or traits, and states, or momentary feelings.
심리학자들은 기질(특성)과 상태(일시적인 감정)를 구별한다. 14 고3 학평

1099 determined
[ditə́:rmind]

determine (결정하다, 결심하다)
+ ed (형.접)
➡ 결심한, 단호한

ⓐ 단호한, 결심한

예문 The **determined** young boy kept singing and singing.
단단히 결심한 어린 소년은 계속해서 노래하고 또 노래했다.
15 고3 학평 변형

1100 council
[káunsəl]

coun (함께) + cil (부르다)
➡ 불러서 함께 모이는 것

ⓝ 의회, 이사회, 협의회

예문 The city **council** passed a bill that bans charity groups from providing food to homeless people in downtown parks.
시 의회는 자선 단체가 시내 공원에 있는 노숙자들에게 음식을 제공하는 것을 금지하는 법안을 통과시켰다. 08 고3 학평 변형

1101 arrogant
[ǽrəgənt]

ar (~을 향해서) + rog (묻다)
+ ant (형.접)
➡ (권리 없이) 청하는
➡ 건방진

ⓐ 오만한, 거만한

예문 His attitude was rude and **arrogant**.
그의 태도는 무례하고 오만했다. 12 고3 학평 변형

✛ arrogance ⓝ 오만, 거만

1102 artifact
[ά:rtəfæ̀kt]

arte (기술로)
+ factum (만든 것)
➡ 기술로 만들어진 것

ⓝ 인공물, 인공 유물

예문 Natural objects do not come with labels, of course, but these days, most physical **artifacts** do.
자연물은 표시를 가지고 있지 않지만 최근에는 대부분의 물리적 인공물은 표시를 가지고 있습니다. 2009 수능

✛ artificial ⓐ 인공의, 인위적인

1103 yeast
[ji:st]

ⓝ 효모균, 이스트

예문 **Yeast** cells growing on an orange skin obtain energy from nutrient molecules.
오렌지 껍질에서 자라는 효모 세포는 영양 분자로부터 에너지를 얻는다.
08 고3 평가원 변형

1104 asthma
[ǽzmə]

ⓝ 천식

예문 **Asthma** sufferers are several hundred times more likely to have an attack at night than during the day.
천식 환자들은 밤에 발작을 일으킬 가능성이 낮보다 몇 백 배 더 높다.
12 고3 학평

1105 constitute
[kánstitʃùːt]

con(모으다) + stitute(서다)

➡ 모아서 서다
➡ 구성하다

Ⓥ 구성하다, 간주하다

예문 Most people believe that love is **constituted** by the object, not by the faculty.
대부분의 사람들은 사랑이 사랑할 수 있는 능력이 아니라 그 대상으로 구성된다고 믿는다. 14 고3 학평 변형

✚ **constitution** ⓝ 구조, 구성, 헌법

1106 refraction
[rifrǽkʃən]

ⓝ 굴절, 비뚤어짐, 왜곡

예문 Researchers investigated the **refraction** of light through lenses to improve the development of glasses.
연구원들은 안경 개발을 개선하기 위해 렌즈를 통과하는 빛의 굴절을 조사했다. 09 고2 평가원 변형

1107 resign
[rizáin]

re(뒤로) + sign(서명)

➡ 물러나겠다고 서명하다

Ⓥ 물러나다, 사임하다

예문 He **resigned** as governor of Texas last month.
그는 지난 달에 Texas주 지사직을 사임했다. 12 고3 평가원

✚ **resignation** ⓝ 사임, 퇴임

1108 flatter
[flǽtər]

'속이다, 기만하다'의 고대 프랑스어 flater에서 유래

Ⓥ 아첨하다

예문 I'm worried that Jack is surrounded by **flattering** people.
나는 Jack이 아첨하는 사람들에게 둘러 쌓여있어 걱정이다.

1109 abrasion
[əbréiʒən]

ⓝ 찰과상, 긁힌 부분, 마멸, 침식

예문 Henry is wearing large sunglasses to hide an **abrasion** on his face.
Henry는 얼굴에 난 찰과상을 감추기 위해 큰 선글라스를 끼고 있다.

1110 reject
[ridʒékt]

re(뒤로) + ject(던지다)

➡ 도로 던져 버리다

Ⓥ 거부하다

예문 I know a lot of best-selling novels were **rejected** many times before they were accepted and published.
나는 많은 베스트셀러 소설들이 채택되고 출판 되기 전에 수없이 거절당한 것을 알고 있다. 05 고3 평가원 변형

✚ **rejection** ⓝ 거절, 배제

1111 lantern
[lǽntərn]

'등불, 불빛'의 고대 프랑스어
lanterne에서 유래

ⓝ 초롱, 호롱불, 손전등

예문 The three children sat around their grandfather, the only light in the room coming from an old **lantern** that sat on the rough, wooden table.
세 명의 아이들이 할아버지 주변에 앉아 있었고 거친 나무 탁자 위에 놓인 낡은 랜턴이 방안을 밝히는 유일한 빛이었다. 09 고3 학평

1112 archaic
[ɑːrkéiik]

'유행이 지난'의 그리스어
arkhaikos에서 유래

ⓐ 고대의, 초기의, 구식의

예문 The wall paintings of the cave reveal some aspects of the art in the **archaic** period.
그 동굴의 벽화들은 고대 시대의 예술의 몇몇 단면을 드러낸다.

✚ ancient ⓐ 고대의, 먼 옛날의 ↔ modern ⓐ 현대의

1113 salient
[séiliənt]

sal (뛰어오르다)
+ient (형.접)
➡ 도약하는
➡ 눈에 띄는, 두드러진

ⓐ 가장 중요한, 두드러진, 핵심적인

예문 The **salient** feature of moral agents is a capacity for rational thought.
도덕적 행위자의 두드러지는 특징은 합리적인 생각의 능력이다. 11 고3 평가원 변형

✚ salience ⓝ 특징, 두드러짐   prominent ⓐ 유명한, 두드러진

1114 outlook
[áutlùk]

out (밖에) + look (보다)
➡ 밖을 보다
➡ 전망

ⓝ 관점, 전망, 견해

예문 Jimmy wanted to develop a healthy, positive **outlook** towards the future.
Jimmy는 미래에 대해 건강하고 긍정적인 견해를 키우길 원했다. 14 고3 평가원 변형

Tip! 〈주요 용례〉
• a positive outlook 긍정적 전망
• an economic outlook 경제 전망
• an outlook on life 인생관

1115 moist
[mɔist]

'눅눅한, 젖은'의 고대 프랑스어
moiste에서 유래

ⓐ 축축한, 젖은, 습한

예문 Clouds are formed when **moist** air is carried upward by warm air currents.
구름은 물기를 머금은 공기가 따뜻한 공기 기류에 의해 위로 향할 때 형성된다. 16 고3 학평

✚ moisture ⓝ 수분, 습기

1116 uplift
[ʌ́plìft]

up (위로) + lift (들어올리다)

➡ 위로 들어올리다

ⓥ ~을 들어올리다, 사기를 높이다　ⓝ (사회적, 지적) 향상, 행복감

예문 Soldiers were **uplifted** by the news of victory.
군인들은 승리의 소식에 사기가 높아졌다.

1117 aesthetic
[esθétik]

aesthe (느낌, 감정) + ic (형.접)

➡ 감지하는, 지각하는
➡ 시간이 지나면서
　'심미적'의 뜻으로 발전

ⓐ 심미적, 미학의, 미의

예문 People have different **aesthetic** values.
사람들은 다른 미적 가치를 갖고 있다.

➕ aesthetics ⓝ 미학

> Tip! 〈주요 용례〉
> • an aesthetic sense 미적 감각
> • aesthetic preference 미적 선호도
> • aesthetic value 미적 가치

1118 eradicate
[irǽdəkèit]

e (밖) + radic (뿌리)
+ ate (동.접)

➡ 뿌리를 밖으로 뽑아내다
➡ 근절하다

ⓥ 근절(퇴치)하다, 뿌리뽑다, 박멸하다

예문 The goal of natural control is not to **eradicate** pests and diseases.
자연 통제의 목적은 해충과 질병을 뿌리뽑는 것이 아니다. 14 고1 학평 변형

> Tip! 〈'지우다'에 관련된 단어〉
> • remove ⓥ 지우다, 없애다　　• delete ⓥ 삭제하다
> • eliminate ⓥ 제거하다　　• erase ⓥ (완전히) 지우다
> • get rid of something ~을 제거하다

1119 obscure
[əbskjúər]

ob (위에) + scurus (덮여진)

➡ 분간하기 어려운, 어두운

ⓐ 불분명한, 애매한, 잘 알려지지 않은

예문 The cause of the accident remains **obscure**.
그 사고의 원인은 불분명한 채로 남아있다.

➕ obscurity ⓝ 무명, 모호함

1120 frail
[freil]

'약한'의 고대 프랑스어
fraile에서 유래

ⓐ 허약한, 노쇠한, (도자기 따위가) 깨지기 쉬운

예문 When Smith returned to the house, he was shocked to see his brother so thin and **frail**.
Smith가 집에 돌아왔을 때, 그는 남동생이 매우 마르고 허약해 진 것을 보고 충격을 받았다. 16 고3 학평 변형

A 우리말에 맞게 빈 칸에 알맞은 단어를 쓰시오.

1 ＿＿＿＿＿＿＿ 지급 능력이 있는, 용해(되는)
2 ＿＿＿＿＿＿＿ (소리없이) 활짝 웃다. 활짝 웃는 모습
3 ＿＿＿＿＿＿＿ (권력, 영향력을) 행사하다, 가하다
4 ＿＿＿＿＿＿＿ 영역, 범위
5 ＿＿＿＿＿＿＿ 의회, 이사회, 협의회
6 ＿＿＿＿＿＿＿ 굴절, 비뚤어짐, 왜곡
7 ＿＿＿＿＿＿＿ 물러나다, 사임하다
8 ＿＿＿＿＿＿＿ 거부하다
9 ＿＿＿＿＿＿＿ 가장 중요한, 두드러진, 핵심적인
10 ＿＿＿＿＿＿＿ 축축한, 젖은, 습한

11 ＿＿＿＿＿＿＿ erroneous
12 ＿＿＿＿＿＿＿ innovation
13 ＿＿＿＿＿＿＿ tolerate
14 ＿＿＿＿＿＿＿ propensity
15 ＿＿＿＿＿＿＿ artifact
16 ＿＿＿＿＿＿＿ asthma
17 ＿＿＿＿＿＿＿ flatter
18 ＿＿＿＿＿＿＿ archaic
19 ＿＿＿＿＿＿＿ aesthetic
20 ＿＿＿＿＿＿＿ frail

B 문장의 빈칸에 알맞은 단어를 〈보기〉에서 찾아 쓰시오. (필요하면 형태를 고치시오.)

보기　　　　lantern　statistics　prone　demolition　blur

1 The ＿＿＿＿＿＿ show how vulnerable senior citizens are to poverty.
통계 자료들은 노인들이 빈곤에 얼마나 취약한 지를 보여준다. 11 고3 학평

2 Building ＿＿＿＿＿＿ requires a great deal of preparation.
건물 철거를 위해서는 많은 준비가 필요하다.

3 The line between vacation and health care will continue to ＿＿＿＿＿＿.
휴가와 건강관리 사이의 경계는 점점 더 흐려질 것이다. 10 고3 학평

4 They hung up a dragon ＿＿＿＿＿＿ on the left corner.
그들은 용이 그려진 초롱을 왼쪽 모퉁이에 매달았다. 13 고3 학평 변형

5 One's body is ＿＿＿＿＿＿ to weakness or failure when one is subjected to continued stress.
우리 신체는 지속적인 스트레스를 받게 되면, 약해지거나 병에 걸리기 쉽다. 04 고3 학평

Study More !

01 어원으로 어휘 확장하기 : -ject- '던지다'

-ject-는 던지다 (throw)의 의미를 가지고 있으며 많은 단어에서 사용되고 있습니다.

- **reject** : re (back) + ject (throw)는 되던져지는 것에서 '거절하다, 거부하다'라는 의미로 발전했어요.
  ex.) reject competing theories without discussion
  경쟁하는 이론을 토론없이 거부하다 [15 고3 평가원]

- **eject** : e (out) + ject (throw)는 밖으로 '던지다, 내쫓다'는 의미를 가집니다.
  ex.) eject fine dust particles into the Earth's upper atmosphere
  미세한 입자들을 대기 상층부로 분출하다 [07 고3 학평]
  ejective ⓐ 방출하는 *ex.) ejective consonants* 방출자음 [14 고1 학평]

- **inject** : in (in) + ject (throw)는 안으로 던지는 것에서 '삽입하다, 주사하다'의 뜻을 가져요.
  injection ⓝ 주사, 투입.   **injectable** ⓐ 주사 가능한
  ex.) injectable antibiotics 주사용 항생제

- **project** : pro (forward) + ject (throw)는 앞으로 던지는 것에서 '튀어 나오다'라는 의미와 '투사하다, 고안하다, 제안하다'라는 의미로 확장되었어요.
  ex.) projects a rectangular image on our retina
  우리의 망막에 직사각형 이미지를 투영한다. [2014 수능]
  project ⓝ 과제, 프로젝트 ⓥ 기획하다, 비추다, 돌출되다
  projector ⓝ 영사기   **projection** ⓝ 예상, 추정, 투사

- **subject** : sub (under) + ject (throw)는 '아래에 두다'라는 의미이며 subject의 의미 중 '국민, 신하'에 해당하는 의미에요.

- **conjecture** : con (together) + ject (throw) + ure (명.접)로 '같이 던져 결과를 예측한다'는 의미에서 '추측; 추측하다'라는 의미로 발전했습니다.
  ex.) a report based entirely on conjecture 전적으로 추측에 기반한 보고서

- **adjective** : ad (to) + ject (throw) + ive (형.접)는 '추가로' 혹은 '가까이 던진다'는 의미에서 명사 가까이에서 추가적으로 덧붙여지는 '형용사'의 의미에요.

- **abject** : ab (away) + ject (throw)는 아래로 혹은 멀리 내던져지는 것으로 '비참한, 절망적인' 뜻을 가지게 되었어요.

Word **Preview**

🎧 음원 듣기

- ☐ penetrate
- ☐ finalize
- ☐ rag
- ☐ cathedral
- ☐ remains
- ☐ inconvenient
- ☐ fatigue
- ☐ belongings
- ☐ stark
- ☐ contrast
- ☐ manipulate
- ☐ intact
- ☐ successive
- ☐ parasite

- ☐ surrender
- ☐ renowned
- ☐ averse
- ☐ fellow
- ☐ illuminate
- ☐ roast
- ☐ rotten
- ☐ commerce
- ☐ savage
- ☐ unpack
- ☐ update
- ☐ paramount
- ☐ nuisance
- ☐ have ~ in common

- ☐ offspring
- ☐ tribute
- ☐ wholehearted
- ☐ radiant
- ☐ indifferent
- ☐ imprecise
- ☐ ambivalent
- ☐ hold on to
- ☐ bump into
- ☐ directly
- ☐ admission
- ☐ chronological

Day 29

1121 penetrate
[pénitrèit]

'~을 관통하다'의 라틴어
penetratus에서 유래

ⓥ 관통하다, 뚫고 들어가다

예문 While the eye only sees what's on the surface, the ear tends to **penetrate** below it.
눈은 표면에 있는 것만 보지만, 귀는 표면 아래로 침투하는 경향이 있다. 2015 수능 변형

1122 finalize
[fáinəlàiz]

final (마지막의) + ize (동.접)
➡ 완결하다

ⓥ 마무리 하다, 완결하다

예문 Although the experiment has yet to be **finalized**, the scientist decided to announce the result.
그 실험이 아직 마무리 되지 않았음에도 불구하고, 그 과학자는 결과를 발표하기로 결심했다. 08 고3 학평 변형

1123 rag
[ræg]

ⓝ 걸레, 천 조각, 조각

예문 I wiped the kitchen table with a clean **rag**.
나는 부엌 식탁을 깨끗한 천 조각으로 닦았다.

✚ **ragged** ⓐ 누더기가 된, 다 해진

1124 cathedral
[kəθíːdrəl]

ⓝ 대성당

예문 The old **cathedral** is famous for its beautiful stained glass windows.
그 고성당은 아름다운 스테인드 글라스 창문으로 유명하다.

1125 remains
[riméinz]

ⓝ 유적, 유해

예문 Fossils are the **remains** or imprints of dead plants and animals.
화석들은 죽은 식물과 동물의 유해 또는 자국이다.

1126 inconvenient
[ìnkənvíːnjənt]

in (반대의) + con (함께)
+ ven(i) (오다) + ent (형.접)
➡ (도움을 주며) 함께 오는 것이 아닌
➡ 불편한

ⓐ 불편한, 곤란한, 부자유스러운

예문 Mom thinks that a smartphone with a screen size over 5 inches may be **inconvenient** to carry.
어머니는 화면 크기가 5인치가 넘는 스마트폰은 휴대하기 불편할 수 있다고 생각한다.

1127 **fatigue**
[fətí:g]

'권태, 피로, 지루함'의 프랑스어
fatigue에서 유래

ⓝ 피로, 피곤

예문 **Fatigue** and pain are your body's ways of saying that it is in danger.
피로와 고통은 당신에게 당신의 몸이 위험에 처해 있음을 말해주는 방식이다.
12 고1 학평 변형

1128 **belongings**
[bilɔ́:ŋiŋz]

ⓝ 재산, 소유물

예문 You can check your **belongings** at the room located on the first floor, to the right of the main entrance.
여러분께서는 중앙 출입구의 오른쪽으로, 1층에 있는 방에서 소지품을 맡기실 수 있습니다. 2010 수능

1129 **stark**
[stɑːrk]

ⓐ (차이가) 극명한, 황량한

예문 There is very little vegetation in the **stark**, rocky landscape.
황량하고 바위 투성이의 땅에는 초목 식물이 거의 없다. 08 고2 학평 변형

➕ **striking** ⓐ 현저한, 두드러진

1130 **contrast**
[kántræst]

contra(반대의) + st(서다)
➡ 정반대의 위치에 서 있는 것

ⓝ 대조, 차이 **ⓥ** 대조하다, 대비되다

예문 There is a sharp **contrast** between knowing and doing.
아는 것과 행하는 것에는 명확한 차이가 있다.

1131 **manipulate**
[mənípjulèit]

mani(손) + pul(채우다)
+ ate(동.접)
➡ 손을 채우다
➡ 손에 넣고 처리하다

ⓥ 조정하다, 조작하다

예문 Some companies use tricks to **manipulate** their consumer's minds.
일부 회사들은 그들의 소비자의 심리를 조작하기 위해 술수를 사용한다.
15 고2 학평 변형

1132 **intact**
[intǽkt]

in(부정) + tactus(만지는)
➡ 만지지 않은, 훼손되지 않은

ⓐ 손상되지 않은, 온전한

예문 Establishing protected areas with **intact** ecosystems is essential for species conservation.
온전한 생태계가 있는 보호 구역을 만드는 것은 종의 보존을 위해 필수적이다.
16 고3 학평 변형

1133 successive
[səksésiv]

success(다음에 오다)
+ive(형.접)
➡ 다음에 이어서 오는
➡ 연속적인

ⓐ 연속적인, 연이은

예문 Jim failed his entrance exams to Philip Dance School in two **successive** years.

Jim은 2년 연속 Philip 무용 학교의 입학 시험에 떨어졌다. 16 고3 학평 변형

✚ **consecutive** ⓐ 연속적인, 계속되는

1134 parasite
[pǽrəsàit]

para(옆)+site(음식)
➡ 옆에서 먹는
➡ 다른 것의 옆에서 먹는

ⓝ 기생충, 기생 동물

예문 It is not mosquitoes that kill people but the **parasite** they carry that causes malaria.

사람들을 죽이는 것은 모기가 아니라 모기들이 옮기는 말라리아를 유발하는 기생충 때문이다. 08 고2 학평 변형

✚ **parasitic** ⓐ 기생충에 의한, 기생하는

1135 surrender
[səréndər]

sur(너머)
+render(넘겨주다)
➡ (모든 것을) 넘겨줘 버리다

ⓥ 항복하다, 넘겨주다 ⓝ 항복, 굴복

예문 The thief finally put up his hands in **surrender** and waited for the police to arrive.

도둑은 마침내 항복의 의미로 손을 들었고 경찰이 도착하기를 기다렸다.
12 고3 학평 변형

1136 renowned
[rináund]

ⓐ 유명한, 명성있는

예문 Cathy is **renowned** for her great writing skills.

Cathy는 훌륭한 글 솜씨로 유명하다.

✚ **famous** ⓐ 유명한, 이름난

1137 averse
[əvə́:rs]

'마음에서 떠난'의
고대 프랑스어
avers에서 유래

ⓐ 몹시 싫어하는, 싫어하여 (~to)

예문 Baboons enjoy insects and are not **averse** to a good piece of meat now and then.

비비 원숭이는 곤충을 즐기며 이따금 큼직한 고깃덩이도 싫어하지 않는다.
06 고3 학평 변형

✚ **opposed (to)** ⓐ ~에 반대하는, ~와 아주 다른

1138 fellow
[félou]

'동반자, 동행'의 고대 영어
feolaga에서 유래

ⓝ 동료

예문 Vivian Malone Jones was the first African-American woman who entered the University of Alabama in 1963, along with **fellow** black student James Hood.

Vivian Malone Jones는 동료 흑인 학생인 James Hood와 함께 1963년에 Alabama 대학교에 들어간 최초의 아프리카계 미국인 여성이었다. 13 고2 학평

✚ **colleague** ⓝ 동료   **companion** ⓝ 동료, 동반자

1139 illuminate
[iljúːmənèit]

il(~하게 하다) + lumine(빛)
+ ate(동.접)
➡ 빛나게 하다

ⓥ 밝게 하다, 밝게 비추다

[예문] On a stormy day, the beautiful building was suddenly **illuminated** by a shaft of light.
폭풍우가 치던 날, 그 아름다운 건물은 갑자기 한줄기 서광에 의해 빛났다.
15 고2 학평 변형

1140 roast
[roust]

'굽다'의 고대 프랑스어
rostir에서 유래

ⓥ 굽다, 볶다

[예문] Many Koreans like to **roast** chestnuts and eat them on winter nights.
많은 한국인들은 겨울 밤에 밤을 구워서 먹는 것을 좋아한다.

1141 rotten
[rátən]

ⓐ 썩은, 부패한, 형편없는

[예문] The bear was sticking his nose into garbage cans and eating **rotten** food.
곰은 그의 코를 쓰레기통에 박고 썩은 음식을 먹는 중이었다.

✚ **decayed** ⓐ 부패한, 썩은

1142 commerce
[kámə(ː)rs]

com(함께) + merc(e)(무역, 거래)
➡ 상품을 서로 함께 거래, 매매하기

ⓝ 상업, 무역

[예문] Mobile **commerce** is favored more by women than by men.
휴대전화 상거래는 여성들이 남성보다 더 선호한다. 09 고2 평가원 변형

✚ **commercial** ⓐ 상업의, 영리적인

1143 savage
[sǽvidʒ]

'야생의, 야만적인'의
고대 프랑스어
sauvage에서 유래

ⓐ 흉악한, 야생의, 몹시 성낸 **ⓝ** 잔인한 사람

[예문] The wild beast made a **savage** attack on its prey.
그 야수는 자신의 먹이를 흉폭하게 공격했다.

1144 unpack
[ʌnpǽk]

un(반대의) + pack(짐을 싸다)
➡ 짐을 풀다

ⓥ 짐을 풀다, 내용물을 꺼내다, 분석하다

[예문] As I **unpacked** my homework after school, I heard my mom calling me downstairs.
학교가 끝난 뒤 내 숙제를 꺼냈을 때, 나는 아래층에서 엄마가 부르는 소리를 들었다. 04 고1 학평

1145 update
□□ [ʌ́pdèit]

ⓥ 업데이트하다, 가장 최근의 정보를 알려주다　**ⓝ** 최신 정보, 갱신

예문 The flight to Dallas is delayed. We'll **update** the flight information soon.
Dallas행 비행은 지연되었습니다. 우리는 곧 비행 정보를 업데이트 하겠습니다.
2016 수능 변형

1146 paramount
□□ [pǽrəmàunt]

para(뒤로) + mount(산)

➡ 산꼭대기 이상으로, 최고 높은

ⓐ 다른 무엇보다 중요한, 탁월한, 최고의

예문 Wendy's contribution was the **paramount** element to the success of the exhibition.
Wendy의 기여가 전시회의 성공에 다른 무엇보다 중요한 요소였다.

✚ **supreme** ⓐ 최고의, 최상의, 최대의

1147 nuisance
□□ [njúːsəns]

'해로운, 잘못된'의
고대 프랑스어
nusance에서 유래

ⓝ 성가신 일, 골칫거리

예문 Any skier can tell you what good snow is, but when you're out shoveling your driveway in the winter, you may feel hard-pressed to find any good words for the white **nuisance**.
스키를 타는 사람이라면 누구라도 눈이 얼마나 쓸모가 있는 것인지를 말해줄 수 있겠지만, 당신이 겨울에 집 앞의 눈을 치울 때면 그 하얀 골칫덩이를 표현할 어떤 좋은 말도 찾기가 정말로 어려울 것이다. 08 고3 학평

✚ **annoyance** ⓝ 짜증, 골칫거리

1148 have ~ in common
□□ [hǽv in kámən]

공통적으로 지니다, 공통점이 있다

예문 The researchers wanted to determine what these high achieving people **had in common**.
연구원들은 이 성취도가 높은 사람들이 무엇을 공통점으로 가지고 있는지 밝히길 원했다. 16 고1 학평 변형

1149 offspring
□□ [ɔ́(ː)fsprìŋ]

ⓝ 자식, 자손

예문 Seeds contain the plant's **offspring** and a small supply of food to get the young plant started.
씨앗은 식물의 자손과 어린 식물들이 싹을 틔울 수 있도록 하는 소량의 영양소를 함유하고 있다.

1150 tribute
□□ [tríbjuːt]

ⓝ 감사의 표시, 경의, 헌사, 공물

예문 Many citizens gathered to pay **tribute** to the life of the great musician.
많은 시민들이 그 위대한 음악가의 삶에 경의를 표하려고 모였다.

✚ **compliment** ⓝ 찬사, 칭찬의 말

1151 **wholehearted**
[hóulhá:rtid]

ⓐ 전폭적인, 전적, 성의 있는, 진지한

[예문] My family gave **wholehearted** support to my plan to travel around the world.
우리 가족은 세계를 여행하고자 하는 내 계획을 전적으로 지원했다.

1152 **radiant**
[réidiənt]

'빛나는'의 라틴어
radiantem에서 유래

ⓐ 빛나는, 환한

[예문] She smiled from a face that was as **radiant** as an angel's.
그녀는 천사같이 빛나는 얼굴로 웃음을 지었다. 11 고3 학평 변형

✚ **radiate** ⓥ 내뿜다, (사방으로) 퍼지다   **bright** ⓐ 밝은, 빛나는

Tip! 〈관련 어휘〉
- **radius** ⓝ 반지름
- **radial** ⓐ 방사성의
- **radiance** ⓝ 빛, 광채
- **radiator** ⓝ 방열기

1153 **indifferent**
[indífərənt]

in(부정)+differ(다르다)
+ent(형.접)
➡ 의견이 다르지 않은
➡ 시간이 지나면서
'무관심한'의 뜻으로 발전

ⓐ 무관심한, 중요하지 않은, 관계없는

[예문] I think some politicians are **indifferent** to public opinion.
난 일부 정치인들이 대중의 의견에 무관심하다고 생각한다. 10 고3 평가원 변형

1154 **imprecise**
[imprisáis]

im(부정)+precise(정확한)
➡ 정확하지 않은

ⓐ 부정확한, 애매한

[예문] I'm worried because your approach to the problem seems to be based on **imprecise** data.
나는 그 문제에 대한 너의 접근법이 부정확한 데이터에 근거를 둔 것 같아 걱정된다.

↔ **precise** ⓐ 정확한, 정밀한

1155 **ambivalent**
[æmbívələnt]

ambi(양 쪽의)+val(가치)
+ent(형.접) ➡ 양면적인

ⓐ 상반된 감정이 존재하는, 애증이 엇갈리는

[예문] Yuna still remained **ambivalent** about her new house.
유나는 새 집에 대해 여전히 상반된 감정을 갖고 있었다.

✚ **ambivalence** ⓝ 상반되는 감정

1156 hold on to
[hould ən tu]

계속 유지하다, 고수하다

[예문] If you are a worker in the US, you'd better **hold on to** your current job because losing your job means losing almost everything.
당신이 미국의 노동자라면, 직업을 잃는다는 것은 모든 것을 잃는다는 것을 의미하기 때문에, 현재의 직장을 유지하는 것이 더 좋을 것이다. `11 고3 학평`

> **Tip!** 〈hold를 포함하는 주요 숙어〉
> • hold off 연기하다
> • hold true / good 유효하다
> • hold somebody / something back ~을 저지하다
> • hold together 단결하다, 뭉치다

1157 bump into
[bʌmp intu]

(우연히) ~와 마주치다

[예문] Joan **bumped into** her childhood friend on the street.
Joan은 길 거리에서 그녀의 어린 시절 친구와 마주쳤다.

✚ encounter ⓥ 우연히 만나다, 마주치다

1158 directly
[diréktli]

direct(직접의, 직접적인)
+ ly(부.접)
➡ 직접, 똑바로

⒜ 곧장, 직접적으로

[예문] To lessen the stress on your neck, you need to sit **directly** in front of your monitor, not to the left or to the right.
목에 대한 스트레스를 줄이기 위해 왼쪽이나 오른쪽으로 앉지 마시고, 모니터 앞에 바로 앉으셔야 합니다. `2016 수능`

1159 admission
[ədmíʃən]

ⓝ 입학, 입장(료); 시인

[예문] **Admission** and parking are free until next Saturday.
다음 주 토요일까지 입장과 주차는 무료입니다. `14 고3 평가원 변형`

> **Tip!** 〈주요 용례〉
> • an admission fee 입장료
> • grant admission 입학을 허가하다
> • free admission 무료 입장
> • make an admission of something ~을 시인하다

1160 chronological
[krànəládʒikəl]

chrono(시간) + logy(말하다)
+ cal(형.접)
➡ 시간순으로 이야기 하는 것의
➡ 연대순의

ⓐ 연대순의, 연대기의

[예문] The stories are arranged in **chronological** order.
이야기들은 연대기 순으로 정렬되어 있습니다.

✚ chronology ⓝ 연대순, 연대표　　**chronicle** ⓝ 연대기

Review Test!

A 우리말에 맞게 빈 칸에 알맞은 단어를 쓰시오.

1	_____ 관통하다, 뚫고 들어가다	11	_____	rag
2	_____ 불편한, 곤란한, 부자유스러운	12	_____	belongings
3	_____ 대조, 차이 ; 대조하다, 대비되다	13	_____	surrender
4	_____ 연속적인, 연이은	14	_____	fellow
5	_____ 유명한, 명성 있는	15	_____	illuminate
6	_____ 썩은, 부패한, 형편없는	16	_____	update
7	_____ 성가신 일, 골칫거리	17	_____	offspring
8	_____ 빛나는, 환한	18	_____	imprecise
9	_____ 입학, 입장(료) ; 시인	19	_____	ambivalent
10	_____ 연대순의, 연대기의	20	_____	directly

B 문장의 빈칸에 알맞은 단어를 〈보기〉에서 찾아 쓰시오. (필요하면 형태를 고치시오.)

보기   hold on to   commerce   fatigue   parasite   tribute

1 E-_____ is to the information revolution what the railroad was to the industrial revolution.
전자 상거래와 정보 혁명과의 관계는 철길과 산업혁명과의 관계가 같다. 09 고2 학평

2 In at least one case, the _____ actually manipulates the host's DNA directly, turning certain genes on or off.
적어도 한 가지 경우에 있어서는 기생충은 특정 유전인자를 작동시키거나 작동하지 못하게 하면서 실제로 숙주의 DNA를 직접 조작한다. 11 고3 학평

3 When the Aztecs conquered the Mayans, they enforced a _____ of cocoa beans as a type of taxation.
아즈텍족들이 마야인들을 정복했을 때, 그들은 과세의 일종으로 코코아 열매의 조공을 바쳤다.

4 Squirrels use their tails to keep balance and monkeys can _____ trees with theirs.
다람쥐는 균형을 유지하기 위해 꼬리를 사용하고 원숭이들은 그들의 꼬리를 가지고 나무에 매달릴 수 있다.
16 고3 평가원

5 If pain or _____ does strike, don't hesitate to change your workouts.
만약 통증이나 피로가 닥치면 주저하지 말고 당신의 훈련을 조정하라. 12 고2 학평

Study More!

01 'dys-' : '악화', '불량', '곤란'의 의미를 나타낸다.

- **dyspepsia** ⓝ 소화불량

  The doctor said that **dyspepsia** is medical pain in the stomach.
  그 의사는 소화불량은 위에 의학적인 통증이 있는 것이라 말했다.

- **dysfunction** ⓝ 기능 장애, 역기능

  be ill with respiratory **dysfunction**
  호흡 기능 장애를 앓다

02 혼동하기 쉬운 단어 indifferent/different

- **indifferent** ⓐ 무관심한

  Many students are **indifferent** to social problems.
  많은 학생들은 사회 문제에 무관심하다.

- **different** ⓐ 서로 다른

  The teacher said that James is **different** from other kids in his age group.
  선생님은 James가 또래 집단의 다른 아이들과는 다르다고 말했다.

Day
30

Word Preview

🎧 음원 듣기

- ☐ assert
- ☐ trivial
- ☐ comprise
- ☐ transcend
- ☐ context
- ☐ resolution
- ☐ texture
- ☐ flick
- ☐ fertilize
- ☐ assault
- ☐ overtake
- ☐ enrich
- ☐ requirement
- ☐ deliberately

- ☐ entitle
- ☐ ebb
- ☐ nonexistent
- ☐ exhale
- ☐ endow
- ☐ rapport
- ☐ imprudent
- ☐ situate
- ☐ boast
- ☐ presence
- ☐ patch
- ☐ blunt
- ☐ nocturnal
- ☐ manifest

- ☐ impose
- ☐ enchant
- ☐ downside
- ☐ ration
- ☐ retreat
- ☐ consolidate
- ☐ languish
- ☐ sage
- ☐ analogous
- ☐ allegory
- ☐ glimpse
- ☐ devastate

Day 30

1161 assert
[əsə́ːrt]

'참여하다'의 라틴어
assero에서 유래

ⓥ 주장하다, 단언하다

예문 Paul continued to **assert** that the rumor was true.
Paul은 그 소문이 사실이라고 계속해서 주장했다. 1995 수능 변형

1162 trivial
[tríviəl]

tri(셋)+via(길)+al(형.접)
➡ 세 길이 만나는 곳의
➡ 누구나 모이는 곳의
➡ 시시한

ⓐ 사소한, 하찮은

예문 It is important for us we decide what is important or **trivial** in life.
우리가 인생에서 무엇이 중요하고 사소한 것인지를 결정하는 것은 중요하다.

➕ **unimportant** ⓐ 중요하지 않은, 사소한

1163 comprise
[kəmpráiz]

'~을 구성하다'의 고대 프랑스어
compris에서 유래

ⓥ 포함하다, ~을 구성하다, 차지하다

예문 Nowadays, women **comprise** the majority of small business owners.
요즘, 여성들이 중소 기업 소유주들의 대다수를 차지하고 있다.

1164 transcend
[trænsénd]

trans(너머)
+scandere(오르다)
➡ 너머서 오르다

ⓥ 초월하다, 능가하다

예문 Eliminating competition makes it easier for everyone to build the kinds of longterm relationships that **transcend** mere professionalism.
경쟁을 없애는 것은 모든 사람들이 단순한 전문성을 초월하는 종류의 장기적인 관계를 구축하는 것을 더 수월하게 만든다. 15 고2 학평

➕ **surpass** ⓥ 능가하다, 뛰어넘다

1165 context
[kántekst]

con(함께)+text(짜다, 엮다)
➡ (말들이) 함께 짜여진 상황

ⓝ 문맥, 맥락, 전후 사정

예문 When you read a new word in **context**, there is a very good chance that you will be able to guess its meaning.
당신이 문맥 속에서 새로운 단어를 읽을 때, 그 단어의 의미를 추측 할 수 있는 매우 좋은 기회가 있다. 07 고1 학평 변형

1166 resolution
[rèzəljúːʃən]

resolve(해결하다, 결정하다)
+tion(명.접) ➡ 결정, 결심, 해결

ⓝ 결의안, 해결, 결심

예문 All independent organizations disagree with the **resolution**'s passing.
모든 독립 기관들은 그 결의안의 통과에 동의하지 않는다.

1167 **texture**
[tékstʃər]

'연결, 구조'의
중세 프랑스어
texture에서 유래

ⓝ 질감 ⓥ 짜서 만들다

예문 Freezing helps to change tofu's **texture**, making it chewier.
냉동은 두부의 질감을 쫄깃쫄깃하게 변화 시키는 것을 돕는다. 06 고3 학평 변형

> Tip! 〈주요 용례〉
> · smooth / rough texture 부드러운 / 거친 질감
> · smooth-textured strawberry jam
>   부드러운 질감의 딸기잼 (2013 수능)

1168 **flick**
[flik]

ⓥ (손가락 등으로) 가볍게 튀기다(털다), (버튼 등을) 탁(확) 누르다

예문 My little brother **flicked** water at me with his fingers.
내 어린 남동생은 손가락으로 내게 물을 튀겼다.

1169 **fertilize**
[fə́:rtəlàiz]

fer(t)(작물을 산출하다)
+ il(e)(형.접) + ize(~화하다)
➡ 작물을 산출할 수 있게 하다
➡ 땅을 비옥하게 하다

ⓥ 수정시키다, 땅을 비옥하게 하다

예문 Cattle and pigs produce sludge, which **fertilizes** the coffee farms and surrounding vegetable gardens.
소 떼와 돼지들은 두엄을 만들어 내는데 이것들은 커피 농장과 주변의 채소밭을 비옥하게 해준다.

✚ fertilizer ⓝ 비료

1170 **assault**
[əsɔ́:lt]

'신체적인 공격'의 중세 프랑스어
asaut에서 유래

ⓝ 폭행(죄), 공격 ⓥ 폭행하다, 공격하다

예문 Andy's son was charged with **assault**.
Andy의 아들은 폭행죄로 고소당했다.

> Tip! 〈주요 용례〉
> · a violent assault 맹공격
> · a physical assault 신체적 폭력
> · commit assault 폭행죄를 저지르다

1171 **overtake**
[òuvərtéik]

ⓥ 추월하다, 앞지르다

예문 The USA, **overtaken** by China, will no longer be the strongest economic leader.
미국은 중국에 따라잡혀 더 이상 가장 강력한 경제 선두 주자가 되지 않을 것이다.
09 고2 학평

1172 **enrich**
[inrítʃ]

en(~하게 만들다) + rich(풍부한)
➡ 풍요롭게 하다

ⓥ 부유하게 하다, 풍성하게 하다

예문 Wheat and maize are often **enriched** with iron.
밀과 옥수수는 종종 철분이 강화된다. 10 고2 학평

1173 requirement
□□
[rikwáiərmənt]

re(다시) + quir(e)(구하다)
+ ment(명.접)
➡ (필요해서) 계속해서 구하는 것

ⓝ 필요 조건, 요구

예문 Water is the most important **requirement** for all living things.
물은 살아있는 모든 것들을 위한 가장 중요한 필수조건이다.

1174 deliberately
□□
[dilíbəritli]

deliberate(고의적인)
+ ly(부.접)
➡ 고의로, 의도적으로

ⓐⓓ 의도적으로

예문 When people started to plant stored seed stock **deliberately**, they also began protecting their plants.
사람들이 저장된 씨앗 종자를 의도적으로 심기 시작했을 때 그들은 또한 자신들의 식물을 보호하기 시작했다. 2014 수능

✚ intentionally ⓐⓓ 의도적으로　on purpose 고의로

1175 entitle
□□
[intáitl]

en(~하게 만들다)
+ title(제목, 자격)
➡ 자격을 주다

ⓥ 자격을 주다, 제목을 붙이다

예문 He is fully **entitled** to be the winner of this year's singing contest.
그는 전적으로 올해 노래 대회의 우승자가 될 자격이 있다.

1176 ebb
□□
[eb]

'썰물, 단조'의 고대 영어
ebba에서 유래

ⓝ 썰물, 쇠퇴　ⓥ 썰물이 되다, 서서히 줄다, (힘 따위가) 쇠해지다

예문 The empire was at an **ebb**.
그 제국은 쇠퇴기에 있었다.

Tip! 〈주요 용례〉
- ebb and flood 썰물과 밀물
- be at an ebb 쇠퇴기에 있다
- at a low ebb 저조한

1177 nonexistent
□□
[nànigzístənt]

non(부정)
+ existent(존재하는)
➡ 존재하지 않는

ⓐ 존재하지 않는, 실재하지 않는

예문 When I was a boy, I didn't know dragons are **nonexistent** creatures.
내가 소년이었을 때, 나는 용이 존재하지 않는 생물임을 몰랐다.

1178 exhale
□□
[ekshéil]

ex(밖으로) + hale(숨을 쉬다)
➡ (숨을) 내쉬다

ⓥ (숨 등을) 내쉬다, 내뿜다

예문 Lily tried to relax her hands and **exhaled** a deep breath.
Lily는 손을 풀고 심호흡을 하려 했다. 17 고3 평가원 변형

↔ inhale ⓥ 들이마시다

1179 **endow**
[endáu]

ⓥ (기금, 재산으로) 기부하다, (재능, 특징을) 부여하다

예문 It seems that you are **endowed** with special talents.
당신은 특별한 재능을 타고 난 것 같군요. 12 고3 학평

1180 **rapport**
[ræpɔ́:r]

ⓝ (친밀한) 관계

예문 A leader's emotional intelligence includes self-awareness, empathy, and **rapport** with others.
지도자의 감성 지능은 자기인식, 공감, 그리고 다른 이들과의 친화력을 포함한다. 13 고1 학평 변형

1181 **imprudent**
[imprú:dənt]

im(부정)+prudent(신중한)
➡ 신중하지 않은

ⓐ 현명하지 못한, 경솔한, 무모한

예문 It was so **imprudent** to trust William because he was famous swindler.
William은 유명한 사기꾼이었기 때문에 그를 신뢰한 것은 너무 경솔했다.

➕ **imprudence** ⓝ 경솔, 경망, 무모(함)

1182 **situate**
[sítʃuit]

"~에 두다, 위치시키다'의 라틴어 situatus에서 유래

ⓥ (어떤 위치에) 두다, 위치시키다

예문 **Situated** at an elevation of 1,350m, the city of Kathmandu looks out on the sparkling Himalayas.
해발 고도 1,350미터에 위치하고 있는 카트만두는 반짝이는 히말라야 산맥을 바라보고 있다. 2005 수능 변형

➕ **situated** ⓐ ~에 위치하고 있는

1183 **boast**
[boust]

'오만하게 말하다'의 고대 프랑스어 boast에서 유래

ⓥ 자랑하다, 뽐내다

예문 In a ferry boat crowded with farmers and merchants, a swordsman was **boasting** about his great victories, swinging his long sword.
농부들과 상인들로 붐비는 나룻배에서, 검객은 긴 칼을 휘두르며 그의 큰 승리에 대해 자랑하고 있었다. 08 고3 학평

1184 **presence**
[prézəns]

present(존재하는, 출석한)
+ce(명.접)
➡ 존재, 출석

ⓝ 존재, 참석, 출현

예문 Remember that the **presence** of too many people can cause birds to abandon a nest and the eggs.
너무 많은 사람들의 출현이 새들로 하여금 그들의 둥지와 알을 포기하게 만들 수 있음을 기억하세요. 09 고3 학평 변형

1185 patch
[pætʃ]

n 부분, 조각, 작은 땅   **v** (헝겊) 조각을 대다

예문 Deep inside an ancient pyramid in Peru, a female archaeologist noticed rectangular **patches** of soft clay - a telltale sign of a grave.
페루의 고대 피라미드 깊숙한 곳에서, 한 여성 고고학자는 무덤에 묻힌 부드러운 점토 조각을 발견했는데, 이것은 무덤이 있다는 명백한 표시였다. 08 고3 학평

1186 blunt
[blʌnt]

'무딘'의 고대 노르웨이어
blundra에서 유래

a 무딘, 퉁명스러운, 직설적인   **v** 둔화 시키다, ~을 무디게 하다

예문 The knife is too **blunt** to cut the loaf of bread.
그 칼은 너무 무뎌서 빵 덩어리를 자를 수 없다.

1187 nocturnal
[nɑktə́ːrnəl]

'야행성의, 밤마다 하는'의
고대 프랑스어
nocturnal에서 유래

a 야행성의, 밤의, 야간의

예문 Some **nocturnal** animals such as some frogs and salamanders only wake when there is no light.
개구리와 도롱뇽과 같은 일부 야행성 동물들은 빛이 없을 때만 깨어난다.

↔ **diurnal** ⓐ 낮에 활동하는, 일간의, 낮의

1188 manifest
[mǽnəfèst]

'명확한, 명백하게 드러나다'의
고대 프랑스어 **manifest**에서 유래

v 나타내다, 드러내다   **a** 분명한, 명백한

예문 Emotional eaters **manifest** their problem in lots of different ways.
감정적으로 먹는 사람들은 많은 다양한 방법으로 그들의 문제를 드러낸다.
2012 수능 변형

1189 impose
[impóuz]

im (~에) + pose (놓다, 두다)
➡ ~에 놓다
➡ 어떤 대상에게 부과하다

v 부과하다, 도입하다, 강요하다

예문 Hundreds of years ago, the Duke of Tuscany **imposed** a tax on salt.
수백 년 전에, 투스카니의 공작은 소금에 세금을 부과했다. 15 고2 학평 변형

↔ **lift** ⓥ (제재 등을) 해제하다

1190 enchant
[intʃǽnt]

en (만들다) + chant (노래하다)
➡ 노래하게 만들다
➡ 매혹하다

v 황홀하게 만들다

예문 He was famous for his remarkable ability to harmonize himself with his guests' thoughts and to think one step ahead, **enchanting** them by adapting to their taste.
그는 자기 자신을 손님들의 생각과 조화시키고 한 걸음 앞서 생각해서 그들의 취향에 맞춤으로써 그들을 매혹시키는 두드러진 능력으로 유명했다. 11 고3 학평

1191 **downside**
[dáunsàid]

ⓝ 단점, 불리한 면

예문 Researchers investigated the **downside** of spreading malicious gossip.
연구원들은 악의적인 소문 유포의 부정적인 면을 연구했다. `10 고2 학평 변형`

↔ **upside** ⓝ 긍정적인 면

1192 **ration**
[rǽʃən]

ⓝ 배급량 ⓥ 배급하다, 소비를 제한하다

예문 The flour **ration** was down to three pounds per person per month.
밀가루 배급량은 한 달에 인당 3파운드로 줄어 들었다.

Tip! 〈주요 용례〉
• **a food ration** 식량 배급
• **a daily ration** 하루 배급량

1193 **retreat**
[ritríːt]

re(뒤) + treat(움직이다)
➡ 뒤로 물러나다

ⓥ 물러서다 ⓝ 후퇴

예문 The general was mortally wounded, so they decided to **retreat**.
그 장군이 치명적인 부상을 입었으므로, 그들은 후퇴하기로 결정했다.

Tip! 〈형태가 유사한 단어〉
• **treat** ⓥ 대하다, 다루다
• **treatment** ⓝ 치료, 처치
• **entreat** ⓥ 간청하다
• **entreaty** ⓝ 간청, 애원
• **retreat** ⓥ 물러서다
• **mistreat** ⓥ 학대하다

1194 **consolidate**
[kənsálidèit]

con(함께)
+ solid(단단하게, 단단한)
+ ate(동.접)
➡ 단단하게 하다, 강화하다

ⓥ 굳히다, 통합하다, 강화하다

예문 The army **consolidate** its position with the help of snipers.
그 부대는 저격수들의 도움으로 진지를 더욱 강화했다.

✚ **consolidation** ⓝ 강화, 합병

1195 **languish**
[lǽŋgwiʃ]

'힘이 빠지다'의 고대 프랑스어
languir에서 유래

ⓥ 시들다, 활기가 없어지다, (어려운 일이나 상황에) 머물다

예문 Many innovations **languished** in labs for years until being matched with a product.
많은 혁신들이 하나의 상품과 조화를 이룰 때까지 수년 간 연구실에서 시들었다. `15 고3 평가원`

1196 **sage**
[seidʒ]

'현명한, 아는 것이 많은'의
고대 프랑스어 **sage**에서 유래

ⓐ 현명한, 슬기로운 ⓝ 현인, 현자

예문 I think the president made a **sage** decision.
나는 대통령이 현명한 결정을 내렸다고 생각한다.

1197 **analogous**
[ənǽləgəs]

ana(~에 따라) + logos(비율)
+ ous(형.접)
➡ ~에 비례하는

ⓐ 유사한, 닮은 (~ to)

예문 I thought the two questions were **analogous**.
나는 두 질문이 비슷하다고 생각했다

✚ **comparable (~to)** ⓐ 비슷한, 필적하는

1198 **allegory**
[ǽləgɔ̀ːri]

'다른 이미지에 빗대어
무언가를 서술하는 것'의
그리스어 **allegoria**에서 유래

ⓝ 우화, 풍자

예문 Western readers likely know little of Mahfouz's more experimental work, his political and religious **allegories**, or his historical dramas.
서양 독자들은 Mahfouz가 쓴 더 실험적인 작품이나 그의 정치적, 종교적 우화나 그의 사극에 대해 거의 알지 못할 가능성이 있다. 16 고3 평가원

✚ **fable** ⓝ 우화

1199 **glimpse**
[glimɸs]

'반짝이다'의 고대 영어
glimpsian에서 유래

ⓥ 언뜻 보다, 잠깐 보다 ⓝ 얼핏 봄, 희미한 빛

예문 We can get a **glimpse** of life in a marathon.
우리는 마라톤에서 인생의 한 단면을 엿볼 수 있다. 06 고1 학평

Tip! 〈주요 용례〉
- catch a glimpse of somebody/something ~을 언뜻 보다
- catch a glimpse of her face again
  그녀의 얼굴을 다시 언뜻 보다 (07 고3 학평)

1200 **devastate**
[dévəstèit]

ⓥ 완전히 파괴하다, 엄청난 충격을 주다

예문 The doctor attending Glenn recommended amputating his legs, and his parents were **devastated**.
Glenn의 주치의는 그의 다리를 절단할 것을 추천했고 그의 부모는 엄청난 충격에 휩싸였다. 15 고3 학평 변형

✚ **devastating** ⓐ 파괴적인, 충격적인

Review Test!

A 우리말에 맞게 빈 칸에 알맞은 단어를 쓰시오.

1	_____ 주장하다, 단언하다	11	_____ transcend
2	_____ 결의안, 해결, 결심	12	_____ texture
3	_____ 부유하게 하다, 풍성하게 하다	13	_____ fertilize
4	_____ 존재하지 않는, 실재하지 않는	14	_____ deliberately
5	_____ 현명하지 못한, 경솔한, 무모한	15	_____ endow
6	_____ 부분, 조각 ; 헝겊 조각을 대다	16	_____ boast
7	_____ 황홀하게 만들다	17	_____ manifest
8	_____ 물러서다 ; 후퇴	18	_____ ration
9	_____ 현명한, 슬기로운 ; 현인, 현자	19	_____ languish
10	_____ 언뜻 보다, 잠깐 보다 ; 얼핏 봄	20	_____ devastate

B 문장의 빈칸에 알맞은 단어를 〈보기〉에서 찾아 쓰시오. (필요하면 형태를 고치시오.)

보기   assault   ebb   presence   nocturnal   context

1 A bridge's _____ makes a lasting mark that shows the evolution of society.
다리의 존재는 사회의 진화를 보여주는 지속적인 표시가 된다. 16 고2 학평

2 All tarsier species are _____ in their habits, but some individuals may show more or less activity during the daytime.
모든 안경 원숭이 종들은 야행성의 습성을 갖고 있지만, 일부 개체들은 다소 주간에 활동하는 모습을 보이기도 한다. 09 고2 학평

3 Temporal resolution is particularly interesting in the _____ of satellite remote sensing.
시간적 해상도는 위성의 원격 감지의 맥락에서 특히 흥미롭다. 2017 수능

4 Know your own body rhythm, respect your internal clock, and pay attention to how your energy level _____ and flows during the day.
당신의 신체리듬을 알고, 생체 시계를 존중하며, 하루 동안 어떻게 당신의 에너지 수위가 약해지고 충만해지는지에 주목하라. 12 고3 평가원

5 It is not acceptable to _____ a flight attendant in the air because your plane is delayed.
비행기가 지연된다고 해서 기내에서 승무원을 폭행하는 것은 인정할 수 없다. 07 고3 학평

Study More!

01 어원 이야기 : en- '~이 되게하다 (make)'

en-은 '~이 되게 하다(make)'라는 의미로 만들어 줍니다.

- **enable** : en(make)+able(가능한)은 '가능하게 만들다'로 '~할 수 있게 하다', '가능하게 하다'라는 의미로 발전했어요.

  ex.) *His cooperation enables me to perform better at my work and contribute more to the company.* 그의 협조는 직장에서 나의 일을 더 잘 하고 회사에도 더 많은 기여를 하게한다.

- **enrich** : en(make)+rich(부유한)는 '부유하게 하다', '(질, 맛, 가치 등을) 높이다, 풍부하게 하다'의 의미를 가져요.

  ex.) *Regular meditation will enrich your mind.*
  규칙적인 명상은 당신의 마음을 풍요롭게 할 것이다.

02 어휘 : comprise vs. consist

comprise는 '구성하다'의 의미를 갖는데요. 전치사 of와 결합하여 'be comprised of', '~로 구성되다'의 의미를 갖기도 합니다.

ex.) *I'm so worried about Tim. Meats comprise the bulk of his diet.*
난 정말 Tim이 걱정되요. 고기가 그의 식단의 상당량을 구성하고 있어요.

ex.) *The play is comprised of five acts.* 그 연극은 다섯 개의 막으로 구성된다.
주의 해야 할 점은 comprise는 진행형으로 사용되지 않습니다. 또한, 전치사 of와 결합할 때는 항상 수동태 형태이어야 합니다!

그에 비해, **consist**는 단독으로는 쓰이지 않고 다른 전치사와 함께 사용됩니다.
consist of는 '구성되다'의 의미로 'be composed of, comprise, be comprised of'와 같은 의미로 사용됩니다. 다만, consist는 전치사 in과 결합하면 '~에 존재하다'의 의미를 갖어요. 구성한다는 의미와는 다른 뜻이므로 주의해야 합니다.

ex.) *Fish schools usually consist of a single species, with all members similar in size or age.* 물고기 떼는 일반적으로 크기나 나이가 비슷한 단일 종으로 구성된다. [13 고3 평가원]

31

Word Preview

🎧 음원 듣기

☐ mow	☐ supervise	☐ blight
☐ hemisphere	☐ ensure	☐ itch
☐ reckless	☐ interfere with	☐ consecutive
☐ naked	☐ prestigious	☐ inject
☐ modest	☐ vice	☐ regain
☐ encyclopedia	☐ accentuate	☐ compromise
☐ remedy	☐ brisk	☐ obstruct
☐ span	☐ excursion	☐ gobble
☐ speck	☐ asset	☐ prospective
☐ collaborate	☐ sentiment	☐ impact
☐ sprint	☐ evict	☐ exclusive
☐ revenge	☐ backbone	☐ certainty
☐ dismay	☐ induce	
☐ massive	☐ entangle	

Day 31

1201 mow
[moʊ]

ⓥ (잔디를) 깎다, (풀 등을) 베다

[예문] When springtime comes, farmers **mow** the vetch and plant tomatoes in the cuttings.
봄철이 오면 농부들은 살갈퀴를 뽑아내고 베어낸 자리에 토마토를 심는다. `07 고3 학평`

➕ **mower** ⓝ 잔디깎는 기계

1202 hemisphere
[hémisfìər]

hemi(절반) + sphere(구)
➡ 반구

ⓝ 반구

[예문] The Great Salt Lake is the largest salt lake in the Western **Hemisphere**.
The Great Salt Lake는 서반구에서 가장 큰 염수호다. `2013 수능`

1203 reckless
[réklis]

ⓐ 무모한, 부주의한, 난폭한

[예문] Todd got a 100 dollar fine for his **reckless** driving.
Todd는 난폭 운전으로 100달러의 벌금을 물었다.

➕ **careless** ⓐ 부주의한

1204 naked
[néikid]

ⓐ 벌거벗은

[예문] Behind the fence, an almost **naked** tree stands with only one leaf dangling from the branch.
울타리 뒤에는 오직 잎사귀 하나만 나뭇가지에 매달려 있는 벌거벗은 나무가 서 있다. `08 고3 학평`

1205 modest
[mɑ́dist]

mod(측정하다)
+ est(형.접)
➡ 척도에 맞는

ⓐ 적절한, 겸손한

[예문] You need 15 to 20 minutes of **modest** physical activity three times a week to stay in shape.
너에게는 건강을 관리하기 위해서 일주일에 세 번, 15분에서 20분 정도의 적절한 신체 활동이 필요하다. `11 고2 학평 변형`

➕ **modesty** ⓝ 겸손

1206 encyclopedia
[ensàikləpíːdiə]

enkyklios(일반적인)
+ paideia(교육)

ⓝ 백과사전

[예문] Why don't you find some information from the **encyclopedia** over there?
저기 있는 백과사전에서 정보를 좀 찾아보는 건 어떻니? `2010 수능`

1207 **remedy**
[rémədi]

🔵 ⓝ 치료(약), 해결책 ⓥ 바로잡다, 개선하다

예문 Using ice for your back pain is only a temporary **remedy**. You had better go see a doctor.
허리 통증을 위해 얼음을 사용하는 것은 단지 일시적인 치료법일 뿐이에요. 진찰 받으러 가는 게 좋겠어요. 2011 수능 변형

1208 **span**
[spæn]

'두 물체간의 거리'의
고대 영어 span에서 유래

🔵 ⓝ 기간, 전 범위 ⓥ (얼마의 기간에) 걸치다, 이어지다

예문 A mother wants to increase the length of her child's attention **span**.
엄마는 아들의 주의 지속 시간의 길이를 늘이고 싶어한다. 14 고2 학평 변형

1209 **speck**
[spek]

'작은 점, 얼룩'의 고대 영어
specca에서 유래

🔵 ⓝ 작은 얼룩, 알갱이, 소량 (~of)

예문 Fourteen billion years ago, the universe was a tiny, burning **speck**, too small and too hot to support life.
140억년 전에, 우주는 작고 불타는 알갱이였고 생명체를 살게 하기에는 너무 작고 너무 뜨거웠다.

1210 **collaborate**
[kəlǽbərèit]

🔵 ⓥ 협력하다, 공동으로 작업하다

예문 Smart competitors **collaborate** whenever they can.
현명한 경쟁자는 가능하면 언제나 협력한다. 12 고1 학평 변형

➕ **collaborative** ⓐ 공동의 **collaboration** ⓝ 공동 작업

1211 **sprint**
[sprint]

🔵 ⓥ 전력 질주하다 ⓝ 단거리 경기, 전력 질주

예문 My goal is to set the Korean record for the 200-meter **sprint**.
내 목표는 200미터 달리기에서 한국 신기록을 세우는 것이다.

1212 **revenge**
[rivéndʒ]

re(강조) + vengier(복수하다)
➡ 되갚아주다

🔵 ⓝ 보복, 복수 ⓥ 복수하다

예문 I think the law takes away the right of **revenge** from people and gives the right to the community.
나는 법이 사람들로부터 복수 할 권리를 빼앗아서 그 권리를 공동체에 주는 것이라고 생각한다. 09 고1 학평

1213 dismay
[disméi]

ⓝ 실망, 경악　ⓥ 경악하게 만들다, 실망시키다

예문 Sean was most **dismayed** when his publisher told him his first book would not be issued until January 1954.

Sean은 출판업자가 그에게 그의 첫 번째 책이 1954년 1월까지는 출판되지 않을 것이라고 말했을때 제일 실망했다. 08 고3 학평 변형

✚ frustration ⓝ 좌절, 낙담

1214 massive
[mǽsiv]

ⓐ 엄청난, 거대한, 극심한

예문 The United States consumes **massive** amounts of Asia's industrial products, which benefits the United States as a whole by providing consumers with cheap goods.

미국은 대량의 아시아 공산품을 소비하는데 그것은 소비자들에게 값싼 상품을 공급함으로써 전반적으로 미국에 이득이 된다. 12 고2 학평

✚ huge ⓐ 거대한, 막대한

1215 supervise
[súːpərvàiz]

super(너머)
+ vis(e)(보다)
➡ 내려다보다
➡ 감독하다

ⓥ 감독하다, 지휘하다

예문 In ancient America, building a canoe was a specialized art **supervised** by a high priest.

고대 미국에서 카누를 만드는 것은 지위가 높은 제사장이 감독하는 전문화된 일이었다. 07 고2 학평 변형

✚ supervision ⓝ 감독, 지휘, 통제

1216 ensure
[inʃúr]

en(~하게 만들다)
+ sure(확신하는)
➡ 확신하게 하다

ⓥ 보장하다, 반드시 ~하게 하다, 확보하다

예문 Do you want to **ensure** you are recruiting the right people for your company?

당신은 회사를 위해서 적합한 사람을 채용하고 있는지 확실히 하고 싶습니까? 09 고2 평가원 변형

1217 interfere with
[intərfíər wiθ]

방해하다, 간섭하다

예문 Consistently second-guessing ourselves would **interfere with** our daily functioning.

반복적으로 뒤늦게 우리 스스로를 비판하는 것은 우리의 일상 기능을 방해할 것이다. 14 고3 평가원

1218 prestigious
[prestídʒiəs]

ⓐ 명성 있는, 일류의

예문 Before age 30, Emma became a member of several highly **prestigious** scientific societies on the basis of her work.

30세 이전에 Emma는 그녀의 작업을 기반으로 대단히 권위있는 몇몇 과학 학회의 회원이 되었다. 14 고3 평가원

1219 vice
[vais]

ⓝ 악덕, 부도덕, 비행; (접두사로서 부통령 등의) 부, 대리의

예문 "Do you read Car Weekly?" the **vice** president asked.
그 부사장은 "Car Weekly를 구독하세요?" 라고 물었다.

1220 accentuate
[ækséntʃuèit]

ⓥ ~을 강조하다, 두드러지게 하다

예문 The absence of any sign of life **accentuated** the solitary scene of the forest.
어떠한 생명체의 흔적도 없는 것이 그 숲의 외로운 정경을 두드러지게 했다.
2016 수능 변형

＋ accentuation ⓝ 강조, 역설, 중점

1221 brisk
[brisk]

ⓐ 빠른, 활발한, 상쾌한

예문 A **brisk** walk near your house, two times a week, satisfies your daily exercise requirement.
일주일에 두 번 힘차게 집 주변을 걷는 것은 당신의 일일 운동 요구량을 충족 시킨다. 11 고1 학평 변형

1222 excursion
[ikskə́:rʒən]

ⓝ 여행, 소풍, 견학

예문 Paula's class went on a walking **excursion** to a nearby forest.
Paula의 반은 가까운 숲으로 하이킹을 갔다.

1223 asset
[ǽset]

ⓝ 자산, 재산

예문 Roman General Marcellus considered Archimedes a valuable scientific **asset**.
로마 장군 Marcellus는 Archimedes를 가치 있는 과학적 자산으로 여겼다.
11 고3 학평 변형

1224 sentiment
[séntəmənt]

ⓝ 정서, 감정, 의견, 생각

예문 Some writers play on people's **sentiments** as an easy source of money.
일부 작가들은 사람들의 감정을 돈의 쉬운 원천으로 생각한다. 07 고1 학평 변형

sent(i) (느끼다)
+ ment (명.접) ➡ 느낌

1225 evict
[i(ː)víkt]

e(밖) + vincere(완파하다)
➡ '밖으로 완파해서 몰아내다'의 과거 분사형 evictus에서 유래

ⓥ 쫓아버리다, 쫓아내다

[예문] Since Tina was **evicted** from her apartment, she had no choice but to leave the city.
Tina는 그녀의 아파트에서 쫓겨났기 때문에, 그녀는 그 도시를 떠나는 것 외에는 선택이 없었다. [09 고2 학평 변형]

➕ eviction ⓝ 쫓아냄, 퇴거

1226 backbone
[bǽkbòun]

ⓝ 등뼈, 척추, (일이나 구조의) 근간, 중추

[예문] The idea that all animals have a **backbone** is wrong.
모든 동물들이 등뼈가 있다는 생각은 틀렸다.

1227 induce
[indʒúːs]

in(안으로)
+ duc(e)(이끌다)
➡ ~으로 이끌다
➡ 유도하다

ⓥ 유도하다, 유발하다

[예문] The researcher found that the lavender is the best smell to **induce** sleep.
그 연구원은 라벤더 향이 잠을 유발하는데 최고의 향인 것을 알아냈다.
[10 고3 평가원 변형]

1228 entangle
[intǽŋgl]

ⓥ 얽히게 하다

[예문] I lowered the octopus into the water, and immediately saw its **entangled** tentacles.
나는 물 속으로 문어를 가져갔고, 바로 문어의 얽혀있는 촉수들을 보았다.

1229 blight
[blait]

ⓝ (곡식의) 병충해 ⓥ 망치다, 엉망으로 만들다

[예문] Unfortunately this potato proved particularly vulnerable to the potato **blight** of 1845-82.
불행히도 이 감자는 1845~82년의 감자 마름병에 특히나 취약했던 것으로 드러났다. [15 고2 학평]

1230 itch
[itʃ]

'피부의 염증'의 고대 영어 gicce에서 유래

ⓥ 가렵다, (~을 하고 싶어) 근질거리다 ⓝ 가려움, 욕망

[예문] If the **itches** do not disappear, you should stop scratching and take the medicine.
가려움이 사라지지 않는다면, 당신은 긁는 것을 멈추고 약을 먹어야 한다.
[2010 수능 변형]

1231 **consecutive**

[kənsékjətiv]

con (함께) + sectu (따르다)
+ ive (형.접)

➡ 함께 따르는

ⓐ 연속되는, 연속적인

예문 Our goal is to win two **consecutive** World Baseball Classics.
우리의 목표는 2년 연속 세계 야구 선수권 대회에서 우승하는 것이다.

1232 **inject**

[indʒékt]

in (안) + ject (던지다)

➡ 안으로 던지다
➡ 주입하다

ⓥ 주사하다, 주입하다

예문 Spiders are able to control how much venom they **inject** into their prey.
거미들은 그들의 먹이에 얼마나 많은 독을 주입할 지 조절할 수 있다.

✚ **injection** ⓝ 주사, 투입, 주입

1233 **regain**
[rigéin]

re (다시) + gain (얻다)

➡ 되찾다, 회복하다

ⓥ 되찾다, 회복하다

예문 For Andy, it was difficult to **regain** public trust and confidence.
Andy에게 있어서, 대중의 신뢰와 확신을 다시 얻는 것은 어려웠다.

✚ **recover** ⓥ 되찾다, 도로 찾다

1234 **compromise**
[kámprəmàiz]

com (함께)
+ promise (약속하다)

➡ 서로 약속하다

ⓥ 타협하다, 손상하다 ⓝ 타협

예문 Although we hoped to reach a **compromise**, in the end we failed to do so.
우리는 타협점에 도달하기를 희망했음에도 불구하고, 우리는 그렇게 하는데 결국 실패했다.

> **Tip!** 〈형태가 유사한 단어〉
> · compromise ⓥ 타협하다, 손상하다
> · comprise ⓥ 구성하다
>   (be comprised of somebody/something ~으로 구성되다)
> · a material comprised of active glass
>   활성 유리로 이루어진 물질 (12 고1 학평)

1235 **obstruct**
[əbstrʌ́kt]

ob (앞에) + struct (쌓다, 짓다)

➡ ~의 앞에 쌓다, 짓다

ⓥ 방해하다, 막다

예문 The view of the stream is **obstructed** by the trees.
그 개울의 경관이 나무들로 인해 막혔다.

1236 gobble
[gábl]

ⓥ 게걸스럽게 먹다

[예문] Once the elephant was close to another elephant, it would suddenly grab some of the uneaten hay and **gobble** it up.
일단 코끼리가 다른 코끼리에게 가까이 다가가면, 그 코끼리는 갑자기 먹지 않은 건초를 잡아채어 게걸스럽게 먹어 치우곤 했다. 12 고3 학평 변형

1237 prospective
[prəspéktiv]

prospect (전망)
+ ive (형.접)
➡ 장래의, 유망한

ⓐ 장래의, 유망한

[예문] Most retail businesses have web sites where **prospective** customers browse among the company's merchandise, finding pictures and prices of the products available.
대부분의 소매상들은 웹사이트를 가지고 있는데, 거기에서 미래의 고객들이 회사의 상품들을 검색해 보고, 이용할 수 있는 상품의 가격과 사진을 찾는다.
12 고3 학평 변형

➕ prospect ⓝ 가능성

1238 impact
[ímpækt]

im (안) + pangere (밀치다, 치다)
➡ 안으로 밀치다, 치다

ⓝ 영향, 충격 ⓥ 영향(충격)을 주다

[예문] The results of science have profound **impact** on every human being on earth.
과학의 결과는 지구상의 모든 인간에게 깊은 영향을 끼친다. 16 고3 평가원 변형

1239 exclusive
[iksklú:siv]

ex (밖) + clud (닫다)
➡ '밖에 두고 닫다'의 과거분사형인 exclusivus에서 유래

ⓐ 독점적인, 배타적인

[예문] Foot-and-Mouth Disease(FMD) is almost **exclusive** to cattle, sheep, swine, goats, and other cloven-hoofed animals.
구제역은 소, 양, 돼지, 염소와 다른 갈라진 발굽을 가진 동물들에게 전적으로 생긴다.
15 고2 평가원 변형

➕ exclusively ⓐⓓ 배타적으로, 전적으로

1240 certainty
[sɜ́:rtnti]

certain (확실한, 틀림없는)
+ y (명.접) ➡ 확실성

ⓝ 확실(성), 확신

[예문] While predictions about the future are always difficult, some can be made with **certainty**.
미래에 대한 예측은 항상 어려운 반면에, 그 중에 몇몇은 확실해 질 수 있다.
11 고3 평가원

A 우리말에 맞게 빈 칸에 알맞은 단어를 쓰시오.

1 _____ (잔디를) 깎다, (풀 등을) 베다
2 _____ 치료(약), 해결책 ; 바로잡다
3 _____ 보복, 복수 ; 복수하다
4 _____ 명성 있는, 일류의
5 _____ 여행, 소풍, 견학
6 _____ 유도하다, 유발하다
7 _____ 주사하다, 주입하다
8 _____ 방해하다, 막다
9 _____ 게걸스럽게 먹다
10 _____ 독점적인, 배타적인

11 _____ hemisphere
12 _____ reckless
13 _____ collaborate
14 _____ ensure
15 _____ asset
16 _____ sentiment
17 _____ entangle
18 _____ itch
19 _____ compromise
20 _____ certainty

B 문장의 빈칸에 알맞은 단어를 〈보기〉에서 찾아 쓰시오. (필요하면 형태를 고치시오.)

보기   interfere with   modest   regain   encyclopedia   massive

1 His drawings and paintings were printed in a book, which brought Audubon a
_____ amount of fame and wealth.
그의 그림들과 그림들은 책에 인쇄되었고, 그것은 Audubon에게 적당한 명성과 부를 가져다 주었다.

2 The winners will receive "The _____ of Animals".
우승자는 동물 백과사전을 받을 것이다.

3 Anything that contributes to stress during mealtime can _____ the
digestion of food.
식사 시간 동안 스트레스를 일으키는 것은 음식의 소화를 방해할 수 있다. 1994 수능

4 Emily _____ her feeling of self-worth and made many new friends.
Emily는 자존감을 되찾았으며 많은 새로운 친구들을 사귀었다. 14 고3 학평 변형

5 E-tail is obviously a _____ trend but in many ways online shopping is still
divorced from the real world.
E-tail(전자소매거래)이 하나의 거대한 트렌드임은 분명하지만, 많은 면에 있어서 온라인 쇼핑은 여전히 현실 세계
와 분리되어 있다. 12 고2 학평

Study More !

02 '먹다'를 표현하는 다양한 단어 알아보기

흔히 '먹다'를 뜻하는 단어로 'eat'을 많이 생각할 텐데요. 영어에는 eat 말고도 '먹다'는 뜻을 갖는 단어는 다양하답니다. 한번 알아볼까요?

- **gobble** ⓥ 게걸스럽게 먹다

  *ex.) Harry, don't **gobble** your food like that! That's bad manners.*

  Harry, 음식을 그렇게 게걸스럽게 먹지 마! 그건 예의에 어긋난단다.

- **swallow** ⓥ 삼키다

  *ex.) Mom, the pill is so big that it's hard to **swallow**.*

  엄마, 그 알약은 너무 커서 삼키기가 힘들어요.

- **chew** ⓥ 씹다

  *ex.) If you don't **chew** your food well you'll get indigestion.*

  음식을 잘 씹지 않는다면, 넌 체 할 거야.

- **devour** ⓥ ~을 게걸스럽게 먹다, 걸신 들린 듯 먹다

  *ex.) The cheetah started to **devour** the zebra.*

  치타는 얼룩말을 게걸스럽게 먹기 시작했다.

- **munch** ⓥ ~을 와삭와삭(우적우적) 씹어 먹다

  *ex.) The sound of her **munching** on the apple was too intrusive for me.*

  그녀의 사과를 와삭와삭 씹어 먹는 소리는 내게 너무 거슬렸다.

- **dine** ⓥ 식사를 하다, 정찬을 먹다

  *ex.) Thank you for congratulating me on the first prize in the art contest. Let's **dine** out. I will foot the bill!*

  내가 미술대회에서 1등한 걸 축하해줘서 고마워. 외식 하러 가자. 내가 한턱 낼게!

Day

32

Word Preview

🎧 음원 듣기

- ☐ intermediate
- ☐ spectacular
- ☐ imprison
- ☐ aspire
- ☐ sway
- ☐ attic
- ☐ skeptical
- ☐ superstition
- ☐ plunge
- ☐ bilingual
- ☐ intellect
- ☐ epic
- ☐ lump
- ☐ symbolize

- ☐ landslide
- ☐ precipitation
- ☐ presume
- ☐ vocational
- ☐ monumental
- ☐ margin
- ☐ unreliable
- ☐ acquisition
- ☐ wrestle
- ☐ lately
- ☐ heartbeat
- ☐ stride
- ☐ annual
- ☐ mature

- ☐ setback
- ☐ partake
- ☐ overturn
- ☐ spit
- ☐ contend
- ☐ equilibrium
- ☐ textile
- ☐ cling
- ☐ morale
- ☐ utterly
- ☐ nasty
- ☐ strip

Day 32

1241 ··· 1280

1241 intermediate
[ìntərmíːdiət]

inter(사이에)
+ medi(중간의) + ate(형.접)
➡ 둘의 중간에 놓인

ⓐ 중간의

예문 Some linguists thought that some "primitive" languages were **intermediate** between animal languages and civilized ones.
일부 언어학자들은 몇몇 "원시" 언어들이 동물 언어와 문명 언어 사이의 중간이라고 생각했다. 11 고3 학평

1242 spectacular
[spektǽkjələr]

spectacle(구경거리)
+ ar(형.접)
➡ 장관의, 구경거리의

ⓐ 장관을 이루는, 멋진, 극적인

예문 Niagara Falls is one of the most **spectacular** sights I have ever seen.
나이아가라 폭포는 내가 본 가장 장엄한 광경 중의 하나이다. 08 고3 학평

➕ impressive ⓐ 강한 인상을 주는

1243 imprison
[imprízən]

im(안으로) + prison(감옥)
➡ 감옥 안에 넣다

ⓥ 투옥하다, 감금하다

예문 In isolation, hope disappears and you can no longer see a life beyond the invisible walls that **imprison** you.
고립상태에서는, 희망이 사라지고 당신은 당신을 가두는 보이지 않는 벽 너머의 삶을 더 이상 볼 수 없다. 2008 수능

➕ imprisonment ⓝ 투옥, 구금

1244 aspire
[əspáiər]

a(~에) + spir(e)(숨을 쉬다)
➡ ~에 (열망을) 불어넣다

ⓥ 열망(염원)하다 (after/to), 동경하다

예문 I think you need to **aspire** to be better or to accomplish more.
나는 네가 더 나은 것을 원하거나 성취하는 것을 열망할 필요가 있다고 생각한다.
13 고3 학평 변형

➕ aspiring ⓐ ~이 되려는, 야심이 있는

1245 sway
[swei]

ⓥ 흔들다, 흔들리다

예문 If you don't know yourself, you could be **swayed** by what others think you should think, and do.
만약 당신이 스스로를 모른다면, 당신은 다른 사람들이 바라는 대로 행동하고 생각하도록 흔들릴 것이다. 16 고3 평가원 변형

1246 attic
[ǽtik]

ⓝ 다락방

예문 If you have to stay in your house, do not go into the **attic** or basement.
만약 당신이 집에 머물러야 한다면, 다락방이나 지하실은 가지 마세요.

1247 skeptical
[sképtikəl]

ⓐ 회의적인, 의심많은

예문 Many doctors are **skeptical** about the helpfulness of online medical information.
많은 의사들이 인터넷 의학 정보의 유용성에 대해 회의적이다. 10 고3 학평 변형

1248 superstition
[s/ùːpərstíʃən]

super(너머)
+ sti(서다) + tion(명.접)
➡ (상식 등을) 초월하여 있는 것

ⓝ 미신

예문 According to ancient **superstitions**, moles reveal a person's character.
고대 미신에 따르면, 점은 그 사람의 성격을 나타낸다. 2005 수능

1249 plunge
[plʌndʒ]

ⓥ 감소하다, 급락하다, 뛰어들다 ⓝ 낙하, 급락, 뛰어듦

예문 We learn that trauma is survivable, so we don't **plunge** too deeply following setbacks.
우리는 트라우마가 계속 남아있을 수 있다고 배우기에, 좌절을 쫓아 너무 깊이 뛰어들지 않는다. 14 고3 평가원 변형

1250 bilingual
[bailíŋgwəl]

bi(두 개의) + lingua(말)
+ al(형.접)
➡ 2개 국어의

ⓐ 두 나라 말을 사용하는, 이중 언어 사용자의

예문 People within some cultures are said to be either **bilingual** or multilingual.
몇몇 문화권의 사람들은 2개 국어 사용자이거나 다중 언어 사용자라고 알려져 있다. 04 고3 학평 변형

1251 intellect
[íntəlèkt]

intel(사이의)
+ lect(선택하다)
➡ 여러 가지 중에서 골라내는 힘
➡ 지력

ⓝ 지성, 지적 능력

예문 Anxiety often undermines the **intellect**.
긴장은 종종 지적 능력을 악화시킨다. 2013 수능 변형

1252 epic
[épik]

'장황한 영웅시'의 라틴어
epicus에서 유래

ⓝ 서사시, 장편 서사 영화 ⓐ 서사시의, 장대한

예문 Music can convey the scope of a film, effectively communicating whether the motion picture is an **epic** drama or a story that exists on a more personal scale.
음악은 영화가 서사적인지 아니면 더 사적인 영역에 있는 이야기인지를 효과적으로 전달하여 영화의 범위를 알려 줄 수 있다. 15 고3 평가원

1253 **lump**
[lʌmp]

ⓝ 덩어리, 혹 ⓥ 한 덩어리로 만들다

예문 Lastly, he would say, "Behold!" and a **lump** of precious gold would be found in the bottom of his pot.
마지막으로, 그가 "보아라!"고 말하자 그의 항아리 바닥에서 귀한 금 한 덩어리가 발견되곤 했다. 07 고3 평가원 변형

1254 **symbolize**
[símbəlàiz]

ⓥ 상징하다, 기호화하다

예문 White has always **symbolized** purity.
흰색은 항상 순수함을 상징해왔다.

symbol (상징)
+ ize (동.접)
➡ 상징화하다

➕ **symbolic** ⓐ 상징적인

1255 **landslide**
[lǽndslàid]

ⓝ 산사태, 압도적인 승리

예문 The hazards include **landslides**, constant fog, and tropical downpours.
위험 요인에는 산사태와 굴러 떨어지는 바위들, 거듭되는 안개, 열대성 폭우가 포함된다. 16 고3 학평 변형

1256 **precipitation**
[prisìpitéiʃən]

ⓝ 강수(량)

예문 In Rome, the highest monthly **precipitation** occurs in October.
로마에서 강수량이 가장 많은 달은 10월이다. 06 고2 학평 변형

1257 **presume**
[prizú:m]

ⓥ 추정하다, 가정하다

예문 Darwin's theories of evolution **presume** that individuals should act to preserve their own interests.
Darwin의 진화론은 개인이 자신들의 이익을 지키기 위해 행동한다고 가정한다. 12 고3 평가원 변형

pre (전에)
+ sum(e) (받다, 받아들이다)
➡ (근거를 갖기 전에)
  ~라고 받아들이다

➕ **presumption** ⓝ 추정, 가정

1258 **vocational**
[voukéiʃənəl]

ⓐ 직업의, 직무상의, 직업교육의

예문 I sometimes doubt whether the job has great **vocational** value or not.
나는 가끔 그 일이 훌륭한 직업적 가치를 가지고 있는지를 의심합니다.

vocation (천직, 직업)
+ al (형.접) ➡ 직업의

1259 monumental
[mànjəméntəl]

ⓐ 기념비적인, 엄청난, 불후의

예문 Building the new canal took a **monumental** effort, from both an engineering and political perspective.
새 운하를 건설하는 것은 공학과 정치적 관점에서 모두 기념비적인 노력이 들었다.

+ memorable ⓐ 기억할만한, 인상적인

1260 margin
[má:rdʒin]

ⓝ 여백, 수익, 차이, 주변부

예문 In 1999, the operating **margin** of the company reached its highest point.
1999년에 그 회사의 영업 수익은 최고점에 도달했다.

+ marginal ⓐ 중요하지 않은, 주변부의, 근소한

1261 unreliable
[ʌ̀nriláiəbl]

un(반대의)
+ reliable(믿을 수 있는)
➡ 믿을 수 없는

ⓐ 믿을 수 없는, 신뢰할 수 없는

예문 We need to be careful because the information came from an **unreliable** source.
우리는 그 정보가 신뢰할 수 없는 출처에서 왔기 때문에 조심해야 한다.

+ untrustworthy ⓐ 신뢰할 수 없는

1262 acquisition
[æ̀kwizíʃən]

ⓝ 습득, 획득, 인수, 매입

예문 The language which people speak is not an individual inheritance, but a social **acquisition** from the group in which they grow up.
사람들이 말하는 언어는 개인적인 유산이 아니라 그들이 성장한 무리로부터의 사회적 습득이다. 10 고2 학평 변형

+ acquire ⓥ 습득하다, 획득하다

1263 wrestle
[résl]

ⓥ 몸싸움을 벌이다, 맞붙어 싸우다, (어떤 문제와) 씨름하다

예문 The chimpanzees would hug each other and **wrestle** for fun.
침팬지들은 서로 끌어안고 재미로 몸싸움을 벌이곤 했다.

1264 lately
[léitli]

ⓐ 요즘, 최근에

예문 **Lately** many people have been putting in a lot of overtime before long holidays.
최근 많은 사람들이 긴 연휴 전에 연장 근무를 많이 한다.

1265 heartbeat
[háːrtbìːt]

heart(심장) + beat(박자)
➡ 심장박동

ⓝ 심장 박동

예문 Fear, a rapid **heartbeat**, and sweating are signals that the body is ready to fight.
두려움, 빠른 심장 박동, 땀이 나는 것은 우리가 싸울 준비가 되었다는 몸의 신호이다. 16 고3 평가원 변형

1266 stride
[straid]

'(양쪽으로) 다리를 벌리고 올라앉다'의 고대 영어 **stridan**에서 유래

ⓥ 성큼성큼 걷다 **ⓝ** 성큼성큼 걸음, 진전

예문 Most people are more productive in the morning, but there are those who differ and hit their **stride** later in the day.
대부분의 사람들은 아침에 더 생산적이지만 그들과 다르게 하루의 끝에 진전이 있는 사람도 있다. 12 고3 평가원 변형

1267 annual
[ǽnjuəl]

annu(해) + al(형.접)
➡ 일 년의

ⓐ 연간의

예문 I expect that global society will increase **annual** investments from 24% today to 36% of the GDP in 2052.
나는 국제사회가 연간 투자를 오늘날 GDP의 24%에서 2052년에 36%로 늘릴 것으로 예상한다. 2017 수능

1268 mature
[mətʃúər]

'성숙시키다'의 라틴어 **maturare**에서 유래

ⓐ 성숙한, 숙성된 **ⓥ** 어른이 되다, 성숙해지다

예문 Researchers in France have come up with an ultrasonic sensor that will listen to cheese as it **matures**.
프랑스의 연구가들은 숙성될 때 치즈의 소리를 들을 수 있는 초음파 센서를 생각해냈다. 10 고3 평가원 변형

1269 setback
[sétbæk]

ⓝ 방해, 차질, 역행

예문 In spite of life's unfairness and cruelties, you can move beyond **setbacks** and succeed.
인생의 부당함과 잔혹함에도 불구하고, 당신은 좌절을 극복하고 성공 할 수 있다. 06 고3 학평 변형

1270 partake
[pɑːrtéik]

ⓥ 참가하다, 먹다

예문 More than 1000 people registered to **partake** in the marathon race.
1000명이 넘는 사람들이 마라톤에 참여하기 위해 등록했다.

1271 overturn
[óuvərtə̀ːrn]

ⓥ 뒤엎다, 전복시키다, 번복하다　ⓝ 전복, 붕괴, 와해

예문 Some EU member countries like Italy want to **overturn** the GMO ban.
EU에 속한 이탈리아와 같은 몇몇 나라들은 GMO 금지 법안을 번복하고 싶어한다.

1272 spit
[spit]

ⓥ 뱉다　ⓝ 침, 침 뱉기

예문 The air pollutants that **spit** out from the car exhaust pipes have been proven to cause cancer.
자동차 배기관에서 배출되는 공기 오염 물질은 암을 유발하는 것으로 밝혀졌다.
10 고3 평가원

1273 contend
[kənténd]

con(함께) + tend(뻗다)
➡ 함께 뻗다. 서로 상대를 향해 뻗다

ⓥ 싸우다, 주장하다, 논쟁하다

예문 Critics **contend** that hybrid cars might only be popular if they are small cars.
비평가들은 하이브리드 자동차가 소형차일 경우에만 인기가 있을 거라고 주장한다.

➕ argue ⓥ 논하다, 논쟁하다

Tip! 〈형태가 유사한 단어〉
· tend to do something ~하는 경향이 있다
· contend ⓥ 싸우다, 주장하다, 논쟁하다
· attend ⓥ 참석하다　· extend ⓥ 확장하다
· intend ⓥ 의도하다　· pretend ⓥ ~인척 하다

1274 equilibrium
[ìːkwəlíbriəm]

'정신적 평형 상태'의 라틴어
aequilibrium에서 유래

ⓝ 균형, 평정

예문 Homeostasis is the word we use to describe the ability of an organism to maintain internal **equilibrium**.
항상성은 내적인 평형상태를 유지하는 생명체의 능력을 묘사하기 위해서 우리가 사용하는 단어이다. 2012 수능 변형

Tip! 〈equi-는 '동일한(equal)'〉
· equinox : equi (equal) + nox (night) 춘분. 추분
· equivalent : equi (equal) + val (value) + ent (형.접) 동등한
· equality : equal (equal) + ity (명.접) 평등. 균등

1275 textile
[tékstail]

text(짜다. 엮다) + ile(명.접)
➡ (천이) 짜여진 것

ⓝ 직물, 옷감

예문 **Textiles** and clothing have functions that go beyond just protecting the body.
직물과 의복은 단순히 몸을 보호하는 그 이상의 기능을 갖고 있다.
15 고3 평가원 변형

1276 cling
[kliŋ]

'꽉 쥐다'의 고대 영어
clingan에서 유래

ⓥ 꼭 붙잡다, 매달리다, 애착을 갖다

[예문] The design for the new building is progressive and sends a message that we are advancing forward, not **clinging** to the past.
새 건물의 디자인은 진취적이며 우리가 과거에 얽매이지 않고 발전하고 있다는 메시지를 보낸다. 07 고2 학평

1277 morale
[məræl]

'도덕적 원리'의 프랑스어
morale에서 유래

ⓝ 사기, 의욕

[예문] He demonstrated his leadership by keeping a calm, positive attitude that helped **morale**.
그는 침착하고 사기를 북돋우는 긍정적인 태도로 지도력을 발휘했다. 10 고3 학평

> Tip! 〈moral vs. morale〉
> • moral ⓐ 도덕과 관련된 (a moral act 도덕적 행위)
> • morale ⓝ 사기, 의욕 (lift morale 사기를 높이다)

1278 utterly
[ʌ́tərli]

ⓐⓓ 완전히, 전적으로, 참으로

[예문] He looked **utterly** exhausted from the long wait.
그는 오랜 기다림으로 완전히 기진맥진 해 보였다. 07 고3 학평 변형

＋ **absolutely** ⓐⓓ 전적으로, 틀림없이

1279 nasty
[næsti]

ⓐ 더러운, 형편없는, (성격 등이) 못된, 고약한

[예문] Mom bought a chicken and she discovered after getting home that it was all dry and **nasty**.
엄마는 닭 한 마리를 사오셨고 집에 온 뒤에야 그것이 완전히 말라있고 맛이 형편없다는 것을 알았다. 14 고3 학평 변형

＋ **mean** ⓐ 비열한, 심술궂은

1280 strip
[strip]

ⓥ (옷, 껍질 등을) 벗기다, 없애다, 박탈하다 ⓝ (가느다란) 조각, 번화가

[예문] By the end of the Roman Imperium, however, Italy had been **stripped** of forest cover.
그러나 로마제국 말기에는 이탈리아를 덮고 있던 숲들이 없어졌다. 2012 수능

Review Test !

A 우리말에 맞게 빈 칸에 알맞은 단어를 쓰시오.

1 _____ 중간의
2 _____ 열망(염원)하다, 동경하다
3 _____ 감소하다, 급락하다, 뛰어들다
4 _____ 강수(량)
5 _____ 기념비적인, 엄청난, 불후의
6 _____ 믿을 수 없는, 신뢰할 수 없는
7 _____ 심장 박동
8 _____ 방해, 차질, 역행
9 _____ 뒤엎다, 전복시키다, 번복하다
10 _____ 싸우다, 주장하다, 논쟁하다

11 _____ imprison
12 _____ attic
13 _____ epic
14 _____ vocational
15 _____ acquisition
16 _____ annual
17 _____ partake
18 _____ cling
19 _____ morale
20 _____ textile

B 문장의 빈칸에 알맞은 단어를 〈보기〉에서 찾아 쓰시오. (필요하면 형태를 고치시오.)

보기   utterly   spectacular   margin   lately   mature

1 There's something about a _____ landscape that makes my fingers itch to capture its essence on canvas.
손가락을 근질거리게 만들어서 화폭에 핵심적인 것을 담을 만큼 멋진 풍경에는 무엇인가가 있다. 07 고3 학평

2 _____ some pop music has been criticized for having bad effects on teens' minds.
최근에 일부 대중음악은 십대들의 정신세계에 나쁜 영향을 준다는 이유로 비판받아 왔다. 08 고2 평가원

3 In Belding's ground squirrels, males leave home and females _____ in their natal area.
Belding 얼룩 다람쥐 사이에서, 수컷은 집을 떠나고 암컷은 태어난 곳에서 자란다. 2013 수능

4 The real danger starts when _____ unnecessary things become bargains.
진짜 위험은 아주 불필요한 물건이 할인 판매될 때 시작된다. 03 고3 학평

5 Since 1999, the operating _____ decreased until 2001 and then continually increased.
1999년 이래, 영업 이윤은 2001년까지 감소했으며 그 다음에 계속 증가했다. 09 고3 평가원 변형

Study More !

01 혼동하기 쉬운 단어 vocation/vacation

- **vocation** ⓝ 천직, 소명

  I was really happy because Andy found his true **vocation**.
  나는 Andy가 그에게 정말 잘 맞는 직업을 찾아서 행복했다.

- **vacation** ⓝ 휴가

  Minsu and Youngjin are on **vacation** in LA. 민수와 영진은 LA에서 휴가를 보내고 있다.
  She's like a workaholic. She should take a **vacation**.
  그녀는 일 중독자 같아. 휴가를 떠날 필요가 있어.

02 혼동하기 쉬운 단어 adversary/adverse

- **adversary** ⓝ 상대방, 적

  a worthy **adversary** 상대할 만한 적수
  come up against an **adversary** 상대에 맞서다

- **adverse** ⓐ 부정적인, 불리한, 반대의

  The government announced that the new drug has **adverse** side effects.
  정부는 그 신약이 좋지 않은 부작용이 있다고 발표했다.

Day 33

Word Preview

🎧 음원 듣기

- [ ] real estate
- [ ] fade
- [ ] doom
- [ ] committee
- [ ] prevail
- [ ] tender
- [ ] sharpen
- [ ] starvation
- [ ] irrational
- [ ] ensue
- [ ] unite
- [ ] horrific
- [ ] metabolism
- [ ] strap

- [ ] adverse
- [ ] chatter
- [ ] soaked
- [ ] undertake
- [ ] inflammation
- [ ] rodent
- [ ] summit
- [ ] soar
- [ ] reinforce
- [ ] devour
- [ ] drastic
- [ ] pebble
- [ ] adorable
- [ ] interior

- [ ] backfire
- [ ] injustice
- [ ] audition
- [ ] dilemma
- [ ] discrepancy
- [ ] friction
- [ ] barely
- [ ] impel
- [ ] imperfect
- [ ] pasture
- [ ] craft
- [ ] dawn

Day 33

1281 real estate
☐☐
[ríːəl istéit]

ⓝ 부동산, 토지, 팔 집

예문 Because **real estate** prices rose, many of our neighbors sold their homes and lots.
부동산 가격이 오르면서, 많은 이웃들이 자신들의 집과 땅을 팔아버렸다.
2014 수능 변형

1282 fade
☐☐
[feid]

'창백해지다, 빛을 잃다'의
고대 프랑스어 **fader**에서 유래

ⓥ 바래다, 천천히 사라지다

예문 She looked out the window and saw the rain slowly beginning to **fade**.
그녀는 창밖을 보았고 비가 천천히 그치는 것을 보았다. 15 고1 학평 변형

1283 doom
☐☐
[duːm]

ⓥ ~을 운명짓다, (수동으로) ~할 운명이다 ⓝ 죽음, 파멸

예문 Indeed, print-oriented novelists seem **doomed** to disappear, as electronic media and computer games are becoming more influential.
전자 매체와 컴퓨터 게임들이 점점 영향력을 갖게 됨에 따라 사실상, 인쇄 지향적인 소설가들은 사라져야 하는 운명에 처해 있는 것처럼 보인다. 2005 수능

1284 committee
☐☐
[kəmíti]

commit (약속하다)
+ ee (명.접)
➡ (헌신, 희생을) 약속한 사람들
➡ 위원회

ⓝ 위원회

예문 Jack's team handed in an outstanding proposal to the **committee**, and it was chosen as the best.
Jack의 팀은 위원회에 우수한 기획안을 제출했고, 그것은 최고로 선정되었다.

1285 prevail
☐☐
[privéil]

pre (미리, 전에) + vail (강한)
➡ (강함에서) ~보다 앞서다

ⓥ 만연하다, 승리하다

예문 We all love a story where good **prevails** over evil.
우리 모두는 선이 악을 이기는 이야기를 좋아한다. 10 고3 평가원 변형

✚ prevailing ⓐ 우세한, 널리 퍼진

1286 tender
☐☐
[téndər]

ⓐ 상냥한, 부드러운, 약한

예문 What the boy needs is to find a **tender** and warm family.
그 소년에게 필요한 것은 상냥하고 따뜻한 가족을 찾는 것이다.

1287 **sharpen**
[ʃáːrpən]

sharp (날카로운)
+ en (만들다)
➡ 날카롭게 만들다

ⓥ 날카롭게 하다, 깎다, 선명하게 하다

예문 While a little anxiety **sharpens** the senses, too much can make a person extremely nervous and make clear thinking difficult.
약간의 긴장이 감각을 날카롭게 하는 반면, 지나친 긴장은 사람을 극도로 당황하게 하고 명확한 생각을 어렵게 만든다. 06 고3 평가원 변형

1288 **starvation**
[staːrvéiʃən]

starve (굶주리다)
+ tion (명.접)
➡ 굶주림

ⓝ 기아, 굶주림, 궁핍, 결핍

예문 Disease, enemies and **starvation** were always menacing primitive man.
질병, 적, 그리고 빈곤은 항상 원시 인류에게 위협적이었다. 06 고3 평가원 변형

✚ **starve** ⓥ 굶주리다, 굶어죽다

1289 **irrational**
[iræʃənəl]

ir (반대의)
+ rational (이성적인, 합리적인)
➡ 합리적이지 못한

ⓐ 비이성적인, 분별이 없는

예문 Most psychologists think that young children are **irrational** and impatient.
대부분의 심리학자들은 어린이들이 비이성적이고 조급하다고 생각한다.
10 고1 학평 변형

1290 **ensue**
[insjúː]

ⓥ 계속되다, 잇달아 일어나다, (~의 결과로서) 생기다

예문 When sincere apologies are offered in an ordinary human relationship, they are readily accepted by the victims and reconciliations **ensue**.
진심 어린 사과가 평범한 인간관계에서 제안될 때, 그것들은 쉽사리 피해자 (상처 입은 사람)에게 받아들여지고 화해가 이어진다. 2013 수능

1291 **unite**
[júːnait]

ⓥ 통합하다, 단결하다

예문 Our ancestors needed to be **united** to protect their food from enemies.
우리 선조는 적들로부터 그들의 음식을 지키기 위해 단결해야 했다.
11 고2 학평 변형

1292 **horrific**
[hɔ(ː)rífik]

ⓐ 끔찍한, 무시무시한, 지독한

예문 People were surprised that the **horrific** accident could happen during the day.
사람들은 그 끔찍한 사고가 낮 동안 일어날 수 있었던 것에 놀랐다.

✚ **horrifying** ⓐ 무서운, 소름끼치는

1293 metabolism
[mətǽbəlìzəm]

'변화'의 그리스어
metabole에서 유래

ⓝ 신진대사, 물질대사

예문 For many plants, **metabolism** and respiration are all stimulated by animal and insect feeding.
많은 식물에게 있어 신진대사와 호흡은 모두 동물과 곤충의 섭취 활동에 의해 자극된다. 14 고3 학평

✚ metabolic ⓐ 신진대사의

1294 strap
[stræp]

ⓝ (가죽, 천 등으로 된) 끈, 줄 ⓥ (끈, 줄, 띠 등으로) 묶다

예문 When we put on clothes, we use zippers and **straps** for a snug fit.
우리가 옷을 입을 때, 꼭 맞는 착용성을 위해 지퍼와 끈을 사용한다.

1295 adverse
[ædvə́:rs]

ⓐ 부정적인, 불리한

예문 Freshwater areas such as ponds, lakes, and rivers are the first to exhibit the **adverse** effects of acid rain.
연못, 호수, 강과 같은 담수 지역은 산성 비의 부작용을 가장 먼저 보여주는 지역이다.

✚ adversely ⓐⓓ 불리하게, 반대로

1296 chatter
[tʃǽtər]

ⓥ 수다를 떨다, (요란하게) 지저귀다 ⓝ 수다, (동물 등의) 재잘거림

예문 Squirrels were **chattering** and birds were singing.
다람쥐는 떠들고 있었고 새들은 노래를 부르고 있었다. 05 고3 학평 변형

1297 soaked
[soukt]

soak(푹 잠기다, 담그다)
+ ed(형.접)
➡ 흠뻑 젖은

ⓐ 흠뻑 젖은

예문 His shirt was **soaked** in sweat because of the game.
그의 셔츠는 경기로 인해 땀에 젖었다.

✚ soak ⓥ 담그다, 적시다

1298 undertake
[ʌ̀ndərtéik]

under(아래에)+take(받다)
➡ 아래에서(자신의 등 위로 짐을) 받다

ⓥ 떠맡다, 착수하다, 약속하다

예문 Nobody would dare to **undertake** such a difficult task.
누구도 그런 어려운 과제를 떠맡으려고 하지 않을 것이다.

1299 inflammation
[ìnfləméiʃən]

inflame(몸에 염증을 일으키다)
+tion(명.접)
➡ 염증

ⓝ (신체 부위의) 염증

예문 **Inflammation** and bleedings of gums can lead to your arteries becoming blocked.
잇몸의 염증과 출혈은 당신의 동맥이 막히는 것을 유발할 수 있다. 10 고2 학평

1300 rodent
[róudənt]

ⓝ (쥐, 토끼 등의) 설치류 **ⓐ** 설치류의

예문 Snow leopards primarily prey on mountain sheep, goats, **rodents**, birds and deer.
눈 표범은 주로 산양, 염소, 설치류, 조류 그리고 사슴을 잡아먹는다. 10 고3 학평

1301 summit
[sʌmit]

summus(가장 높은)+it(명.접)
➡ 가장 높은 것

ⓝ 산 꼭대기, 정상회담

예문 It was once considered an amazing achievement to reach the **summit** of Mount Everest.
에베레스트 산 정상에 오르는 것은 한때 놀라운 업적으로 여겨졌다.
14 고2 학평 변형

1302 soar
[sɔːr]

ⓥ (가치, 물가 등이) 치솟다, 날아오르다

예문 **Soaring** eagles have the incredible ability to see a dog in the grass from a mile away.
날아오르는 독수리들은 1마일 떨어진 거리에서도 잔디밭에 있는 개를 볼 수 있는 믿기 힘든 능력을 지녔다. 08 고3 평가원 변형

1303 reinforce
[rìːinfɔ́ːrs]

re(다시)+for(ce)(강한)
➡ 다시 강하게 하다

ⓥ 강화하다, 보강하다

예문 What disturbs me is the idea that good behavior must be **reinforced** with incentives.
나를 불편하게 만드는 것은 선행이 보상으로 강화되어야 한다는 생각이다.
2011 수능

➕ **strengthen** ⓥ 강하게 하다, 튼튼하게 하다

1304 devour
[diváuər]

de(아래)+vorare(삼키다)
➡ 집어 삼키다

ⓥ 게걸스레 먹다, 집어 삼키다

예문 An overweight boy may eat moderately while around his friends but then **devour** huge portions when alone.
과체중인 소년은 친구들과 함께 할 때는 적절하게 먹지만 혼자 있을 때는 엄청난 양을 먹을 수도 있을 것이다. 11 고3 평가원 변형

➕ **gobble** ⓥ 게걸스레 먹다

1305 **drastic**
[drǽstik]

ⓐ 과감한, 극단적인

예문 Every day, I was going through **drastic** changes.
매일, 나는 엄청난 변화를 경험하는 중이었다.

✚ radical ⓐ 급진적인 extreme ⓐ 극도의, 극심한

1306 **pebble**
[pébl]

ⓝ 조약돌, 자갈

예문 Our teacher told us to remove all the small **pebbles** on the playground as punishment.
우리 선생님은 벌로 운동장에 있는 모든 작은 돌들을 치우라고 말씀하셨다.

1307 **adorable**
[ədɔ́ːrəbl]

adore (아주 좋아하다)
+ able (형.접)
➡ 아주 사랑스러운

ⓐ 사랑스러운, 귀여운

예문 Look at the baby's smile. She's so cute and **adorable**!
저 아기의 웃음 좀 봐. 너무 귀엽고 사랑스러워!

1308 **interior**
[intí(ː)əriər]

inter (내부) + ior (비교급)

ⓝ 내부, 내륙, 실내 ⓐ 내부의

예문 Just like a human body, the **interior** of the cell contains food, waste material or even extra water.
인간의 몸과 같이, 세포의 내부도 음식, 노폐물 또는 여분의 물을 함유하고 있다.

1309 **backfire**
[bǽkfàiər]

back (뒤에) + fire (불이 붙다)
➡ 뒤에서 불이 붙다
➡ 역효과를 내다

ⓥ 역효과를 낳다 ⓝ 역효과를 낳는 행위

예문 Although it is important to do what you really want, this behavior sometimes **backfires**.
당신이 원하는 일을 하는 것이 중요함에도 불구하고, 이런 행동은 때때로 역효과를 낸다. 12 고3 평가원 변형

1310 **injustice**
[indʒʌ́stis]

in (반대의)
+ justice (정의, 공평)
➡ 부당한, 불공평한

ⓝ 불평등, 부정, 부당성

예문 History is littered with examples of great sadness and horrific human **injustice** that must never be forgotten.
역사에는 절대 잊혀져서는 안될 엄청난 슬픔과 끔찍한 인간 불평등의 예들이 산재해있다.

✚ unfairness ⓝ 불공평, 편파성

1311 **audition**
[ɔːdíʃən]

aud (듣다) + tion (명.접)

➡ 듣기

ⓝ (가수, 배우 등의) 오디션 ⓥ 오디션을 보다

예문 Kate didn't get the lead role in the play though she had a great **audition**.

Kate는 훌륭한 오디션을 치렀음에도 불구하고 그 연극에서 주역을 얻지 못했다.

10 고1 학평 변형

1312 **dilemma**
[dilémə]

di (두 번) + lemma (제안, 명제)

➡ 진퇴양난, 즉 나가기도 물러서기도 어려운 상태

ⓝ 딜레마, 어려운 문제

예문 One of the best ways to resolve a **dilemma** is simply to start writing.

딜레마를 극복하는 가장 좋은 방법 중 하나는 그냥 글쓰기를 시작하는 것이다.

2010 수능 변형

✚ **predicament** ⓝ 곤경, 궁지

1313 **discrepancy**
[diskrépənsi]

ⓝ 차이, 어긋남, 불일치

예문 When there is a **discrepancy** between the verbal message and the nonverbal message, the latter weighs more in forming a judgment.

언어적 메시지와 비언어적 메시지 간에 차이가 있을 때, 후자가 판단 형성에 더 큰 영향을 준다. 15 고3 평가원 변형

✚ **difference** ⓝ 차이, 다름

1314 **friction**
[fríkʃən]

ⓝ 마찰, 알력, 불화

예문 Tidal **friction** causes the planet to spin more slowly, so that our day is getting longer by 20 seconds every million years.

조석 마찰은 행성이 더 서서히 회전하는 원인이 되며, 그래서 우리의 하루는 백만년에 20초씩 길어지는 것이다. 05 고2 평가원

✚ **conflict** ⓝ 갈등, 전투, 전쟁

1315 **barely**
[béərli]

ⓐⓓ 간신히, 빠듯하게, 거의 ~아니게

예문 Her fists flew so fast that Maggie could **barely** block the punches.

그녀의 주먹이 너무 빠르게 날아와 Maggie는 펀치를 거의 막을 수 없었다.

09 고2 학평

1316 impel
[impél]

im(안) + pellere(밀다. 몰다)
➡ 안으로 밀어넣다. 몰아넣다

ⓥ ~을 강요하다, 추진하다

예문 If your friends keep saying to you things like, "Is there something wrong?", you may feel **impelled** to go to the doctor.
만약 당신의 친구들이 당신에게 "뭔가 잘못됐니?"라고 계속 묻는다면, 당신은 아마 의사에게 가 보라고 강요받는 듯한 기분이 들 것이다. 13 고3 학평 변형

➕ compel ⓥ 강요하다, 강제하다

1317 imperfect
[impə́ːrfikt]

im(반대의)
+ perfect(완벽한)
➡ 완벽하지 못한

ⓐ 불완전한, 불충분한

예문 While experience is an essential means of improvement, it is nonetheless an **imperfect** instrument.
경험은 향상하기 위한 학습의 필수적인 방법이지만 이는 그럼에도 불구하고 완벽하지 않은 도구다. 08 고3 평가원 변형

1318 pasture
[pǽstʃər]

'양이 먹는 풀'의 고대 프랑스어 pasture에서 유래

ⓝ 목초지

예문 In some sense, tea played a life changing role for herdsmen and hunters after it spread to China's grasslands and **pasture** lands.
어떤 점에서, 차는 중국의 초원이나 목초지에 전파된 후 유목민들과 사냥꾼들의 삶을 바꿀 정도의 중요한 역할을 했다. 16 고2 학평

1319 craft
[kræft]

ⓝ 수공예, 기술

예문 In the second room, you can create or modify folk **craft** articles with some materials.
두 번째 방에서는, 약간의 재료들을 이용하여 민속 공예품을 만들거나 수정할 수 있다.

1320 dawn
[dɔːn]

'동이 트다'의 dauen에서 유래

ⓝ 새벽, 시작

예문 By the full moon hanging low in the west he knew that it was near the hour of **dawn**.
서쪽에 낮게 걸려 있는 보름달로 그는 동틀 시간이 되었다는 것을 알았다. 2006 수능

Review Test!

A 우리말에 맞게 빈 칸에 알맞은 단어를 쓰시오.

1 _____ 바래다, 천천히 사라지다
2 _____ 날카롭게 하다, 깎다, 선명하게 하다
3 _____ 신진대사, 물질대사
4 _____ (쥐, 토끼 등의) 설치류 ; 설치류의
5 _____ 과감한, 극단적인
6 _____ 사랑스러운, 귀여운
7 _____ 딜레마, 어려운 문제
8 _____ ~을 강요하다, 추진하다
9 _____ 목초지
10 _____ 새벽, 시작

11 _____ doom
12 _____ prevail
13 _____ ensue
14 _____ adverse
15 _____ soaked
16 _____ summit
17 _____ interior
18 _____ discrepancy
19 _____ imperfect
20 _____ craft

B 문장의 빈칸에 알맞은 단어를 〈보기〉에서 찾아 쓰시오. (필요하면 형태를 고치시오.)

보기　　　injustice　tender　horrific　barely　real estate

1 You would be foolish to invest in _____ if you needed constant access to your money.
만약 당신이 당신의 돈에 지속적으로 접근할 필요가 있었다면 당신이 부동산에 투자하는 것은 어리석을 것이다.
12 고1 학평

2 The children will often need a cuddle and a bit of _____ loving care.
아이들은 종종 포옹과 약간의 애정 어린 보살핌을 필요로 할 것이다. 14 고1 학평

3 After witnessing racism, prejudice, and _____ first-hand, Gandhi dedicated his life to social activism.
인종 차별 주의, 편견, 그리고 부당함을 직접 목격한 후, 간디는 그의 삶을 사회 운동에 헌신했다.

4 I can _____ remember life without television.
나는 텔레비전 없는 생활을 거의 기억할 수 없다. 1996 수능

5 The force of the _____ crash damaged every major organ in his body.
끔찍한 충돌의 영향은 그의 신체의 모든 주요 장기를 손상시켰다. 14 고3 학평 변형

01 혼동하기 쉬운 단어 horrific/terrific

horrific, terrific, horrible, terrible 이 네 단어는 겉으로 보면 어떤 관계가 있는 것 같아 보이지 않나요?

단어의 철자만 보면 horrible은 terrible과 비슷하게 horrific은 terrific과 비슷하게 보이기도 합니다. 반면 두 명사 horror와 terror의 형태를 보면 horrible과 horrific이 짝을 이루고 terrific과 terrible이 짝을 이룰 것 같습니다. 이들은 어떤 관계가 있을까요? 우선 관련 단어들의 뜻을 알아봅니다.

- **horrific** ⓐ 끔찍한, 무시무시한
- **terrific** ⓐ 아주 좋은, 훌륭한
- **horrible** ⓐ 지긋지긋한, 끔찍한
- **terrible** ⓐ 끔찍한, 소름끼치는
- **horror** ⓝ 공포, 경악
- **terror** ⓝ 두려움, 공포, 테러(행위)

위에서 보면 특이한 점은 horror → horrific의 관계는 명사 horror의 의미와 연관이 있지만 terror → terrific의 관계는 반대의 의미를 지니고 있어 특이하게 보입니다.

그럼 terrific은 왜 긍정적인 뜻을 가지게 되었을까요? 사실 terrific도 원래는 terrible과 비슷한 뜻을 가지고 있었지만 서서히 긍정적인 뜻으로 바뀌게 되었다고 합니다.

결국 horrific, horrible, terrific, terrible은 비슷한 의미가 있었지만 terrific은 특이하게 긍정적인 의미를 가지게 된 것으로 볼 수 있습니다. 사실 이런 변화는 영어 뿐만 아니라 대부분의 언어에서도 나타난다고 합니다. 한국어에서도 '어리다'는 원래 '어리석다'란 의미를 가지고 있었습니다. 그러나 시간이 흐르면서 현재는 '어리다'가 '어리석다'라는 의미로 더 이상 쓰이지는 않고 '나이가 어린'이라는 의미로만 쓰입니다.

Day

34

Word **Preview**

🎧 음원 듣기

- ☐ occupy
- ☐ coarse
- ☐ escalate
- ☐ apparatus
- ☐ hostile
- ☐ activate
- ☐ bland
- ☐ suspicious
- ☐ multitude
- ☐ deem
- ☐ ascend
- ☐ fleet
- ☐ nectar
- ☐ extracurricular

- ☐ be concerned about
- ☐ immature
- ☐ rifle
- ☐ irresponsible
- ☐ exceed
- ☐ homesick
- ☐ reef
- ☐ blindfold
- ☐ eclipse
- ☐ eject
- ☐ eliminate
- ☐ sluggish
- ☐ informant
- ☐ tariff

- ☐ reasoning
- ☐ slovenly
- ☐ appall
- ☐ pronounce
- ☐ gossip
- ☐ stain
- ☐ checkup
- ☐ microscope
- ☐ prolong
- ☐ extract
- ☐ facade
- ☐ on behalf of

Day 34

1321 ⋯▸ 1360

1321 occupy
[ákjəpài]

oc(강조) + cupy(붙잡다, 잡다)
➡ (시간, 공간 등을) 꽉 잡다
➡ 차지하다

ⓥ 차지하다, (토지, 건물 등을)사용하다, 점령하다

예문 Our primary sense is vision, **occupying** up to one third of our brain.
우리의 주된 감각은 뇌의 3분의 1을 차지하고 있는 시각이다. 14 고2 학평 변형

➕ occupation ⓝ 점령, 직업

1322 coarse
[kɔːrs]

ⓐ (피부, 천 등이) 거친, (알갱이 등이) 굵은

예문 The **coarse** white sand stuck to the back of my legs and thighs but provided a cool feeling.
거친 흰 모래가 내 다리 뒤와 허벅지에 묻었지만 시원한 느낌을 주었다.
14 고3 학평 변형

1323 escalate
[éskəlèit]

ⓥ 확대하다, 악화시키다

예문 Both countries have **escalated** the war.
두 나라는 전쟁을 확대시켰다.

1324 apparatus
[æpərǽtəs]

'도구, 기구, 장비'의 라틴어
apparatus에서 유래

ⓝ 기구, 장치, (신체의) 기관

예문 Julie began designing exercise **apparatus** for immobilized hospital patients.
Julie는 거동을 못하는 병원 환자들을 위한 운동 기구를 고안하기 시작했다.
13 고3 학평 변형

➕ equipment ⓝ 장비, 장치, 용품

1325 hostile
[hástəl]

ⓐ 적대적인, 불리한

예문 The Himalayas are the highest mountains on earth and contain some of the most **hostile** terrain.
히말라야 산맥은 지구에서 가장 높은 산이고 그들 중 일부는 매우 오르기 어려운 지형이다.

1326 activate
[ǽktəvèit]

ⓥ 작동시키다, 활성화시키다

예문 When we listen to words conveying negative thoughts, our brains immediately **activate** to feel that pain.
우리가 부정적인 생각을 전달하는 말을 들었을 때, 우리의 뇌는 즉시 그 고통을 느끼는 것을 활성화시킨다. 14 고1 학평 변형

1327 bland
[blænd]

'연약한, 여린'의 이탈리아어
blando에서 유래

ⓐ 단조로운, 온화한, (맛 등이) 자극적이지 않은

예문 Bright colored foods seem to taste better than **bland** -looking foods, even when the flavor compounds are identical.
맛을 내는 혼합물이 동일함에도 밝은 색의 음식이 단조롭게 보이는 음식 보다 더 맛있게 보인다. 11 고3 학평 변형

1328 suspicious
[səspíʃəs]

ⓐ 의심스러운

예문 If you see people acting in a **suspicious** manner near cars, please call 616 - 300 - 3200.
자동차 주변에서 수상한 행동을 하는 사람을 보면 616-300-3200으로 전화해주십시오. 09 고1 평가원 변형

＋ suspicion ⓝ 혐의, 의혹

1329 multitude
[mʌ́ltitjùːd]

multi(많은)+tude(명.접)
➡ 다수

ⓝ 다수, 군중

예문 Nutritional scientists failed to see a **multitude** of links in the complex chain that leads to good health.
영양학자들은 양호한 건강으로 이끄는 복잡한 사슬 내에 있는 다수의 연결 고리를 알아차리지 못했다. 14 고3 평가원 변형

＋ myriad ⓐ 무수한, 막대한 ⓝ 무수히 많음

1330 deem
[diːm]

ⓥ ~로 생각하다, ~로 여기다

예문 Investigators feel happy when they pursue what they **deem** is a worthy outcome.
수사관들은 그들이 생각하는 것을 추구하는 것이 가치 있는 결과일 때 행복하다. 16 고3 평가원 변형

1331 ascend
[əsénd]

a(~에)+scend(오르다)
➡ 오르다

ⓥ 오르다, 상승하다

예문 King Tut **ascended** to the throne of Egypt as a child and after spending only 10 years as king he was murdered by a general trying to take control of the country.
투탕카멘 왕은 어렸을 때 이집트의 왕좌에 올랐고 왕이 된 지 10년 만에 그는 그 나라를 지배하려는 장군에 의해 살해되었다.

↔ descend ⓥ 내려가다, 내려오다

1332 fleet
[fliːt]

'배, 함대'의 고대 영어
fleot에서 유래

ⓝ 함대, 선단

예문 Standing high on his flagship, he engaged his entire **fleet** in a battle with several hundred enemy ships.
그는 기함에 우뚝 서서 전 함대를 수백 척의 적선들과의 전투에 출동시켰다. 03 고3 학평

1333 nectar
☐☐
[néktər]

고대 그리스 신화 속
'신들의 음료'에서 유래

ⓝ 꿀, 과즙

예문 The teacher explained that mustard plants give tiny yellow flowers full of **nectar** and pollen to bees.
선생님은 겨자 나무가 꿀과 꽃가루가 가득한 작은 노란 꽃들을 벌들에게 제공한다고 설명했다. 15 고3 평가원 변형

1334 extracurricular
☐☐
[èkstrəkəríkjələr]

extra (밖)
+ curricular (교과 과정의)
➡ 교과 과정 밖의

ⓐ 과외의, 정식 학과 이외의

예문 High school students sometimes participate in **extracurricular** activities because they are useful for college applications.
고등학생들은 때때로 과외 활동이 그들의 대학 지원에 도움이 되기 때문에 참여하곤 한다. 11 고2 학평 변형

➕ curriculum ⓝ 교육 과정

1335 be concerned about
☐☐
[bi kənsə́:rnd əbáut]

~에 대해 걱정하다

예문 We're really **concerned about** the traffic problem in our neighborhood.
우리는 이웃의 교통 문제에 대해 정말 걱정하고 있다. 14 고3 평가원 변형

1336 immature
☐☐
[imətjúər]

im (반대의)
+ mature (성숙한)
➡ 성숙하지 못한

ⓐ 미숙한, 미완성의

예문 When I was young, the only love I experienced was the **immature**, selfish love of "I love her because she makes me feel good."
내가 어렸을 때는, 그저 "난 그녀가 나를 기분 좋게 만들어줘서 좋아"라고 말하는 이기적이고 철없는 사랑밖에 경험하지 못했었다. 11 고3 평가원

1337 rifle
☐☐
[ráifl]

ⓝ 소총

예문 The guards slowly shuffled into a line and prepared their **rifles**.
호위병들은 천천히 선상에 정렬해서 총을 쏠 준비를 했다. 09 고3 학평 변형

1338 irresponsible
☐☐
[ìrispánsəbl]

ir (반대의)
+ responsible (책임감 있는)
➡ 책임감이 없는

ⓐ 무책임한, 책임감이 없는

예문 She and others say that a few **irresponsible** owners give pit bulls a bad name by raising them to fight.
그녀를 비롯한 여러 사람들은 몇 안 되는 무책임한 개 주인들이 pit bull을 투견용으로 길러서 그들에게 오명을 씌우고 있다고 말한다. 07 고3 평가원

1339 exceed
[iksíːd]

ex(너머) + ceed(가다)
➡ (적당함을) 넘어서 가다

ⓥ 넘다, 초과하다

예문 The total time of this performance should not **exceeded** an hour.
공연의 총 시간이 한 시간을 넘어서는 안됩니다. 06 고3 평가원 변형

1340 homesick
[hóumsìk]

ⓐ 향수에 잠긴, 향수병의

예문 I confessed to having been a bit **homesick** during my first fall away from home.
나는 집에서 처음으로 떨어져 있는 첫 가을 동안 약간 향수병을 앓았음을 고백했다. 10 고1 학평

1341 reef
[riːf]

ⓝ 암초, 모래톱

예문 The world contains coral **reef** ecosystems, evergreen forest ecosystems, grassland ecosystems, and so on.
세계는 산호초 생태계, 상록수림 생태계, 목초지 생태계 등을 포함한다. 13 고1 학평

1342 blindfold
[bláindfòuld]

ⓥ (눈가리개로) 눈을 가리다 ⓝ 눈 가리개

예문 Jane heard footsteps approaching her and the **blindfold** was stripped from her eyes.
Jane은 그녀에게 다가오는 발소리를 들었고 눈가리개가 그녀의 눈에서 벗겨졌다.
09 고3 학평 변형

1343 eclipse
[iklíps]

ⓝ (일식, 월식의) 식

예문 A solar **eclipse** is when the moon blocks out the sun's light.
일식이란 달이 태양의 빛을 가릴 때이다.

1344 eject
[i(ː)dʒékt]

e(밖) + ject(던지다)
➡ 밖으로 던지다
➡ 내쫓다

ⓥ 쫓아내다, 내뿜다

예문 Krakatoa volcano **ejected** fine dust particles into the Earth's upper atmosphere.
Krakatoa 화산은 미세한 먼지 입자들을 지구 대기 상층부로 분출하였다.
07 고3 학평

1345 eliminate
[ilímənèit]

e (밖) + limin (문턱, 문지방)
+ ate (동.접)

➡ 문턱 밖으로 쫓아내다

Ⓥ 제거하다, 삭제하다, 탈락시키다

예문 When one species **eliminates** another by outcompeting it, it is called competitive exclusion.
한 종이 다른 종과 경쟁하여 그것을 물리쳐서 제거할 때, 그것을 경쟁적 배제라고 한다. 15 고3 평가원

1346 sluggish
[slʌ́giʃ]

'게으른 사람'의 중세 영어
slugge에서 유래

ⓐ 느릿느릿 움직이는, 부진한

예문 There aren't many outgoing tourists due to a **sluggish** economy.
부진한 경제로 인해 출국하는 관광객이 많지 않다.

1347 informant
[infɔ́ːrmənt]

ⓝ 정보 제공자, 정보원

예문 You must check the facts both for your sake and for the sake of your **informants**, who would not wish to appear foolish.
당신은 당신 자신과 그리고 어리석게 보이길 원치 않는 정보 제공자를 위해 사실들을 확인해야 합니다. 14 고3 학평

1348 tariff
[tǽrif]

ⓝ 관세, 요금표

예문 Imposing quotas can be a more effective way to limit foreign competition and increase demand for domestic products than adding **tariffs**.
수입 할당량을 부과하는 것은 외국의 경쟁자들을 제한하고 국내 생산품에 대한 수요를 늘리는 데 있어서 관세를 부과하는 방법보다 더 효과적일 수 있다. 05 고3 학평

1349 reasoning
[ríːzəniŋ]

ⓝ 추론, 추리

예문 Logic is the set of rules for valid **reasoning**.
논리는 명확한 추론을 위한 규칙 집합이다. 10 고2 학평

1350 slovenly
[slʌ́vənli]

ⓐ (외모, 행실이) 지저분한, 단정치 못한, 게으른

예문 The poor boy's clothes were untidy and **slovenly**.
그 불쌍한 소년의 옷은 단정치 못하고 지저분했다.

1351 appall
[əpɔ́:l]

ⓥ 오싹오싹하게 하다, 질겁하게(질리게) 하다

예문 I was **appalled** at the poor workmanship that was done.
저는 형편없는 작업 솜씨에 깜짝 놀랐습니다.

➕ **appalling** ⓐ 간담이 서늘한, 무시무시한

1352 pronounce
[prənáuns]

pro (앞서)
+nounce (발표하다)
➡ 사람들 앞에서 말하다

ⓥ 발음하다, 선언하다, 선고하다

예문 Homonyms are different words that are **pronounced** the same, but may or may not be spelled the same.
동음이의어는 동일하게 발음되지만 철자법은 동일할 수도 있고 아닐 수도 있는 다른 단어들이다. 05 고3 평가원

➕ **pronunciation** ⓝ 발음 **pronounced** ⓐ 확연한, 단호한

1353 gossip
[gásəp]

ⓝ 소문, 수다

예문 When people **gossip**, they generally criticize other people, mostly for breaking social and moral codes.
사람들은 험담할 때, 대부분 사회적, 도덕적인 규범을 위반한 것에 대하여 다른 사람을 비난하게 된다. 13 고2 학평

➕ **rumor** ⓝ 소문, 풍문

1354 stain
[stein]

ⓥ 얼룩지게 하다, 더럽히다, 훼손하다 ⓝ 얼룩, 오점

예문 Jeff can't wear his shirt because his mother dropped it off at the cleaner's in order to remove a coffee **stain**.
Jeff는 그의 엄마가 커피 얼룩을 지우려고 셔츠를 세탁소에 맡겼기 때문에 그것을 입지 못했다. 09 고3 학평

1355 checkup
[tʃékʌ̀p]

ⓝ 점검, 건강 검진, 시험

예문 Father took his car to the mechanic for regular **checkup**.
아버지는 정기 점검을 위해 그의 차를 기술자에게 맡겼다. 12 고1 학평 변형

1356 microscope
[máikrəskòup]

micro(작은, 미세한)
+ scope (보다)
➡ 작은 것을 보다

ⓝ 현미경

예문 Tiny nuclei particles were observed under the electronic **microscope**.
작은 원자핵 입자들은 전자 현미경을 통해 관찰되었다.

Tip! 〈형태가 유사한 단어〉
- microscope : micro(small) + scope (observe) 현미경
- microphone : micro(small) + phone (sound) 마이크
- microbe : micro(small) + be (life) 미생물

1357 prolong
[prəlɔ́(ː)ŋ]

pro (앞으로) + long (긴)
➡ 앞쪽으로 길게 늘이다

ⓥ 연장하다, 장기화하다

예문 The scientist explained in detail how freezing people could possibly **prolong** their lives.
그 과학자는 인간을 냉동하는 것이 어떻게 그들의 삶을 연장할 수 있는지에 대해 세부적으로 설명했다.

＋ **prolongation** ⓝ 연장, 연기

Tip! 〈'연장하다'에 관련된 어휘〉
- extend ⓥ 확장하다, 연장하다
- prolong ⓥ 연장하다, 장기화하다
- lengthen ⓥ 길어지다, 늘이다

1358 extract
[ekstrǽkt]

ex (밖) + tract (끌어당기다)
➡ 끌어내다

ⓥ 추출하다, 발췌하다　ⓝ 추출물, 발췌

예문 The DNA **extracted** from the bits of whale skin gives us some important evidence about their natural characteristics.
고래 피부에서 소량 추출된 DNA는 우리에게 그들의 선천적 특성에 대한 중요한 증거들을 제공한다.

1359 facade
[fæsάːd]

ⓝ 정면, 앞면

예문 The only remaining task is to redesign the **facade** of the college building.
마지막으로 해야 할 일은 대학 건물의 정면을 새로 설계하는 것이다.

1360 on behalf of
[ən bihǽf əv]

~을 대신(대표)하여

예문 **On behalf of** the school, I would like to extend an invitation to you and your family.
학교를 대표해서, 나는 당신과 당신 가족을 모두 초대하고 싶습니다. 2008 수능

Review Test !

A 우리말에 맞게 빈 칸에 알맞은 단어를 쓰시오.

1 ＿＿＿＿＿＿＿ 차지하다, (토지, 건물 등을)사용하다   11 ＿＿＿＿＿＿ escalate

2 ＿＿＿＿＿＿＿ 적대적인, 불리한   12 ＿＿＿＿＿＿ suspicious

3 ＿＿＿＿＿＿＿ 오르다, 상승하다   13 ＿＿＿＿＿＿ extracurricular

4 ＿＿＿＿＿＿＿ 소총   14 ＿＿＿＿＿＿ immature

5 ＿＿＿＿＿＿＿ 넘다, 초과하다   15 ＿＿＿＿＿＿ eclipse

6 ＿＿＿＿＿＿＿ (눈가리개로) 눈을 가리다, 눈가리개   16 ＿＿＿＿＿＿ eject

7 ＿＿＿＿＿＿＿ 관세   17 ＿＿＿＿＿＿ sluggish

8 ＿＿＿＿＿＿＿ 얼룩지게 하다, 더럽히다, 훼손하다   18 ＿＿＿＿＿＿ slovenly

9 ＿＿＿＿＿＿＿ 추출하다, 발췌하다 ; 추출물, 발췌   19 ＿＿＿＿＿＿ pronounce

10 ＿＿＿＿＿＿＿ 정면, 앞면   20 ＿＿＿＿＿＿ microscope

B 문장의 빈칸에 알맞은 단어를 〈보기〉에서 찾아 쓰시오. (필요하면 형태를 고치시오.)

> 보기   on behalf of   checkup   activate   gossip   nectar

1 In one study, fourteen-month-olds watched an adult experimenter bend over
and ＿＿＿＿＿＿ a light by pressing the button with her head.
한 연구에서 14개월 된 아기들이 어른인 실험자가 몸을 굽혀 머리로 버튼을 눌러 불이 커지게 하는 것을 보았다.
14 고3 학평 변형

2 According to our records, you have not been in for your regular ＿＿＿＿＿＿.
저희 기록에 따르면, 당신은 정기 검진을 그동안 받지 않았습니다. 14 고3 학평 변형

3 Most of us like to pass on ＿＿＿＿＿＿ about colleagues, but is such behavior
good for us?
우리 대부분은 동료에 대한 소문을 퍼뜨리기를 좋아한다. 하지만 이러한 행동이 우리에게 이로울까? 10 고2 학평

4 ＿＿＿＿＿＿ all the executives, we wish you well and hope you enjoy your
well-earned retirement.
다른 모든 회사 중역 분들을 대신하여, 우리는 당신의 건강과 퇴임에 축복을 기원합니다. 2005 수능

5 For years, biologists have known that flowers use striking colors, scents,
elaborately shaped petals, and ＿＿＿＿＿＿ to attract pollinators.
수 년 동안, 생물학자들은 꽃이 꽃가루 매개자를 유인하기 위해 인상적인 색상, 향기, 정교하게 만들어진 꽃잎,
그리고 과즙을 사용하는 것을 알게 되었다.

Study More!

- **bland** ⓐ 특징 없는, 단조로운

  Jenny's performance was **bland** but elegant.
  Jenny의 공연은 단조롭지만 우아했다.

- **blend** ⓥ 섞다, 혼합하다

  Blend some flour with milk to make a cake.
  케이크를 만들기 위해 밀가루와 우유를 섞으세요.

hostile과 hospitable은 형태가 비슷해 보이지만 그 뜻은 굉장히 다르답니다.

- **hostile** : host(stranger, enemy) + ile(형.접)로 '(낯설어) 적으로 여기는'의 의미로 '적대적인', '비우호적인'의 뜻으로 확장되었어요.

  ex.) Smith and Judy were openly hostile to each other.
  Smith와 Judy는 공공연하게 서로에게 적대적이었어요.

- **hospitable** : hospit(guest) + able(형.접)로 '손님을 맞는'에서 의미가 확장되어 '환대하는'의 뜻을 갖게 되었습니다.

  ex.) I was so happy because Sue's family were very hospitable to me when I visited them. 내가 Sue의 가족들을 방문했을 때, 그들이 내게 너무 친절하게 대해주셔서 정말 행복했어요.

Day

35

Word **Preview**

🎧 음원 듣기

- ☐ terminate
- ☐ thrive
- ☐ cozy
- ☐ volatile
- ☐ controversy
- ☐ tyrant
- ☐ cuisine
- ☐ bearable
- ☐ regarding
- ☐ revolt
- ☐ veteran
- ☐ porch
- ☐ subside
- ☐ surroundings

- ☐ drag
- ☐ dreary
- ☐ betray
- ☐ admit
- ☐ populous
- ☐ experienced
- ☐ mock
- ☐ headquarters
- ☐ collide
- ☐ revelation
- ☐ remainder
- ☐ predecessor
- ☐ agricultural
- ☐ groan

- ☐ splendid
- ☐ peripheral
- ☐ sparse
- ☐ masculine
- ☐ broker
- ☐ dump
- ☐ yearn
- ☐ relief
- ☐ moderation
- ☐ intuitive
- ☐ flesh
- ☐ mediation

Day 35

1361 terminate
[tɔ́ːrmənèit]

termin(끝내다) + ate(동.접)
➡ 끝내다

ⓥ 끝내다, 끝나다, (버스, 기차 등이) 종점에 닿다

예문 The baseball team finally **terminated** the contract of the player.
그 야구팀은 마침내 그 선수와의 계약을 종료했다.

➕ termination ⓝ 종료

1362 thrive
[θraiv]

ⓥ 번창하다, 잘 해내다, 잘 자라다

예문 In the water of this pond, tiny organisms **thrive**.
이 연못의 물 속에서, 작은 유기체들은 잘 자라고 있다. 05 고3 학평

1363 cozy
[kóuzi]

ⓐ 아늑한, 안락한

예문 The fisherman gave the student a **cozy** room in which to sleep and a big breakfast the next morning.
그 어부는 학생에게 잘 수 있는 아늑한 방을 주었고 다음날 아침 근사한 아침을 차려주었다. 04 고3 평가원 변형

1364 volatile
[válətil]

'급속히 증발하는'의 중세 프랑스어
volatile 에서 유래

ⓐ 휘발성의, 변덕스러운, 불안정한

예문 When plants are damaged by plant-eating insects, they release **volatile** chemicals.
식물들이 식물을 먹는 곤충들에 의해 피해를 입을 때, 그들은 휘발성 화학 물질을 방출한다. 06 고3 학평 변형

1365 controversy
[kántrəvə̀ːrsi]

contro(반대의)
+ vers(변하다) + y(명.접)
➡ 반대되는 말을 주고 받음
➡ 논쟁

ⓝ 논란, 논쟁

예문 There is an educational **controversy** in science classrooms over how to teach the evolution of life on Earth.
과학시간에 지구 생명체의 진화를 어떻게 가르칠지에 대한 교육적 논쟁이 있다.

➕ controversial ⓐ 논란이 많은

1366 tyrant
[táiərənt]

ⓝ 독재자, 폭군

예문 E-mail has recently become an electronic **tyrant**.
이메일은 최근에 전자매체 독재자가 되었다. 13 고1 학평 변형

➕ tyranny ⓝ 압제, 폭압

1367 cuisine
[kwizíːn]

'조리법'의 프랑스어
cuisine에서 유래

ⓝ 요리, 요리법

예문 Wine is an important part of the French **cuisine**.
와인은 프랑스 요리의 중요한 부분이다. 10 고2 학평 변형

1368 bearable
[bέ(ː)ərəbl]

bear(참다, 견디다)
+ able(~할 수 있는)
➡ 참을만한

ⓐ 참을만한, 견딜만한

예문 The precious memories we all have makes our lives **bearable**.
우리 모두가 지닌 소중한 기억이 우리의 삶을 견딜만하게 해준다.

➕ tolerable ⓐ 참을 수 있는, 나쁘지 않은

1369 regarding
[rigáːrdiŋ]

ⓟ ~에 관하여

예문 I am writing **regarding** your company's job offer.
저는 귀사의 일자리 제안과 관련하여 이 편지를 씁니다. 15 고1 학평

1370 revolt
[rivóult]

re(뒤) + volt(돌다)
➡ 뒤로 돌다, 등을 돌리다

ⓝ 반란, 저항, 봉기 ⓥ 반란을 일으키다 (~ against), 반발하다

예문 A **revolt** seemed inevitable and may have come at the worst possible moment.
반란은 불가피해 보였고 가능한 최악의 순간에 일어났을지도 모른다.

1371 veteran
[vétərən]

'늙은 경험이 풍부한 군인'의
프랑스어 veteran에서 유래

ⓝ 전문가, 참전 용사

예문 Andrew was a **veteran** airplane mechanic.
Andrew는 항공 수리 전문가였다.

1372 porch
[pɔːrtʃ]

ⓝ 현관

예문 Carol opened the door to find that same stranger on her **porch**.
Carol은 문을 열었고 그녀의 현관에서 이전의 그 낯선 사람을 발견했다.
16 고3 학평

1373 subside
[səbsáid]

sub (아래)
+ sidere (앉다, 정착하다)
➡ 아래로 앉다, 정착하다

ⓥ 가라앉다, 진정되다, 침전되다

예문 When the applause **subsided**, the violinist played another classical piece.
박수 갈채가 가라앉자, 그 바이올린 연주자는 또 다른 클래식 작품을 연주했다.
12 고3 평가원 변형

1374 surroundings
[səraʊndiŋz]

ⓝ 환경

예문 Insects are known for their ability to adapt to changes in their **surroundings**.
곤충들은 주변 환경의 변화에 적응하는 능력으로 알려져 있다. 08 고2 평가원

✚ surrounding ⓐ 부근의, 주위의

1375 drag
[dræg]

ⓥ 끌다, 느릿느릿 지나가다 ⓝ 견인, 끌기

예문 I **dragged** my big suitcase behind me and followed my colleagues.
나는 큰 여행가방을 끌고 동료들을 쫓아갔다. 05 고1 평가원 변형

1376 dreary
[drí(:)əri]

ⓐ 음울한, 지루한

예문 The woman looked at the **dreary** landscape and began to cry.
그 여인은 음울한 풍경을 바라 보았고 울기 시작했다.

✚ bleak ⓐ 음산한, 암울한, 삭막한

1377 betray
[bitréi]

be (강조)
+ tray (넘겨주다)
➡ (비밀 등을) 넘겨 주다

ⓥ 배신하다, 저버리다, 누설하다

예문 We have to trust that the search engine will not spill our secrets, but it's a trust that has repeatedly been **betrayed**.
우리는 검색 엔진이 우리의 비밀을 누설하지 않을 것이라고 믿어야 하지만, 그것은 이미 여러 차례 배반당한 믿음에 불과하다. 11 고2 학평 변형

✚ betrayal ⓝ 배신, 배반

1378 admit
[ədmít]

ad (~로) + mit (보내다)
➡ 들여보내 수용하다

ⓥ 인정하다, 입장을 허락하다

예문 It is easy to find fault in others, but difficult to **admit** our own.
다른 사람의 결점을 찾는 것은 쉽지만 우리 자신의 결점을 인정하는 것은 어렵다.
04 고3 학평 변형

1379 populous
[pápjələs]

ⓐ 인구가 많은, 붐비는

예문 Bangalore is India's third most **populous** city.
Bangalore는 인도에서 세 번째로 인구가 많은 도시이다. 10 고2 학평 변형

↔ **desolate** ⓐ 사는 사람이 없는, 황량한

1380 experienced
[ikspí(:)əriənst]

ⓐ 경력이 있는, 능숙한

예문 **Experienced** writers invariably write in a climate of discussion.
능숙하게 글을 쓰는 사람들은 항상 토론 분위기에서 글을 쓴다. 2011 수능

1381 mock
[mɑk]

ⓥ 놀리다, 무시하다 ⓐ 가짜의, 모의의

예문 People sometimes **mock** Tim's silly behavior.
사람들은 때때로 Tim의 어리석은 행동을 놀린다. 12 고3 학평 변형

1382 headquarters
[hédkwɔ̀:rtərz]

ⓝ 본사, 본부

예문 The special investigation **headquarters** will be established in Busan.
특별 조사 본부가 부산에 세워질 것이다.

↔ **branch** ⓝ 지사, 분점

1383 collide
[kəláid]

ⓥ 충돌하다, 부딪히다

예문 Tie two strings on the stick some distance apart so the strings don't **collide**.
두 끈을 어느 정도 거리를 두고 막대기에 묶어서 서로 부딪히지 않도록 하여라.
08 고2 학평 변형

➕ **collision** ⓝ 충돌, 부딪힘

1384 revelation
[rèvəléiʃən]

ⓝ 폭로, 뜻밖의 사실, 계시

예문 Form the moment of that nighttime **revelation**, I knew what college football means to me - and what pro football never could mean.
그날 밤 계시의 순간 이후, 나는 대학 축구팀이 나에게 무엇을 의미하는지, 그리고 프로 축구팀이 나에게 줄 수 없는 것이 무엇인지 알았다. 09 고3 학평

1385 remainder
[riméindər]

re(뒤에)+manere(남아 있는)
➡ 뒤에 있는, 남아 있는
➡ 잔여

ⓝ 나머지, 남아 있는 것, 잔여

[예문] He worked the **remainder** of the year away from us, not returning until the deep winter.
그는 한 겨울까지 돌아오지 않고 그 해의 나머지 기간을 우리와 떨어져서 일했다.
16 고3 평가원 변형

➕ remnant ⓝ (주로 복수로) 나머지, 잔여, 자취

1386 predecessor
[prédisèsər]

pre(미리, 전에)
+de(떨어져)+cess(가다)
+or(명.접)
➡ 앞서간 사람

ⓝ 전임자, 조상, 이전의 것

[예문] The Olympic Games held today are markedly different from their ancient **predecessor**, as many modern sports like basketball, swimming and so on.
오늘날 열리는 올림픽 경기는 농구, 수영과 같은 많은 현대적 스포츠와 마찬가지로 이전의 올림픽과는 현저하게 다르다.

⇌ successor ⓝ 후임자, 계승자, 뒤에 오는 것

1387 agricultural
[æ̀grəkʌ́ltʃərəl]

agriculture(농업)
+al(형.접)
➡ 농사의, 농업의

ⓐ 농업의, 농사의

[예문] The **agricultural** products picked up from Hawaiian farms in the morning are on dinner tables in Californian homes by evening.
아침에 하와이 농장에서 공수된 농산품들이 밤에는 캘리포니아 가정의 저녁 식탁 위에 오른다. 13 고3 평가원 변형

1388 groan
[groun]

ⓥ 신음하다, 괴로워하다 ⓝ (고통으로 인한) 신음 소리

[예문] The wounded man **groaned** in pain and asked for medicine.
부상당한 남자는 고통에 신음했고 약을 달라고 요청했다.

1389 splendid
[spléndid]

ⓐ 훌륭한, 정말 좋은, 인상적인

[예문] The night view of Paris from the Eiffel Tower was **splendid**.
에펠탑에서 보는 파리 야경은 정말 아름다웠다.

➕ gorgeous ⓐ 아주 멋진, 화려한, 훌륭한

1390 peripheral
[pərífərəl]

ⓐ 중요하지 않은, 지엽적인, 주변적인

[예문] They discovered that the area of the brain usually used for **peripheral** hearing was instead used to improve **peripheral** vision.
그들은 주변 청각에 사용되었던 뇌의 부분이 대신에 주변 시력을 향상시킨다는 사실을 발견했다. 11 고3 학평

➕ periphery ⓝ 주변(부)

1391 sparse
[spɑːʀs]

ⓐ 드문드문 난, (밀도가) 희박한

예문 Due to **sparse** rainfall over time, there are only a few plants left in this region.
오랜 기간 지속된 희박한 강우로 인해 이 지역에는 몇몇 종류의 식물만 남아있다.

➕ sparsely ⓐⓓ 드문드문, 성가시게

Tip! 〈sparse vs. scarce〉
- sparse ⓐ 드문드문난, (밀도가) 희박한
 (the region's **sparse** vegetation 그 지역의 희박한 초목)
- scarce ⓐ 부족한, 드문
 (**scarce** resources 희소 자원)

1392 masculine
[mǽskjəlin]

ⓐ 남성의, 남자다운

예문 Joe considers rugby to be a very **masculine** sport.
Joe는 럭비가 아주 남성적인 스포츠라고 생각한다.

↔ feminine ⓐ 여성스러운, 여자같은

1393 broker
[bróukəʀ]

ⓝ 중개인 ⓥ (협상 등을) 중개하다

예문 Raymond used to be a stock **broker** but now works as an insurance **broker**.
Raymond은 증권 중개인이었지만 현재는 보험 중개인으로 일한다.

1394 dump
[dʌmp]

ⓥ (쓰레기 등을) 버리다 ⓝ 쓰레기 더미

예문 About two billion tons of fruit and vegetables are **dumped** around the world every year.
전 세계에서 매년 20억 톤가량의 과일과 채소가 버려진다. 16 고3 학평

1395 yearn
[jəːʀn]

ⓥ 갈망하다, 동경하다

예문 Remember most people do **yearn** for friendship, just as you do.
대부분의 사람들이 당신과 마찬가지로 우정을 진정으로 갈망하고 있음을 기억하라.
07 고3 평가원

➕ long (for) 애타게 바라다, 열망하다

1396 relief
[rilíːf]

ⓝ 안도, 경감, 위안, 구호품

예문 I wanted to tell Heather that the financial **relief** will make a great difference in my life.
나는 Heather에게 재정상의 (부담) 완화가 내 인생에서 커다란 차이를 만들어 줄 것이라고 말씀드리고 싶었다. 16 고3 평가원 변형

➕ **relieve** ⓥ 없애주다, 덜어주다

1397 moderation
[màdəréiʃən]

moderate (적당한)
+ tion (명.접)
➡ 적당함

ⓝ 적당함, 온건, 절제, 완화

예문 In **moderation** junk food can be part of a healthy diet.
적절히 먹으면 정크 푸드는 건강한 식단의 일부가 될 수 있다. 05 고3 학평

➕ **moderate** ⓐ 보통의, (견해 등이) 중도의 ⓥ 조정(중재)하다

1398 intuitive
[intʃúːitiv]

ⓐ 직관력 있는, 직감에 의한

예문 John has an **intuitive** sense of what consumers want.
John은 소비자가 원하는 것에 대한 직감이 있다.

➕ **intuition** ⓝ 직관, 직감

1399 flesh
[fleʃ]

ⓝ 살, 고기

예문 A mummy is simply a corpse whose **flesh** has been preserved by chemicals and low temperatures.
미라는 살이 화학 물질과 저온에 의해 보존된 단순한 시체이다.

1400 mediation
[mìːdiéiʃən]

mediate (중재, 조정하다)
+ tion (명.접)
➡ 중재, 조정

ⓝ 조정, 중개, 중재

예문 **Mediation** is a process that has much in common with advocacy but is also crucially different.
중재는 옹호와 많은 유사점을 가지는 과정이지만 또한 결정적으로 다르기도 하다.
2012 수능

> Tip! 〈형태가 유사한 단어〉
> · **mediation** ⓝ 조정, 중개, 중재
> · **medication** ⓝ 약물
> · **meditation** ⓝ 명상, 묵상

Review Test !

A 우리말에 맞게 빈 칸에 알맞은 단어를 쓰시오.

1 _____ 번창하다, 잘 해내다, 잘 자라다
2 _____ 휘발성의, 변덕스러운, 불안정한
3 _____ 논란, 논쟁
4 _____ 참을만한, 견딜만한
5 _____ 가라앉다, 진정되다, 침전되다
6 _____ 인구가 많은, 붐비는
7 _____ 충돌하다, 부딪히다
8 _____ 훌륭한, 정말 좋은, 인상적인
9 _____ 갈망하다, 동경하다
10 _____ 직관력 있는, 직감에 의한

11 _____ terminate
12 _____ revolt
13 _____ veteran
14 _____ dreary
15 _____ mock
16 _____ predecessor
17 _____ agricultural
18 _____ sparse
19 _____ masculine
20 _____ relief

B 문장의 빈칸에 알맞은 단어를 〈보기〉에서 찾아 쓰시오. (필요하면 형태를 고치시오.)

보기 cozy   headquarters   admit   surroundings   cuisine

1 For Americans seeking a dining adventure and for immigrants seeking their native _____, ethnic dining is the answer.
색다른 식사를 찾아다니는 미국인들과 자신들 전통 요리법을 찾는 이민자들에게는 민족 고유의 음식을 먹어 보는 것이 해결책이다. 06 고1 학평

2 Whereas at eight he could _____ the presence of Mother, now he often seems to resent her presence and her demands.
그는 8살에 어머니의 존재를 인정할 수 있었지만, 지금 그는 종종 그녀의 존재와 그녀의 요구에 화가 난 것처럼 보인다. 05 고3 평가원

3 The company has its _____ in Chicago,and major branches in Washington,D.C., New York, and Los Angeles.
이 회사의 본부는 시카고에 있고, 주요 지부들은 워싱턴 DC와 뉴욕과 LA에 있다. 05 고3 평가원

4 We wonder about our _____ and about what we observe both near and far and we want to understand it all.
우리는 우리 주변에 대해서 그리고 가까운 곳과 먼 곳에서 관찰한 것에 대해서 궁금해 하고 그것을 모두 이해하고 싶어 한다. 16 고2 학평

5 It is said that a _____ hat is a must on a cold winter's day.
추운 겨울날에는 포근한 모자가 필수품이라고 말한다. 09 고3 학평

01 혼동하기 쉬운 단어 mediation/meditation

mediation과 meditation은 같은 어원을 가진 단어처럼 보이지만 사실은 다른 어원에서 비롯되었습니다. mediation의 어원 medi-는 '중간(middle)'의 의미를 가집니다.

meditate의 medi-는 '숙고하다(ponder)'의 의미를 가지고 있습니다. 예문을 통해서 이 둘의 차이를 확실하게 학습해 볼까요?

- **mediate** : medi(middle)+ate(동.접)로 '중간 위치에 서게 하다'란 의미에서 '조정(중재)하다'는 뜻으로 확장 되었습니다.
  mediate의 명사형인 mediation은 '중재, 조정'의 의미를 가집니다.
  ex.) Mediation is a process that has much in common with advocacy but is also crucially different. 중재는 옹호와 많은 공통점이 있는 과정이지만, 중요한 부분에 있어서는 다르기도 하다. [2012 수능]

- **meditate** : medi(ponder) + ate(동.접)으로 '숙고하다, 명상하다'의 뜻으로 발전했습니다.
  명사형인 meditation은 '숙고, 명상'의 뜻을 가지고 있습니다.
  ex.) We have to slow down a bit and take the time to contemplate and meditate. 우리는 조금 속도를 늦추고 숙고할 시간을 가져야 한다. [13 고3 평가원]

Day 36

Word **Preview**

🎧 음원 듣기

- ☐ overt
- ☐ inconsiderate
- ☐ dissent
- ☐ outage
- ☐ rigid
- ☐ gravel
- ☐ manuscript
- ☐ visualize
- ☐ account for
- ☐ rally
- ☐ comply
- ☐ biodiversity
- ☐ undermine
- ☐ fuss

- ☐ revisit
- ☐ spur
- ☐ affair
- ☐ drowsy
- ☐ tenant
- ☐ magnify
- ☐ surgeon
- ☐ vigorous
- ☐ essence
- ☐ fungus
- ☐ scramble
- ☐ adjacent
- ☐ comparative
- ☐ tumble

- ☐ debt
- ☐ vendor
- ☐ gymnastics
- ☐ impartial
- ☐ overpass
- ☐ lodge
- ☐ counselor
- ☐ loan
- ☐ underestimate
- ☐ authorize
- ☐ duration
- ☐ equate

Day 36

1401 overt
[ouvə́:rt]

ⓐ 공공연한, 명백한, 외현적인

예문 The doctor examined the patient but found no **overt** symptoms of illness.
의사는 환자를 진찰했지만 명백한 질병의 증세를 찾지 못했다.

↔ **covert** ⓐ 눈에 띄지 않는, 은밀한

1402 inconsiderate
[ìnkənsídərit]

ⓐ 사려 깊지 못한, 남을 배려하지 않는

예문 Making a noise at night is really **inconsiderate** and rude.
밤에 큰 소리를 내는 것은 정말 사려 깊지 못하고 무례한 행동이다.

in (반대의)
+ considerate (사려 깊은)
➡ 사려깊지 못한

+ **insensitive (to)** ⓐ (~에) 둔감한, 무감각한

1403 dissent
[disént]

ⓝ 의견 차이, 반대 ⓥ 의견이 다르다, 반대하다

예문 **Dissent** may be far more frequent in the high performing groups.
의견차이는 높은 성취도를 나타내는 그룹에서 더욱 빈번할 수도 있다.
2011 수능 변형

dis (다르게) + sentire (느끼다)
➡ 다르게 느끼다
➡ 반대하다

↔ **consent / assent** ⓝ 동의

1404 outage
[áutidʒ]

ⓝ 정전, 단수

예문 The serious problem is that we are going to have the power **outage** on the day of the graduation ceremony.
심각한 문제는 졸업식 날에 정전이 있을 것이라는 점이다. 15 고1 학평 변형

1405 rigid
[rídʒid]

ⓐ 엄격한, 융통성이 없는, 뻣뻣한

예문 If new discoveries are to be taken seriously by other scientists, these must be met certain **rigid** criteria.
만약 새로운 발견이 다른 과학자들에게 진지하게 받아들여지려면, 특정한 엄격한 기준이 충족되어야 한다. 09 고2 학평 변형

'단단한, 뻣뻣한'의 라틴어 **rigidus**에서 유래

+ **rigidly** ⓐⓓ 융통성없이, 완고하게

1406 gravel
[grǽvəl]

ⓝ 자갈, 잔돌

예문 Mountain ranges and **gravel** plains characterize most deserts.
산맥과 자갈 평지가 대부분의 사막을 특징짓는다.

1407 manuscript
[mǽnjəskrìpt]

manu(손) + script(쓰다)
➡ 손으로 쓰여진 것

ⓝ 원고, 필사본, 사본

예문 I submitted my **manuscript** and Mr. Edwards accepted it for publishing.
나는 내 원고를 제출했고 Mr. Edwards는 출판하는 것을 수락했다.

1408 visualize
[víʒuəlàiz]

visual(시각적인)
+ ize(동.접)
➡ 시각화하다

ⓥ 상상하다, 시각화하다

예문 Many coaches encourage athletes to **visualize** the actual race or contest ahead of time.
많은 코치들은 운동 선수들이 사전에 실제 경주나 경기를 상상해보도록 격려한다. 12 고3 학평 변형

1409 account for
[əkáunt fər]

차지하다, 설명하다

예문 About three percent of the weight of sea water is **accounted for** by salt.
바닷물 무게의 대략 3퍼센트는 소금이 차지하고 있다. 10 고3 평가원

1410 rally
[rǽli]

ⓝ (대규모) 집회, (자동차) 경주 ⓥ 결집하다, 단결하다

예문 She continued to participate in antiwar movements actively by attending **rallies** and giving speeches into her 90's.
그녀는 90대의 나이까지 집회에 참가하고 연설을 하며 반전운동에 활발하게 계속 참여하였다. 15 고3 학평

1411 comply
[kəmplái]

com(함께)
+ ply(계속 가다, 실행하다)
➡ 함께 실행하다
➡ 함께 따르다

ⓥ 따르다, 준수하다

예문 **Comply** with the safety rules before you dive into the pool.
풀장으로 뛰어들기 전에 안전 규칙을 따르세요. 12 고3 평가원 변형

1412 biodiversity
[bàioudaivə́rsəti]

ⓝ 생물의 다양성

예문 In very general terms, "**biodiversity**" refers to the number of plant and animal species that can be found in a particular habitat or ecosystem.
일반적으로, "생물의 다양성"이란 특정한 서식지나 생태계에서 발견될 수 있는 동식물의 수를 의미한다.

1413 **undermine**
[ʌ́ndərmáin]

ⓥ 약화 시키다

예문 In effect, sound **undermined** the motion of the motion picture. 사실상, 음향은 영화 속의 움직임을 약화 시켰다. 10 고3 학평

1414 **fuss**
[fʌs]

ⓝ 호들갑, 소란, 법석

예문 Calm down. It's a small thing. It's not worth such a **fuss**. 진정해. 그건 아주 작은 일이야. 그렇게 법석을 떨 가치가 없어.

> Tip! 〈주요 용례〉
> • make a fuss (about something) (~에 대해) 야단스레 떠들다
> • make a fuss of somebody / something
>   ~에 대해 지나칠 정도의 관심을 보이다

1415 **revisit**
[riːvízit]

re(다시) + visit(방문하다)
➡ 재방문하다

ⓥ 다시 방문하다, (어떤 문제를) 다시 고려하다

예문 The finance department will **revisit** our budget for this year. 재무부서가 우리의 올해 예산을 다시 고려할 것이다.

1416 **spur**
[spəːr]

ⓥ 박차를 가하다, 자극하다 ⓝ 박차, 자극(제), 원동력

예문 He **spurred** his horse, allowing it to run freely. 그는 그의 말을 자극하여 자유롭게 뛰게끔 했다. 11 고2 학평

1417 **affair**
[əfέər]

aaf(~에) + fair(하다)
➡ 해야 할 것

ⓝ 일, 문제, 정세

예문 The development of nylon had a surprisingly profound effect on world **affairs**. 나일론의 발전은 놀랍게도 세계 정세에 심대한 영향을 끼쳤다. 07 고3 학평

➕ current affairs ⓝ 시사 문제

1418 **drowsy**
[dráuzi]

ⓐ 졸리는, 나른한

예문 The long hours of study last night made her **drowsy** throughout the morning. 지난 밤 오랜 시간 공부했기에 그녀는 아침 내내 졸았다.

➕ drowse ⓥ (꾸벅꾸벅) 졸다

1419 tenant
[ténənt]

ⓝ 세입자, 임차인

예문 As a **tenant** of your apartment for seven years, I have paid the rent happily because it is in a terrific location.
7년 동안 당신 건물의 세입자로서, 나는 건물이 아주 좋은 위치에 있었기 때문에 기쁘게 임대료를 지불했습니다. 06 고2 평가원 변형

1420 magnify
[mǽgnəfài]

magni(큰)+fy(동.접)
➡ 크게 하다

ⓥ 확대하다, 과장하다

예문 When we seek employment, the "negativity" of our experience is often more **magnified** than the positive.
우리가 구직 활동을 할 때 우리 경험의 부정적인 측면이 때때로 긍정적인 것보다 확대되어 보인다. 07 고3 평가원

➕ magnifier ⓝ 확대경, 돋보기

1421 surgeon
[sə́:rdʒən]

ⓝ 외과의사

예문 My uncle is Dr. Maxwell, a **surgeon** specializing in neurosurgery.
우리 삼촌은 신경외과 수술을 전문으로 하는 외과 의사인 Dr. Maxwell이다. 06 고2 평가원 변형

➕ surgical ⓐ 외과(술)의, 외과적인, 외과의

1422 vigorous
[vígərəs]

vigor(활력, 기력)
+ous(형.접)
➡ 힘찬, 원기 왕성한

ⓐ 활발한, 격렬한

예문 Students who engage in **vigorous** activity outside of school have higher academic scores.
학교 밖에서 활발한 활동에 참여하는 학생들이 학업 점수가 더 높다. 10 고3 평가원 변형

➕ vigor ⓝ 힘, 활력, 활기

1423 essence
[ésəns]

ess(존재하다)+ence(명.접)
➡ 존재, 본질

ⓝ 본질, 정수, 진액

예문 These days, people think language is the **essence** of culture.
요즘에 사람들은 언어가 문화의 본질이라고 생각한다. 14 고2 학평 변형

➕ core ⓝ 핵심, 골자

1424 fungus
[fʌ́ŋgəs]

ⓝ 균, 곰팡이류, 세균　복 fungi / funguses

예문 We use bacteria and **fungi** to make foods like yogurt and cheese.
우리는 요구르트나 치즈 같은 식품을 만들기 위해 박테리아나 곰팡이류를 사용한다. 05 고3 평가원

1425 scramble
[skrǽmbl]

ⓥ 재빨리 움직이다, 서로 밀치다, 뒤죽박죽으로 만들다

[예문] Three thieves **scrambled** over the fence and opened the door.
세 명의 도둑이 울타리를 훌쩍 뛰어넘고 문을 열었다.

1426 adjacent
[ədʒéisənt]

ad(~에) + jacent(누워 있다)
➡ ~에 인접해 있다

ⓐ 인접한, 가까운

[예문] Wavelength is the horizontal distance between the crests or between the troughs of two **adjacent** waves.
파장은 두 인접 파도의 마루들 사이 또는 골 사이의 수평 거리이다. 09 고3 학평

➕ adjoining ⓐ 서로 접한, 옆의, 부근의

1427 comparative
[kəmpǽrətiv]

com(함께) + par(동등한)
+ ate(동.접) + ive(형.접)
➡ 같이 놓고 비교하는

ⓐ 비교의, 상대적인

[예문] After a few years of **comparative** calm, disaster struck the country.
몇 년 간의 상대적인 평온함 뒤에 재난이 그 나라에 닥쳤다. 17 고3 평가원 변형

1428 tumble
[tʌ́mbl]

ⓥ 굴러 떨어지다, 넘어지다

[예문] In times of financial trouble, beware - prices are almost certainly going to **tumble**.
재정적인 문제가 있는 시기에, 가격은 거의 항상 내려갈 수 있음을 주의하라.

1429 debt
[det]

deb(t)(빚을 진)
➡ 신세짐

ⓝ 빚, 부채

[예문] A business executive was deep in **debt** and could see no way out.
한 사업가는 극심한 빚 때문에 헤어 나올 길을 찾을 수 없었다. 10 고3 학평

1430 vendor
[véndər]

ⓝ 노점, 판매자

[예문] A **vendor** in a city set up shop and sold doughnuts and coffee to passersby.
도시의 한 행상인이 가게를 차렸고 지나는 사람들에게 도넛과 커피를 팔았다.
10 고3 평가원

1431 gymnastics
[dʒimnǽstiks]

ⓝ 체조

예문 Yang was the first Korean athlete to win an Olympic gold medal in **gymnastics**.
Yang은 체조에서 올림픽 금메달을 딴 최초의 한국인이었다.

✚ gymnastic ⓐ 체조의, 체육의

1432 impartial
[impάːrʃəl]

im (반대의)
+ partial (편파적인)
➡ 편파적이지 않은

ⓐ 공정한, 편견이 없는

예문 Although Nick's judgment was **impartial** and objective, people didn't agree with it.
Nick의 판단이 공정하고 객관적이었음에도 불구하고, 사람들은 그에 동의하지 않았다.

↔ partial (toward) ⓐ ~을 편애하는, ~에 편파적인

1433 overpass
[óuvərpæ̀s]

over (위에)
+ pass (지나가다, 넘어가다, 통행, 통로)

ⓝ 고가 도로 ⓥ ~을 건너다, 횡단하다

예문 A giant truck got stuck under an **overpass**.
커다란 트럭이 고가도로 아래에 끼었다. 06 고3 평가원

↔ underpass ⓝ (다리, 도로 등의) 아래쪽 도로

> Tip! 〈형태가 유사한 단어〉
>
> · overpass ⓝ 고가 도로
> · trespass ⓝ 무단 침입
> · underpass
>   ⓝ (다리, 도로 등의) 아래쪽 도로
> · compass ⓝ 나침반
> · bypass ⓝ 우회 도로
> · password ⓝ 비밀번호

1434 lodge
[lɑdʒ]

ⓝ 오두막

예문 The hunters stayed the night in a hunting **lodge** near the lake.
사냥꾼들은 호숫가에 있는 작은 사냥꾼 오두막에서 하룻밤을 보냈다.

1435 counselor
[káunsələr]

ⓝ 상담원

예문 A **counselor** helped Emma cope with her personal problems.
상담자는 Emma가 그녀의 개인적인 문제를 대처하는데 도움을 주었다.

1436 loan
[loun]

ⓝ 대출(금), 대여 ⓥ (돈을)빌려주다, 대여하다

예문 One afternoon a friend who had **loaned** Jason money several months before dropped by his office.
어느 날 오후 몇 달 전에 Jason에게 돈을 빌려준 친구가 그의 사무실에 들렀다.
10 고3 학평

> Tip! 〈주요 용례〉
> · take out a loan 대출을 받다   · pay off a loan 대출을 갚다
> · ask for a loan 대출을 신청하다   · a bank loan 은행 대출

1437 underestimate
[ʌ̀ndəréstəmit]

under(아래)
+ estimate(평가하다)
➡ 낮게 평가하다

ⓥ 과소평가하다, 낮게 어림잡다, 경시하다

예문 When we eat out, we tend to **underestimate** the number of calories we consume.
우리가 외식을 할 때, 우리는 우리가 소비하는 칼로리를 과소평가하는 경향이 있다.
08 고3 평가원 변형

➕ undervalue ⓥ 과소평가하다, 경시하다
↔ overestimate ⓥ 과대평가하다

1438 authorize
[ɔ́:θəràiz]

'공식적인 허가를 내리다'의
고대 프랑스어
authoriser에서 유래

ⓥ 승인하다, 권한을 부여하다

예문 The Health Department **authorized** the import of the new medicine.
보건부는 신약의 수입을 승인했다.

➕ authorization ⓝ 허가, 승인   authority ⓝ 지휘권, 권위

1439 duration
[djuəréiʃən]

ⓝ 지속, 기간

예문 **Duration** refers to the time that events last.
지속 시간은 사건이 지속되는 시간을 말한다.

1440 equate
[ikwéit]

ⓥ 동일시하다, ~과 일치하다

예문 Remember that beauty doesn't **equate** to goodness.
아름다움은 선과 동등하지 않음을 기억하세요.

➕ equation ⓝ (수학) 방정식, 동일시

Review Test!

A 우리말에 맞게 빈 칸에 알맞은 단어를 쓰시오.

1 _____ 공공연한, 명백한, 외현적인
2 _____ 엄격한, 융통성이 없는, 뻣뻣한
3 _____ 차지하다, 설명하다
4 _____ 호들갑, 소란, 법석
5 _____ 박차, 자극(제), 원동력, 박차를 가하다
6 _____ 외과의사
7 _____ 활발한, 격렬한
8 _____ 재빨리 움직이다, 서로 밀치다
9 _____ 인접한, 가까운
10 _____ 체조

11 _____ inconsiderate
12 _____ manuscript
13 _____ biodiversity
14 _____ drowsy
15 _____ tenant
16 _____ debt
17 _____ overpass
18 _____ counselor
19 _____ duration
20 _____ equate

B 문장의 빈칸에 알맞은 단어를 〈보기〉에서 찾아 쓰시오. (필요하면 형태를 고치시오.)

〈보기〉   visualize   loan   magnify   lodge   comply

1 Doctors use ultrasound to _____ the size and structure of internal organs.
의사는 내부 장기의 크기와 구조를 시각화하기 위해 초음파를 이용한다. `11 고3 학평`

2 Goldfish bowls look stunning filled with flower heads or petals, _____ their contents.
금붕어 어항은 내용물을 확대해 보여주면서, 꽃송이나 꽃잎으로 채워지면 멋저 보인다. `2009 수능`

3 A brochure about popular forest _____. We made plans to go camping next month. Don't you remember?
유명한 숲 오두막 집에 관한 안내 책자. 우리는 다음 달에 캠핑 갈 계획을 세웠다. 기억 안 나세요? `11 고3 평가원`

4 A team of economists looked at how consumers reacted to various pitches by banks to take out a _____.
한 경제학자 팀은 대출을 받기 위해 은행 별로 제시하는 다양한 홍보에 소비자들이 어떻게 반응하는지를 살펴보았다. `12 고3 평가원`

5 Failure to _____ with any of the above rules will disqualify the entry.
위의 규칙을 준수하지 않을 경우 해당 항목을 실격 처리할 수 있습니다. `12 고3 평가원`

Study More!

01 account for something의 의미와 용법

account for something은 '～을 해명하다', '설명하다', '(부분, 비율을) 차지하다'의 의미를 갖는데요. 각 예문을 통해 그 뜻을 정확하게 알아볼까요?

- **～을 해명하다**

  ex.) His bad condition may have accounted for his defeat.
  그의 나쁜 건강 상태가 그의 패배의 원인이었는지도 몰라요.

- **설명하다**

  ex.) I can't account for the company's success.
  전 그 회사의 성공을 설명 못 하겠어요.

- **(부분, 비율을) 차지하다**

  ex.) CO_2 emissions from commercial and residential heating account for 12% of all CO_2 emissions. 상업 및 주거용 난방으로 인해 배출되는 이산화탄소의 양은 전체 이산화탄소 배출양의 12%를 차지한다. [2005 수능]

02 주택 및 주거와 관련된 단어

주택 및 주거와 관련된 영단어에 대해서 알아볼까요?

- **tenant** : '세입자', '임차인', '소작인'이란 뜻을 가져요.

  ex.) Her father employed her in keeping accounts and in dealing with tenants. 그녀의 아버지는 그녀에게 기장을 하고, 소작인을 대하는 일을 맡겼다. [08 고3 평가원]

- **landlord / landlady** : '집주인'을 뜻해요. 집주인의 성별에 따라서 landlord, landlady로 구분된답니다.

  ex.) Lacking the desire to decorate my landlord's place, I left my apartment a mess. 내가 세 들어 있는 집을 장식하고자 하는 열망이 부족하여, 나는 아파트를 엉망으로 방치했다. [07 고3 학평]

- **tenancy agreement** : '임차 계약(서)'를 뜻해요. 방이나 건물을 임대하는 계약이나 계약서를 말하죠.

  ex.) end a tenancy agreement 임차 계약을 끝내다

Day **37**

Word Preview

🎧 음원 듣기

- ☐ elusive
- ☐ inhibit
- ☐ recipient
- ☐ enthusiasm
- ☐ numb
- ☐ dread
- ☐ miser
- ☐ aptitude
- ☐ fictitious
- ☐ intrinsic
- ☐ genuine
- ☐ unjust
- ☐ vow
- ☐ packet

- ☐ via
- ☐ instill
- ☐ tune
- ☐ fatal
- ☐ noticeable
- ☐ infrastructure
- ☐ settle
- ☐ prospect
- ☐ membrane
- ☐ descend
- ☐ evacuate
- ☐ literature
- ☐ panel
- ☐ crumble

- ☐ epoch
- ☐ gratify
- ☐ plague
- ☐ sin
- ☐ wither
- ☐ imprint
- ☐ contestant
- ☐ cereal
- ☐ conducive
- ☐ nuance
- ☐ dispute
- ☐ contaminate

Day 37

1441 ···› 1480

1441 elusive
[ilúːsiv]

ⓐ 파악하기 어려운, 달성하기 힘든, 잡히지 않는

예문 Nick's writing style is **elusive**, but his novels are always popular in Korea.
Nick의 문체는 파악하기 어렵지만 그의 소설은 한국에서 늘 인기가 있다.

1442 inhibit
[inhíbit]

in (안) + hibere (억제하다)
➡ 내부에서 억제하다

ⓥ 억제하다, 금하다, 못하게 막다

예문 Stress from work is one of the factors **inhibiting** good sleep.
업무로 인한 스트레스는 양질의 수면을 막는 요소 중의 하나다.

✚ hinder ⓥ 방해하다, 저지하다

1443 recipient
[risípiənt]

ⓝ 수령인, 수취자

예문 Because I was the **recipient** of the scholarship, it was much easier to accept admission to the university.
내가 장학금 수혜자였기 때문에, 그 대학의 입학 허가를 받아들이기가 아주 쉬웠다.
08 고2 평가원 변형

1444 enthusiasm
[inθjúːziæzəm]

en (안에) + thus (신)
+ iasm (명.접)
➡ 신들린 듯 열광적인 상태

ⓝ 열광, 열정

예문 John went back to work with **enthusiasm** and confidence.
John은 열정과 자신감을 가지고 다시 업무로 돌아갔다. 14 고1 학평 변형

1445 numb
[nʌm]

ⓐ 감각이 없는, 멍한, 저린 ⓥ 감각이 없게 만들다, (마음을) 멍하게 만들다

예문 Because of the cold weather, my toes and fingers were **numb**.
추운 날씨 때문에, 내 발끝과 손가락은 마비되었다.

1446 dread
[dred]

ⓥ 몹시 무서워하다, 두려워하다

예문 When I was a small child, I **dreaded** Friday nights.
내가 조그만 아이였을 때, 난 금요일 밤을 무서워했다. 07 고2 학평 변형

1447 miser
[máizər]

'가엾은 사람'의 라틴어
miser에서 유래

ⓝ 구두쇠

[예문] He is a famous **miser** who hates Christmas.
그는 크리스마스를 싫어하는 유명한 구두쇠이다. <u>05 고3 학평 변형</u>

✚ **miserly** ⓐ 구두쇠인, (수, 양이) 아주 적은

1448 aptitude
[ǽptitʒùːd]

apt(적합한) + tude(명.접)
➡ 적합성

ⓝ 소질, 적성

[예문] Emma has natural **aptitude** for science and mathematics.
Emma는 과학과 수학에 타고 난 재능이 있다.

> **Tip!** 〈주요 용례〉
> • an aptitude test 적성 검사
> • an aptitude for/in something ∼의 소질

1449 fictitious
[fiktíʃəs]

ⓐ 허구의, 지어낸

[예문] The movie is based on a **fictitious** story about an old fisherman living in a remote island.
그 영화는 외딴 섬에 사는 늙은 어부에 대한 허구의 이야기를 바탕으로 한다.

1450 intrinsic
[intrínsik]

intra(−안에)
+ secus(나란히, 옆에)

ⓐ 고유한, 내적인, 내재적인

[예문] Teach children to regard reading as a source of **intrinsic** satisfaction rather than a chore.
아이들에게 독서는 하기 싫은 일이기보다는 내적인 만족감의 원천으로 여길 수 있도록 가르치세요. <u>12 고3 학평 변형</u>

↔ **extrinsic** ⓐ 외적인, 외부의

1451 genuine
[dʒénjuin]

gen(u)(태어나다)
+ ine(어미)
➡ 본토박이인 ➡ 진짜의

ⓐ 진짜의, 진품의

[예문] Astronomers now believe that Pluto is not a **genuine** planet.
천문학자는 이제 명왕성이 더 이상 진짜 행성이 아니라고 믿는다.

✚ **authentic** ⓐ 진정한, 진짜의

1452 unjust
[ʌndʒʌ́st]

un(반대의) + just(공정한)
➡ 공정하지 않은

ⓐ 부당한, 불공평한

[예문] To be a good guide dog, it must have ability to disobey **unjust** command.
훌륭한 안내견이 되기 위해서 그 개는 부당한 명령에 복종하지 않는 능력이 있어야 한다. <u>07 고3 학평</u>

1453 vow
[vau]

n 맹세, 서약   **v** 맹세하다, 다짐하다

[예문] Silently, I made **vows** that would keep me from sharing my mother's fate.

말없이 나는 나를 어머니의 운명과 갈라 놓겠다는 맹세를 했다. `13 고3 평가원`

1454 packet
[pǽkit]

n 통, 소포, 꾸러미

[예문] I turned over the **packet** and glanced at the handwriting on the bottom.

나는 소포를 뒤집어서 바닥에 있는 글씨를 힐끗 보았다. `05 고3 학평`

1455 via
[víːə]

'길'의 라틴어 via에서 유래

p ~을 경유하여, 거쳐

[예문] In the experiment, one group listened to the story **via** radio, while the other group watched it on a television.

이 실험에서, 한 그룹은 라디오를 통해 이야기를 들었고 다른 그룹은 텔레비전을 통해 이야기를 시청했다. `15 고3 평가원 변형`

1456 instill
[instíl]

in(안)+still(흘리다)
➡ 안으로 흘리다

v (사상 등을) 서서히 불어넣다, 주입하다

[예문] My father's word **instilled** confidence in me.

아버지의 말은 내게 자신감을 불어넣어 주었다.

1457 tune
[tʃuːn]

n 곡조, 선율, 가락   **v** 조율하다, 조화시키다

[예문] Whistling a **tune**, Victor walked over to his house.

휘파람을 한 곡조 부르면서, Victor는 그의 집으로 걸어갔다. `12 고3 학평 변형`

1458 fatal
[féitəl]

a 치명적인

[예문] Exotic Newcastle Disease (END) is caused by a **fatal** virus that affects all species of birds.

Exotic Newcastle Disease(END)는 모든 종류의 조류에게 영향을 미치는 치명적인 바이러스에 의해 발병한다. `08 고2 학평`

➕ **disastrous** ⓐ 비참한, 피해가 막심한

1459 noticeable
[nóutisəbl]

notice(알아채다)
+able(~할 수 있는)
➡ 알아챌 수 있는 ➡ 분명한

ⓐ 뚜렷한, 현저한

예문 Display your class work in **noticeable** positions so that you can be constantly reminded of it.
당신의 학습 내용을 지속적으로 상기할 수 있도록 눈에 잘 보이는 위치에 전시하라. 11 고1 학평

1460 infrastructure
[ínfrəstrʌ̀ktʃər]

ⓝ 사회 공공 기반 시설

예문 Lifeline **infrastructures** are vital systems that support a nation's economy and quality of life.
물자 공급 기반 시설은 한 국가의 경제와 삶의 질을 떠받치는 필수적인 시스템이다. 13 고3 평가원

1461 settle
[sétl]

'움직이지 않게 놓다, 앉히다'의 고대 영어 setaln에서 유래

ⓥ 해결하다, 정착하다(~in)

예문 The Latin Americans did not **settle** on individual family farms.
라틴 아메리카 사람들은 개별적 가족 농장에 정착하지 않았다. 11 고3 학평

➕ **settlement** ⓝ 해결, 정착지

1462 prospect
[práspèkt]

ⓝ 전망, 예상, 가능성

예문 Henry was moving the soccer ball down the field thrilled with the **prospect** of scoring a goal-the first in his entire life.
Henry는 평생 처음으로 한 골을 득점한다는 기대로 흥분해서 경기장을 따라 축구공을 몰고 가고 있었다. 08 고3 평가원

➕ **prospective** ⓐ 장래의 유망한, 다가오는

1463 membrane
[mémbrein]

ⓝ (인체, 피부 조직의) 막

예문 On the outside of every cell is a protective covering called a **membrane**.
모든 세포의 외부에는 막이라고 불리는 보호층이 있다.

1464 descend
[disénd]

de(반대의)
+scend(오르다)
➡ '올라가다'의 반대

ⓥ 내려오다, 내려가다

예문 Starting from La Paz, this road first climbs to 4,650 meters, and then gradually **descends** to 1,200 meters at the town of Coroico.
이 도로는 La Paz에서 시작해서 4,650미터까지 올라가고, 그 다음에는 Coroico 마을이 있는 1,200미터까지 점차적으로 내려간다. 16 고3 학평

➕ **descendant** ⓝ 자손, 후손 ↔ **ascend** ⓥ 오르다, 올라가다

1465 evacuate
[ivǽkjuèit]

 V 비우다, 대피시키다

예문 British activist Sally Becker **evacuated** many children during the war.
영국의 운동가 Sally Becker는 전쟁 중 많은 아이들을 대피시켰다. 12 고3 학평 변형

'비우다'의 라틴어
evacuatus에서 유래

1466 literature
[lítərətʃùər]

n 문학

예문 People who study **literature** learn the skills of reading and understanding.
문학을 공부하는 사람은 읽고 이해하는 능력을 배운다. 05 고3 학평 변형

liter(문자)+at(형.접)
+ure(명.접)
➡ 문자로 쓰여진 것

✛ **literary** @ 문학의, 문학적인

1467 panel
[pǽnəl]

 n (사각형) 판, 조각, 토론단, 위원단

예문 Solar **panels** on our roof can rotate independently of the building to follow the sun.
우리 지붕의 태양열 판은 태양을 따라가기 위해서 건물과 별도로 회전할 수 있다.
11 고3 학평 변형

'의복의 조각'의 고대 프랑스어
panel에서 유래

1468 crumble
[krʌ́mbl]

V 부서지다, 바스러지다, 허물어지다

예문 Within seconds, the entire city was shaking violently as streets **crumbled** and bridges collapsed.
몇 초 안에, 도로들이 허물어지고 다리들이 무너지면서 도시 전체가 격렬하게 흔들렸다.

1469 epoch
[épək]

 n (특정의) 시대, 시기

예문 If we explore how people have lived in other **epochs**, we can draw out lessons for the challenges of everyday life.
만약 우리가 다른 시대 사람들이 어떻게 살았는지 탐구한다면, 우리는 일상의 도전에 대한 교훈을 끌어낼 수 있다. 13 고3 학평 변형

1470 gratify
[grǽtəfài]

 V (욕구 등을) 만족 시키다, 기쁘게 하다

예문 My family was **gratified** to hear about my English exam result.
우리 가족은 내 영어 시험 결과에 대해 듣고서 행복해 했다.

✛ **gratifying** @ 만족을 주는, 흐뭇한

1471 **plague**
[pleig]

ⓝ 전염병, 재앙 ⓥ 괴롭히다, 돌림병에 걸리게 하다

예문 Unlike other pandemics such as the Black Death **plague**, today's pandemics are relatively more contained.

흑사병과 같은 다른 전염병과 달리, 오늘날의 전염병은 비교적 더 통제가 잘 된다.

Tip! 〈plague vs. plaque〉
- **plague** ⓝ 전염병, 재앙
- **plaque** ⓝ 명판, 치태, 치석
(remove plaque 치석을 제거하다 (10 고3 학평))

1472 **sin**
[sin]

ⓝ 죄, 죄악 ⓥ (종교, 도덕 상의) 죄를 짓다

예문 The king declared that the price of this **sin** is death.

왕은 이 죄의 대가는 죽음이라고 소리쳤다.

➕ **commit a sin** 죄(악)을 범하다

1473 **wither**
[wíðər]

'쪼글쪼글해지다, 마르다'의 중세 영어 **wydderen**에서 유래

ⓥ 시들다, 말라죽다, 시들게하다, 말라죽게 하다

예문 The leaves finally **wither** after the new leaves have taken over.

잎들은 새 잎들이 자리를 잡은 후에 마침내 시든다. 13 고3 평가원 변형

1474 **imprint**
[ímprint]

ⓝ (각인된) 자국, 인상, 모습 ⓥ 각인시키다, 찍다, 인쇄하다

예문 A check is a piece of paper and specially **imprinted** with the name and number of the bank.

수표는 한 장의 종이이며 특히 은행의 상호와 숫자가 인쇄되어 있다. 09 고3 학평 변형

1475 **contestant**
[kəntéstənt]

ⓝ (대회, 시합 등의) 참가자, 경쟁자

예문 With only five yards to the finish line, the second place **contestant** passed Michael and won the race.

결승선까지 5 야드만을 남겨두고, 2등 참가자가 Michael을 제치고 경주에서 우승했다. 11 고3 학평 변형

➕ **competitor** ⓝ 경쟁자, 경쟁 상대

1476 **cereal**
[síriəl]

ⓝ 곡물, 시리얼

(예문) You can also bring in dried food such as rice, **cereal**, or pasta.

여러분은 또한 쌀, 시리얼, 또는 파스타와 같은 건조 식품도 가져올 수 있습니다.

2011 수능

1477 **conducive**
[kəndʤúːsiv]

conduce(좋은 결과로 이끌다)
+ive(형.접)
➡ 도움이 되는

ⓐ ~에 도움이 되는, ~에 좋은 (~to)

(예문) Some traditions still strong in Latin America are **conducive** to a high birth rate.

라틴 아메리카에서 여전히 강하게 남아있는 몇몇 전통들이 높은 출산률에 도움이 되고 있다. 05 고3 학평 변형

1478 **nuance**
[njúːɑːns]

ⓝ (의미, 소리, 감정 등의) 미묘한 차이, 뉘앙스

(예문) Our voice is a very subtle instrument and can convey every **nuance**.

우리의 목소리는 매우 예민한 악기이고 모든 뉘앙스를 전달 할 수 있다.

12 고3 학평 변형

✚ shade ⓝ (의견, 감정 등의) 미묘한 차이

1479 **dispute**
[dispjúːt]

dis(떨어져)
+put(e)(생각하다)
➡ 떨어져서 생각하다
➡ 논쟁하다

ⓝ 분쟁 ⓥ 분쟁하다, 반박하다, 이의를 제기하다

(예문) Dr. Lee will deliver a lecture about the necessity of intervening in **disputes** between siblings.

Dr. Lee는 형제 간의 다툼에 개입하는 것의 필요성에 관한 강의를 할 것이다.

2015 수능 변형

> Tip! 〈주요 용례〉
> • settle a dispute 분쟁을 해결하다
> • a political dispute 정치적 분쟁
> • a border dispute 국경 분쟁

1480 **contaminate**
[kəntǽmənit]

ⓥ 오염시키다

(예문) The disease is rapidly spread by contact; by **contaminated** food or water; or through the air.

그 질병은 접촉, 오염된 음식이나 물, 또는 공기를 통해서 급속히 퍼진다. 11 고3 학평

✚ contamination ⓝ 오염

Review Test!

A 우리말에 맞게 빈 칸에 알맞은 단어를 쓰시오.

1	_____	파악하기 어려운, 달성하기 힘든	11	_____	inhibit
2	_____	구두쇠	12	_____	enthusiasm
3	_____	진짜의, 진품의	13	_____	fictitious
4	_____	(사상 등을) 서서히 불어넣다	14	_____	packet
5	_____	해결하다, 정착하다	15	_____	fatal
6	_____	내려오다, 내려가다	16	_____	prospect
7	_____	(특정의) 시대, 시기	17	_____	panel
8	_____	(각인된) 자국, 인상, 모습, 각인시키다	18	_____	gratify
9	_____	~에 도움이 되는, ~에 좋은	19	_____	plague
10	_____	오염시키다	20	_____	nuance

B 문장의 빈칸에 알맞은 단어를 〈보기〉에서 찾아 쓰시오. (필요하면 형태를 고치시오.)

> 보기   dispute   numb   literature   infrastructure   intrinsic

1 Because of the introduction of e-books, it is getting easier to read _____ through the Internet.
전자책의 도입 때문에 인터넷을 통하여 문학을 읽는 것이 보다 쉬워지고 있다. `07 고2 학평`

2 There are two categories of values: _____ and instrumental.
가치에는 내재적인 것과 도구적인 것이라는 두 가지 범주가 있다. `12 고3 학평`

3 His body became _____ and stiff from the cold north wind.
그의 몸은 차디찬 북풍으로 인해 무감각해지고 뻣뻣해졌다. `09 고2 학평`

4 In all the years I've been hearing that old expression, I've never heard anyone _____ it.
내가 이 오래된 표현을 들어온 오랜 기간 동안, 나는 어떤 사람도 그것에 이의를 제기하는 것을 들어본 적이 없다. `13 고2 학평`

5 Many towns were literally company towns, with a few big corporations providing most of the employment, and the social and economic _____ built around them.
많은 도시들은 말 그대로 기업 도시로, 대부분의 고용을 제공하는 몇몇 대기업들과 그들 주변에 세워진 사회 경제적 기반 시설들을 갖추고 있었다. `12 고3 학평`

Study More!

01 혼동하기 쉬운 단어 vow/bow

- **vow** ⓝ 맹세, 서약 ⓥ 맹세하다, 서약하다
  He broke his marriage **vow**.
  그는 그의 결혼 서약을 어겼다.

- **bow** ⓥ (허리를 굽혀) 절하다
  All the people **bowed** down before the queen.
  모든 사람들이 여왕 앞에서 엎드려 절했다.

02 발음이 유사한 단어 cereal/serial

cereal과 **serial**은 유사한 발음을 가지고 있으므로 듣기 학습을 할 때 앞·뒤의 어구를 잘 듣고 뜻을 파악해야 해요.

- **cereal** [síriəl] ⓝ 곡식이 되는 작물, 곡물
  cereal은 일상적으로는 주로 가공 곡물로 '아침 식사용으로 사용하는 곡물'을 지칭합니다.
  ex.) have cereal for breakfast 아침으로 시리얼을 먹다

  특히 아침식사로 많이 먹기 때문에 breakfast cereal '아침용 시리얼' 형태로 많이 쓰이기도 하지요.

- **serial** [síriəl] ⓝ 연속극, 연재물 ⓐ 순차적인, 상습[연쇄]적인
  serial은 명사로는 'TV의 연속극이나 정기 간행물'을 지칭합니다.
  형용사로는 '어떤 일이 순차적으로 혹은 연속적인 것'을 의미합니다.
  ex.) a television serial TV 연속극

Day 38

Word Preview

🎧 음원 듣기

- ☐ grief
- ☐ ultimate
- ☐ assist
- ☐ corporate
- ☐ vanish
- ☐ transition
- ☐ additive
- ☐ innocence
- ☐ run
- ☐ refinement
- ☐ sum
- ☐ skim
- ☐ discomfort
- ☐ shameless

- ☐ immunize
- ☐ fluctuate
- ☐ laundry
- ☐ deficient
- ☐ absurd
- ☐ eloquent
- ☐ capital
- ☐ wholesale
- ☐ dislike
- ☐ unify
- ☐ habitual
- ☐ testimony
- ☐ stake
- ☐ shovel

- ☐ contemporary
- ☐ endeavor
- ☐ inherit
- ☐ assimilate
- ☐ compliment
- ☐ pedagogical
- ☐ conscious
- ☐ apathy
- ☐ proponent
- ☐ sullen
- ☐ cite
- ☐ paradigm

Day 38

1481 grief
[gri:f]

'고난, 고통'의 고대 프랑스어
grief에서 유래

ⓝ 깊은 슬픔, 비탄

예문 After losing her son, she cried and cried, and her voice was husky with **grief**.
아들을 잃은 후, 그녀는 계속해서 울부짖었고, 슬픔에 젖어 목이 쉬었다.

1482 ultimate
[ʎltəmit]

ⓐ 궁극적인, 최후의, 근본적인　ⓝ ~의 궁극, 극치, 최후점

예문 Our **ultimate** goal is to get three gold medals at the Olympics.
우리의 궁극적인 목표는 올림픽에서 세 개의 금메달을 따는 것이다.

1483 assist
[əsíst]

as(곁에, 근처에) + sist(서다)
➡ 곁에 서 있다
➡ 거들다, 도와주다

ⓥ ~을 돕다, 거들다, 원조하다, 조장하다

예문 I've been asked to **assist** in creating a committee to improve the Sunshine Charity.
저는 Sunshine 자선 단체를 발전시키기 위한 위원회를 구성하는 것을 도와달라는 요청을 받았습니다. 2005 수능

➕ **assistance** ⓝ 도움, 지원, 원조　**assistant** ⓝ 조수, 보조자

1484 corporate
[kɔ́:rpərit]

corp (or) (몸, 신체)
+ ate (형.접)
➡ 한 조직체로 된

ⓐ 기업의, 회사의, 공동의

예문 **Corporate** social responsibility means that a corporation should be held accountable for any of its actions that affect people.
기업의 사회적 책임은 기업이 사람들에게 영향을 끼치는 그들의 어떤 행동에 대해서도 책임을 져야한다는 것을 의미한다. 06 고3 평가원 변형

➕ **corporation** ⓝ (큰 규모의) 기업, 회사 법인

1485 vanish
[vǽniʃ]

van (빈) + ish (동.접)
➡ 없어지다

ⓥ 사라지다, 없어지다

예문 The fairy saved me and **vanished** quietly into the dark when doctors came to my side.
그 요정은 나를 구해주었고 의사들이 내 쪽으로 왔을 때 어둠 속으로 조용히 사라졌다. 09 고2 학평 변형

➕ **disappear** ⓥ 사라지다, 안 보이게 되다

1486 transition
[trænzíʃən]

trans (가로질러) + it (가다)
+ ion (명.접)
➡ 가로질러 가는 것
➡ 운수, 이동

ⓝ 인수, 이동, 변천

예문 According to the theory of demographic **transition**, nations go through several developmental stages.
인구 이동 이론에 따르면, 국가는 몇 번의 개발 단계를 거친다. 08 고3 평가원 변형

➕ **transitional** ⓐ 변천하는, 과도기적인

1487 **additive**
[ǽdətiv]

add(첨가하다, 더하다)
+tive(명.접)
➡ 첨가물

ⓝ 첨가물, 첨가제 **ⓐ** 부가적인, (수학) 덧셈의

예문 Take ordinary tap water, mix in a tiny bit of **additive**, pressurize to 70,000 psi, and discharge through a tiny hole.

일반 수돗물을 떠서 약간의 첨가물을 섞은 후, 7만 psi의 압력을 가하고 아주 작은 구멍을 통해 그것을 흘려 보내세요. 10 고1 학평 변형

1488 **innocence**
[ínəsəns]

in(부정)+nocens(해를 끼치는)
+ence(명.접)
➡ 해를 끼치지 않는 것

ⓝ 결백, 무죄

예문 Eric offered photos as proof of his **innocence**.

Eric은 그의 결백함의 증거로 사진을 제시했다. 12 고1 학평 변형

➕ **innocent** ⓐ 죄없는, 무고한

1489 **run**
[rʌn]

ⓥ 경영하다, 운영하다

예문 The mayor said that the Closet is **run** by the State Health Foundation, a non-profit organization.

Closet은 비영리단체인 State Health Foundation에 의해 운영 된다고 시장은 말했다. 2016 수능 변형

1490 **refinement**
[rifáinmənt]

re(다시)+fine(끝내다)
+ment(명.접)
➡ 다시 끝내기
➡ 정제(제련) 하기

ⓝ 정제, 제련, 개선

예문 The **refinement** of theories is a strength of science, not a weakness.

이론의 개선은 과학의 약점이 아니라 강점이다. 12 고3 학평 변형

➕ **refine** ⓥ 정제하다, 개선하다

1491 **sum**
[sʌm]

ⓝ 액수, 합계

예문 The old saying from Euclid, "the whole is equal to the **sum** of all its parts" does not apply to organized wholes.

Euclid의 속담,"전체는 모든 부분의 합과 동일하다"라는 말은 조직화된 전체에는 적용되지 않는다. 04 고2 평가원

1492 **skim**
[skim]

ⓥ 걷어내다, 대충 훑어 보다

예문 Most people think that to 'peruse' something means to 'scan or **skim** it quickly, without paying much attention'.

대부분의 사람들은 무언가를 '정독한다'는 것은 '많은 주의를 기울이지 않고 그것을 재빨리 훑어보거나 대충 읽는다'는 것을 의미한다고 생각한다. 12 고3 평가원

1493 **discomfort**
[diskΛmfərt]

dis(반대의) + comfort(편안)
➡ 불편

ⓝ 불편, 가벼운 통증, 불쾌　ⓥ 불편(불안)하게 하다

예문 People are generally not used to living with **discomfort**.
　　사람들은 일반적으로 불편한 삶을 사는 것에 익숙하지 않다. `2010 수능 변형`

1494 **shameless**
[ʃéimlis]

shame(부끄러운, 수치스러운)
+ less(~이 없는)
➡ 창피한 줄 모르는

ⓐ 창피한 줄 모르는, 부끄러움을 모르는

예문 I am **shameless** enough to take all compliments at their
face value.
　　나는 모든 칭찬을 곧이 곧대로 받아들일 만큼 부끄러움을 모른다. `2010 수능 변형`

1495 **immunize**
[ímjənàiz]

im(부정) + munis(공무, 세금)
+ ize(동.접)
➡ 공무(세금)에서 면제된

ⓥ 면역력을 갖게하다

예문 When we **immunize** against a disease, we are in fact
injecting a weakened strain of the disease into the body.
　　우리가 질병에 대한 면역력을 갖게 할 때, 우리는 사실 몸 안에 그 질병의 약화된
유형을 주입하고 있다. `14 고1 학평 변형`

➕ **immunization** ⓝ 면역(법, 조치)

1496 **fluctuate**
[flΛktʃuèit]

'기복을 이루다'의 라틴어
fluctuatus에서 유래

ⓥ 수시로 변하다, 요동하다, 동요하다

예문 Experts predict that consumer prices, which have been
fluctuating in recent times, will stabilize soon.
　　전문가들은 최근 수시로 변했던 소비자 물가가 곧 진정될 것이라고 전망한다.

➕ **fluctuation** ⓝ (지속적인) 변동, 동요, 등락

1497 **laundry**
[lɔ́:ndri]

'세탁을 하는 곳'의 중세 영어
lavendrie에서 유래

ⓝ 세탁물, 빨래, 세탁소

예문 I forgot to pick up my blue shirt from the **laundry**.
　　나는 세탁소에서 내 파란 셔츠를 가져오는 것을 잊어버렸다. `15 고2 학평`

1498 **deficient**
[difíʃənt]

ⓐ 부족한, 결함 있는

예문 When your body is **deficient** in water, the skin's surface
eventually shows the problem.
　　당신의 몸에 수분이 부족하면, 피부 표면은 결국 문제를 드러낸다. `07 고3 학평 변형`

1499 absurd
[əbsə́:rd]

ab(강조) + surd(귀가 먼)
➡ 들어보지 못한 ➡ 엉뚱한

ⓐ 터무니없는, 황당한

예문 I think the new traffic regulations are **absurd**.
난 새로운 교통 정책이 터무니 없다고 생각한다.

1500 eloquent
[éləkwənt]

e(밖으로) + loqu(말하다)
+ ent(형.접)
➡ 공개적으로 말하는

ⓐ 호소력 있는, 웅변의, 달변의

예문 With his **eloquent** gesture, he had demonstrated
that this day's guest and the host would be in perfect
harmony.
호소력 짙은 몸짓으로 그는 이날의 손님과 주인이 완벽하게 조화를 이루었다는
것을 보여 주었다. 11 고3 학평 변형

1501 capital
[kǽpitəl]

cap(it)(머리) + al(명.접)
➡ 머리의 ➡ 국가의 머리(수도),
문장의 앞머리(대문자), 고대의
자본이었던 머리를 세는 것(자본)

ⓝ 자본, 자산, 수도, 대문자 ⓐ 자본의, 자산의

예문 Human **capital** consists of the skills and knowledge
that an individual uses to produce goods and services.
인적 자원은 개인이 재화와 서비스를 생산하기 위해 사용하는 기술과 지식으로
구성되어 있다. 05 고3 평가원 변형

1502 wholesale
[hóulsèil]

ⓐ 도매의, 대량의, 다수의 ⓝ 도매, 대량 판매

예문 Jack started a venture with a **wholesale** watch
company and within six months he made $3,000,
a fortune for the time.
Jack은 시계 도매 회사와 함께 사업을 시작했고 6개월 만에 그 당시로는
큰 돈인 3천 달러의 수입을 거뒀다. 06 고3 학평 변형

↔ **retail** ⓝ 소매 ⓐ 소매의

1503 dislike
[disláik]

dis(반대의) + like(좋아하다)
➡ 좋아하지 않는

ⓥ 싫어하다 ⓝ 반감, 싫음

예문 Most people **dislike** skunks because of their terrible
smell.
대부분의 사람들은 스컹크를 그들의 고약한 냄새때문에 싫어한다. 05 고1 학평

1504 unify
[jú:nəfài]

ⓥ 통합(통일) 하다

예문 The Mongol Empire was not a **unified** state but a vast
collection of territories held together by military force.
몽골 제국은 통합된 국가가 아니라 병력에 의해 결합된 영토들의 거대한 집합체였다.
07 고3 평가원 변형

➕ **unite** ⓥ 연합하다, 합치다

1505 **habitual**
[həbítʃuəl]

habit(버릇)
+ual(형.접)
➡ 버릇처럼 하는
➡ 늘 하는

ⓐ 습관적인, 상습적인

예문 A **habitual** thing such as taking a subway can reveal what kind of person you are by exposing how you react to situations.
지하철을 타는 것과 같은 습관적인 일은 당신이 상황에 따라 어떻게 반응하는지를 보여줌으로써 당신이 어떤 성격의 사람인지 보여줄 수 있다. 09 고2 평가원 변형

➕ **routine** ⓐ 정례적인, 일상의, 판에 박힌

1506 **testimony**
[téstəmòuni]

ⓝ 증거, (법정에서의) 증언

예문 The historian works closely with things like documents and oral **testimony** to make the past come alive.
역사가는 과거를 살아있게 하는 문서와 구두 증언과 같은 것들과 밀접하게 작업한다. 16 고3 학평 변형

➕ **testimonial** ⓝ 증거, 증명서, 추천서

1507 **stake**
[steik]

'땅에 고정시키는 말뚝'의
staken에서 유래
➡ (회사 등에) 고정시켜 놓은 돈

ⓝ 위험 부담, 지분, 말뚝 ⓥ (돈, 생명을) 걸다

예문 Everywhere in the world, the issue of how to manage urban growth poses the highest **stakes**, complex policy decisions, and strongly heated conflicts in the public area.
세계 도처에서 도시 성장을 관리하는 방법의 문제는 공공 영역에서 가장 높은 위험 부담과 복잡한 정책 결정과 맹렬하게 가열되는 갈등을 내포한다. 2009 수능

1508 **shovel**
[ʃʌ́vəl]

ⓝ 삽, 부삽 ⓥ 삽으로 뜨다(파다)

예문 Dad is digging sand with a **shovel**.
아버지는 삽으로 모래를 파내고 계시다.

1509 **contemporary**
[kəntémpərèri]

con(함께)+tempor(시간)
+ary(형.접)
➡ 그 시대에 함께 있는

ⓐ 현대의, 동시대의 ⓝ 동시대인

예문 The online art expo has assembled 139 **contemporary** art galleries from 30 countries.
그 온라인 미술 전시회는 30개국의 139개 현대 미술 갤러리를 한 곳에 모아 놓았다. 11 고2 학평

1510 endeavor
[endévər]

en(~하게 하다)
+ devoir(직무를 하다)

➡ 직무를 하게 하다

ⓝ 노력, 시도 ⓥ 노력하다

예문 At Air Pacific, we know that earning the trust of our clients is a permanent and ongoing **endeavor**.
Air Pacific에서는 우리는 고객의 신뢰를 얻는 것이 영구적이고 지속적인 노력임을 알고 있습니다. 11 고2 학평

1511 inherit
[inhérit]

in(만들다) + herit(상속인)

➡ 상속인으로 만들다
➡ 상속하다

ⓥ 상속하다, 물려받다

예문 Brain researches show that some of our intelligence may indeed be **inherited**.
두뇌 연구는 우리의 지성의 일부를 실제로 물려받을 수 있음을 보여 준다. 15 고2 학평 변형

1512 assimilate
[əsíməlèit]

as(~에) + siil(비슷한)
+ ate(동.접)

➡ ~에/~과 비슷하게 만들다

ⓥ 동화하다, 흡수하다, 완전히 이해하다

예문 Unlike their parents, younger people tend to be **assimilated** into another culture more quickly.
부모들과는 다르게 젊은이들은 다른 문화에 더 빨리 동화되는 경향이 있다.

➕ **assimilation** ⓝ 흡수, 동화

1513 compliment
[kámpləmənt]

com(강조) + pli(채우다)
+ ment(명.접)

➡ (상대의 욕구를) 채워주는 것
➡ 칭찬

ⓝ 칭찬 ⓥ 칭찬하다

예문 One of the easiest ways to be likable is to offer a sincere **compliment**.
호감을 주는 가장 쉬운 방법 중의 하나는 진실된 칭찬을 하는 것이다. 14 고1 학평 변형

1514 pedagogical
[pèdəgádʒikəl]

ⓐ 교육(학)의, 교육에 관련된

예문 Teachers play the central **pedagogical** function of transmitting knowledge.
선생님은 지식을 전달하는 가장 중요한 교육적 역할을 한다. 15 고3 학평

➕ **pedagogy** ⓝ 교육학

1515 conscious
[kánʃəs]

con(함께) + sci(알다)
+ ous(형.접)

➡ 함께 알고 있는 ➡ 의식하는

ⓐ 의식하는, 자각하는

예문 I am much more **conscious** of the need to exercise regularly.
나는 규칙적으로 운동하는 것에 대한 필요성을 더 잘 알고 있다.

1516 apathy
[ǽpəθi]

ⓝ 무관심

예문 Contentment is not supposed to be the same thing as **apathy**.
만족은 무관심과 같은 것으로 여겨지지 않는다. 13 고3 학평

✚ indifference ⓝ 무관심, 무심

> Tip! 〈형태가 유사한 단어〉
> · apathy ⓝ 무관심 · sympathy ⓝ 동정, 연민
> · empathy ⓝ 감정이입, 공감 · telepathy ⓝ 텔레파시

1517 proponent
[prəpóunənt]

ⓝ 지지자

예문 She was a leading **proponent** of civil rights movement.
그녀는 시민 평등권 운동의 선두적인 지지자였다.

↔ opponent ⓝ 반대자

1518 sullen
[sʌ́lən]

ⓐ 시무룩한, 뚱한, (날씨 등이) 음침한

예문 With a **sullen** look, Danny looked up at his father.
시무룩한 표정으로 Danny는 아버지를 올려다 보았다.

✚ gloomy ⓐ 우울한, 침울한, 어둑어둑한

1519 cite
[sait]

'불러내다. 소환하다'의
라틴어 **citare**에서 유래

ⓥ 인용하다, (예를) 들다

예문 One of the most commonly **cited** reasons for keeping a pet animal is for the companionship it can provide.
애완동물을 키우는 이유 중 가장 흔하게 언급되는 것 중 하나는 애완동물이 줄 수 있는 동료애이다. 13 고3 평가원

✚ citation ⓝ 인용(구)

1520 paradigm
[pǽrədàim]

ⓝ 전형적인 양식, 패러다임

예문 The word **paradigm** stems from the Greek word paradeigma, which means pattern.
'paradigm'은 정형화된 양식을 의미하는 그리스 단어 'paradeigma'에서 유래된 단어이다. 06 고3 평가원

Review Test !

A 우리말에 맞게 빈 칸에 알맞은 단어를 쓰시오.

1	_____	궁극적인, 최후의, 근본적인	11	_____ additive
2	_____	기업의, 회사의, 공동의	12	_____ innocence
3	_____	인수, 이동, 변천	13	_____ refinement
4	_____	불편, 가벼운 통증, 불쾌	14	_____ skim
5	_____	부족한, 결함 있는	15	_____ fluctuate
6	_____	습관적인, 상습적인	16	_____ capital
7	_____	노력, 시도 ; 노력하다	17	_____ stake
8	_____	교육(학)의, 교육에 관련된	18	_____ assimilate
9	_____	지지자	19	_____ apathy
10	_____	전형적인 양식, 패러다임	20	_____ cite

B 문장의 빈칸에 알맞은 단어를 〈보기〉에서 찾아 쓰시오. (필요하면 형태를 고치시오.)

보기   dislike   conscious   laundry   absurd   wholesale

1 Using the _____ machines late at night can disturb others' sleep.
밤 늦게 세탁기를 사용하는 것은 다른 사람들의 수면을 방해할 수 있다. 15 고2 학평

2 The program was originally designed by the market _____ suppliers to help the orphans.
그 프로그램은 원래 시장 도매업자들에 의해 고아들을 돕기 위해 구상되었다. 05 고3 학평

3 The great fault in John's character was a strong _____ of all kinds of domestic duty.
John의 성격상의 큰 결점은 모든 종류의 집안 일에 대한 강한 반감이었다. 05 고3 평가원

4 Ethics begins with our being _____ that we choose how we behave.
윤리학은 우리가 어떻게 행동해야 할지를 선택할 수 있다는 의식과 더불어 시작된다. 2002 수능

5 It would be _____ to suggest that the government support great plumbers, dentists, or bankers.
정부가 훌륭한 배관공, 치과의사, 은행원들을 후원해야 한다고 제안하는 것은 불합리하다. 08 고3 평가원

Study More !

01 run의 다양한 용법

- (사람, 동물 등이) 뛰다, 달리다

  ex.) Cheetahs can run as fast as passing cars on a highway.

  치타는 고속도로 위를 지나는 차만큼 빨리 달릴 수 있다.

  ex.) Jinju came running to meet us.

  진주는 우리를 맞이하러 달려왔다.

- (사업체 등을) 운영하다, 경영하다, 관리하다

  ex.) Running a business is not easy.

  사업체를 운영하는 것은 쉽지 않다.

02 혼동하기 쉬운 단어 grief/brief

- **grief** ⓝ (누군가의 죽음으로 인한) 슬픔, 비통

  Jack was in deep **grief** because his grandfather passed away.

  Jack은 그의 할아버지가 돌아가셔서 깊은 슬픔에 빠져있었다.

- **brief** ⓐ 짧은, 잠시 동안의

  After a **brief** silence, the discussion resumed.

  잠깐의 침묵 후에 토론은 재개 되었다.

Word **Preview**

음원 듣기

- [ ] account
- [ ] censor
- [ ] reservoir
- [ ] surmise
- [ ] guarantee
- [ ] avalanche
- [ ] grasp
- [ ] incentive
- [ ] sophisticated
- [ ] diagnose
- [ ] miniature
- [ ] turmoil
- [ ] military
- [ ] malnutrition

- [ ] polish
- [ ] endangered
- [ ] vicious
- [ ] coordinate
- [ ] hiss
- [ ] questionnaire
- [ ] disorder
- [ ] doze
- [ ] enlighten
- [ ] ethnologist
- [ ] significantly
- [ ] motivation
- [ ] susceptible
- [ ] cram

- [ ] initial
- [ ] imbalance
- [ ] yawn
- [ ] sacrifice
- [ ] antibiotic
- [ ] suppress
- [ ] minister
- [ ] expel
- [ ] slender
- [ ] aboriginal
- [ ] cuddle
- [ ] predetermined

Day 39

1521 account
[əkáunt]

ac(~에) + count(계산하다)
➡ (계산 결과가) ~에 달하다

ⓝ 계좌, 장부, 설명

예문 Ever since my daughter's sixth birthday, I've put Saturdays' earnings into a savings **account** for her.
내 딸의 6살 생일 이래로, 나는 토요일에 버는 돈을 그녀를 위해 예금 계좌에 넣어왔다. 15 고3 학평 변형

1522 censor
[sénsər]

ⓥ 검열하다

예문 I believe that it is impossible to completely **censor** the Internet.
나는 인터넷을 완전히 검열하는 것은 불가능하다고 믿는다.

➕ censorship ⓝ 검열

1523 reservoir
[rézərvwὰːr]

re(뒤) + serv(지키다)
+ oir(~한 장소)
➡ 물을 지키는 장소

ⓝ 저수지, 저장소, 비축, 공급원

예문 The mayor said other canals needed to pump water from underground or faraway **reservoirs**.
그 시장은 다른 운하들이 지하 또는 멀리 떨어진 저수지에서 물을 끌어올 필요가 있다고 말했다.

1524 surmise
[səːrmáiz]

'청구하다, 혐의를 제기하다'의 고대 프랑스어 surmis에서 유래

ⓥ 추측(추정) 하다 ⓝ 추측, 예측

예문 He **surmised** that his son must have already arrived at the airport. 그는 그의 아들이 이미 공항에 도착했을 것이라 추측했다.

1525 guarantee
[gæ̀rəntíː]

guarant(보호하다) + ee(명.접)
➡ (위험으로부터) 보호하는 것
➡ 보증, 담보

ⓥ 보장하다, (품질을) 보증하다, 확신하다 ⓝ 약속, (품질) 보증서, 보장

예문 Sociolinguists argue that linguistic knowledge does not **guarantee** that you can understand and produce socially appropriate speech.
사회언어학자들은 언어적 지식이 사회적으로 적절한 발화를 이해하고 만들 수 있다고 보장해 주지는 못한다고 주장한다. 10 고1 학평

1526 avalanche
[ǽvəlæ̀ntʃ]

'산(눈)사태'의 프랑스어 la valance가 avalanche로 차용됨

ⓝ 눈사태, 산사태

예문 Basically, an **avalanche** occurs when there is more stress on the top layer of snow than on the bottom layer.
기본적으로, 눈사태는 눈의 바닥 층보다 위층에 더 많은 압박이 있을 때 발생한다.

1527 grasp
[græsp]

Ⓥ 꽉 잡다, 파악하다 Ⓝ 꽉 쥐기, 이해, 파악

예문 To understand human behavior, it is essential to **grasp** the ideas of inferiority.

인간의 행동을 이해하기 위해서는 열등감을 파악하는 것이 중요하다. 09 고3 학평

1528 incentive
[inséntiv]

in (안, 안으로) + cent (노래하다) + ive (형.접)

➡ 선동하는, 조장하는
➡ 격려하는

Ⓝ 자극, 장려책, 동기

예문 OECD members provide a great tax **incentive** to working couples that have two children.

OECD 국가들은 두 자녀를 가진 맞벌이 부부에게 많은 세금 혜택을 주고 있다. 07 고3 학평

✚ **encouragement** Ⓝ 격려, 장려

1529 sophisticated
[səfístəkèitid]

sophist (궤변의, 궤변가의) + ate (동.접) + ed (형.접)

➡ 숙련된 (사람이 만든) ➡ 정교한

ⓐ 세련된, 정교한, 복잡한

예문 The company uses **sophisticated** computer programs to analyze customer feedback.

그 회사는 고객의 의견을 분석하기 위해 정교한 컴퓨터 프로그램을 사용한다.

1530 diagnose
[dáiəgnòus]

dia (분리된) + gno (알다) + se (동.접)

➡ 따로따로 구분해 알아내다

Ⓥ 진단하다, 밝혀내다

예문 Thomas was **diagnosed** with a terminal illness and given six months to live.

Thomas는 불치병으로 6개월 밖에 살 수 없다는 진단을 받았다. 10 고3 평가원 변형

✚ **diagnosis** Ⓝ 진단

1531 miniature
[míniətʃər]

'축소된 이미지'의 이탈리아어 miniatura에서 유래

ⓐ 소형의, 아주 작은

예문 Mia got unusual **miniature** tea sets and pretty tea accessories for her birthday.

Mia는 특이한 작은 찻잔 세트와 예쁜 차 액세서리를 생일선물로 받았다.

1532 turmoil
[tə́ːrmɔil]

Ⓝ 혼란, 소란

예문 According to the experiment, night eaters often eat in response to anxiety or the emotional **turmoil**.

그 실험에 따르면, 밤에 음식을 먹는 사람들은 종종 불안이나 감정의 혼란에 반응해서 먹는다고 한다. 2012 수능 변형

✚ **chaos** Ⓝ 혼돈, 혼란

1533 **military**
[mílitèri]

ⓝ 군대 ⓐ 군대의

[예문] A charitable lady helped him to attend a **military** school.
한 자비로운 여인은 그가 지역의 군사 학교에 다니는 것을 도와주었다. [2014 수능]

1534 **malnutrition**
[mæ̀lnjuːtríʃən]

mal(나쁜, 잘못된)
+ nutrition(영양)
➡ 영양 상태가 잘못된

ⓝ 영양실조

[예문] African children were suffering from severe **malnutrition**.
아프리카 아이들은 심각한 영양실조로 고통 받고 있었다. [07 고2 학평 변형]

1535 **polish**
[páliʃ]

'부드럽게 만들다'의 polischen
에서 유래

ⓥ 닦다, 광을 내다 ⓝ 광택제, 윤내기, 윤, 광택

[예문] He used the napkins to clean and **polish** the silverware
and crystal before each meal.
매 식사 전에 그는 냅킨을 사용해서 은 식기와 유리 식기를 닦고 광을 냈다.
[11 고1 학평]

1536 **endangered**
[indéindʒərd]

en(~하게 만들다)
+ danger(위험한) + ed(형.접)
➡ 위험에 빠지게 만드는
➡ 위험에 처한

ⓐ 멸종 위기에 처한, 위험에 처한

[예문] Many species of tree are now **endangered**, including
mahogany and teak.
마호가니와 티크를 포함한 많은 종의 나무들이 현재 멸종 위기에 처해있다.
[14 고3 평가원]

1537 **vicious**
[víʃəs]

ⓐ 잔인한, 악랄한, 포악한

[예문] The villagers survived the **vicious** attack from the
neighboring country.
마을 사람들은 이웃 나라의 포악한 공격에서 살아남았다.

➕ cruel ⓐ 잔인한, 잔혹한

1538 **coordinate**
[kouɔ́ːrdənit]

ⓥ 조직화하다, 조정하다, 편성하다

[예문] Team sport tends to rely on **coordinated** movement.
팀 운동은 조직적인 움직임에 의존하는 경향이 있다. [11 고2 학평 변형]

➕ organize ⓥ (어떤 일을) 조직하다, 준비하다

1539 hiss
[his]

ⓥ 쉬익하는 소리를 내다 ⓝ 쉬익하는 소리

예문 Wind is rocking our trailer, **hissing** in around its aluminum door and window frames.
바람은 우리의 트레일러를 흔들며 알루미늄 문과 창틀로 쉬익 하는 소리를 내며 들어온다. 07 고3 학평

1540 questionnaire
[kwèstʃənέər]

'공식 질문 목록'의 프랑스어 **questionnaire**에서 유래

ⓝ 설문지

예문 In a series of studies, scientists had participants fill in a **questionnaire** on their preferences among candy bar brands.
일련의 연구들에서, 과학자들은 참가자들에게 여러 초코바 상표들 중 그들의 선호도에 대한 설문지를 작성하도록 했다. 12 고3 학평

1541 disorder
[disɔ́:rdər]

dis(반대의) + order(질서)
➡ 질서가 없는

ⓝ 혼란, 무질서, 장애

예문 Compulsive shopping is a serious **disorder** that can ruin lives if it's not recognized and treated.
무절제한 쇼핑은 인식되고 치료되지 않으면 삶을 망칠 수 있는 심각한 장애이다. 12 고1 학평

1542 doze
[douz]

ⓥ 깜빡 잠이 들다, 졸다

예문 While I watched the movie, I **dozed** off.
그 영화를 보는 동안, 난 내내 졸았어요. 09 고3 학평 변형

1543 enlighten
[inláitən]

ⓥ 계몽하다, 깨우침을 주다

예문 There are only a few **enlightened** people left in this world.
이 세상에 개화된 사람은 아주 약간만 남아 있다. 2006 수능

1544 ethnologist
[èθnálədʒist]

ⓝ 민족학자

예문 Lorenz, an Austrian **ethnologist**, looked into the science of cuteness in the 1940s.
오스트리아 민족학자인 Lorenz는 1940년대에 귀여움의 과학에 대해 조사했다. 11 고3 학평

➕ ethnology ⓝ 민족학, 민속학

1545 significantly
[signifikəntli]

significant (중요한, 중대한)
+ ly (부.접)

➡ 중대하게, 상당히

ad 크게, 상당히

예문 Drinking at least three cups of coffee a day **significantly** improves attention and memory.

하루에 최소 세 잔의 커피를 마시는 것은 주의력과 기억력을 상당히 증진시킨다.

14 고1 학평 변형

➕ **significant** ⓐ 중요한, 의미심장한

1546 motivation
[mòutəvéiʃən]

motivate (동기를 부여하다)
+ tion (명.접)

➡ 동기(부여), 자극

n 자극, 유도, 동기(부여)

예문 The book gave me the confidence, determination and **motivation** to succeed.

그 책은 내게 자신감과 단호함, 그리고 성공하고자 하는 동기를 주었다.

11 고3 평가원 변형

➕ **motivate** ⓥ 동기를 부여하다, 자극하다

1547 susceptible
[səséptəbl]

a 영향을 받기 쉬운, 허용하는, ~에 예민한 (~ to)

예문 People who go outside on cold days without wearing a hat are **susceptible** to catching a cold.

추운 날에 모자를 쓰지 않고 밖에 나가는 사람들은 감기에 걸리기 쉽다.

➕ **sensitive (~to)** ⓐ ~에 세심한, 예민한

1548 cram
[kræm]

'무언가에 밀어 넣다'의 고대 영어
crammian에서 유래

v 밀어 넣다, 억지로 쑤셔 넣다, 벼락치기로 공부하다
n 벼락 공부, 꽉 들어참

예문 Some students **cram** for exams and forget everything a week later.

일부 학생들은 시험에 대비해 벼락치기 공부를 하고 1주일 후에 모든 것을 잊는다.

1549 initial
[iníʃəl]

a 처음의, 초기의   **n** 첫글자, 머리글자

예문 Some reptiles direct their **initial** attack at the head of their prey.

일부 파충류는 먹이를 처음 공격 할 때 그들의 머리를 겨냥한다. 13 고2 학평 변형

1550 imbalance
[imbǽləns]

im (반대의) + balance (균형)

➡ 균형잡히지 않은

n 불균형, 불안정

예문 A slight rise in water temperature can cause an **imbalance** in the local marine ecosystem.

수온의 경미한 상승이 지역 해양 생태계의 불균형을 초래할 수 있다.

↔ **equilibrium** ⓝ 평형(균형) 상태

1551 yawn
[jɔːn]

ⓥ 하품하다 ⓝ 하품

예문 When people **yawn**, they instinctively increase blood flow, bringing in low temperature air.
사람들이 하품 할 때는, 낮은 온도의 공기를 들여오면서 본능적으로 혈액의 흐름을 증가시킨다. 12 고1 학평 변형

1552 sacrifice
[sǽkrəfàis]

sacr(i)(신성한) + fic(e)(만들다)
➡ 신성하게 만들어 바치는 것

ⓥ 희생하다 ⓝ 희생, 제물

예문 Yet so often, we confuse means with ends, and **sacrifice** happiness (end) for money (means).
하지만 아주 흔히 우리는 수단과 목적을 혼동하여 돈(수단)을 위해서 행복(목적)을 희생한다. 2016 수능

1553 antibiotic
[æntaibaiátik]

ⓝ 항생제 ⓐ 항생의

예문 **Antibiotics** are medicines that help make our bodies resistant to diseases.
항생제는 우리 몸이 질병에 저항할 수 있도록 돕는 약이다.

> **Tip!** 〈'약'과 관련된 용어〉
> - **drug** ⓝ 약물
> - **drug store** ⓝ 약국
> - **antidote** ⓝ 해독제
> - **medication** ⓝ 약(물)
> - **dose** ⓝ 복용량
> - **ointment** ⓝ 연고
> - **prescription** ⓝ 처방전
> - **painkiller** ⓝ 진통제

1554 suppress
[səprés]

sup(아래로) + press(누르다)
➡ 아래로 누르다

ⓥ 억압하다, 진압하다, 억제하다

예문 If we ignore or **suppress** health symptoms, they will become progressively louder and more extreme.
우리가 건강상의 증상을 무시하거나 억제한다면 그것들은 계속해서 더 강하고 더 극단적이게 될 것이다. 15 고3 학평

➕ **suppression** ⓝ 진압, 억제

1555 minister
[mínistər]

min(i)(작은) + ster(사람)
➡ 작은 사람 ➡ 하인
➡ (신, 또는 국가에) 기여하는 사람

ⓝ 장관, 성직자

예문 The **Minister** of Health and Welfare warned that smoking is harmful and may cause cancer.
보건복지부 장관은 흡연이 해롭고 암을 유발할 수 있다고 경고했다. 10 고3 학평 변형

1556 **expel**
[ikspél]

ex(밖) + pel(몰다, 몰아붙이다)
➡ 밖으로 몰아내다

ⓥ 배출하다, 퇴학시키다

예문 He was **expelled** from the team due to his inappropriate behavior.
그는 부적절한 행동 때문에 팀에서 쫓겨났다.

1557 **slender**
[sléndər]

ⓐ 날씬한, 가느다란, 호리호리한, (희망 등이) 희박한

예문 The bottle had a **slender** neck but a fat, round bottom, like a genie bottle.
그 병은 날씬한 병목과 지니의 병 같은 두툼하고 둥근 바닥을 가졌다. 11 고3 학평 변형

➕ thin ⓐ 마른, 여윈 slim ⓐ 날씬한 lean ⓐ 군살이 없는

1558 **aboriginal**
[æbərídʒənəl]

ⓐ 원주민의, 토착의

예문 Totemism is an interesting aspect of **aboriginal** culture.
토테미즘은 원주민 문화의 흥미로운 측면이다. 10 고3 학평 변형

➕ aborigine ⓝ (호주) 원주민

1559 **cuddle**
[kʌ́dl]

ⓥ 껴안다 ⓝ 껴안기, 포옹

예문 In the orphanages in the early 1900s, visitors were not permitted to **cuddle** newborn babies.
1900년대 초반 고아원에서는 방문자들이 신생아들을 안는 것은 허락되지 않았다. 15 고1 학평 변형

➕ hug ⓥ 꼭 껴안다

1560 **predetermined**
[priditə́rmind]

ⓐ 미리 결정된, 예정된

예문 If the temperature reaches a **predetermined** level, water will start to boil.
만약 온도가 미리 예정된 수치에 도달하면, 물이 끓기 시작할 것이다.

➕ predetermine ⓥ 미리 결정하다

Review Test !

Day 39 397

A 우리말에 맞게 빈 칸에 알맞은 단어를 쓰시오.

1 _____ 검열하다
2 _____ 눈사태
3 _____ 혼란, 소란
4 _____ 멸종 위기에 처한, 위험에 처한
5 _____ 혼란, 무질서, 장애
6 _____ 영향을 받기 쉬운, 허용하는
7 _____ 희생하다 ; 희생, 제물
8 _____ 배출하다, 퇴학시키다
9 _____ 껴안다 ; 껴안기, 포옹
10 _____ 항생제 ; 항생의

11 _____ surmise
12 _____ incentive
13 _____ diagnose
14 _____ malnutrition
15 _____ vicious
16 _____ enlighten
17 _____ ethnologist
18 _____ imbalance
19 _____ suppress
20 _____ predetermined

B 문장의 빈칸에 알맞은 단어를 〈보기〉에서 찾아 쓰시오. (필요하면 형태를 고치시오.)

보기   miniature   significantly   military   grasp   polish

1 He piled sketchpads and model kits next to the boy's bed and encouraged him to build _____ airplanes and boats.
그는 아들의 침대 옆에 스케치북과 모형 재료들을 쌓아놓고, 그로 하여금 소형 비행기와 보트를 만들도록 권유하였다. 15 고2 학평

2 _____ requires that fingers hold an object securely.
붙잡는 것은 손가락이 물체를 안전하게 잡는 것을 필요로 한다. 17 고3 평가원

3 Boys lived at the school to receive their _____ training for wars.
소년들은 군사 훈련을 받기 위해 그 학교에서 살았다.

4 Industrial diamonds are crushed and powdered, and then used in many grinding and _____ operations.
공업용 다이아몬드는 으깨어지고 가루로 되어, 많은 연마와 광택 작업에 사용된다. 2007 수능

5 He _____ improved Greek texts and edited four plays written by Euripides.
그는 그리스어로 된 원문을 상당히 개선했고, Euripides가 쓴 희곡 4편을 편집했다. 16 고3 평가원

01 동물의 소리에 대한 어휘들 : animal sounds

hiss는 뱀이나 증기가 '쉿'하는 소리를 내는 것을 뜻해요. 한국어에서 '개가 짖다', '닭/염소가 울다'라고 비슷한 행위를 다른 단어로 표현하는 것과 비슷한 현상이 영어에도 나타납니다. 개가 짖는 경우는 'bark'라고 하고 염소가 우는 소리는 'bleat'라고 표현하지요. 잘 알려진 동물의 소리를 표현하는 어휘 몇 가지를 더 알아볼까요?

- **bee**
  hum 웅웅거리다   buzz 윙윙거리다, 윙윙거리며 날다
  ex.) bees buzzing around the garden flowers.
  정원의 꽃 주위를 윙윙거리며 날고 있는 벌들

- **bird**
  chirp (새나 곤충이) 짹짹거리다
  ex.) a bird chirping outside 밖에서 짹짹거리는 새 한마리

- **snake / water**
  hiss (뱀, 고양이, 증기 등이) 쉿하는 소리를 내다

- **dog / bear**
  growl 으르렁 거리다

- **pig / camel**
  grunt (돼지나 동물이) 꿀꿀거리다

- **cat**
  mew, meow (고양이가) 야옹하고 울다

- **duck**
  quack (오리가) 꽥꽥 울다

- **goat / lamb / sheep**
  bleat (양이나 염소가) 매애 하고 울다

- **lion**
  roar (큰 짐승이) 으르렁거리다, 포효하다

- **pigeon**
  coo (비둘기가) 구구구하다

- **wolf**
  howl (늑대나 개 등이) 울다, 울부짓다

Day

40

Word Preview

🎧 음원 듣기

- [ ] hasty
- [ ] conjure
- [ ] enterprise
- [ ] slate
- [ ] shrub
- [ ] furnish
- [ ] amnesia
- [ ] adjoin
- [ ] industrious
- [ ] glare
- [ ] injure
- [ ] grind
- [ ] authentic
- [ ] civilization

- [ ] impending
- [ ] resident
- [ ] illegible
- [ ] vapor
- [ ] robust
- [ ] loom
- [ ] oval
- [ ] amend
- [ ] glide
- [ ] recess
- [ ] layout
- [ ] abort
- [ ] institute
- [ ] subtle

- [ ] vague
- [ ] protest
- [ ] intricate
- [ ] slam
- [ ] faint
- [ ] seize
- [ ] overheat
- [ ] commemorate
- [ ] stingy
- [ ] hierarchical
- [ ] chick
- [ ] discard

Day 40

1561 ⋯ 1600

1561 hasty
[héisti]

ⓐ 서두른, 성급한, 경솔한

예문 Houses in flames, crops stolen, and **hasty** graves for the dead.
불길에 휩싸인 집들, 약탈당한 농작물들, 그리고 죽은 사람들을 위해 서둘러 만든 무덤들. 15 고1 학평

1562 conjure
[kándʒər]

ⓥ 마술을 하다, ~을 떠올리다 (~up), 생각해내다

예문 The old tree in the front garden **conjures** up memories of my grandfather.
앞마당에 그 오래된 나무는 나의 할아버지에 대한 기억을 떠올리게 한다.

1563 enterprise
[éntərpràiz]

enter (사이에) + pris(e) (잡다)
➡ 손 안에 일을 꽉 잡다 ➡ 과감히 일을 맡다 ➡ (진취적인) 기업

ⓝ 기업, 회사, 사업(운영)

예문 Would you like to become part of an enjoyable and rewarding **enterprise** experience?
여러분은 즐겁고 보람된 기업 경험의 일부가 되고 싶습니까? 09 고2 평가원 변형

1564 slate
[sleit]

ⓝ 슬레이트, 석판 ⓥ 혹평하다, 계획하다

예문 Some designers tend to love a blank **slate** and the freedom to do whatever they want.
어떤 디자이너들은 백지 상태와 그들이 원하는 무엇이든지 할 자유를 사랑하는 경향이 있다. 15 고1 학평 변형

1565 shrub
[ʃrʌb]

ⓝ 관목

예문 The desert has a greater variety of **shrubs** than deserts like the Sahara.
이 사막에는 사하라 같은 사막보다 더 다양한 종류의 관목들이 있다.

1566 furnish
[fə́ːrniʃ]

ⓥ (가구를) 비치하다, 제공하다, 공급하다

예문 At home, children may have a room **furnished** with a personal computer and television.
가정에서, 아이들은 개인용 컴퓨터와 텔레비전이 갖춰진 방을 가지고 있을 것이다.
06 고3 학평 변형

➕ furnished ⓐ (집, 방 등이) 가구가 구비된

1567 amnesia
[æmníːʒə]

a (부정) + mnesi (기억하다)
+ ia (명.접)
➡ 기억하지 못함

ⓝ 기억상실(증)

예문 When people suffer from **amnesia**, they may not
even be able to recall their own name.
사람들이 기억상실증을 앓을 때, 그들은 심지어 자기 자신들의 이름을 기억해내지
못할 수도 있다. 13 고3 평가원 변형

1568 adjoin
[ədʒɔ́in]

ad (~에) + join (결합하다)
➡ ~에/~와 결합하다
➡ ~에 가까이 있다

ⓥ ~에 인접하다, ~과 접하다, ~에 연결하다

예문 Nicole's house **adjoins** a beautiful lake.
Nicole의 집은 아름다운 호수와 접하고 있다.

1569 industrious
[indʌ́striəs]

ⓐ 근면한, 부지런한

예문 The list for the first person had the following adjectives:
'intelligent, **industrious**, impulsive, critical, stubborn,
and envious'.
첫 번째 사람에 대한 목록에는 다음 형용사들 '지적인, 근면한, 충동적인,
비판적인, 고집 센, 그리고 질투심이 강한'이 있었다. 12 고3 학평

1570 glare
[glɛər]

'밝게 빛나다'의 중세 네덜란드어
glaren에서 유래

ⓥ 노려보다, 쏘아보다, 번쩍번쩍 빛나다   ⓝ 노려봄, 섬광, 눈부심

예문 He looked around anxiously in the **glare** of the lamp.
그는 전등 불빛 속에서 초조하게 주변을 둘러보았다. 16 고3 학평

1571 injure
[índʒər]

in (반대의) + jur(e) (옳은)
➡ 옳지 않은 일을 하다
➡ 해치다

ⓥ 다치게 하다, 손상시키다

예문 Several animal species help other **injured** animals
survive.
몇몇 종의 동물들은 다른 다친 동물이 살아남도록 도와준다. 14 고1 학평

✚ **injury** ⓝ 부상, 상처   **hurt** ⓥ 다치게하다, 아프게하다

1572 grind
[graind]

ⓥ 갈다, 빻다

예문 A maetdol, a grinding device made of stone, is used
to **grind** grains like rice or beans into flour or paste.
돌로 만든 분쇄용 도구인 '맷돌'은 쌀 또는 콩과 같은 곡물을 가루나 반죽으로
갈기 위해 이용된다. 07 고1 학평

1573 authentic
[ɔ:θéntik]

ⓐ 진짜의, 진품인, 진정한

예문 Being alone will bring out the **authentic** flavor of every experience.
혼자 있는 것은 모든 경험의 진정한 맛을 이끌어 낼 것이다. 11.고3 평가원 변형

✚ **genuine** ⓐ 진짜의, 진품의

1574 civilization
[sìvəlizéiʃən]

civilize(문명화하다)
+ tion(명.접)
➡ 문명

ⓝ 문명, 문명사회

예문 To explain how the ancient Egyptians developed a successful **civilization**, you should first look at the geography of Egypt.
어떻게 고대 이집트인들이 성공적인 문명을 이룩했는가를 설명하기 위해서는 당신은 반드시 이집트의 지리를 살펴 봐야 합니다. 2009 수능 변형

1575 impending
[impéndiŋ]

ⓐ 곧 닥칠, 임박한

예문 Sometimes, an **impending** surge appeared ready to overwhelm the ship.
때때로 들이닥칠 듯한 파도가 그 배를 뒤엎을 준비가 된 것처럼 보였다.
09 고3 학평

✚ **imminent** ⓐ 임박한, 곧 닥칠듯한

1576 resident
[rézidənt]

re(다시) + sidere(앉다)
+ ent(명.접)
➡ 뒤에 남다, 정착하다
➡ 거주자

ⓝ 거주자

예문 If you are a Florida **resident**, your family can get a 10% discount from the original price.
당신이 플로리다 주 거주자라면 당신의 가족은 원래 가격의 10% 할인을 받을 수 있습니다. 14.고3 학평

1577 illegible
[ilédʒəbl]

il(반대의) + legible(읽을 수 있는)
➡ 읽기 어려운

ⓐ 읽기 어려운, 판독하기 어려운

예문 **Illegible** signatures just indicate a lack of self-esteem.
읽기 어려운 서명은 바로 자존감의 부족을 드러낸다. 08 고2 평가원

1578 vapor
[véipər]

'수분, 증기'의 고대 프랑스어
vapor에서 유래

ⓝ 증기, 증발 기체 ⓥ 증발하다

예문 When the air cools, **vapor** particles join up as water droplets that form clouds.
공기가 냉각되면, 수증기 입자는 구름을 형성하는 작은 물방울로 결합된다.
06 고2 학평 변형

1579 robust
[roubʌ́st]

'강하고, 단단한'의 라틴어
robustus에서 유래

ⓐ 혈기 왕성한, 튼튼한, 활발한

예문 Carol is a **robust** and energetic music teacher.
Carol은 활발하고 에너지가 넘치는 음악 선생님이다.

➕ **vigorous** ⓐ 활발한, 활기찬, 왕성한

1580 loom
[lu:m]

ⓥ 어렴풋이 나타나다, 곧 닥칠 듯 보이다

예문 Some dark shapes **loomed** up ahead of them.
그들 앞에 몇몇 검은 형체들이 나타났다. 13 고3 평가원 변형

➕ **looming** ⓐ 어렴풋이 보이기 시작하는

1581 oval
[óuvəl]

ⓐ 계란형의, 타원형의

예문 The breadfruit is a round or **oval** fruit that grows on the tropical islands in the Pacific Ocean.
빵나무 열매는 태평양의 열대섬에서 자라는 둥글거나 타원형인 과일이다.
2006 수능

1582 amend
[əménd]

ⓥ 개정하다, 수정하다

예문 Personal privacy laws have been **amended** several times.
개인 사생활 법은 여러 차례 개정되었다.

1583 glide
[glaid]

'부드럽고 쉽게 따라 움직이다'의
고대 영어 **glidan**에서 유래

ⓥ 미끄러지다, 미끄러지듯 움직이다, 활공하다
ⓝ 미끄러지는 듯한 움직임

예문 The skier **glided** down the steep hill like a bird.
그 스키 선수는 가파른 언덕을 새처럼 미끄러져 내려갔다.

1584 recess
[risés]

re(뒤로)+cedere(물러나다, 가다)

ⓝ 휴식, (의회 등의) 휴회 기간, 구석진 곳

예문 The discussion will continue after the lunch **recess**.
토론은 점심 휴식 이후에 계속 될 것입니다.

1585 **layout**
[léiàut]

ⓝ 배치, (출판물의) 지면 배정, 배열

[예문] Harry made model cars and model railroad **layouts**.
Harry는 모형 자동차, 모형 철로 설비를 만들었다. `11 고2 학평 변형`

✚ **arrangement** ⓝ 정리, 배열, 배치

1586 **abort**
[əbɔ́ːrt]

ⓥ 유산하다, 중단하다

[예문] Click the Exit button to **abort** the program.
프로그램을 종료하려면 Exit 버튼을 누르세요.

✚ **abortion** ⓝ 유산, (계획 등의) 중단

1587 **institute**
[ínstitjùːt]

in (안) + stitu(te) (서다)
➡ ~에 세우다 ➡ 설립하다

ⓝ 기관, 협회, 연구소 ⓥ 세우다, 설립하다, 제정하다

[예문] Linguists will set up a new **institute** of primitive language.
언어학자들은 새로운 원시 언어 연구소를 설립할 예정이다.

1588 **subtle**
[sʌ́tl]

ⓐ 미묘한

[예문] I can't exactly say what they are but there are **subtle** differences between the two pictures.
나는 정확하게 그것들이 무엇인지 말할 수는 없지만 그 두 그림 사이에는 미묘한 차이가 있다.

1589 **vague**
[veig]

'헤매다, 돌아다니다'의
라틴어 **vagus**에서 유래

ⓐ 희미한, 막연한, 모호한

[예문] Out of the dark came a **vague** voice, "Who's there?" I couldn't talk.
어둠 속에서 희미한 목소리가 흘러 나왔다. "거기 누구 있나요?" 나는 말을 할 수가 없었다. `2002 수능`

✚ **vagueness** ⓝ 막연함, 애매함

1590 **protest**
[próutèst]

pro (미리, 전에) + test (목격하다)
➡ 앞에 나서서 증언하다

ⓥ 항의하다 ⓝ 시위, 항의

[예문] The people and governments of Korea, China, and Taiwan regularly hold large **protests** against Yasukuni Jinja.
한국, 중국, 그리고 대만의 국민과 정부는 정기적으로 야스쿠니 신사에 대항하는 큰 시위를 연다.

1591 intricate
[íntrikət]

'얽기설기 얽힌'의 라틴어
intricatus에서 유래

ⓐ 복잡한, 뒤얽힌, 난해한

예문 The cocklebur was a plant comprised of an **intricate** combination of tiny seeds with thin strands.
우엉은 가는 가닥과 작은 씨앗의 복잡한 혼합으로 이루어진 식물이었다.

➕ complex ⓐ 복잡한, 뒤얽힌

1592 slam
[slæm]

ⓥ 쾅 닫다, 세게 밀다, 세게 닫히다, ~에 세게 부딪히다

예문 After a heated argument with his father, Edwin **slammed** the door and went out.
그의 아버지와 열띤 말다툼 끝에 Edwin은 문을 쾅 닫고 밖으로 나갔다.

1593 faint
[feint]

ⓐ (빛, 소리등이) 희미한, 약한, 어지러운 ⓥ 실신하다, 기절하다

예문 A **faint**, cool breeze blew as the sea moved about kindly.
바다가 잔잔히 움직이자 약하고 서늘한 바람이 불었다. 11 고2 학평 변형

Tip! 〈주요 용례〉
• a faint light 희미한 빛
• a faint hope 실낱같은 희망
• not have the faintest idea 전혀 짐작는 것이 없다

1594 seize
[si:z]

ⓥ 붙잡다, 움켜잡다, 체포하다

예문 From my experience, there is a lot said for **seizing** opportunities instead of waiting for someone to hand them to you.
내 경험상, 누군가 당신에게 기회를 건네주기를 기다리기보다는 기회를 잡으라는 말을 많이 들었다. 14 고1 학평

1595 overheat
[òuvərhí:t]

over(정상보다 많은)
+heat(가열하다)
➡ 과열하다

ⓥ 과열하다, 과열되다

예문 Researchers from a North American university discovered the reason of yawning : to protect our brain from **overheating**.
한 북미지역 대학의 연구자들은 하품의 이유가 두뇌가 과열되는 것으로부터 보호하기 위한 것임을 알아냈다. 12 고1 학평

1596 commemorate
[kəmémərèit]

Ⓥ 기념하다, 축하하다

예문 The paintings can be used to **commemorate** events or individuals.

그 그림은 행사나 개인을 기념할 때 사용될 수 있다.

➕ celebrate Ⓥ 축하하다, 경축하다

1597 stingy
[stíndʒi]

ⓐ 인색한, 금전을 아끼는, 부족한

예문 Known to be **stingy**, Franklin calculated that thousands of pounds of candle wax could be saved with his idea.

인색하다고 알려진 Franklin은 수천 파운드의 양초용 왁스가 그의 아이디어를 통해 절약될 수 있다고 계산했다. 11 고3 학평

➕ miserly ⓐ 인색한, 욕심 많은

1598 hierarchical
[hàiərá:rkikəl]

ⓐ 계급(계층)에 따른

예문 The more **hierarchical** your culture or background, the greater the power gap is apt to be.

당신의 문화나 배경이 더 계층적일수록, 권력 차이가 더 큰 경향이 있다.
16 고3 학평 변형

➕ hierarchy ⓝ 계급, 계층

1599 chick
[tʃik]

ⓝ 병아리

예문 **Chicks** can get out of their nest within three hours of hatching.

병아리는 부화 후 3시간 안에 그들의 둥지 밖으로 나올 수 있다. 15 고2 학평 변형

1600 discard
[diská:rd]

Ⓥ 버리다, 폐기하다

예문 He believes that we **discard** the old for the new too frequently and without thought.

그는 우리가 오래된 물건을 새 물건을 얻기 위해 너무나 자주 그리고 생각없이 버린다고 생각한다. 10 고3 학평

➕ abandon Ⓥ 버리고 떠나다, 포기하다, 버리다

Review Test!

A 우리말에 맞게 빈 칸에 알맞은 단어를 쓰시오.

1 _____ 서두른, 성급한, 경솔한
2 _____ 기업, 회사, 사업(운영)
3 _____ 기억상실(증)
4 _____ 문명, 문명사회
5 _____ 혈기 왕성한, 튼튼한, 활발한
6 _____ 배치, (출판물의) 지면 배정, 배열
7 _____ 기관, 협회, 연구소, 세우다
8 _____ 복잡한, 뒤얽힌, 난해한
9 _____ 기념하다, 축하하다
10 _____ 버리다, 폐기하다

11 _____ furnish
12 _____ glare
13 _____ resident
14 _____ vapor
15 _____ oval
16 _____ glide
17 _____ vague
18 _____ faint
19 _____ overheat
20 _____ hierarchical

B 문장의 빈칸에 알맞은 단어를 〈보기〉에서 찾아 쓰시오. (필요하면 형태를 고치시오.)

> 보기   grind   protest   industrious   subtle   impending

1 Most psychics have perfected the ability to read _____ clues that people give them.
대부분의 점쟁이들은 사람들이 드러내는 미묘한 단서를 읽어내는 데 통달하였다. `07 고3 학평`

2 My uncle always says to me, "We have to be thrifty and save money for a rainy day." And he is really _____.
삼촌은 항상 나에게 "우리는 검소해야 하고 어려울 때를 대비해 돈을 저축해야 한다"고 말한다. 그리고 그는 정말 부지런하다. `05 고3 학평`

3 In 1712, Sean invented a new way to _____ corn into meal.
1712년에 Sean은 옥수수를 분쇄하여 가루로 만드는 새로운 방법을 고안했다. `13 고3 학평`

4 Many people believe that Mozart was thinking of his own _____ death as he worked on the requiem.
많은 사람들은 모차르트가 그 레퀴엠을 작업하면서 자신의 임박한 죽음을 생각했으리라 믿는다.

5 I don't mean that we shouldn't stand up for what's right or _____ against what's wrong.
나는 옳은 것을 지지하지 않거나 옳지 않은 일에 저항하지 말아야 한다고 말하는 것은 아니다. `06 고2 학평`

Study More!

01 혼동하기 쉬운 단어 furnish/punish

furnish는 '가구를 배치하다', '제공하다'의 뜻으로 흔히 'furniture'와 관련이 있어요.
반면에 **punish**는 '벌하다', '처벌하다'의 뜻으로 쓰여요. 철자는 비슷하지만 뜻은 완전 다른
두 단어, 예문을 통해 학습해 볼까요?

- **furnish** : '(가구 등을) 배치하다', '(필요한 것) ~을 공급하다'의 의미를 가져요.

  ex.) Thomas furnished some clothes to the poor.
  그는 어려운 사람들에게 여분의 옷가지를 주었다.

  ex.) While awaiting the birth of a new baby, North American parents typically furnish a room as the infant's sleeping quarters.
  아기의 출생을 기다리면서, 북미의 부모들은 일반적으로 아기가 자는 공간으로 방에 가구를 비치한다.
  [2010 수능]

- **punish** : '벌하다', '처벌하다'를 뜻해요.

  ex.) Most parents punish their children in the same ways that they were punished by their parents.
  대부분의 부모들은 자기들이 자기의 부모들로부터 벌을 받았던 것과 똑같은 방식으로 자기 아이들을 벌한다.
  [1999 수능]

Day **41**

Word Preview

🎧 음원 듣기

- ☐ indigenous
- ☐ diversity
- ☐ arbitrary
- ☐ intent
- ☐ radioactive
- ☐ temper
- ☐ enroll
- ☐ editorial
- ☐ pension
- ☐ theorem
- ☐ criterion
- ☐ apparent
- ☐ lavish
- ☐ guideline

- ☐ adversity
- ☐ needle
- ☐ deed
- ☐ pediatric
- ☐ appliance
- ☐ perspire
- ☐ uncover
- ☐ reunion
- ☐ nomadic
- ☐ advent
- ☐ isolated
- ☐ shortly
- ☐ atomic
- ☐ decompose

- ☐ carnivorous
- ☐ cemetery
- ☐ withdraw
- ☐ stable
- ☐ immobilize
- ☐ gasp
- ☐ spontaneous
- ☐ remnant
- ☐ pore
- ☐ magnetic
- ☐ metropolitan
- ☐ adept

Day 41

1601 ⋯ 1640

1601 indigenous
[indídʒənəs]

indi (~에서) + gene (태어나다)
+ ous (형.접)
➡ 특정한 곳에서 태어나다

ⓐ 고유의, 토착의

예문 We discussed the main environmental issues: Extinction, Biodiversity and **Indigenous** Healing.
우리는 멸종, 생물학적 다양성, 토착 치료법과 같은 주된 환경 문제에 대해 토론했다.
06 고3 학평 변형

1602 diversity
[divə́:rsəti]

diverse (다양한)
+ ty (명.접)
➡ 다양성

ⓝ 다양성

예문 We can guess that habitat **diversity** refers to the variety of places where life exists.
우리는 서식지 다양성이 생물이 존재하는 장소들의 다양성을 말하는 것을 추측할 수 있다. 2011 수능 변형

1603 arbitrary
[á:rbitrèri]

ⓐ 임의적인, 제멋대로인

예문 Max's decision was entirely **arbitrary**.
Max의 결정은 전적으로 제멋대로였다. 2012 수능

1604 intent
[intént]

ⓝ 의도, 의향 ⓐ 몰두하는, ~에 전념하는

예문 Restoration assumes that one can recreate an artist's original **intent**.
복원은 예술가의 본래 의도를 재창조할 수 있다고 가정한다. 13 고3 평가원 변형

1605 radioactive
[rèidiouǽktiv]

ⓐ 방사능의, 방사능이 있는

예문 Uranium is a dangerous element because it is **radioactive**.
우라늄은 방사능이 있기 때문에 위험한 원소이다. 08 고2 학평

1606 temper
[témpər]

'섞다'의 라틴어 temperare에서 유래
➡ 마구 섞여서 나타난 것

ⓝ 기질, 화

예문 John was as famous for his tennis skills as he was for his fits of **temper** on the court.
John은 그의 테니스 실력만큼이나 코트에서 화를 내는 것으로 유명했다. 11 고3 평가원

1607 enroll
[inróul]

en (안) + rol (두루마리)
➡ 두루마리 모양의
문서에 기입하다

ⓥ 등록하다, 입학하다; 등록시키다

예문 When Einstein was ten, his family **enrolled** him in the Luitpold Gymnasium, where he developed a suspicion of authority.
Einstein이 열살이 되었을 때, 그의 가족은 그를 Luitpold 고등학교에 입학시켰고, 그 곳에서 그는 권위에 의심을 품는 것을 배워나갔다. 12 고3 학평

1608 editorial
[èditɔ́:riəl]

ⓐ 편집의, 편집과 관련된, 사설의 ⓝ 사설

예문 I am writing about yesterday's **editorial** opposing a new middle school in our small town.
나는 어제 우리의 작은 마을에 있는 새로운 중학교에 반대하는 사설에 대해 글을 쓰고 있다. 06 고2 평가원

1609 pension
[penʃn]

ⓝ 연금, 생활 보조금, 수당

예문 It is ridiculous for a man of twenty-five to think about the **pension** he will get after he retires.
스물다섯 살 된 남자가 은퇴 이후에 그가 받게 될 연금에 대해 생각하는 것은 어리석은 일이다. 09 고1 학평

1610 theorem
[θí(:)ərəm]

ⓝ 정리, 원리

예문 Fermat, whose 'last **theorem**' puzzled mathematicians for centuries, was a lawyer.
수세기 동안 수학자들을 혼란에 빠뜨린 '마지막 정리'의 페르마는 변호사였다.
10 고2 학평

　　　　　　　　　　　　　✚ axiom ⓝ 자명한 이치, 공리, 권리

1611 criterion
[kraití(:)əriən]

ⓝ 기준　복 criteria

예문 The milk met all my **criterion** for a healthy drink.
그 우유는 건강 음료로써 내 모든 기준을 충족시켰다.

1612 apparent
[əpǽrənt]

ap (~에) + par (눈에 보이는)
+ ent (형.접)
➡ 보여지는

ⓐ 분명한, 명백한

예문 The **apparent** complexity of a man's behavior over time is largely a reflection of the environment in which he finds himself.
시간에 따른 인간 행동의 명백한 복잡성은 주로 인간이 처한 환경의 반영이다.
15 고3 평가원

1613 lavish
[lǽviʃ]

'빗발치는 비'의 중세 프랑스어 lavasse에서 유래

ⓐ 호화로운, 마음이 후한

예문 They spent large sums of money on **lavish** clothing and jewelry.
그들은 많은 돈을 사치스러운 옷과 보석에 썼다. 11 고3 학평 변형

1614 guideline
[ɡáidlàin]

ⓝ 지침, 지표, 가이드라인

예문 First, you make **guidelines** for collecting measurable data in experiments.
우선, 당신은 실험에서 측정 가능한 정보를 모으는 지침을 만드세요.
09 고3 평가원 변형

1615 adversity
[ædvə́:rsəti]

ad (방향) + verse (돌리다) + ity (명.접)
➡ 상황이 반대로 돌아가는

ⓝ 역경, 재난

예문 Acting against **adversity** means cultivating positivity in whatever way you can.
역경에 맞서는 행동은 우리가 할 수 있는 모든 방법에서 적극성을 끌어내는 것이다.
14 고2 학평 변형

➕ **adverse** ⓐ 부정적인, 불리한

1616 needle
[ní:dl]

ⓝ (주사) 바늘, 침

예문 We actually feel pain before the **needle** even touches the skin!
우리는 사실 주사 바늘이 피부에 닿기도 전에 고통을 느낀다! 14 고1 학평 변형

1617 deed
[di:d]

ⓝ 행위, 행동

예문 Children must be taught to perform good **deeds** for their own sake, not in order to receive a reward.
아이들은 보상을 받기 위해서가 아니라 그들 스스로를 위해서 좋은 일을 행해야 한다고 가르침을 받아야 한다. 2011 수능 변형

1618 pediatric
[pì:diǽtrik]

ⓐ 소아과의

예문 Doctors need to have the safety, effectiveness, and dosing information that **pediatric** testing provides.
의사들은 소아과 실험이 제공하는 안정성과 효과, 그리고 복용 정보를 가지고 있어야 한다. 10 고3 학평

➕ **pediatrician** ⓝ 소아과 의사

1619 appliance
[əpláiəns]

ⓝ (가정용) 기기, 적용, 응용

예문 Tom, look at this flyer. Home **appliances** are on sale this week.
Tom, 이 전단지 좀 봐. 이번 주에 가전 제품 할인을 해. 2014 수능

1620 perspire
[pərspáiər]

ⓥ 땀을 흘리다, 땀이 나다

예문 As time goes by, the body **perspires** less to prevent dehydration.
시간이 지남에 따라, 몸은 탈수를 막기 위해 땀을 덜 흘린다. 09 고3 학평

1621 uncover
[ʌnkʌ́vər]

un (반대의)
+ cover (덮다, 가리다)
➡ 가리는 것의 반대
➡ 드러내다

ⓥ 밝히다, 발견하다

예문 Scientists are working hard to **uncover** the secrets of our world.
과학자들은 우리 세계의 비밀을 밝혀내기 위해 열심히 노력하고 있다.

1622 reunion
[ri:júːnjən]

re (다시) + union (통합, 결합)
➡ 다시 합쳐질 수 있는 사실,
다시 만날 수 있는

ⓝ 모임, 동창회

예문 Helen got an invitation to her twenty-year high school **reunion**.
Helen은 고등학교 졸업 20주년 동창회 초청장을 받았다.

1623 nomadic
[noumǽdik]

nomad (유목민) + ic (형.접)
➡ 유목의, 방랑의

ⓐ 유목의, 방랑의

예문 In Mongolia, there are still **nomadic** tribes living in traditional ways.
몽골에서는, 여전히 전통적인 방식으로 살아가는 유목 부족들이 있다.

➕ nomad ⓝ 유목민

1624 advent
[ǽdvent]

ad (~로) + vent (오다)
➡ ~로 오다

ⓝ 도래, 출현

예문 Professor Alfred will give a lecture on the **advent** of globalization.
Alfred 교수는 세계화의 도래에 대한 강연을 할 것이다.

isolated
[áisəlèitid]

ⓐ 고립된, 외딴, 격리된

예문 If you are **isolated** in your private life, your success will not last long.
만약 당신이 당신의 사생활 속에 고립된다면, 당신의 성공은 그리 오래가지 못할 것이다. 09 고3 평가원 변형

➕ **isolate** ⓥ 격리하다, 고립시키다

shortly
[ʃɔ́:rtli]

ⓐⓓ 곧, 즉시

예문 Linda was planning to visit Amy in a distant city, but **shortly** before she was supposed to arrive, Linda called and canceled.
Linda는 먼 도시에 사는 Amy를 방문할 예정이었다. 그러나 그녀가 도착하기로 했던 시간 바로 직전에 Linda는 전화를 걸어 약속을 취소했다. 15 고3 학평

atomic
[ətámik]

ⓐ 원자의, 원자력의, 핵무기의

예문 Although the Big Bang theory suggests an explosion as in an **atomic** bomb, this is misleading.
빅뱅이론은 원자폭탄에서와 같은 폭발을 암시하지만 그것은 오해의 소지가 있다.

➕ **atom** ⓝ 원자

decompose
[dì:kəmpóuz]

ⓥ ~을 분해하다, 부패시키다

예문 A simple plastic product such as a plastic bottle can take up to 500 years to **decompose**.
플라스틱 병 같은 간단한 플라스틱 제품조차도 분해되는데 500년까지 걸릴 수 있다.

➕ **decomposition** ⓝ 분해, 부패, 변질

carnivorous
[kɑːrnívərəs]

carnis (고기)
+ vorous (~을 먹는)
➡ 고기를 먹는

ⓐ 육식성의

예문 Scientists have discovered at least 600 different kinds of **carnivorous** plants all over the world.
과학자들은 전 세계에서 최소 600여 종의 다양한 육식성 식물들을 발견했다.

➕ **carnivore** ⓝ 육식동물   ↔ **herbivorous** ⓐ 초식성의

cemetery
[sémitèri]

'잠자는 곳'의 그리스어
koimeterion에서 유래
➡ '무덤, 묘지'의 고대 프랑스어
cimetiere로 변화

ⓝ 묘지

예문 Durrington Walls was a place for the living and Stonehenge was a **cemetery** and memorial.
Durrington 벽은 생활을 위한 장소였고 Stonehenge는 묘지이자 기념비였다.
07 고3 학평 변형

➕ **graveyard** ⓝ 묘지, 묘소

1631 withdraw
[wiðdrɔ́ː]

with(뒤)+draw(당기다)
➡ 뒤로 당기다

ⓥ 철회하다, 철수하다; (계좌에서 돈을) 인출하다

예문 Hikikomori is a Japanese term to refer to the phenomenon of some adolescents and young adults who have chosen to **withdraw** from social life.
히키코모리는 사회생활에서 물러나기로 선택한 일부 청소년들과 청년들의 현상을 일컫는 일본어이다. 06 서울 고3 학평

✚ **withdrawal** ⓝ 철회, 철수, 인출

1632 stable
[stéibl]

sta(서다)+ble(형.접)
➡ 움직이지 않고 서 있는
➡ 안정적인

ⓐ 안정적인, 안정된 ⓝ 마구간

예문 We are relieved to hear that Helen's blood pressure is now **stable**.
우리는 Helen의 혈압이 이제는 안정적인 것을 듣고 안심했다.

✚ **stability** ⓝ 안정성, 안정감 ↔ **unstable** ⓐ 급변하는, 불안정한

Tip! 〈주요 용례〉
· in a stable condition 안정된 상태인
(keep thing in a stable condition 안정된 상태를 유지하다 (2012 수능))

1633 immobilize
[imóubəlàiz]

im(반대의)+mobile(이동하는)+ize(동.접)
➡ 움직이지 못하게 하다
➡ 고정하다

ⓥ 고정시키다, ~을 움직이지 못하게 하다

예문 When photography ventured to represent living things, they had to be **immobilized**.
사진이 움직이는 대상들을 표현하려 했을 때, 그것들은 고정되어있어야 했다. 10 고3 평가원 변형

1634 gasp
[gæsp]

ⓥ 숨이 막히다, 헐떡거리다

예문 Mother **gasped** in shock, putting a hand over her own mouth.
엄마는 충격에 그녀의 입을 손으로 막으며 숨을 헐떡였다. 15 고1 학평 변형

1635 spontaneous
[spɑntéiniəs]

'~의 자유의지로'의 라틴어
spontaneus에서 유래

ⓐ 자발적인, 즉흥적인

예문 The individual's participation in mass behavior pattern is not a **spontaneous** reaction to random forces.
대중 행동 패턴에 개인이 참여하는 것은 임의적인 힘에 대한 자발적인 반응이 아니다. 15 고3 평가원

✚ **spontaneously** 廽 자발적으로

1636 remnant
[rémnənt]

고대 프랑스어에서 동사 remain의 과거 분사형인 remannt(남은 것)에서 유래

ⓝ (주로 복수로) 남은 부분, 나머지, 잔존물

예문 The majority of salt in the lake is a **remnant** of dissolved salts that are present in all fresh water.
그 호수에 있는 대부분의 소금은 모두 담수에 있는 용해된 소금의 잔존물이다.
2013 수능

➕ **remainder** ⓝ 나머지, 남아있는 것, 잔여

1637 pore
[pɔːr]

'극미한 구멍'의 고대 프랑스어 pore에서 유래

ⓝ (피부, 잎 등의) 작은 구멍

예문 The research team found that sweat **pores** and the skin's touch receptors are more densely packed as finger size decreases.
그 연구팀은 손가락 크기가 줄어듦에 따라 땀구멍과 피부의 촉각 세포가 더 밀집되어 있다는 것을 알아냈다. 10 고3 학평 변형

➕ **opening** ⓝ 트인 구멍, 틈

1638 magnetic
[mæɡnétik]

ⓐ 자기의, 자석같은, 매력있는

예문 Magnets are objects made from metals with a **magnetic** field.
자석은 자기장을 지니고 있는 금속으로 만들어진 물체이다.

➕ **magnet** ⓝ 자석

1639 metropolitan
[mètrəpálitən]

ⓐ 대도시의, 수도권의

예문 Today the suburban ring can be regarded as an outer city which increasingly controls the economic and social life of the **metropolitan** sector.
오늘날 고리 모양의 교외지역은 수도권의 경제, 사회생활을 더욱 더 통제하는 외곽 도시로 간주될 수 있다. 05 고3 학평

1640 adept
[ədépt]

'완벽하게 숙련된'의 라틴어 adeptus에서 유래

ⓐ 능숙한, 숙달된, 정통한(~at)

예문 There seem to be people who are **adept** at both music and painting.
음악과 그림 양 쪽 모두에 능숙한 사람들이 있는 것 같다.

↔ **inept** ⓐ 서투른, 솜씨없는

Review Test!

A 우리말에 맞게 빈 칸에 알맞은 단어를 쓰시오.

1 _____ 고유의, 토착의
2 _____ 의도, 의향 ; 몰두하는, 전념하는
3 _____ 연금, 생활 보조금, 수당
4 _____ 분명한, 명백한
5 _____ 역경, 재난
6 _____ 모임, 동창회
7 _____ 원자의, 원자력의, 핵무기의
8 _____ 철회하다, 철수하다, 인출하다
9 _____ 자발적인, 즉흥적인
10 _____ 능숙한, 숙달된, 정통한

11 _____ arbitrary
12 _____ temper
13 _____ guideline
14 _____ pediatric
15 _____ perspire
16 _____ isolated
17 _____ carnivorous
18 _____ immobilize
19 _____ remnant
20 _____ metropolitan

B 문장의 빈칸에 알맞은 단어를 〈보기〉에서 찾아 쓰시오. (필요하면 형태를 고치시오.)

〈보기〉 radioactive   nomadic   enroll   advent   shortly

1 For years, Switzerland had been trying to find a place to store _____ nuclear waste.
수년 동안, 스위스는 방사능 핵폐기물을 저장하기 위한 장소를 찾기 위해 노력해 왔다. 13 고3 학평

2 This is to notify all employees who have not previously _____ in a health plan to _____ at this time.
이것은 기존의 health plan에 등록할 기회를 놓친 종업원들에게 이번에 등록을 하라고 촉구하는 공지입니다.
05 고3 학평

3 Camping for pleasure is not a direct descendant of _____ culture.
즐거움으로 하는 캠핑은 유목 문화의 직계 후손은 아니다. 13 고3 학평

4 _____ after my arrow began to fly, I heard the crowd cheering.
잠시 후, 화살이 날아가기 시작했고, 나는 관중들이 환호하는 소리를 들었다. 2001 수능

5 Even the _____ of technology has not changed the fact that we are biological creatures ruled by our biological clocks.
심지어 기술의 도래조차도 우리가 생물학적 시계에 의해 지배되는 생물학적 존재라는 사실을 바꾸지 않았다.
05 고3 평가원

Study More!

01 혼동하기 쉬운 단어 corporate/cooperate

- **corporate** ⓐ 기업의, 회사의

  James will be promoted to **corporate** vice president next month.
  James는 다음 달에 회사 부사장으로 승진할 것이다.

- **cooperate** ⓥ 협력하다, 협동하다

  The two students **cooperated** to move the statue.
  두 학생은 그 동상을 옮기기 위해 협동했다.

02 혼동하기 쉬운 단어 adopt/adept

- **adopt** ⓥ 입양하다, 채택하다

  adopt a new bill 새로운 법안을 채택하다
  have a plan to **adopt** a baby 아기를 입양할 계획이 있다

- **adept** ⓐ 능숙한, 숙달된 (~at)

  Billy is **adept** at playing the instrument. Billy는 악기를 연주하는 것에 능숙하다.
  Lisa was an **adept** mechanic. Lisa는 숙달된 기계공이었다.

Day 42

Word Preview

음원 듣기

- periodic
- legacy
- overload
- insist on
- tricky
- junk
- immerse
- dampen
- empirical
- abrupt
- improvise
- antiseptic
- legible
- sew

- acoustic
- discrimination
- dose
- coherent
- hollow
- grant
- whirl
- amateur
- core
- sow
- timing
- solid
- admirable
- wade

- ongoing
- repetitive
- refresh
- burrow
- sting
- assorted
- neural
- mash
- apt
- bountiful
- makeshift
- dietary

Day 42

1641 periodic
[pìəriádik]

ⓐ 주기적인, 간헐적인

예문 These days many people have a **periodic** medical checkup.
요즘에는 많은 사람들이 주기적인 건강 검진을 한다.

➕ **periodical** ⓝ 정기 간행물

1642 legacy
[légəsi]

leg (대리인으로 선정하다)
+ acy (명.접)
➡ 위임에 의하여 물려 받은 것

ⓝ 유산, 업적

예문 This old castle was a **legacy** of my grandfather.
이 오래된 성은 내 할아버지의 유산이에요.

➕ **inheritance** ⓝ 유산, 상속

1643 overload
[óuvərlòud]

over (정상보다 많은)
+ load (짐을 싣다)
➡ 정상치보다 많은 짐을 싣다

ⓥ 과적하다   ⓝ 과부하

예문 As the population in the United States became denser, the land's natural chemical recycling processes were **overloaded**.
미국의 인구가 조밀해 졌기 때문에, 토지의 자연적인 화학적 재활용 과정은 과도하게 증가했다. 11 고3 학평

1644 insist on
[insíst ən]

~을 고집하다, 주장하다

예문 I **insist on** receiving a full refund.
저는 전액 환불 받기를 주장합니다. 13 고3 평가원

1645 tricky
[tríki]

ⓐ 힘든, 까다로운

예문 Having grown up in the U.S.A., Amy finds using chopsticks to be a **tricky** thing.
미국에서 자랐기 때문에 Amy에게 젓가락을 사용하는 것은 까다로운 일이었다.

1646 junk
[dʒʌŋk]

ⓝ 쓰레기, 쓸모없는 물건

예문 When you clean out your storage room, don't throw out any "**junk**" until you determine its potential as a collectible.
창고를 청소할 때, 수집할 만한 물건으로서 그것의 가능성을 결정할 때까지는 어떤 "쓰레기"도 버리지 말아라. 2006 수능

1647 **immerse**
[imə́ːrs]

ⓥ (액체 속에) 담그다, 몰두하다

예문 Babies are **immersed** in the language that they are expected to learn.

아기들은 자기들이 배울 언어에 몰입된다. 11 고2 학평 변형

✚ **immersion** ⓝ 담금, 몰두, 몰입

1648 **dampen**
[dǽmpən]

ⓥ 축이다, 적시다, 무디게 하다

예문 Mike **dampened** a cloth in warm water and began to wipe his table.

Mike는 천 조각을 따뜻한 물에 적셔서 책상을 닦기 시작했다.

✚ **moisten** ⓥ 촉촉해지다, 촉촉하게 하다

1649 **empirical**
[empírikəl]

ⓐ 경험적인, 실증적인

예문 We can learn how to live through **empirical** studies of human success.

우리는 인간의 성공에 대한 경험적인 연구를 통해서 어떻게 살아가야 하는지를 배울 수 있다. 11 고2 학평 변형

✚ **pragmatic** ⓐ 실용적인, 실용주의의

1650 **abrupt**
[əbrʌ́pt]

ⓐ 갑작스러운, 퉁명스러운

예문 The supervisor made an **abrupt** decision to cancel the meeting.

관리자는 회의를 취소하는 갑작스러운 결정을 내렸다.

ab (~에서부터)
+ ruptus (분리되다)
➡ ~에서 분리되다
➡ 가파른, 급격한

✚ **sudden** ⓐ 돌연한, 뜻밖의

1651 **improvise**
[ímprəvàiz]

ⓥ 임시변통으로 마련하다, 즉석에서 연주를 하다

예문 In jazz, contrary to classical music, the performers often **improvise** their own melodies.

재즈 음악에서는, 클래식 음악과는 대조적으로, 연주자들이 종종 자신들만의 멜로디로 즉흥연주를 한다. 2007 수능

✚ **improvisation** ⓝ 즉석에서 한 것(연주 등)

1652 **antiseptic**
[æ̀ntiséptik]

ⓐ 소독이 되는, 소독된 ⓝ 소독제, 방부제

예문 If you do use mouthwash, look for an **antiseptic** and plaque - reducing one.

만약 당신이 구강청결제를 사용하고자 한다면, 살균 효과가 있고 치석을 제거할 수 있는 것을 찾아보라. 11 고2 학평

1653 legible
[lédʒəbl]

ⓐ 읽기 쉬운, 또렷한

예문 Some names of the people inscribed on the ancient wall were still **legible**.

고대 성벽에 새겨진 사람들의 이름 중 몇몇은 여전히 읽을 수 있었다.

↪ **illegible** ⓐ 읽기 어려운, 판독하기 어려운

1654 sew
[sou]

ⓥ 바느질하다, 꿰매다

예문 Elias Howe thought of the idea of a **sewing** machine after waking up.

Elias Howe는 잠에서 깬 후 재봉틀에 대한 아이디어를 생각해냈다. 08 고3 평가원

1655 acoustic
[əkúːstik]

ⓐ 청각의, 소리의

예문 According to the theory, television is basically an **acoustic** medium.

그 이론에 따르면, 텔레비전은 기본적으로 청각 매체이다. 2009 수능 변형

1656 discrimination
[diskrìmənéiʃən]

discriminate (차별하다)
+ tion (명.접)
➡ 차별

ⓝ 차별

예문 Wage **discrimination** is one of the most serious problems in our society.

임금 차별은 우리 사회의 가장 심각한 문제 중 하나다.

✚ **discriminate** ⓥ 식별하다, 차별하다   **prejudice** ⓝ 편견
bias ⓝ 편견, 치우침

1657 dose
[dous]

ⓝ (약의) 복용량 (투여량), (어느 정도의) 양
ⓥ 투약시키다, 복용시키다

예문 Small **doses** of pesticides on crops can adversely affect people.

곡식에 있는 소량의 살충제가 인간에게는 심각한 영향을 미칠 수 있다.

1658 coherent
[kouhí(ː)ərənt]

co (함께) + here (꼭잡다)
+ ent (형.접)
➡ 함께 꼭 잡고 있는

ⓐ 일관성 있는, 논리 정연한

예문 Our goal is to respect the artist's intent, but at the same time to make it a visually **coherent** work of art.

우리의 목표는 예술가의 의도를 존중하는 동시에 그것을 시각적으로 일관성 있는 예술작품으로 표현하는 것이다. 2005 수능 변형

✚ **consistent** ⓐ 일관된, 한결같은

1659 hollow
[hálou]

'구멍, 움푹 꺼진 곳'의
고대 영어 **holh**에서 유래

ⓐ 속이 빈, 움푹 꺼진

예문 Turkeys nest in caves and **hollow** trees.
칠면조들은 동굴과 속이 빈 나무에 둥지를 튼다. 15 고2 학평 변형

1660 grant
[grænt]

ⓥ 승인하다, 허락하다　ⓝ 보조금

예문 Parents are commonly reluctant to **grant** their grown children equal footing with them as adults.
부모들은 보통 자신의 성장한 자녀에게 부모와 동등한 성인으로서의 자격을 주는 것을 꺼린다. 15 고3 학평

1661 whirl
[hwəːrl]

ⓥ 빙그르르 돌다(돌리다), 휙 돌다(돌리다)　ⓝ 빙빙 돌기, 선회

예문 I **whirled** and began to run as fast as I could.
나는 휙 돌아서 가능한 빠르게 뛰기 시작했다. 07 고2 학평 변형

1662 amateur
[ǽmətər]

ⓝ 비전문가　ⓐ 전문이 아닌, 아마추어인

예문 The professor was impressed with the young **amateur**'s powers of observation.
교수는 그 젊은 아마추어의 관찰력에 깊은 감명을 받았다. 13 고1 학평 변형

1663 core
[kɔːr]

cor(e) (심장)
➡ 중심부

ⓐ 핵심적인, 가장 중요한　ⓝ 핵심, 핵

예문 I've completed all the **core** classes in the invest management program.
나는 투자 관리 프로그램에서 핵심 과목을 모두 이수했다. 14 고3 학평

1664 sow
[sou]

ⓥ (씨를) 뿌리다, 심다

예문 If you want to grow some plants, you should **sow** your seeds in good soil.
네가 약간의 식물들을 기르고 싶다면 좋은 토양에 씨앗을 심어야 한다.

1665 timing
[táimiŋ]

🅝 (특정한 일, 계획이 있는) 시기

예문 The **timing** of positive and negative behavior seems to influence attraction.
긍정적 행동 대 부정적 행동의 시기는 매력도에 영향을 주는 것처럼 보인다.
16 고3 평가원

1666 solid
[sálid]

🅝 고체 🅐 고체의, 단단한, 튼튼한, 건실한

예문 When I was almost across, finally I jumped and landed onto the **solid** ground.
내가 다 건넜을 때, 나는 드디어 펄쩍 뛰어서 단단한 땅 위에 내려섰다. 08 고3 학평

1667 admirable
[ǽdmərəbl]

admire (감탄하다)
+ able (~할 수 있는)
➡ 감탄할 만한

🅐 감탄할 만한, 존경스러운

예문 The way Mr. Adams plowed through the task was very **admirable**.
Adams씨가 그 일을 애써가며 처리하는 방식은 아주 존경스러웠다.

➕ **admire** ⓥ 감탄하다, 존경하다

1668 wade
[weid]

🅥 (물이나 진흙 속을) 헤치며 걷다

예문 Victor **waded** into the water to pick up his son's toy duck.
Victor는 아들의 오리 장난감을 집으려고 물 속을 헤치고 들어갔다.

1669 ongoing
[ángòuiŋ]

🅐 계속 진행 중인

예문 Teach yourself to use your camera in a way that enhances your **ongoing** experiences, by truly looking at things and noticing what is beautiful and meaningful.
사물은 진심으로 바라보고 아름답고 의미 있는 것을 주목함으로써, 계속 진행 중인 당신의 경험을 강화시키는 방식으로 카메라를 사용할 수 있도록 스스로 가르쳐라.

1670 repetitive
[ripétətiv]

🅐 반복적인, 반복되는

예문 It is unusual for a book of thirty or more pages to be full of **repetitive** phrases.
한 책이 30 페이지 이상 반복되는 구절로 가득 찬 것은 드문 일이다.
10 고3 학평 변형

1671 refresh
[rifréʃ]

re(다시) + fresh(신선한)
➡ 다시 신선하게 하다
➡ 재충전하다

ⓥ 상쾌하게하다, 재충전하다

예문 If you are getting sufficient sleep, you should feel **refreshed** in the morning.
당신이 충분한 잠을 잔다면, 아침에 상쾌함을 느낄 것이다.

➕ **refreshment** ⓝ 원기 회복, 가벼운 음식

1672 burrow
[bə́:rou]

ⓥ 굴을 파다, 들추다, 뒤적이다 ⓝ (토끼, 두더지 등의) 굴, 은신처

예문 I guessed the rain had washed out the small woodchuck's **burrow**.
나는 비가 마멋의 굴(은신처)을 휩쓸어 갔을 것이라고 생각했다. 2013 수능 변형

1673 sting
[stiŋ]

ⓥ 쏘다, 찌르다, 따끔거리다 ⓝ (곤충 등의) 침, 가시, 따가움

예문 Most bees **sting** when they feel threatened.
대부분의 벌은 위협을 느낄 때 침을 쏜다. 2016 수능

1674 assorted
[əsɔ́:rtid]

ⓐ 분류된, 여러가지의

예문 The tiny corner shop used to sell **assorted** sweets.
그 작은 구멍가게는 여러가지 사탕들을 팔곤 했었다.

➕ **assort** ⓥ 분류하다, 구분하다 **classify** ⓥ 분류하다

1675 neural
[njú(:)ərəl]

ⓐ 신경(계통)의

예문 The scientist conducted a brain imaging study to identify differences in the **neural** mechanisms of lonely and non-lonely people.
그 과학자는 외로운 사람들과 외롭지 않은 사람들의 신경 구조의 차이를 알아보기 위해 뇌 영상 연구를 실시하였다. 14 고3 학평 변형

➕ **neuro-** prefix. 신경과 관련이 있는

1676 mash
[mæʃ]

ⓥ ~을 짓이기다, 으깨다 ⓝ 으깬 것, 으깬 음식

예문 When you make an egg sandwich, use a fork to **mash** the eggs up very well.
계란 샌드위치를 만들 때 계란을 잘 으깨기 위해서 포크를 사용하세요.
04 고1 평가원 변형

Tip! 〈형태가 유사한 단어〉
• mash ⓝ 으깬 음식 (mashed potato 으깬 감자)
• mesh ⓝ 그물망

1677 apt
[æpt]

apt(잘 맞는, 적절한)
➡ 적절한

ⓐ ~하기 쉬운 (~to)

예문 As Publilius Syrus concluded long ago, in a heated argument, we are **apt** to lose sight of the truth.
Publilius Syrus가 오래 전 결론을 내렸듯이, 우리는 격앙된 논의에서는 진실을 보지 못하기 쉽다. 13 고3 학평

✚ **aptly** ⓐⓓ 적절히, 어울리게

1678 bountiful
[báuntifəl]

ⓐ 많은, 풍부한

예문 The river provides a **bountiful** supply of water for crops in the region.
그 강은 그 지역의 농작물에 풍부한 물을 공급한다.

✚ **bounty** ⓝ 너그러움, 풍부함   **plentiful** ⓐ 풍부한

1679 makeshift
[méikʃìft]

ⓐ 임시 변통의, 일시적인 ⓝ 미봉책, 일시적인 방편

예문 At a **makeshift** hospital, her left leg was considered beyond repair and amputated just below the knee.
임시 병동에서, 그녀의 왼쪽 다리는 치료가 불가능하다 여겨졌고 무릎 아래까지 절단되었다. 12 고3 학평 변형

Tip! 〈주요 용례〉
• makeshift measures 미봉책
• a makeshift hospital 간이 병원 (12 고3 학평)

1680 dietary
[dáiətèri]

ⓐ 음식의, 식이요법의

예문 Schools are in a unique position to promote healthy **dietary** behaviors.
학교는 건강한 식습관 형성을 향상시킬 수 있는 특별한 위치에 있다. 15 고2 학평 변형

Review Test !

A 우리말에 맞게 빈 칸에 알맞은 단어를 쓰시오.

1 _____ 주기적인, 간헐적인

2 _____ 유산, 업적

3 _____ 임시변통으로 마련하다

4 _____ 일관성 있는, 논리 정연한

5 _____ 속이 빈, 움푹 꺼진

6 _____ (씨를) 뿌리다, 심다

7 _____ 반복적인, 반복되는

8 _____ 신경(계통)의

9 _____ 임시 변통의, 일시적인, 미봉책

10 _____ 음식의, 식이요법의

11 _____ overload

12 _____ dampen

13 _____ abrupt

14 _____ sew

15 _____ discrimination

16 _____ whirl

17 _____ core

18 _____ admirable

19 _____ sting

20 _____ apt

B 문장의 빈칸에 알맞은 단어를 〈보기〉에서 찾아 쓰시오. (필요하면 형태를 고치시오.)

보기   junk   timing   dose   amateur   insist on

1 If you _____ always having a plan, you cut yourself off from your intuitive self and the inner joy it provides.
언제나 계획이 있어야 한다고 주장하게 되면, 자기 자신을 직관적인 자아와 그것이 제공하는 내적인 기쁨으로부터 단절시키게 된다. 16 고3 평가원

2 The most common mistake made by _____ photographers is that they are not physically close enough to their subjects.
전문가가 아닌 사진작가들이 저지르는 가장 흔한 실수는 그들이 그들의 대상에 물리적으로 충분히 가까이 가지 않는다는 것이다. 2016 수능

3 If you wait for the _____ to be right before you make a move, you may never make a move at all.
만약 당신이 실행에 옮기기 전에 적절한 시기를 기다린다면, 당신은 결코 실행에 옮기지 못할지도 모른다. 13 고3 학평

4 A single high _____ of radiation can be fatal.
다량의 방사능은 단 한 번 노출되더라도 치명적일 수 있다. 09 고2 학평

5 Before you have a garage sale, call an antique dealer to help you separate the valuable from the worthless _____.
차고 세일을 하기 전에 귀중품과 쓸모없는 쓰레기를 구별하는 것을 도와달라고 골동품 판매상에게 전화를 하라. 2006 수능

01 발음이 유사한 단어 sow/sew

현재형부터 과거분사형까지 발음이 유사하기 때문에 주의 할 필요가 있는 단어들로써,
듣기를 할 때 뒤에 나오는 어구들을 잘 듣고 파악해야 합니다.
기출 문제를 중심으로 살펴볼까요?

- **sow** [soʊ / səʊ] ⓥ 씨를 뿌리다/심다

  동사 변화: sow – sowing – sowed – sown [soun]

  ex.) The farmer sowed seeds and reaped what he sowed.
  농부는 씨를 뿌리고 씨 뿌린 것을 거두어 들였다. [2001 수능]

  ex.) allow seedlings to sprout more quickly when sown
  파종되었을 때 묘목이 더 빠르게 발아하도록 하다 [2014 수능]

- **sew** [soʊ / səʊ] ⓥ 바느질하다, 깁다

  동사 변화: sew – sewing– sewed – sewn [soun]

  ex.) M: Can I borrow a needle?   W: Why? Do you want to sew something?
  남: 바늘 좀 빌릴 수 있을까?   여: 왜? 바느질해야 할 것이 있니? [2004 수능]

  ex.) set up a sewing machine factory 재봉틀 회사를 차리다 [12 고3 학평]

  ex.) be made of pieces of animal skin sewn together and stuffed with
  feathers or hay 동물의 가죽 조각을 실로 꿰매어 붙이고 그 안에 깃털이나 건초를 채워서 만들어지다
  [2008 수능]

  * sewing machine ⓝ 재봉틀

Day **43**

Word **Preview**

🎧 음원 듣기

- linguistic
- plausible
- harsh
- undo
- slap
- overboard
- prehistoric
- humanitarian
- forage
- horizontal
- accommodate
- surmount
- baggage
- vessel

- scenic
- honorary
- painstaking
- skull
- pave
- pollination
- fuzzy
- acclaim
- implicit
- advocate
- flourish
- incessant
- inhabit
- currency

- coincide
- withstand
- protein
- enthusiastic
- contingent
- internship
- integral
- execution
- insurmountable
- mammal
- enhance
- replica

Day 43

1681 ··· 1720

1681 linguistic
[liŋgwístik]

ⓐ 언어의, 언어학의

예문 Traditional second language learning has focused its attention on **linguistic** knowledge.
전통적인 제2언어 학습은 언어학적 지식에 초점을 두어 왔다. 10 고1 학평 변형

1682 plausible
[plɔ́ːzəbl]

'박수 받을 만한'의 라틴어
plausibilis에서 유래

ⓐ 그럴듯한, 타당한

예문 The theory was proven to be **plausible** after a series of rigorous experiments.
그 이론은 일련의 엄격한 실험을 거쳐 타당하다고 입증되었다.

1683 harsh
[hɑːrʃ]

ⓐ 가혹한, 냉혹한, 혹독한, 거친

예문 I was frustrated because my boss made **harsh** comments about my report.
난 상사가 내 보고서에 대해 가혹한 평가를 했기 때문에 좌절했다.

✚ **severe** ⓐ 엄한, 혹독한, 엄격한

1684 undo
[ʌndúː]

ⓥ 풀다, 원상태로 돌리다

예문 Our romantic mistakes can always be **undone** these days, which you would think is a good thing.
우리가 저지르는 낭만적인 실수는 요즘 같은 날에는 언제나 돌이킬 수 있고, 여러분은 그것이 좋은 것이라고 생각할 것이다. 13 고3 평가원

1685 slap
[slæp]

ⓥ (손바닥으로) 찰싹 때리다, 철썩 부딪히다
ⓝ 철썩 때리기, 철썩 부딪히는 소리

예문 "I can do it, I can do it." Lina's sneakers **slapped** the asphalt.
"난 할 수 있어, 난 할 수 있어." Lina의 운동화가 아스팔트 위를 탁탁 때렸다.
14 고2 학평 변형

1686 overboard
[óuvərbɔ̀ːrd]

ⓐⓓ 배 밖으로

예문 Harry put the piece of paper in a wooden bottle and tossed it **overboard**.
Harry는 그 종이를 나무로 만들어진 병에 넣고 그 병을 배 밖으로 던졌다. 2014 수능

✚ **go overboard** ~을 지나칠 정도로 하다

1687 prehistoric
[prìːhistɔ́(ː)rik]

ⓐ 선사 시대의

예문 Our **prehistoric** ancestors would surely have taken advantage of caves.
우리의 선사시대 조상들은 확실히 동굴의 이점을 누렸을 것이다.

1688 humanitarian
[hjuːmǽnitɛ́(ː)əriən]

ⓐ 인도주의적인

예문 In 2003, the organization was awarded the Nobel Peace Prize for their **humanitarian** efforts.
2003년에 그 단체는 그들의 인도주의적 노력에 대해 노벨 평화상을 수상했다.

1689 forage
[fɔ́(ː)ridʒ]

ⓥ 먹이를 찾다 ⓝ 먹이, 사료

예문 In the past, people commonly **foraged** for food in forests, riversides and caves.
과거에 사람들은 주로 숲, 강가, 그리고 동굴에서 음식을 찾아왔다.
11 고3 평가원 변형

1690 horizontal
[hɔ̀(ː)rəzántəl]

horizon (수평선, 지평선)
+ tal (형.접)
➡ 수평(선)의

ⓐ 수평의, 가로의

예문 What type of bar graph do you think is better, **horizontal** or vertical?
너는 수직 그래프와 수평 그래프 중에 어떤 것이 더 낫다고 생각해?
2009 수능 변형

↔ **vertical** ⓐ 수직의, 세로의

1691 accommodate
[əkámədèit]

ac (~에) + com (함께)
+ mod (측정하다) + ate (동.접)
➡ ~의 척도에 맞게 수용하다
➡ 적응시키다

ⓥ 공간을 제공하다, (의견이나 공간 등을) 수용하다, (환경 등에) 적응하다

예문 The car park is large enough to **accommodate** 100 cars.
주차장은 100대의 자동차를 수용할 만큼 충분히 넓다. 2014 수능 변형

✚ **accommodation** ⓝ 거처, 숙소, 타협

1692 surmount
[sərmáunt]

ⓥ 극복하다, 넘다

예문 We can **surmount** the barrier to science by associating science with mathematics.
과학을 수학과 연계시킴으로써 과학에 대한 장벽을 극복할 수 있다.
2014 수능 변형

✚ **overcome** ⓥ 극복하다, 이겨내다

1693 baggage
[bǽgidʒ]

ⓝ 짐, 수화물

(예문) Passengers won't be allowed to access their carry-on **baggage** or have any items in their laps.
승객들은 가지고 간 가방에 접근하거나 무릎 위에 어떤 물건을 두는 것도 허락되지 않을 것이다. 10 고1 학평 변형

➕ (미국식) luggage ⓝ (여행용) 짐, 수화물

1694 vessel
[vésəl]

ⓝ (대형) 선박, 혈관

(예문) According to a doctor's research, it seems that exercise can make blood **vessels** in the brain stronger and more fully developed.
한 의사의 연구에 의하면 운동이 뇌에 있는 혈관을 더 강하고 완전히 발달하도록 만들 수 있는 것으로 보인다. 05 고3 학평

1695 scenic
[síːnik]

ⓐ 경치가 좋은, 생생한, 그림같은

(예문) My hometown is famous for its **scenic** beauty and its flowers.
내 고향은 아름다운 경치와 꽃들로 유명하다. 04 고3 평가원

1696 honorary
[ánərèri]

ⓐ 명예의, 명예직의

(예문) Lisa was appointed as **honorary** professor at Havard University.
Lisa는 하버드 대학에 명예 교수로 임명되었다.

1697 painstaking
[péinstèikiŋ]

ⓐ 힘이 드는, 공드는, 고생스러운

(예문) A 19th century painter working with tempera could modify and rework an image, but the process was **painstaking** and slow.
19세기에 템페라 작업을 하던 화가는 이미지를 수정하고 다시 작업 할 수 있었지만 그 과정은 고통스럽고 느렸다. 15 고3 평가원

➕ painstakingly ⓐⓓ 힘들여서, 공들여서

1698 skull
[skʌl]

ⓝ 두개골

(예문) The anthropologists started to study the **skull** of prehistoric man.
인류학자들은 선사시대 인간의 두개골을 연구하기 시작했다.

1699 pave
[peiv]

ⓥ (도로, 정원 등을) 포장하다

예문 The city council decided to **pave** the street for the international event.
시의회는 국제 행사를 위해 그 거리를 포장하기로 결정했다.

✚ pavement ⓝ 인도, 보도, 노면

1700 pollination
[pàlənéiʃən]

pollinate(수분하다)
+ tion(명.접)
➡ 수분

ⓝ 수분 (작용)

예문 For better yield of fruits, **pollination** is necessary.
더 나은 과일 수확을 위해서 수분 작용은 필수적이다. 15 고3 평가원 변형

✚ pollen ⓝ 꽃가루

1701 fuzzy
[fʌzi]

ⓐ 흐린, 애매한, 불분명한

예문 I have **fuzzy** memories of my childhood in Spain.
나는 스페인에서의 내 어린 시절에 대해 어렴풋한 기억이 있다.

✚ vague ⓐ 막연한, 모호한

1702 acclaim
[əkléim]

ad(~에)+ claim(소리치다)
➡ ~에게 소리치다

ⓝ 찬사, 칭찬 갈채   **ⓥ** 칭송하다, 환호하다

예문 Frank published five books and these are highly **acclaimed**.
Frank는 5권의 책을 출판했고 이 책들은 꽤 칭송 받는다. 14 고1 학평 변형

1703 implicit
[implísit]

'함축된'의 중세 프랑스어
implicite에서 유래

ⓐ 내포된, 암묵적인

예문 Your culture maintains an **implicit** "schedule" for the right time to do many important things.
당신의 문화는 여러 중요한 것들을 할 적절한 때에 대한 암묵적인 "일정표"를 지키고 있다. 13 고3 평가원

↔ explicit ⓐ 명시적인, 분명한, 솔직한

1704 advocate
[ǽdvəkit]

ad(더하다)+ voc(목소리)
+ ate(동.접)
➡ 목소리를 더하다
➡ 지지하다

ⓥ 지지하다, 옹호하다   **ⓝ** 옹호자

예문 I think today's **advocates** of free writing would probably agree with Poe's writing style.
난 오늘날의 자유 글쓰기 옹호자들은 아마도 Poe의 글쓰는 방식에 동의할 거라고 생각한다. 2013 수능 변형

1705 **flourish**
[fláːriʃ]

ⓥ 번성하다, 번창하다, 잘 자라다

예문 Some plants **flourish** in a dry climate.
일부 식물들은 건조한 기후에서 잘 자란다.

1706 **incessant**
[insésənt]

ⓐ 끊임없는, 쉴 새 없는

예문 I am really tired of **incessant** text messages from the company.
나는 그 회사에서 오는 끊임없는 문자 메세지에 지친다.

➕ **ceaseless** ⓐ 끊임없는, 부단한

1707 **inhabit**
[inhǽbit]

in (안) + hab(it) (살다, 거주하다)
➡ ~안에 살다

ⓥ 거주하다, 서식하다

예문 Seal fish are known to **inhabit** very deep water, off the edge of the continental shelf.
물개 어류는 대륙붕 가장자리에서 떨어진 아주 깊은 물에서 서식하는 것으로 알려져있다. 14 고3 평가원 변형

➕ **inhabitant** ⓝ 주민, 거주자, 서식 동물

1708 **currency**
[kɚ́rənsi]

'흐름의 상태'의 라틴어어
currens에서 유래

ⓝ 통화, 화폐

예문 When we think of money, we usually think of **currency**, or coins or bills.
우리는 돈에 대해서 생각할 때 대개 화폐 혹은 동전 혹은 지폐를 생각한다. 1996 수능

1709 **coincide**
[kòuinsáid]

'떨어지다, 일어나다'의
라틴어 **cadere**에서 유래

ⓥ 동시에 일어나다, 일치하다 (~ with)

예문 Flowering in trees **coincides** with a peak in amino acid concentrations in the sap that the insects feed on.
나무에서 꽃을 피우는 것은 곤충이 먹는 수액 속 아미노산 농도가 정점에 달았을 때와 일치한다. 2015 수능

➕ **coincidence** ⓝ 우연의 일치, 동시 발생

1710 **withstand**
[wiðstǽnd]

with (대항하여)
+ stane (서다, 견디다)
➡ ~에 대항(반대)하여
견디다 (서다)

ⓥ 견디다, 이겨내다

예문 Mice can not only **withstand** heat, they can also eat either your organic breakfast cereal or garden apples.
쥐는 열을 견딜 뿐만 아니라, 그들은 또한 당신의 아침 식사용 유기농 시리얼이나 정원의 사과를 먹을 수도 있다. 14 고3 학평 변형

➕ **bear** ⓥ 참다, 견디다

1711 **protein**
[próuti:n]

🄝 단백질

예문 Ackee is the national fruit of Jamaica, rich in essential fatty acids, **protein**, and vitamin A.
Ackee는 자메이카를 대표하는 과일이며, 필수 지방산, 단백질, 비타민 A가 풍부하다. 11 고2 학평

1712 **enthusiastic**
[inθjù:ziǽstik]

enthusiasm(열정)
+ tic(형.접)
➡ 열정적인

🄐 열렬한, 열정적인

예문 We're looking for new members who are **enthusiastic** about improving the environment of our city.
우리는 시의 환경을 개선하는 데 열정적인 새로운 회원을 찾고 있습니다.
2014 수능 변형

✚ enthusiasm 🄝 열광, 열정   passionate 🄐 열렬한, 정열적인

1713 **contingent**
[kəntíndʒənt]

🄐 ~의 여하에 달린 (~on) 🄝 대표단

예문 The success of the event will be **contingent** on financial support from the government.
그 행사의 성공은 정부로부터의 재정 지원에 달려있다.

✚ dependent (on) ~에 좌우되는, ~에 달린

1714 **internship**
[íntə:rnʃìp]

🄝 실습 훈련 기간, 인턴사원 근무

예문 Today, we'd like to introduce to you the Future Lawyers' **Internship** Program.
오늘 여러분에게 Future Lawyers' Internship Program에 대해 소개하고 싶습니다. 14 고3 평가원

1715 **integral**
[íntəgrəl]

🄐 필수적인, 필수불가결한, 완전한

예문 Air is an **integral** part of human life.
공기는 인간 생활에 필수적인 부분이다.

✚ essential 🄐 본질적인, 필수적인

1716 execution
[èksəkjúːʃən]

ⓝ 사형 집행, (어떤 일의) 실행, 수행, (작업의) 솜씨

[예문] The emperor order of **execution** the rebel leaders.
황제는 반란 선동자들의 사형을 명령했다.

1717 insurmountable
[ìnsərmáuntəbl]

in (반대의)
+ surmountable (이겨낼 수 있는)
➡ 이겨내기 어려운

ⓐ (곤경, 문제 등이) 극복할 수 없는, 이겨내기 어려운

[예문] The most competent and normal child encounters what seem like **insurmountable** problems in living.
가장 유능하고 정상적인 아이도 살면서 극복할 수 없는 문제들처럼 보이는 것을 만난다. 2015 수능 변형

✚ invincible ⓐ 이길 수 없는

1718 mammal
[mǽməl]

ⓝ 포유 동물

[예문] A turtle doesn't have automatic body temperature control like birds and **mammals**.
바다 거북은 조류나 포유류처럼 자동 체온 조절 능력이 없다. 14 고1 학평

> Tip! 〈관련 어휘〉
>
> • **mammal** ⓝ 포유 동물
> • **reptile** ⓝ 파충류
> • **amphibian** ⓝ 양서류
> • **insect** ⓝ 곤충
> • **vertebrate** ⓝ 척추 동물
> • **invertebrate** ⓝ 무척추 동물

1719 enhance
[inhǽns]

ⓥ ~을 높이다, 향상시키다

[예문] Our company is happy to pay for college courses that **enhance** your job performance.
우리 회사는 여러분의 업무 능력을 향상시키는 대학 과정에 돈을 지불하게 되어서 기쁩니다. 09 고2 학평

✚ improve ⓥ 개선하다, 증진하다

1720 replica
[réplikə]

'복사, 반복'의 이탈리아어
replica에서 유래

ⓝ 모형, 복제품

[예문] We cannot expect children to be **replica** of us.
우리는 아이들이 우리의 복제품이기를 기대할 수는 없다. 05 고3 평가원

✚ replicate ⓥ 복사(복제)하다

Review Test!

A 우리말에 맞게 빈 칸에 알맞은 단어를 쓰시오.

1	_____ 언어의, 언어학의		11	_____ harsh
2	_____ (손바닥으로) 찰싹 때리다		12	_____ prehistoric
3	_____ 수평의, 가로의		13	_____ surmount
4	_____ 경치가 좋은, 생생한, 그림같은		14	_____ painstaking
5	_____ 수분 (작용)		15	_____ acclaim
6	_____ 번성하다, 번창하다, 잘 자라다		16	_____ incessant
7	_____ 단백질		17	_____ currency
8	_____ 필수적인, 필수불가결한, 완전한		18	_____ contingent
9	_____ 포유동물		19	_____ insurmountable
10	_____ 모형, 복제품		20	_____ enhance

B 문장의 빈칸에 알맞은 단어를 〈보기〉에서 찾아 쓰시오. (필요하면 형태를 고치시오.)

보기 coincide   humanitarian   advocate   accommodate   enthusiastic

1 We are wondering if you will be able to _____ our guests for that night and offer them a significant discount.
우리는 저희 손님들에게 그날 밤 숙소를 제공해줄 수 있는지와 할인을 많이 해주실 수 있는지 궁금합니다.
16 고3 학평

2 Many individuals choose careers in healthcare out of a strong _____ impulse.
많은 사람들이 일시적으로 강한 인도주의적 충동에서 의료 분야의 직업을 선택한다. 09 고2 학평

3 In addition to her scientific work, Jane Goodall has been an _____ for protecting animals and the environment.
그녀의 과학적 업적 외에도, 제인 구달은 동물과 환경을 보호하는 옹호자였다.

4 The language used in advertising tends not to _____ with our common language.
광고에 사용된 말은 우리의 일상적인 언어와 일치하지 않는 경향이 있다. 11 고2 학평 변형

5 People who are very _____ about technology are always telling us what it will do for us.
기술에 매우 열광하는 사람들은 늘 기술이 우리를 위해 무엇을 해주는가에 대해 말한다. 11 고2 학평

Study More !

01

어원으로 어휘 확장하기 : pre- '미리, 먼저'

pre-는 '미리, 먼저(before, beforehand)'를 뜻합니다. pre—는 핵심 어원인만큼 다양한 주요 단어에서 찾아볼 수 있는데요. 예문을 통해 단어들을 학습해볼까요?

- **predict** : pre(before) + dict(tell)로 '미리 말하다'라는 의미에서 '예언하다, 예측하다'의 의미로 확장되었어요.

  ex.) Many stores use big data to study customers' behavior. They can now accurately predict which customers will buy what products.
  많은 가게들은 고객의 행동을 연구하기 위해 빅 데이터를 사용한다. 그들은 이제 어떤 고객들이 어떤 제품을 구매할지 정확히 예측할 수 있다.

- **premature** : pre(before) + mature(무르익은, 성숙한)로 '때가 되기 전에 익은'이라는 뜻에서 확장하여 '시기 상조의, 너무 이른'의 의미가 되었어요.

  ex.) Linda's baby was five weeks premature. So we're worried about her baby's condition. Linda의 아기는 5주 일찍 태어났어요. 그래서 우리는 그녀의 아기의 상태가 너무 걱정되요.

- **preview** : pre(before) + view(보다)로 '미리 (앞서서) 보는 것'에서 의미가 확장되어 '미리 보기, 사전 검토', 또는 '시사회'의 의미가 되었어요.

  ex.) Do you also want to have access to members-only exhibit previews?
  당신은 회원 전용의 전시회 시사회에 입장하기를 원하시나요? [15 고2 학평]

02

혼동하기 쉬운 단어 inhabit/inhibit

- **inhabit** : '살다, 거주하다'는 뜻의 inhabit는 타동사이며 주로 수동태로 많이 쓰입니다.
  ex.) inhabit a remote island 외딴 섬에 살다
  ex.) Explorers were surprised to find that the islet was inhabited.
  탐험가들은 그 작은 섬에 사람이 살고 있다는 것을 알고 놀랐다.

- **inhabitant** ⓝ 거주민, 서식 동물

- **inhibit** ⓥ 막다, 못하게 하다
  ex.) factors inhibiting good sleep 좋은 잠을 방해하는 요소들 [12 고3 평가원]

Word Preview

음원 듣기

- ☐ glitter
- ☐ detergent
- ☐ flee
- ☐ dodge
- ☐ beware
- ☐ roar
- ☐ cluster
- ☐ despise
- ☐ easygoing
- ☐ mischief
- ☐ verbal
- ☐ terrain
- ☐ precede
- ☐ diffusion

- ☐ negligible
- ☐ hesitation
- ☐ furious
- ☐ numerous
- ☐ outlandish
- ☐ economics
- ☐ deplore
- ☐ dock
- ☐ mute
- ☐ lament
- ☐ pharmacy
- ☐ circulation
- ☐ bypass
- ☐ tremendous

- ☐ speculate
- ☐ transplant
- ☐ eminent
- ☐ fling
- ☐ dependent
- ☐ minimal
- ☐ celestial
- ☐ glacier
- ☐ hub
- ☐ hamper
- ☐ instantaneous
- ☐ asymmetry

Day 44

1721 glitter
[glítər]

ⓥ 반짝반짝 빛나다, 번들거리다 ⓝ 반짝거림, 빛남, 광채

예문 **Glittering** gems called diamonds are among the most precious of Nina's possessions.
다이아몬드라 불리는 반짝반짝 빛나는 보석은 Nina의 소지품 중에 가장 귀중한 것이다. 04 고3 평가원 변형

1722 detergent
[ditə́ːrdʒənt]

ⓝ 세제 ⓐ 깨끗하게 하는, 세척성의

예문 The use of **detergent** to clean the fruit can cause additional water pollution.
과일을 씻기 위해 세제를 사용하는 것은 수질오염을 추가하는 결과를 가져올 수 있다. 2007 수능

1723 flee
[fliː]

ⓥ 도망치다, 달아나다

예문 On hearing the sound of the gun, the great bear turned and **fled** from me.
총소리를 듣자 그 큰 곰은 몸을 돌려 내게서 도망갔다. 07 고1 학평

1724 dodge
[dɑdʒ]

ⓥ 잽싸게 몸을 피하다, 회피하다

예문 Because things move more slowly in water than in air, fish can **dodge** most dirt.
물 속에서는 공기 중 보다 물체가 더 느리게 움직이기 때문에 물고기는 대부분의 먼지를 잽싸게 피할 수 있다. 06 고2 학평 변형

1725 beware
[biwέər]

ⓥ 조심하다, 경계하다

예문 **Beware** of the slippery floor!
미끄러운 바닥을 조심하십시오!

✛ mind ⓥ 주의하다, 조심하다

1726 roar
[rɔːr]

고대 영어 rarian
'으르렁거리다'에서 유래

ⓥ 으르렁거리다, 포효하다

예문 Our ship was rising and falling among the **roaring** waves.
우리 배는 으르렁거리는 파도 사이에서 오르락 내리락 하는 중이었다.
09 고3 학평 변형

1727 cluster
[klʌ́stər]

ⓥ 떼를 지어 모이다　ⓝ 무리, 떼

[예문] In June, **cluster** of red flowers sprout from the stem tips, attracting hummingbirds.
6월에 그 줄기 끝에서 빨간 꽃이 무리를 지어 피면서 벌새를 불러들인다.
14 고3 학평

1728 despise
[dispáiz]

ⓥ 경멸하다, 혐오하다, 멸시하다

[예문] The man's arrogant remarks were **despised** by many people.
그 남자의 오만한 발언은 많은 사람들로부터 멸시당했다.

de(아래로) + spis(e)(보다)
➡ 아래로 보다
➡ 업신여기다, 무시하다

1729 easygoing
[íːzigóuiŋ]

ⓐ (성격이) 느긋한, 태평한

[예문] Yuna is an **easygoing** person by nature.
유나는 선천적으로 성격이 느긋한 사람이다.

1730 mischief
[místʃif]

ⓝ (악의 없는) 장난기, 피해

[예문] He was a wild boy, always getting into **mischief**.
그는 항상 못된 짓을 꾸미는 거친 소년이었다.　1996 수능

➕ **mischievous** ⓐ 짓궂은, (평판에) 해를 끼치는

1731 verbal
[və́ːrbəl]

ⓐ 말의, 구두의

[예문] **Verbal** interaction between parents and babies is important.
부모와 아기 사이에 언어적 상호작용은 중요하다.　14 고2 학평 변형

➕ **non-verbal** ⓐ 비언어적인

1732 terrain
[təréin]

ⓝ 지형, 지역

[예문] While **terrain** had an obvious effect on the economies of these two civilizations, it also had a more subtle effect on the governments that developed in Greece and Rome.
지형은 이 두 문명의 경제에 명백한 영향을 미쳤지만, 또한 그리스와 로마에서 발달한 정부에 보다 미묘한 영향을 미쳤다.

1733 precede
[prisí:d]

pre(이전, 미리) + cede(가다)
➡ ~에 앞서가다

ⓥ 앞서다, 선행하다, 먼저 일어나다

예문 The same thing can be made to be seem very different, depending on the nature of the event that **precede** it.
같은 사건은 선행하는 사건의 특성에 따라 매우 달라 보일 수 있다. 14 고2 학평

1734 diffusion
[difjú:dʒən]

ⓝ 발산, 확산, (문화 등의) 전파

예문 **Diffusion** is a process by which one culture or society borrows from another.
전파는 한 문화나 사회가 다른 것으로부터 빌려오는 과정이다. 2007 수능

➕ **diffuse** ⓥ 분산시키다, 확산시키다

1735 negligible
[néglidʒəbl]

ⓐ 하찮은, 무시할만한

예문 If you dislike motorcycle drive, you probably believe that its risks are high and its benefits **negligible**.
만약 당신이 오토바이 운전을 싫어한다면, 당신은 아마도 그것의 위험도는 높고 장점은 무시해도 될 정도라고 믿을 것이다. 15 고3 학평 변형

➕ **insignificant** ⓐ 사소한, 하찮은

1736 hesitation
[hèzitéiʃən]

hesitate(망설이다)
+ tion(명.접)
➡ 주저, 망설임

ⓝ 주저, 망설임

예문 Without **hesitation**, the dog launched himself off the bank.
주저하지 않고 그 개는 강둑에서 뛰어내렸다. 09 고3 학평

➕ **hesitate** ⓥ 망설이다, 주저하다

1737 furious
[fjú(:)əriəs]

'성급한'의 고대 프랑스어
furios에서 유래

ⓐ 몹시 화가 난, 맹렬한, 격렬한

예문 Henry glanced at his coach who looked **furious** as he screamed at him.
Henry는 그를 향해 소리치면서 격분하고 있는 그의 코치를 바라보았다.
08 고3 평가원

1738 numerous
[njú:mərəs]

ⓐ 수많은

예문 The streets of New York are home to **numerous** trucks and vans, all selling food.
뉴욕의 거리들은 음식을 파는 수많은 트럭과 밴들의 터전이다. 13 고3 평가원 변형

1739 outlandish
[autlǽndiʃ]

ⓐ 기이한, 희한한

예문 Many of the most **outlandish** pieces of science fiction have their basis in scientific facts.
많은 기이한 공상과학 소설들은 그들의 근거를 과학적 사실에서 가져온다.
15 고1 학평

✚ **bizarre** ⓐ 기이한, 특이한

1740 economics
[ì:kənámiks]

oiko(가정) + nomia(운영하는 기술) + ics(명.접)
➡ 가정을 운영하는 기술

ⓝ 경제학

예문 Daniel Brown, professor of **economics**, is retiring this month.
경제학 교수인 Daniel Brown은 이번 달에 은퇴할 예정이다. 16 고3 학평 변형

1741 deplore
[dipló:r]

de(강조) + plor(e)(울다)
➡ 몹시 울다
➡ 매우 슬퍼하다

ⓥ 한탄하다, 개탄하다

예문 Recently, more and more people **deplore** the lack of communication in families.
최근, 점점 더 많은 사람들이 가족들의 의사 소통 부족을 한탄하고 있다.

✚ **condemn** ⓥ 비난하다, 책망하다

1742 dock
[dɑk]

ⓝ 부두, 화물 적재 플랫폼 ⓥ (배를) 부두에 대다, (우주선이) 도킹하다

예문 By 2,500 BC, Indians had developed ship design by building the very first tidal **docks**.
기원전 2500년 쯤에, 인디언들은 최초의 조수 부두를 건설함으로써 배 디자인을 발전시켰다.

1743 mute
[mju:t]

ⓐ 말없는, 소리가 나지 않는, 묵음의 ⓥ 소리를 줄이다

예문 Conductors, who have traditionally been **mute** on stage, now sometimes also speak from the podium.
전통적으로 무대 위에서 말이 없던 지휘자들은 지금은 때때로 지휘대에서 말을 하기도 한다. 11 고2 학평 변형

1744 lament
[ləmént]

ⓥ 한탄하다, 애도하다 ⓝ 비탄, 한탄

예문 The whole school **lamented** the death of the Principal Myers.
온 학교가 Myers 교장선생님의 죽음을 애도했다.

1745 pharmacy
[fá:*r*məsi]

n 약국, 조제실

예문 Tim, can you go to the **pharmacy** and get some medicine for my headache?
Tim, 약국에 가서 두통약 좀 사다줄래요?

1746 circulation
[sə̀:*r*kjəléiʃən]

circulate (순환하다)
+ tion (명.접)
➡ 순환

n 순환, 유통, 판매 부수

예문 Newspaper **circulation** has been falling for years.
신문 발행 부수가 몇 년 동안 감소하고 있다. 05 고3 평가원

1747 bypass
[báipæ̀s]

n 우회 도로 **v** 우회하다, (절차나 순서를) 건너 뛰다

예문 We need to **bypass** the busy road to get to the hotel on time.
우리는 제시간에 호텔에 도착하기 위해 혼잡한 도로를 돌아가야 한다.

1748 tremendous
[triméndəs]

'끔찍한'의 라틴어
tremendus에서 유래

a 엄청난, 대단한

예문 I would never have succeeded unless I had put **tremendous** effort into achieving my goals.
만일 내가 목표 달성을 위해 엄청난 노력을 하지 않았다면 나는 절대 성공 할 수 없었을 것이다. 11 고1 학평 변형

1749 speculate
[spékjəlèit]

v 추측하다, 짐작하다

예문 Most psychics like to **speculate** about when the world will end.
대부분의 심령술사들은 세계가 언제 끝날지에 대해 짐작하기를 좋아한다. 07 고3 학평

✚ **speculation** n 추측, 짐작

1750 transplant
[trǽnsplæ̀nt]

trans (너머, 건너)
+ plant (식물을 심다)
➡ 이쪽에서 저쪽으로 식물을 옮겨 심다
➡ 이식하다

v 이식하다 **n** 이식

예문 Her brother needed an organ **transplant** to replace his failed kidney.
그녀의 오빠는 기능이 망가진 신장을 교체 하기 위해 장기 이식이 필요했다.

1751 eminent
[émənənt]

e (밖) + min (튀어나오다)
+ ent (형.접)
➡ 밖으로 나온
➡ 두드러진

ⓐ 저명한, 탁월한

예문 What made him famous was his book <Lives of the Most **Eminent** Painters, Sculptors and Architects>.
그를 유명하게 만든 것은 〈가장 뛰어난 화가, 조각가, 건축가들의 생애〉라는 그의 책이었다. 2012 수능

✚ distinguished ⓐ 유명한, 성공한

1752 fling
[fliŋ]

ⓥ (거칠게) 내던지다, (어떤 상태에) 빠뜨리다 ⓝ 내던지기, 약진, 돌진

예문 All the villagers at the banquet began to **fling** tomatoes into the pot.
연회에 온 모든 마을 사람들은 그 항아리 안으로 토마토를 던지기 시작했다.
11 고3 평가원 변형

1753 dependent
[dipéndənt]

dependence (의존, 의지)
+ ent (형.접)
➡ 의존하는

ⓐ 의존하는, 의지하는 (~ on)

예문 Hundreds of thousands of refugees are **dependent** on food aid.
수 십만 명의 난민들이 식량 원조에 의지하고 있다.

↔ independent ⓐ 독립된, 독립적인

1754 minimal
[mínəməl]

ⓐ 최소의

예문 Sean was frustrated because he gained only **minimal** recognition for his work.
Sean은 자기가 한 일에 대해 최소한의 인정 밖에 받지 못했기 때문에 좌절했다.

↔ maximal ⓐ 최대한의

1755 celestial
[səléstʃəl]

'하늘의'의 고대 프랑스어
celestial에서 유래

ⓐ 하늘의, 천체의

예문 Ancient civilizations relied upon the apparent motion of **celestial** bodies to determine the seasons.
고대 문명은 계절을 판별하기 위해 천체들의 시운동에 의존했다.
12 고3 평가원 변형

✚ terrestrial ⓐ 지상의, 지구의

1756 **glacier**
[gléiʃər]

ⓝ 빙하

예문 Greenhouse gases lead to melting **glaciers** and cause the ocean water to warm up.
온실 가스는 빙하를 녹이고 바닷물을 따뜻하게 만든다.

➕ **glacial** ⓐ 빙하의, 빙하기의

1757 **hub**
[hʌb]

ⓝ 중심지, 중추

예문 Bangalore is a major metropolis and the fastest growing economic **hub** in India.
Bangalore는 인도의 주요 도시고 가장 빨리 성장하는 경제 중심지이다.

10 고2 학평 변형

1758 **hamper**
[hǽmpər]

ⓥ 방해하다

예문 **Hampered** by busy schedules, many people neglect breakfast or choose to skip it entirely.
바쁜 일정으로 방해 받아서, 많은 사람들이 아침식사를 소홀히 하거나 아예 건너뛰기도 한다.

➕ **impede** ⓥ 지연하다, 방해하다

1759 **instantaneous**
[ìnstəntéiniəs]

ⓐ 즉각적인, 순간적인

예문 An **instantaneous** and strong impulse moved Tom to battle his desperate fate.
순간적이고 강한 충동이 Tom을 가망이 없는 그의 운명과 맞서 움직이게 했다.

10 고2 학평 변형

➕ **immediate** ⓐ 즉각적인, 즉시의, 당장의

1760 **asymmetry**
[eisímitri]

ⓝ 불균형, 비대칭

예문 Every human body has some degree of **asymmetry**.
모든 인간의 몸은 어느 정도 비대칭성을 가지고 있다.

➕ **asymmetric** ⓐ 비대칭의, 불균형적인

Review Test!

A 우리말에 맞게 빈 칸에 알맞은 단어를 쓰시오.

1	_____	반짝반짝 빛나다, 번들거리다	11	_____ detergent
2	_____	잽싸게 몸을 피하다, 회피하다	12	_____ beware
3	_____	(악의 없는) 장난기, 피해	13	_____ cluster
4	_____	발산, 확산, (문화 등의) 전파	14	_____ terrain
5	_____	한탄하다, 개탄하다	15	_____ furious
6	_____	약국, 조제실	16	_____ mute
7	_____	순환, 유통, 판매부수	17	_____ tremendous
8	_____	이식하다 ; 이식	18	_____ minimal
9	_____	(거칠게) 내던지다 ; 내던지기, 약진	19	_____ instantaneous
10	_____	중심지, 중추	20	_____ asymmetry

B 문장의 빈칸에 알맞은 단어를 〈보기〉에서 찾아 쓰시오. (필요하면 형태를 고치시오.)

보기   dependent   glacier   numerous   roar   dock

1 Laughing prevents _____ diseases by strengthening the immune system.
웃음은 면역 체계를 강화함으로써 수많은 질병을 예방한다. 2012 수능

2 The bikers were _____ along the High Point Street without any police enforcement.
그 폭주족들은 High Point Street를 따라 굉음을 내며 경찰의 어떤 제지도 받지 않은 채 활개치고 있었다. 04 고3 학평 변형

3 My father was completely _____ on the prejudices of his times.
아버지는 그의 시대의 편견에 온전히 의존했다. 2006 수능 변형

4 Unlike a stream, a _____ cannot be seen to move.
개울과 달리, 빙하가 움직이는 것은 볼 수 없다. 08 고3 평가원

5 Most cafeteria food seems to originate in a large freezer truck at the loading _____ behind the dining hall.
대부분의 구내식당 식품은 식당 뒤 하역장에 있는 큰 냉장 트럭에서 오는 것 같다. 14 고2 학평

Day 44 447

Study More!

01 '유명한'을 뜻하는 다양한 단어 알아보기

- **famous** ⓐ 유명한
  ex.) The lake is famous for its scenery. 그 호수는 경치로 유명하다.

- **noted** ⓐ 유명한, 저명한
  ex.) The city is noted for its medieval architecture.
  그 도시는 중세 시대 건축 양식으로 유명하다.

- **prominent** ⓐ 저명한
  ex.) His father was a prominent sculptor. 그의 아버지는 저명한 조각가였다.

- **eminent** ⓐ 고위의, 저명한
  ex.) A lot of eminent celebrities will attend the seminar next week.
  많은 저명한 인사들이 다음 주 세미나에 참석할 예정이다.

- **renowned** ⓐ 유명한, 명성 있는
  ex.) We'd better ask for advice from renowned professionals.
  우리는 명성 있는 전문가들에게 조언을 구하는 게 좋겠어.

02 minimal/maximal

- **minimal** ⓐ 아주 적은, 최소의
  While the risks are **minimal**, the new solar panel is cost-effective.
  위험도는 최소한인 반면에, 새 태양열 판은 가격 효율이 높다.

- **maximal** ⓐ 최대한의, 최고조의
  You should not exceed **maximal** loading of each piece of luggage.
  당신은 각 수화물의 최대 적재량을 초과하면 안 된다.

Day 45

Word **Preview**

음원 듣기

- □ colony
- □ religious
- □ renew
- □ equality
- □ idle
- □ vanity
- □ impulsive
- □ invalid
- □ envious
- □ downplay
- □ assess
- □ prominent
- □ devastating
- □ enrage

- □ immense
- □ reciprocal
- □ agony
- □ armor
- □ dichotomy
- □ refrain
- □ radiate
- □ meteorite
- □ clutch
- □ erect
- □ afflict
- □ elude
- □ phenomenal
- □ refute

- □ torture
- □ preservative
- □ ignite
- □ fume
- □ counterattack
- □ subdue
- □ intimidate
- □ prejudice
- □ unscrupulous
- □ agitate
- □ diplomatic
- □ archery

Day 45

1761 colony
[kɑ́ləni]

'외부인에 의해 정착되어 경작된 땅'의
라틴어 colonia에서 유래

ⓝ 식민지; (개미, 벌, 새등의) 집단

예문 Ants carry off dead members of the **colony** to burial grounds.
개미는 자기 집단의 죽은 구성원을 매장지로 끌고 간다. 17 고3 평가원

➕ colonial ⓐ 식민(지)의

1762 religious
[rilídʒəs]

religion (종교) + ous (형.접)
➡ 종교의

ⓐ 종교의, 신앙심이 깊은

예문 Berlin's whole family fled Russia to look for **religious** freedom.
Berlin의 모든 가족들은 종교적 자유를 찾기 위해 러시아를 떠났다. 10 고2 학평 변형

1763 renew
[rinjúː]

re (다시) + new (새로운)
➡ 다시 새롭게 하다
➡ 갱신하다

ⓥ 재개하다, 갱신하다

예문 Jessie has to **renew** her driver's license.
Jessie는 그녀의 운전 면허증을 갱신해야 한다. 2014 수능 변형

1764 equality
[ikwɑ́ləti]

equal (평등한)
+ ity (명.접)
➡ 평등

ⓝ 평등, 동등

예문 Tax **equality** refers to the way taxes are distributed among people.
과세 평등은 세금이 사람들 사이에서 부과되는 방식을 일컫는 말이다.
10 고2 학평 변형

↔ inequality ⓝ 불평등

1765 idle
[áidl]

ⓐ 게으른, 나태한, 근거없는 ⓥ 빈둥거리다

예문 Talk of intelligent life on other planets was once the stuff of science fiction or **idle** speculation.
다른 행성들에 있는 지능이 있는 생명체에 대해 말하는 것은 한때 과학소설의 소재나 근거없는 추측거리였다. 05 고3 학평

1766 vanity
[vǽnəti]

ⓝ 허영심, 자만심, 무의미

예문 Narcissists possess extreme **vanity** and selfishness.
나르시스트는 극단적인 허영심과 이기심을 지니고 있다.

➕ vain ⓐ 헛된, 소용없는, 자만심이 강한

1767 impulsive
[impʌ́lsiv]

impulse(충동)
+ ive(형.접)
➡ 충동적인

ⓐ 충동적인, 감정에 끌린

예문 Following your instinct could lead you to make **impulsive** decisions that you may regret later.
직감을 따르는 것은 나중에 후회하게 될지도 모르는 충동적인 결정을 하게 할 수가 있다. 2016 수능

╋ impulse ⓝ (갑작스러운) 충동

1768 invalid
[invǽlid]

in(반대의) + valid(유효한)
➡ 무효한

ⓐ 무효한, 타당하지 않은, 병약한

예문 He argues that the contract is unfair and **invalid**.
그는 그 계약이 불공평하며 무효라고 주장한다.

╋ void ⓐ 무효의, 법적 효력이 없는 ⟷ valid ⓐ 유효한, 타당한

1769 envious
[énviəs]

envy(부러움, 선망)
+ ous(형.접)
➡ 부러워하는

ⓐ 부러워하는, 시기하는 (~of)

예문 Tim never minded that his friends were **envious** of his success.
Tim은 친구들이 그의 성공을 부러워하는 것에 대해 전혀 개의치 않았다.

╋ jealous ⓐ 질투하는, 시기하는

1770 downplay
[dáunplèi]

ⓥ 경시하다, 대단치 않게 생각하다

예문 I praised my son's good acts and **downplayed** his mistakes.
나는 내 아들의 착한 행동을 칭찬해 주었고 그의 실수는 대단치 않게 생각했어요. 10 고3 평가원 변형

1771 assess
[əsés]

as(에서) + sess(앉다)
➡ 앉아서 가격을 매기다

ⓥ (특성, 자질 등을) 재다, 가늠하다, 평가하다

예문 Difficulty in **assessing** information is aggravated by the overabundance of information at our disposal.
정보에 대한 가치 평가의 어려움은 우리가 마음대로 쓸 수 있는 정보의 과잉으로 인해 더 심해진다. 12 고3 평가원

╋ assessment ⓝ 평가(행위), 평가액

1772 prominent
[prámənənt]

pro(향하여) + min(튀어나오다)
+ ent(형.접)
➡ 앞으로 튀어나온
➡ 눈에 띄는, 돌출한

ⓐ 유명한, 중요한, 두드러진

예문 Distance learning has recently become **prominent** in the field of further education.
원거리 학습은 최근 보습 교육 분야에서 두드러지게 나타나고 있다.
05 고3 평가원

╋ prominence ⓝ 명성, 유명함

1773 devastating
[dévəstèitiŋ]

ⓐ 파괴적인, 충격적인, 치명적인

예문 The 2004 Indonesian tsunami was the most **devastating** in recent years.
2004년 인도네시아의 쓰나미는 최근 몇 해간 가장 파괴적이었다.

✚ **devastate** ⓥ 완전히 파괴하다

1774 enrage
[enréidʒ]

'미치다'의 고대 프랑스어 **enragier**에서 유래

ⓥ 격분하게 만들다

예문 The speaker's careless words **enraged** the audience.
그 연사의 부주의한 말은 관중들을 격분하게 만들었다.

✚ **infuriate** ⓥ 격노하게 하다

1775 immense
[iméns]

ⓐ 굉장한, 막대한, 한없는

예문 There are **immense** pressures at work in the core, mantle and crust of the Earth.
지구의 중심핵, 맨틀, 그리고 지각 속 작용에는 엄청난 압력이 작용하고 있다.

✚ **huge** ⓐ 거대한, 막대한

1776 reciprocal
[risíprəkəl]

ⓐ 상호간의, 상호적인

예문 Recent research shows that there is a **reciprocal** relationship between poor sleep and depression.
최근의 연구는 충분치 못한 잠과 우울증 사이에 상호적인 관계가 있음을 보여준다.

✚ **reciprocate** ⓥ (비슷한 방식으로) 화답하다

1777 agony
[ǽgəni]

ag (어떤 방향으로 몰다)
+ on (어미) + y (명.접)
➡ ~을 향해 가는 도중에 따르는 고통

ⓝ (극도의) 고민, 고통, 격정

예문 The woman began to cry in great **agony**.
그 여자는 매우 고통스럽게 울기 시작했다.

1778 armor
[áːrmər]

ⓝ 갑옷, 장갑, 방호구 ⓥ 갑옷을 입히다

예문 Body **armor** is a protective bulletproof clothing worn underneath a soldier or police officer's uniform.
방탄복은 군인이나 경찰의 유니폼 안에 입는 보호용의 방탄 의복이다.

1779 dichotomy
[daikátəmi]

'반으로 자르다'의 그리스어
dichotomiia에서 유래

ⓝ 양분, 이분법

예문 The French philosopher Descartes believed in the existence of a firm **dichotomy** between mind and body.
프랑스 철학자 데카르트는 마음과 육체의 명확한 이분법이 존재함을 믿었다.

✛ dichotomous ⓐ 양분된, 이분법의

1780 refrain
[rifréin]

'저지하다', '제지하다'의
고대 프랑스어
refraigner에서 유래

ⓥ 삼가다, 자제하다(~from doing something)

예문 Please **refrain** from using smartphones during lectures.
강의 중 스마트폰의 사용을 삼가해 주세요.

1781 radiate
[réidiət]

ⓥ 내뿜다, (사방으로) 퍼지다

예문 The oven **radiated** heat which could be felt throughout the kitchen.
오븐은 부엌 전체에서 느낄 수 있을 만큼의 열을 방출했다.

✛ emit ⓥ 방사하다, 내뿜다

1782 meteorite
[míːtiəràit]

ⓝ 운석, 유성체

예문 A meteor that impacts the Earth's surface is called a **meteorite**.
지구 표면에 충돌하는 유성을 운석이라고 불린다.

1783 clutch
[klʌtʃ]

ⓥ 움켜잡다 ⓝ 움켜 쥠, (자동차의) 클러치, 무리, 집단

예문 **Clutching** her precious vase tightly, she made her way six blocks to the local flower shop.
그녀의 귀중한 꽃병을 꽉 쥐면서, 그녀는 동네 꽃집까지 여섯 블럭을 걸어갔다.
06 고2 평가원

1784 erect
[irékt]

'곧은'의 라틴어
erectus에서 유래

ⓥ 똑바로 세우다 ⓐ 똑바로 선

예문 The statue was **erected** to mark the king's 60th birthday.
그 동상은 왕의 60세 생일을 기념하기 위해 세워졌다.

1785 afflict
[əflíkt]

'넘어 뜨리다'의 고대 프랑스어
aflicter에서 유래

ⓥ 괴롭히다, 가하다

예문 Many children in this school are **afflicted** with an infectious disease.
이 학교의 많은 어린이들은 전염병에 시달리고 있다.

✚ **affliction** ⓝ 고통

1786 elude
[ilú:d]

'속이다', '착각하게 하다'의
라틴어 eludere에서 유래

ⓥ (교묘히) 피하다, 빠져나가다, 이해하기가 쉽지 않다

예문 The tomb of King Tutankhamen **eluded** even the cleverest of tomb robbers.
투탕카멘 왕의 무덤은 가장 똑똑한 무덤 도굴꾼도 교묘히 피했다.

✚ **elusive** ⓐ 파악하기 어려운, 잡히지 않는

1787 phenomenal
[finámənəl]

phenomenon(경이로운 것)
+ al(형.접) ➡ 경이적인

ⓐ 경이적인, 경탄스러운

예문 The youth dancing team gave a **phenomenal** performance last night.
어젯 밤 청소년 댄싱팀은 경이로운 공연을 보여 주었다.

✚ **phenomenon** ⓝ 현상, 경이로운 것

1788 refute
[rifjú:t]

'거절하다'의 중세 프랑스어
refuter에서 유래

ⓥ 반박하다, 부정하다

예문 We have found enough evidence to **refute** his claim.
우리는 그의 주장을 반박 할 충분한 증거를 찾았다.

Tip! 〈주요 용례〉
• **refute a claim/thesis** 어떤 주장/가설을 반박하다
• **refute an allegation** 혐의를 부정하다

1789 torture
[tɔ́:rtʃər]

tort(꼬다) + ure(명.접)
➡ 비틀어 고통을 주는 것
➡ 고문

ⓝ 고문 ⓥ 고문하다, 지독히 괴롭히다

예문 During the war, millions of people were killed, **tortured**, and buried in areas throughout the countryside.
전쟁 동안에 수백 만의 사람들이 죽고, 고문당하고, 나라 전역에 묻혔다.

1790 preservative
[prizə́:rvətiv]

ⓝ 방부제, 보존료

예문 Our apple jam contains no artificial **preservatives**.
우리의 사과잼은 어떤 인공 보존료도 포함되어 있지 않습니다.

✚ **preserve** ⓥ 지키다, 보존하다

1791 ignite
☐☐ [ignáit]

Ⓥ 불이 붙다, 점화하다

예문 The hunter **ignited** a torch and walked into the forest.
사냥꾼은 햇불에 불을 붙이고 나서 숲 속으로 걸어 들어갔다.

➕ **ignition** ⓝ 점화, 발화, (차량의) 점화 스위치

1792 fume
☐☐ [fju:m]

'증기'의 고대 프랑스어
fum에서 유래

Ⓥ (화가 나서) 씩씩대다, 연기를 내뿜다   ⓝ 연기, 화, 노기

예문 Timothy's family was suffocated in their sleep by
fumes from a fire.
Timothy의 가족은 불에서 나오는 연기로 인해 자는 사이에 질식사했다.

Tip!   ⟨-fume은 '연기나다(smoke)'의 뜻⟩
· **perfume** : per(through)+fume(smoke)으로서 연기가 공간을 통해
서 나므로 '냄새를 풍기다'의 뜻에서 '향수'로 발전

1793 counterattack
☐☐ [káuntərətæk]

counter(반대의)
+attack(공격하다)
➡ 역습

ⓝ 역습, 반격   Ⓥ 역습, 반격하다

예문 The general ordered an immediate **counterattack**.
장군은 즉각적인 역습을 명령했다.

1794 subdue
☐☐ [səbdʒú:]

Ⓥ 진압하다, (감정을) 가라 앉히다

예문 Jeff managed to **subdue** his anger and talked to
her again.
Jeff는 화를 겨우 가라앉히고 그녀에게 다시 말했다.

1795 intimidate
☐☐ [intímidèit]

Ⓥ 겁을 주다, 위협하다

예문 They **intimidated** us into accepting their offer.
그들은 우리가 그들의 제의를 받아들이도록 위협했다.

➕ **intimidation** ⓝ 위협   **timid** ⓐ 소심한, 자신이 없는

Tip!   ⟨intimidate vs. intimate⟩
· **intimidate** ⓥ 겁을 주다, 위협하다
· **intimate** ⓐ 친밀한, 정통한

1796 prejudice
[prɛdʒədis]

ⓝ 편견, 적대감 ⓥ 편견을 갖게 하다

예문 Because of my sincere friendship with Sue, I grew up without any **prejudice**.

Sue와의 진실한 우정 덕분에 나는 어떠한 편견없이 성장했다. 12 고2 학평

1797 unscrupulous
[ʌnskrúːpjələs]

ⓐ 부도덕한, 파렴치한

예문 Many people blamed her for using **unscrupulous** methods to win the competition.

많은 사람들은 그녀가 경기에서 이기기 위해 부도덕한 방법을 사용한 것에 대해 비난했다. 06 고2 학평 변형

1798 agitate
[ǽdʒitèit]

'방해하다'의 라틴어인
agitatus에서 유래

ⓥ 주장하다, 선동하다, (마음을) 동요하게 하다

예문 Most of the farmers **agitated** for change in agricultural policies.

대다수의 농민들이 농업 정책의 변화를 주장하고 있다.

↔ **agitation** ⓝ 불안, 동요, 시위

1799 diplomatic
[dìpləmǽtik]

ⓐ 외교의

예문 The two countries agreed to establish official **diplomatic** relations.

그 두 나라는 공식적인 외교 관계를 수립하기로 합의했다.

✚ **diplomacy** ⓝ 외교(술), 사교 능력   **diplomat** ⓝ 외교관

1800 archery
[áːrtʃəri]

ⓝ 활쏘기, 궁술

예문 Koreans are good at **archery** and have won many Olympic gold medals in the sport.

한국인들은 활쏘기에 소질이 있고 올림픽에서 많은 금메달을 땄다.

Review Test!

A 우리말에 맞게 빈 칸에 알맞은 단어를 쓰시오.

1 _____ 식민지, (개미, 벌, 새 등의) 집단
2 _____ 평등, 동등
3 _____ 무효한, 타당하지 않은, 병약한
4 _____ 격분하게 만들다
5 _____ 양분, 이분법
6 _____ 괴롭히다, 가하다
7 _____ 불이 붙다, 점화하다
8 _____ 역습, 반격 ; 역습하다, 반격하다
9 _____ 부도덕한, 파렴치한
10 _____ 외교의

11 _____ religious
12 _____ impulsive
13 _____ downplay
14 _____ immense
15 _____ agony
16 _____ meteorite
17 _____ phenomenal
18 _____ refute
19 _____ intimidate
20 _____ archery

B 문장의 빈칸에 알맞은 단어를 〈보기〉에서 찾아 쓰시오. (필요하면 형태를 고치시오.)

보기 radiate   renew   devastating   assess   prominent

1 Exercising is helpful to refresh and _____ yourself: your body, mind and spirit.
운동은 생기를 되찾고 당신 자신, 당신의 몸과 마음과 정신을 새롭게 하는 것에 도움이 된다. 13 고1 학평

2 Sybilla Masters was the wife of a _____ Philadelphia merchant.
Sybilla Masters는 유명한 필라델피아 상인의 아내였다. 13 고1 학평

3 One small spark could cause a _____ explosion.
작은 불꽃 하나가 치명적인 폭발을 일으킬 수 있다.

4 Editing requires you to stop and critically _____ each word.
글 다듬기는 당신이 쓰기를 멈추고 단어 하나하나를 비판적으로 평가할 것을 요구한다. 05 고3 학평

5 The paved surfaces and structures heat up and _____ energy into the atmosphere.
그 포장된 지면과 구조물들은 달구어져서 에너지를 대기로 방출한다. 06 고2 평가원

Study More!

01 **'counter–'** : 명사, 동사, 형용사, 부사에서 '반대', '~에 대응하는'의 뜻을 나타낸다.

- **counterattack** ⓝ 역습, 반격

  Our team is looking for a chance to **counterattack**.
  우리 팀은 반격의 기회를 엿보는 중이다.

- **counterpart** ⓝ 상대

  a formidable **counterpart**　버거운 상대

02 **'sub–'** : 명사, 형용사에서 '~보다 적은', '~아래'의 뜻을 나타낸다.

- **subtropical** ⓐ 아열대의

  a design suited to a humid **subtropical** climate
  습한 아열대 기후에 적합한 디자인

- **submarine** ⓐ 잠수함

  The **submarine** started to come to the surface.
  그 잠수함이 표면 위에 나타나기 시작했다.

Index

A

B

C

shortcoming	275	spectacular	320	stroke	223
shortly	414	spectator	135	stroll	75
shovel	384	speculate	444	stubborn	211
shriek	173	sphere	112	stumble	233
shrink	146	spiritual	51	stun	45
shrub	400	spit	325	sturdy	102
shrug	282	splendid	354	subconscious	21
shuffle	256	split	231	subdue	455
significantly	394	spokesperson	183	submerge	120
simplify	95	spontaneous	415	submission	120
simultaneously	90	spotlight	242	subordinate	184
sin	375	sprain	234	subscribe	66
single out	30	sprint	311	subsequent	265
situate	303	sprout	166	subside	352
skeptical	321	spur	362	subsidiary	33
skim	381	stabilize	151	substance	33
skull	432	stable	415	substandard	184
slam	405	stack	142	substantial	260
slang	53	stagger	221	substitute	186
slap	430	stain	345	subtle	404
slate	400	stake	384	successive	292
slender	396	stale	140	sue	233
slovenly	344	stall	73	sullen	386
sluggish	344	stammer	213	sum	381
smash	82	stance	60	summit	333
snatch	165	standpoint	170	summon	166
soaked	332	staple	15	superb	253
soar	333	stark	291	superficial	192
sob	226	startle	275	supernatural	155
solely	252	starvation	331	superstition	321
solemn	185	statement	93	supervise	312
solid	424	stationary	174	supplement	141
solitary	271	statistics	282	suppress	395
solitude	235	steadfast	42	supremacy	122
soluble	115	steer	50	surge	25
solvent	280	stem	62	surgeon	363
soothe	254	stereotype	43	surmise	390
sophisticated	391	stern	126	surmount	431
sorrow	53	stiff	62	surpass	55
sort	224	sting	425	surplus	143
sour	80	stingy	406	surrender	292
sow	423	stink	172	surrounding	164
spacecraft	40	strain	223	surroundings	352
spacious	191	strand	174	susceptible	394
span	311	strap	332	suspect	101
sparse	355	strenuous	200	suspend	63
spatial	116	strict	246	suspicious	341
spear	46	stride	324	sustain	66
specialize	22	striking	16	sustainable	122
specimen	144	strip	326	swamp	61
speck	311	strive	170	swarm	174

Answer Key

8 prompt
9 terrify
10 fragrance
11 소통하다, 상호작용하다
12 확고한, 변함없는
13 경멸, 멸시, 무시
14 무시하다, 해고하다
15 부패, 부식, 쇠퇴, 썩다,
부패하다, 쇠퇴하다
16 맨 앞, 선두,
가장 중요한 위치
17 (주로 안 좋은 일에) 연루된,
공모한
18 (교통 등의) 혼잡, 밀집, 정체
19 정확한, 정밀한
20 이익, 동기

B

1 dual
2 ecology
3 spears
4 chaos
5 spacecraft

Day 05 P. 057

A

1 sheer
2 maladjusted
3 attentive
4 indubitable
5 quote
6 intrigue
7 transcript
8 elegant
9 grumble
10 humble

11 근본적인, 기초를 이루는
12 정신의
13 격자 무늬, 격자판,
(가스 전기 등의) 배관망
14 (청소, 살균 등으로)
~을 깨끗하게 만들다
15 순간적인, 잠깐의
16 한적한, 외딴, 은둔한
17 부정한, 부패한,
부패하게 하다, 변질시키다
18 기관차, 견인차, 기관차의,
이동하는
19 (인내하며) 계속하다
20 황홀한, 흥분한,
아주 신나는

B

1 adolescents
2 tournament
3 Creeping
4 sorrow
5 anticipated

Day 06 P. 067

A

1 mimic
2 auction
3 deliberate
4 outnumber
5 ovation
6 excess
7 intervene
8 benevolent
9 subscribe
10 sustain
11 인정하다

12 유전적인, 세습되는,
상속에 관한
13 난민, 망명자
14 국내의, 가정 내의
15 할당하다, 배치하다
16 강제, 강박(현상), 강요, 출동
17 전형적인 예가 된다,
~의 예가 된다, 예를 들다
18 중지하다, 유예하다, 매달다
19 회계사, 회계원
20 정반대, 부정

B

1 swamps
2 depictions
3 Twinkle, twinkle
4 generations
5 resort

Day 07 P. 077

A

1 awe
2 divert
3 recessive
4 chubby
5 conspicuous
6 stall
7 negotiate
8 render
9 companion
10 dictate
11 양적인, 양에 관한
12 물러나다, 감소하다
13 퇴행성의, 타락한
14 투입, 입력, 조언,
(정보 등을) 입력하다,
(조언, 정보 등을) 제공하다

15 (세포) 조직, 화장지
16 괴로움, 비통, 고뇌
17 장식(품)
18 유람선 여행, 순항하다
19 풍부한, 넘쳐나는
20 구, 구절

B
1 Diploma
2 evoke
3 welfare
4 outlet
5 trapping

Day 08   P. 087

A
1 antecedent
2 consumption
3 patron
4 denounce
5 discontent
6 epidemic
7 vivacious
8 peculiar
9 conservative
10 longitude
11 (반복되는) 지루한 일, 러닝머신
12 여정, 여행 일정표
13 충격적인, 불안감을 주는
14 의식되지 못하는, 인식되지 않은
15 개정하다, 수정하다
16 붉어지다, 물을 내리다, 홍조
17 억제하다, 제한하다, 구속, 속박, 억제

18 환경, 상황
19 동의하다, (의견이) 일치하다; 동시에 일어나다
20 본질, 실재; 독립체

B
1 extending
2 tackled
3 dictator
4 regional
5 blasting

Day 09   P. 097

A
1 crispy
2 diabetes
3 pessimistic
4 garment
5 ignorant
6 hospitality
7 martial
8 abusive
9 inquiry
10 discord
11 뒤에 처지다, 뒤떨어지다, 뒤처짐, 지체; (시간, 양, 정도의) 차이
12 대부분, 큰 규모의 양, (부피가) 커지게 하다
13 타박상을 입히다, 멍, 상처
14 ~에 상관없이, 관계없이
15 무수한, 수많은
16 마련하다, 주선하다, 정리하다, 배열하다
17 방출하다, 해고하다, 방출, 배출

18 부분, 분절, 조각, (여러 부분으로) 나누다, 분할하다
19 평가하다, 검토하다
20 (사상, 신조를) 전파하다

B
1 simultaneously
2 quarrel
3 relocated
4 qualified
5 gender

Day 10   P. 107

A
1 certificate
2 carbohydrate
3 perish
4 trigger
5 sturdy
6 exhortation
7 contradict
8 deference
9 impoverished
10 vacant
11 풍부하다, 많이 있다
12 부적절한, 불충분한
13 수명이 짧은, 순식간의, 덧없는
14 관찰, 관측
15 (추위, 두려움, 흥분으로) 떨다, 전율, 오한
16 완곡 어법, 완곡한 표현
17 끝없는, 평생(종신)의, 영원한, 계속해서 반복되는
18 결정적인, 단호한
19 경악스러운, 놀랄만한
20 부적절한, 잘못된

B

1 suspect
2 groom
3 tendency
4 affluent
5 Bargain

Day 11 P. 117

A

1 fruitless
2 unfounded
3 minority
4 pillar
5 sphere
6 equivalent
7 perceptive
8 auditory
9 captivate
10 intrude
11 파산한
12 시의, 시적인
13 단서, 실마리, 신호
14 입장, 가입, 참가,
   (사전 동의) 개별 항목
15 소심한, 자신이 없는
16 고원, 안정기, 정체기
17 암시하다, 함축하다
18 되살아나다, 회복하다;
   다시 제작하다
19 신성한, 성스러운
20 처방을 내리다,
   처방전을 쓰다

B

1 persuasion
2 distress
3 drawbacks
4 entrepreneur
5 yield

Day 12 P. 127

A

1 irresistible
2 submission
3 intensify
4 turbulent
5 denote
6 hazardous
7 momentum
8 classify
9 dubious
10 immediate
11 꺼리는, 싫어하는; 본의 아닌
12 (마음이)기울다, 경향이 있다,
   경사지다, 경사(면)
13 급성의, 극심한, (감각이)
   예민한, (관찰력 등이) 예리한
14 지친, 피곤한, 지치게 하다,
   피곤하게 하다
15 적당한, 충분한
16 이끼
17 수동적인,
   외부의 영향을 받는
18 분리, 차별
19 후계자
20 타당한, 정당한

B

1 conceal
2 outstanding
3 primates
4 unlock
5 intersection

Day 13 P. 137

A

1 dignity
2 morality
3 endorse
4 broaden
5 disposable
6 inscription
7 weave
8 municipal
9 infection
10 commonality
11 뛰어난, 아주 훌륭한
12 빈정대는, 비꼬는
13 작별
14 광분, 격분, 격양, 광포
15 서술, 화법
16 재미없는, 평범한, 세속적인
17 관중, 구경꾼, 목격자
18 기부자, 기증자
19 나머지의, 잔여의
20 불가피한, 필연적인

B

1 tripled
2 tedious
3 Longevity
4 optimism
5 nonverbal

Day 14 P. 147

A

1 sympathetic
2 pedestrian
3 guilty

4	capitalize	8	retrospect	10	incompatible

4   capitalize

5   surplus

6   gorgeous

7   specimen

8   wreck

9   shrink

10   rotate

11   오류, 착오, 그릇된 생각

12   설치하다

13   화장품, 성형의, 겉치레에 불과한

14   낭독하다, 열거하다

15   (약물 등의) 중독성의, 습관화된

16   요새

17   침식 시키다, 약화 시키다

18   해석하다

19   자외선, 자외선의

20   사상적인, 이념적인

B

1   ample

2   sensible

3   medication

4   executive

5   wandering

Day 15   P. 157

A

1   bulge

2   gain

3   stabilize

4   withhold

5   insulation

6   foremost

7   punctual

---

8   retrospect

9   chronic

10   ferment

11   생산성, 생산력, 다산(성)

12   매복, 잠복, 매복하다, 매복하여 습격하다

13   여분의, 불필요한, (일시) 해고되는

14   강력한, 대단한

15   소형의, 조밀한, 촘촘한, 휴대용 화장갑, 합의, 협정

16   진통제

17   다시 채우다, 보충하다

18   살짝 담그다, 적시다, 살짝 담금, 움푹한 곳

19   온도계

20   곤경, 궁지

B

1   tension

2   proceed

3   supernatural

4   preferable

5   decent

Day 16   P. 167

A

1   shed

2   reference

3   outdated

4   orchard

5   criminal

6   violate

7   dimension

8   centralize

9   customization

---

10   incompatible

11   명백히 하다, 분명히 하다

12   예측 할 수 없는, 예상하기 힘든

13   수사적인, 미사여구의

14   불구로 만들다, 무력하게 만들다

15   관성, 타성

16   분할, 분배

17   낚아채다, 빼앗다

18   남용, 남용하다

19   작품집, 포트폴리오, 서비스 목록

20   싹, 싹이 나기 시작하다

B

1   circular

2   firsthand

3   surrounding

4   glance

5   female

Day 17   P. 177

A

1   strive

2   disapprove

3   incorporate

4   stink

5   astronomy

6   notorious

7   shriek

8   strand

9   earning

10   astonish

11   (빠른) 속도

12   말도 안 되는, 웃기는

13 접착제, 점착성의, 끈끈한,
   잘 들러붙는
14 어두운, ~을 어둑하게 하다
15 (사실 등을) 왜곡하다,
   (형태, 모습 등을) 비틀다
16 정복, 점령지
17 (사람이) 신음하다, 칭얼대다,
   불평하다
18 떼, 떼를 지어 다니다
19 추정(치), 견적, 추산하다
20 항구

B
1 extrinsic
2 domain
3 brutal
4 previous
5 shield

Day 18   P. 187

A
1 ruthless
2 affiliate
3 barometer
4 mere
5 mutation
6 contemplate
7 reform
8 divine
9 finite
10 substitute
11 치료 불가능한, 불치의
12 들통, 버킷
13 제한하다, 제약하다,
   강요하다
14 약속, 신념

15 달성하다, 얻다, 획득하다
16 대변인
17 대인관계에 관련된
18 능숙한, 숙달한
19 모으다, 추적하다
20 부도덕한, 비도덕적인

B
1 uphold
2 subordinate
3 crude
4 retain
5 womb

Day 19   P. 197

A
1 defend
2 intense
3 contrary
4 inward
5 reside
6 aristocracy
7 optimal
8 complement
9 illustrate
10 secure
11 흩어지다, 해산하다, 내놓다
12 ~의 상징이 되는, 우상의,
   전통을 따르는
13 요소, 부품
14 암살자
15 중재자, 중개인, 중간의,
   중개의
16 시연, 예행연습
17 즉각 반응하는, 민감한
18 유능한, 능숙한, 만족할만한

19 체격, 몸매
20 실, 나사 산, 실을 꿰다

B
1 botanical
2 federal
3 secure
4 irritate
5 coral / coral

Day 20   P. 207

A
1 consonant
2 abnormal
3 premonition
4 debris
5 responsibility
6 tide
7 ubiquitous
8 regression
9 quest
10 blunder
11 (주의를) 딴 곳으로 돌리다,
   빗나가게 하다
12 (사상, 견해 등의) 주류,
   대세, 주류의, 정통파의
13 긍정의, 긍정의 대답
14 독점, 전매, 독차지
15 채용하다, 모집하다,
   보충하다, 신입 회원, 신병
16 관료(제)
17 떨리다, 흔들리다
18 참을 수 없는, 견딜 수 없는
19 관점, 견해, 시각
20 거대한

B

1 Racism
2 magnitude
3 buildup
4 perception
5 canal

Day 21　P. 217

A

1 abbreviate
2 introspective
3 probable
4 geometric
5 adhere
6 oversee
7 distribution
8 inconsistent
9 generate
10 disguise
11 (고의적으로) 방해하다,
　 파괴하다, 고의적 방해 행위
12 양육, 훈육, 가정교육
13 예비의, 준비의, 예비 행위,
　 사전 준비
14 완강한, 고질적인
15 어슴푸레하게 빛나다,
　 희미한 빛
16 예언
17 한정하다, 국한하다
18 말을 더듬다, 말 더듬기
19 (사물의) 결함, 결점
20 진화

B

1 ecosystem
2 scholarship

3 column
4 nursery
5 Depression

Day 22　P. 227

A

1 hardship
2 inhale
3 accelerate
4 camouflage
5 unanimous
6 acupuncture
7 unrestricted
8 confess
9 populate
10 sob
11 이동하다, (견해, 태도 등을)
　 바꾸다, 이동, 변화
12 탐험(대), 원정, 짧은 여행
13 공손한, 정중한
14 매력적인, 화려한
15 발작, 타법, (수영 등의)
　 스트로크, 쓰다듬다
16 윤이 나는, 번질번질한
17 (생각, 걱정에) 사로잡힌,
　 집착하는
18 통합하다, 합병하다,
　 통합된, 완전한
19 위생, 위생학
20 다재 다능한, 다용도의,
　 다목적의

B

1 confront
2 gradual
3 sort

4 trace
5 irrelevant

Day 23　P. 237

A

1 trend
2 compatible
3 compound
4 botanic
5 internalize
6 excavation
7 offensive
8 pledge
9 flame
10 hinder
11 악화시키다, 가중시키다,
　 화나게 하다
12 박아 넣다, 끼워 넣다
13 해방시키다
14 불멸의, 불후의
15 손쉽게, 순조롭게
16 여러 가지 종류의, 잡다한
17 글을 읽거나 쓸 줄 모르는,
　 문맹의
18 책략, 술책,
　 (군대, 군함 등의) 기동,
　 (군대, 함대 등을) 기동시키다
19 군주제
20 철학, 인생관

B

1 justified
2 accused
3 Solitude
4 distinct
5 barter

Day 24 P. 247

A
1 poultry
2 rewind
3 predator
4 drip
5 deprive
6 communal
7 nominate
8 utensil
9 originate
10 dispense
11 짐, 부담, 부담을 지우다
12 지하실, 지하 저장실
13 재활, 사회 복귀
14 확대, 팽창
15 감상, 감사
16 가만히 못 있는, 불안한
17 대리석, 구슬
18 초안, 밑그림, 선발, 징집, 밑그림을 그리다, 초고를 쓰다
19 윤기를 내다, 창에 유리를 끼우다
20 엄격한, 엄밀한

B
1 impatient
2 decade
3 Globalization
4 confirm
5 spotlight

Day 25 P. 257

A
1 chunk
2 willingness
3 blade
4 lessen
5 inflation
6 democracy
7 prominence
8 engrave
9 sensuous
10 hectic
11 점진적인, 증가의
12 전환하다, 바꾸다
13 오로지, 단지
14 복권, 제비 뽑기
15 인식, 인정, 승인
16 닮다, ~와 공통점이 있다
17 백신(예방) 접종
18 합병하다, 통합하다
19 동봉하다, 둘러싸다
20 발을 끌며 걷다, 카드를 섞다, (위치, 순서를) 이리저리 바꾸다

B
1 radical
2 superb
3 soothe
4 naive
5 latitude

Day 26 P. 267

A
1 petition
2 boundary
3 malfunction
4 anthropology
5 phase
6 correspondent
7 resentment
8 dummy
9 discern
10 shortage
11 잡초, 수초, 잡초를 뽑다
12 의류, 의복
13 의회, 조립
14 녹, 녹슬다, 부식하다
15 순환, 순회
16 악의적인, 적의있는
17 농축하다, 응축하다, 응축되다
18 널리 퍼진, 만연한
19 연기하다
20 한도, 규정 요소, 매개변수

B
1 substantial
2 compress
3 credible
4 intake
5 sewage

Day 27 P. 277

A
1 deplete
2 linger
3 amenity
4 consensus
5 reconsider
6 hobble
7 precaution
8 startle
9 scribble
10 be engaged in

11 인간적인, 자비로운
12 (액체, 기체가) 새다,
   (비밀 등을) 누설하다,
   유출하다, 새는 곳
13 화해, 조화, 조정
14 충격적인, 정신적 충격이 큰
15 낭떠러지, 절벽
16 타고난, 선천적인
17 길들이다, 길들여진
18 열의, 온도의,
   보온성이 좋은
19 판단하다, 측정하다, 계측기,
   치수, 기준
20 광물, 무기질, 탄산음료,
   광물성의, 무기질의

B
1 alternative
2 solitary
3 witness
4 majority
5 figure out

Day 28   P. 287

A
1 solvent
2 grin
3 exert
4 realm
5 council
6 refraction
7 resign
8 reject
9 salient
10 moist
11 잘못된, 틀린

12 혁신
13 참다, 견디다, 용인하다
14 경향, 성향
15 인공물, 인공유물
16 천식
17 아첨하다
18 고대의, 초기의, 구식의
19 심미적, 미학의, 미의
20 허약한, 노쇠한,
   (도자기 따위가) 깨지기 쉬운

B
1 statistics
2 demolition
3 blur
4 lantern
5 prone

Day 29   P. 297

A
1 penetrate
2 inconvenient
3 contrast
4 successive
5 renowned
6 rotten
7 nuisance
8 radiant
9 admission
10 chronological
11 걸레, 천 조각, 조각
12 재산, 소유물
13 항복하다, 넘겨주다, 항복,
   굴복
14 동료
15 밝게 하다, 밝게 비추다

16 업데이트하다, 가장 최근의
   정보를 알려주다
17 자식, 자손
18 부정확한, 애매한
19 상반된 감정이 존재하는,
   애증이 엇갈리는
20 곧장, 직접적으로

B
1 commerce
2 parasite
3 tribute
4 hold on to
5 fatigue

Day 30   P. 307

A
1 assert
2 resolution
3 enrich
4 nonexistent
5 imprudent
6 patch
7 enchant
8 retreat
9 sage
10 glimpse
11 초월하다, 능가하다
12 질감, 짜서 만들다
13 수정시키다,
   땅을 비옥하게 하다
14 의도적으로
15 (기금, 재산으로) 기부하다,
   (재능, 특징을) 부여하다
16 자랑하다, 뽐내다
17 나타내다, 드러내다,

분명한, 명백한

18 배급량, 배급하다,
소비를 제한하다

19 시들다, 활기가 없어지다,
(어려운 일이나 상황에)
머물다

20 완전히 파괴하다,
엄청난 충격을 주다

B

1 presence
2 nocturnal
3 context
4 ebbs
5 assault

Day 31   P. 317

A

1 mow
2 remedy
3 revenge
4 prestigious
5 excursion
6 induce
7 inject
8 obstruct
9 gobble
10 exclusive
11 반구
12 무모한, 부주의한, 난폭한
13 협력하다, 공동으로
작업하다
14 보장하다, 반드시 ~하게
하다, 확보하다
15 자산, 재산
16 정서, 감정, 의견, 생각

17 얽히게 하다
18 가렵다, (~을 하고 싶어)
근질거리다, 가려움, 욕망
19 타협하다, 손상하다, 타협
20 확실(성), 확신

B

1 modest
2 Encyclopedia
3 interfere with
4 regained
5 massive

Day 32   P. 327

A

1 intermediate
2 aspire
3 plunge
4 precipitation
5 monumental
6 unreliable
7 heartbeat
8 setback
9 overturn
10 contend
11 투옥하다, 감금하다
12 다락방
13 서사시, 장편 서사 영화,
서사시의, 장대한
14 직업의, 직무상의,
직업교육의
15 습득, 획득, 인수, 매입
16 연간의
17 참가하다, 먹다
18 꼭 붙잡다, 매달리다,
애착을 갖다

19 사기, 의욕
20 직물, 옷감

B

1 spectacular
2 Lately
3 mature
4 utterly
5 margin

Day 33   P. 337

A

1 fade
2 sharpen
3 metabolism
4 rodent
5 drastic
6 adorable
7 dilemma
8 impel
9 pasture
10 dawn
11 죽음, 파멸, ~을 운명 짓다,
(수동으로) ~할 운명이다
12 만연하다, 승리하다
13 계속되다, 잇달아 일어나다,
(~의 결과로서) 생기다
14 부정적인, 불리한
15 흠뻑 젖은
16 산 꼭대기, 정상회담
17 내부, 내륙, 실내, 내부의
18 차이, 어긋남, 불일치
19 불완전한, 불충분한
20 수공예, 기술

B

1 real estate
2 tender
3 injustice
4 barely
5 horrific

Day 34　　　　P. 347

A

1 occupy
2 hostile
3 ascend
4 rifle
5 exceed
6 blindfold
7 tariff
8 stain
9 extract
10 façade
11 확대하다, 악화시키다
12 의심스러운
13 과외의, 정식 학과 의외의
14 미숙한, 미완성의
15 (일식, 월식의) 식
16 쫓아내다, 내뿜다
17 느릿느릿 움직이는, 부진한
18 (외모, 행실이) 지저분한,
　 단정치 못한, 게으른
19 발음하다, 선언하다,
　 선고하다
20 현미경

B

1 activate
2 checkup
3 gossip

4 On behalf of
5 nectar

Day 35　　　　P. 357

A

1 thrive
2 volatile
3 controversy
4 bearable
5 subside
6 populous
7 collide
8 splendid
9 yearn
10 intuitive
11 끝내다, 끝나다, (버스, 기차
　 등이) 종점에 닿다
12 반란, 저항, 봉기,
　 반란을 일으키다, 반발하다
13 전문가, 참전용사
14 음울한, 지루한
15 가짜의, 모의의, 놀리다,
　 무시하다
16 전임자, 조상, 이전의 것
17 농업의, 농사의
18 드문드문 난,
　 (밀도가) 희박한
19 남성의, 남자다운
20 안도, 경감, 위안, 구호품

B

1 cuisine
2 admit
3 headquarters
4 surroundings
5 cozy

Day 36　　　　P. 367

A

1 overt
2 rigid
3 account for
4 fuss
5 spur
6 surgeon
7 vigorous
8 scramble
9 adjacent
10 gymnastics
11 사려 깊지 못한,
　 남을 배려하지 않는
12 원고, 필사본, 사본
13 생물의 다양성
14 졸리는, 나른한
15 세입자, 임차인
16 빚, 부채
17 고가 도로, ~을 건너다,
　 횡단하다
18 상담원
19 지속, 기간
20 동일시하다, ~과 일치하다

B

1 visualize
2 magnifying
3 lodges
4 loan
5 comply

Day 37 P. 377

A

1 elusive
2 miser
3 genuine
4 instill
5 settle
6 descend
7 epoch
8 imprint
9 conducive
10 contaminate
11 억제하다, 금하다, 못하게 막다
12 열광, 열정
13 허구의, 지어낸
14 통, 소포, 꾸러미
15 치명적인
16 전망, 예상, 가능성
17 (사각형) 판, 조각, 토론단, 위원단
18 (욕구 등을) 만족 시키다, 기쁘게 하다
19 전염병, 재앙, 돌림병에 걸리게 하다, 괴롭히다
20 (의미, 소리, 감정 등의) 미묘한 차이, 뉘앙스

B

1 literature
2 intrinsic
3 numb
4 dispute
5 infrastructure

Day 38 P. 387

A

1 ultimate
2 corporate
3 transition
4 discomfort
5 deficient
6 habitual
7 endeavor
8 pedagogical
9 proponent
10 paradigm
11 첨가물, 첨가제, 부가적인, (수학) 덧셈의
12 결백, 무죄
13 정제, 제련, 개선
14 걷어내다, 대충 훑어 보다
15 수시로 변하다, 요동하다, 동요하다
16 자본, 자산, 수도, 대문자, 자본의, 자산의
17 위험 부담, 지분, 말뚝, (돈, 생명을) 걸다
18 동화하다, 흡수하다, 완전히 이해하다
19 무관심
20 인용하다, (예를) 들다

B

1 laundry
2 wholesale
3 dislike
4 conscious
5 absurd

Day 39 P. 397

A

1 censor
2 avalanche
3 turmoil
4 endangered
5 disorder
6 susceptible
7 sacrifice
8 expel
9 cuddle
10 antibiotic
11 추측(추정)하다, 추측, 예측
12 자극, 장려책, 동기
13 진단하다, 밝혀내다
14 영양실조
15 잔인한, 악랄한, 포악한
16 계몽하다, 깨우침을 주다
17 민족학자
18 불균형, 불안정
19 억압하다, 진압하다, 억제하다
20 미리 결정된, 예정된

B

1 miniature
2 Grasping
3 military
4 polishing
5 significantly

Day 40 P. 407

A

1 hasty
2 enterprise
3 amnesia

4 civilization

5 robust

6 layout

7 institute

8 intricate

9 commemorate

10 discard

11 (가구를) 비치하다,
제공하다, 공급하다

12 노려보다, 쏘아보다,
번쩍번쩍 빛나다, 노려봄,
섬광, 눈부심

13 거주자

14 증기, 증발 기체, 증발하다

15 계란형의, 타원형의

16 미끄러지다, 미끄러지듯
움직이다, 활공하다,
미끄러지는 듯한 움직임

17 희미한, 막연한, 모호한

18 (빛, 소리 등이) 희미한,
약한, 어지러운, 실신하다,
기절하다

19 과열하다, 과열되다

20 계급(계층)에 따른

B

1 subtle

2 industrious

3 grind

4 impending

5 protest

Day 41 P. 417

A

1 indigenous

2 intent

3 pension

4 apparent

5 adversity

6 reunion

7 atomic

8 withdraw

9 spontaneous

10 adept

11 임의적인, 제멋대로인

12 기질, 화

13 지침, 지표, 가이드라인

14 소아과의

15 땀을 흘리다, 땀이 나다

16 고립된, 외딴, 격리된

17 육식성의

18 고정시키다, ~을 움직이지
못하게 하다

19 남은 부분, 나머지, 잔존물

20 대도시의, 수도권의

B

1 radioactive

2 enrolled / enroll

3 nomadic

4 Shortly

5 advent

Day 42 P. 427

A

1 periodic

2 legacy

3 improvise

4 coherent

5 hollow

6 sow

7 repetitive

8 neural

9 makeshift

10 dietary

11 과적하다, 과부하

12 축축하게 하다, 무디게 하다

13 갑작스러운, 퉁명스러운

14 바느질하다, 꿰매다

15 차별

16 빙그르르 돌다(돌리다),
휙 돌다(돌리다), 빙빙 돌기,
선회

17 핵심적인, 가장 중요한,
핵심, 핵

18 감탄할 만한, 존경스러운

19 쏘다, 찌르다, 따끔거리다,
(곤충 등의) 침, 가시, 따가움

20 ~하기 쉬운

B

1 insist on

2 amateur

3 timing

4 dose

5 junk

Day 43 P. 437

A

1 linguistic

2 slap

3 horizontal

4 scenic

5 pollination

6 flourish

7 protein

8 integral

9 mammal

10 replica

11 가혹한, 냉혹한, 혹독한, 거친

12 선사 시대의

13 극복하다, 넘다

14 힘이 드는, 공드는, 고생스러운

15 찬사, 칭찬 갈채, 칭송하다, 환호하다

16 끊임없는, 쉴 새 없는

17 통화, 화폐

18 ～의 여하에 달린, 대표단

19 (곤경, 문제 등이) 극복할 수 없는, 이겨내기 어려운

20 ～을 높이다, 향상시키다

1 accommodate

2 humanitarian

3 advocate

4 coincide

5 enthusiastic

Day 44 P. 447

A

1 glitter

2 dodge

3 mischief

4 diffusion

5 deplore

6 pharmacy

7 circulation

8 transplant

9 fling

10 hub

11 세제, 깨끗하게 하는, 세척성의

12 조심하다, 경계하다

13 떼를 지어 모이다, 무리, 떼

14 지형, 지역

15 몹시 화가 난, 맹렬한, 격렬한

16 말없는, 소리가 나지 않는, 묵음의, 소리를 줄이다

17 엄청난, 대단한

18 최소의

19 즉각적인, 순간적인

20 불균형, 비대칭

1 numerous

2 roaring

3 dependent

4 glacier

5 dock

Day 45 P. 457

A

1 colony

2 equality

3 invalid

4 enrage

5 dichotomy

6 afflict

7 ignite

8 counterattack

9 unscrupulous

10 diplomatic

11 종교의, 신앙심이 깊은

12 충동적인, 감정에 끌린

13 경시하다,

대단치 않게 생각하다

14 굉장한, 막대한, 한없는

15 (극도의) 고민, 고통, 격정

16 운석, 유성체

17 경이적인, 경탄스러운

18 반박하다, 부정하다

19 겁을 주다, 위협하다

20 활쏘기, 궁술

B

1 renew

2 prominent

3 devastating

4 assess

5 radiate